晚近历史人物论稿

郑永福　吕美颐◎著

中原出版传媒集团
大地传媒

大象出版社
·郑州·

图书在版编目(CIP)数据

晚近历史人物论稿／郑永福，吕美颐著.— 郑州：大象出版社，2015. 2
ISBN 978-7-5347-8298-5

Ⅰ.①晚…　Ⅱ.①郑…　②吕…　Ⅲ.①历史人物—人物研究—河南省—清代~近代—文集　Ⅳ.①K820. 861-53

中国版本图书馆 CIP 数据核字(2015)第 019146 号

郑大史学文库

晚近历史人物论稿

出 版 人　王刘纯
责任编辑　杨天敬
责任校对　钟　骄
封面设计　高银燕
版式设计　张　帆

出版发行　**大象出版社**(郑州市开元路 16 号　邮政编码 450044)
　　　　　发行科　0371-63863551　总编室　0371-65597936
网　　址　www.daxiang.cn
印　　刷　河南省瑞光印务股份有限公司
经　　销　各地新华书店经销
开　　本　787mm×1092mm　1/16
印　　张　15.75
字　　数　314 千字
版　　次　2015 年 9 月第 1 版　2015 年 9 月第 1 次印刷
定　　价　62.00 元
若发现印、装质量问题,影响阅读,请与承印厂联系调换。
印厂地址　郑州市二环支路 35 号
邮政编码　450012　　　　　电话　0371-63956290

本书的出版得到了郑州大学三期"211"重点学科建设项目"考古学与中原文化"及历史学重点学科经费的资助

总 序

　　郑州大学历史学科创建于 1956 年，1976 年增设考古学及博物馆学专业。1981年中国古代史、专门史、世界史专业获得首批硕士学位授权点，1996 年中国古代史专业获得博士学位授权点，2003 年考古学及博物馆学专业获得博士学位授权点，并获得了历史学博士后流动站，2006 年获历史学一级学科博士学位授予权。2007 年，中国古代史专业被确定为国家重点(培育)学科。历史学为国家级特色专业，也是河南省一级重点学科。历史文化遗产保护研究中心、中原文化资源与发展研究中心为河南省普通高校人文社会科学重点研究基地。

　　50 多年来，历史学科名师荟萃。嵇文甫、秦佩珩、荆三林、史苏苑、刘铭恕、张文彬、高敏、李民、戴可来等知名教授学者曾在此执教。目前，历史学科已形成年龄、职称、学历、学缘结构相对合理的学科及师资队伍。现有教授 24 人，副教授 21 人，讲师 9 人;具有博士学位者 25 人，多来自国内著名高校;有博士生导师 15 人，省特聘教授 2 人，"百千万人才工程一二层次入选者" 1 人，国务院政府津贴获得者 2 人，省管专家 4 人，省优秀中青年骨干教师 12 人。

　　近几年来，历史学科先后承担并完成的主要科研项目有:国家"十五""211"工程重点学科建设项目"中国古代文明与考古学""考古学与中原文化";国家"十五"重点科技攻关项目"中华文明探源"工程子课题"登封南洼遗址的发掘与研究";面向 21 世纪教育振兴计划中国古代史学科建设等。在研与完成国家社科基金项目十余项，横向科研项目 15 项，科研总经费达 2000 余万元。

　　经过 50 多年的积累和发展，历史学科已凝练成相对稳定并具有各自优势特色的研究方向。如在先秦思想史、秦汉史、人口史、魏晋南北朝史等领域取得了突出成就;在田野考古、陵寝考古、城市考古、科技考古、中原考古等方面形成了自己的特色;在三礼及郑注研究和整理、出土古文字整理与研究方面，有深厚学术积淀;在中国近代思想文化史、近代妇女史、港澳史等方面的研究颇具影响，同时与河南地方史研究相结合，显示出学科实力;在明清经济史、区域经济史、宋代民族史、移民经济文化等方面的研究，产生了较大的学术影响;在东南亚史尤其是越南史，以及犹太史、欧洲文化史方面，取得了不少高水平成果;在中原历史及古代文明、中原历史文化遗产、中原科技史等方面进行了较为系统的研究，为弘扬中原文化、推动河南省文化事业发展做出了自己的贡献。

　　目前，历史学院的基本定位是依托中原地区丰富的历史文化资源，充分发挥师资力量雄厚、科研成果丰硕、学科实力较强的优势,以培养厚基础、宽口径、高素质、创新型专业人才为目标,以本科教育为基础,积极发展研究生教育,努力把历史学院建设成为在全国有重要影响的学术研究型学院。办学思路是以教学工作为中心,以学科建设为龙头,以人才质量为生命,不断加强对学生综合能力和基本素质的培养,努力造就系统掌握专业理论知识,并适应现代化建设需要的高级专门人才。具体来讲,历史专业要大力弘扬中原文化,积极为河南省的"文化强省"建设和"中原经济区"战略提供智力支持。考古专业要充分利用河南文物大省的优势地位,积极开展田野考古实习与文化遗产的保护与研究工作,注重培养学生的实际工作能力。人文科学实验班(国学方向)在推行"2+2"培养模式上,积极构建文史哲交叉融合的一体化教育平台,强化学生的人文素质和综合能力。

为了实现历史学院又好又快地发展,我们必须抓住国家"千人计划"和河南省"百千万工程"的机遇,实施新一轮高层次人才引进计划。历史学院一贯认为:人才是学院兴盛的保障。一是尊重知识、尊重人才,尤其是要发挥老专家、老学者的传承与帮带作用。二是积极引进名校毕业的博士,改善人员梯次和年龄结构。三是注重人才成长与学科建设、科学研究的关系。四是平衡郑大人才固有传统和新兴学科人才群的关系,达到人才和谐、共同进步的最佳状态。

为了实现学术研究型学院的目标,我们必须切实提高教学水平和人才培养质量。历史学院一贯主张:专业建设需要突出专业的特色和优势。首先是加大教授为本科生授课的力度,突出专题研究教学内涵,引导学生对历史考古研究的学术兴趣。其次是突出实践教学环节,加大中原历史文化的教育特色以及国学教育的内容,搭建嵩阳书院的教学平台,达到厚基础、宽口径的学术探索目的。再次是培养一支优秀的中青年教师队伍,彰显教师个人的研究领域和水平,形成"黄金教学研究链条"。

为了实现各研究方向的可持续发展,必须倡导顶天立地抓科研,努力提高科研水平和成果转化能力。历史学院的一贯做法是:科学研究是立院根本。一是营建科学研究的人文氛围,建立科学研究的奖惩机制。二是加大重点学科的建设力度,出原创、出精品。三是充分发挥学科带头人的科研引导作用,努力承担国家、省部级项目以及社会服务工作。四是正确引导学生(本科及研究生)对科研对象、领域的选择,包括大学生的假期实践活动,也要贯穿科研意识和能力的培养。

"郑大史学文库"系列著作的出版,就是基于以上的历史积淀和现实考虑,一方面是展示郑州大学历史学院教师的学术研究成果,另一方面也是学者自己对学术研究的一个深层总结与回顾,在此基础上,选择和坚持更加明确的学术研究方向,瞄准学术前沿问题,开展更为深入的科研工作。

司马迁说过:"欲以究天人之际,通古今之变。"这是我们大家共同的追求。

是为序。

韩国河

2011 年 4 月 7 日

中国人的爱国情结[*]

（代前言）

什么叫爱国主义呢？列宁曾经这样说过：爱国主义"是千百年来巩固起来的对自己的祖国的一种最深厚的感情"（《列宁全集》第 28 卷第 168—169 页）。概括来说，爱国主义，就是指人们对自己祖国忠诚和热爱的思想和情感。这种思想情感体现在许多方面，诸如对自己的祖国、自己的民族、自己的语言文字以及自己民族优秀文化传统的热爱，对自己祖国的忠诚，对自己祖国前途和命运的关心，对在同一土地同一文化氛围中共同生活、患难与共的统一民族的崇敬和爱护等，以及由此产生的民族自尊心、自豪感和自尊、自强报效祖国的责任感和爱国心。

爱国主义的产生

爱国主义，是一个重要的道德规范，爱国，也是中华民族最突出的传统美德之一。千百年来，人们用各种各样的语言表达这种爱国主义的情感。明末清初的大思想家顾炎武说："保天下者，匹夫之贱，与有责焉耳尔。"（《日知录》卷十三）这就是后来人们常说的、震撼人心的"天下兴亡，匹夫有责"！匹夫，即平民百姓。这句话的意思是说，国家的兴亡，我们每一个老百姓都有义不容辞的责任！"爱我中华，振兴中华"，则是这一口号的继承和发展。

作为一种重要道德规范的爱国主义，是人们对祖国依存关系的客观需要在意识形态方面的反映。它对调整个人与国家间的关系以及人们相互间的关系起着重要作用，成为推动中华民族和我们伟大祖国不断发展前进的巨大精神力量。

爱国主义是在历史长河中逐步形成和发展起来的。早在国家产生之前，从人类定居生活开始，便自然而然会萌发出热爱自己生活的自然环境（山河草木）和社会环境（氏族、部落）的观念。我国母系氏族、父系氏族社会阶段中，有许多美丽的神话与传说，如女娲补天，神农尝百草而发明医药，大禹治水三过家门而不入等。这些神话与传说，既反映了我们祖先的勤劳与勇敢，也反映了他们热爱自己的氏族或部落并

---

* 本文系据郑永福发表的题为《略论爱国主义时代特征》（《郑州大学学报》1994 年第 6 期，中国人民大学报刊复印资料复印）及郑永福、叶德跃著《中华民族传统美德》（河南人民出版社 2005 年版）一书中的《爱国篇》综合而成。研究历史人物，爱国主义是一个离不开的重要话题，姑以此文作为本书的前言。

不惜为此而献身的崇高精神。

国家产生后,特定的政治、文化、社会的历史条件使得原始社会中爱乡土的观念逐步扩大为对祖国大好山河的亲切感和热爱之情;而那种爱氏族、爱部落的观念也逐步发展为对民族和祖国命运前途的关注,以至于发展到对祖国的爱。可以说,对故乡和祖国自然环境的爱是爱国主义道德情感产生的最初源泉,而祖国的生存与发展在某种意义上成为个人存在和发展的前提,祖国的治乱兴衰和个人的安危荣辱息息相关,这种利益原则,是爱国主义道德情感产生的更为重要的因素。朴素的爱国情感逐渐上升到爱国主义的道德认识,基于这种认识,就逐渐形成了爱国主义的道德规范。

爱国主义的历史发展

"爱国"一说,在我国的历史文献中早就出现了。《战国策》中有"周君岂能无爱国哉"的句子,《汉纪》中则有"亲民如子,爱国如家"的说法。可以说,至少在两千多年前,我们的祖先已经形成了爱国的观念。尽管爱国主义在不同的历史阶段有不尽相同的具体内涵,但它始终是中华民族产生巨大凝聚力的坚实基础,是推动中华民族历史不断前进的永恒动力。这种爱国情结,激励和鼓舞着一代又一代的中华儿女为中华民族的延续和兴旺发达而努力奋斗。在中国的大地上,每个时期都涌现出许多伟大的爱国者,他们的名字为人民所熟记,他们的事迹为人民所传颂。

屈原,是中华民族历史上第一个用生命和激情谱写了一曲曲悲壮的爱国主义诗篇的伟大爱国者。

屈原(前 340—前 278),战国时期的楚国人,名平,出身于贵族。他生在楚国由强大走向衰败的时期,曾受到楚怀王的信任,也曾做到左徒的高官。左徒是楚国设置的官职,参与议论国家大事,起草政令,发布号令,并负责接待宾客等外交方面的工作,属于国王的近臣。任职期间,鉴于秦国对楚国的威胁和由此产生的危机,屈原主张对内实行政治改革,对外实行联齐抗秦的政策。屈原的主张受到了守旧贵族势力的强烈反对。楚怀王的令尹(楚国最高官职,掌军政大权)子椒、上官大夫靳尚和楚怀王的宠妃郑袖等人,受了秦国使者张仪的贿赂,千方百计阻止楚怀王采纳屈原的意见,并使楚怀王将屈原放逐到汉北(今湖北襄樊市附近)。楚怀王一再受到秦国的愚弄,虽又将屈原召回首都郢,但实际上已经不信任他了。结果在公元前 299 年楚怀王被秦昭王骗到秦国,并被拘留,三年后囚死在秦国。继位的楚顷襄王比他父亲楚怀王还糊涂,屈原继续受到诋毁和迫害,一再遭到放逐,最后被流放到楚国江南地区,永远不许再回郢都。公元前 278 年,秦国大将白起带兵南下,攻破郢都。已经62 岁的屈原,悲愤已极,就在这一年的五月初五跳进今长沙市东北的汨罗江自杀了。他想以死唤醒楚国的国君。

屈原在留下来的大量诗篇中,集中表达了他的强烈爱国情感和在政治斗争中坚持理想、宁死不屈的牺牲精神。屈原的代表作是《离骚》,诗中表达了作者虽屡遭曲折但眷念祖国、热爱人民痴心不改的胸怀。他希望自己的祖国楚国强大起来,进而完成统一中国的伟大历史使命。在他早年写的《橘颂》一诗中,有这样的诗句:"后皇嘉树,橘徕服兮;受命不迁,生南国兮;深固难徙,更壹志兮。"大意是:生长在楚国的橘树呵,真是天造地设的好树,它根深蒂固呵,是那样坚定专一不能迁移。这不仅是热情地赞扬了橘树扎根故土矢志不移的美好品质,也表达了作者坚定不移的爱国心。《抽思》一诗抒发了屈原流放汉北时对郢都的思念,其中写道:"望北山而流涕兮,临流水而太息。望孟夏之短夜兮,何晦明之若岁!惟郢路之辽远兮,魂一夕而九逝……"作者虽被流放,祖国的兴亡仍让他魂牵梦绕。他的另一首诗《国殇》,高度赞美那些为国捐躯的将士。

屈原是楚国人,但他的爱国情结、民族精神得到了中华民族大家庭的认同,成了中华民族的宝贵财富。为纪念屈原五月五日殉国的端午节,成了中华民族重要的传统节日之一,就是明证。

据记载,春秋时期齐国大夫晏婴教育弟子时说了这样一句话,"利于国者爱之,害于国者恶之",这实际上提出了应以爱国主义道德观作为衡量一个人的重要价值标准。

多难兴邦,到了宋元明时期,这种爱国精神、民族气节发展到了一个新的阶段。岳飞的"精忠报国",陆游的"死去原知万事空,但悲不见九州同,王师北定中原日,家祭勿忘告乃翁",文天祥的"人生自古谁无死,留取丹心照汗青",顾炎武的"天下兴亡,匹夫有责"等,成了激励人们热爱祖国,反对分裂,反对民族压迫,反对黑暗统治的一种强大精神力量。

1840 年后,传统的爱国主义发展到了新的阶段,被赋予了新的意义。具有新思想的爱国志士承接了传统爱国主义中的积极思想,剔除了其中"忠君爱国"等糟粕和狭隘的民族观,不仅把爱国主义和反对殖民主义、帝国主义侵略联系在一起,而且和资产阶级民主主义结合在一起,与促进国家的内政改革、发展经济联系在一起,形成了有强烈时代特色的爱国主义。为反对外来侵略而血战沙场、为国捐躯,是爱国;反对君主专制,要求民主政治,是爱国;发展民族经济和各项有利于国计民生的事业,也是爱国。这种爱国主义的基调是挽救祖国于危亡之中,以孙中山为代表的革命志士仁人提出的"振兴中华",成了时代的最强音。在这个大前提下,一些人还提出了实业救国、教育救国、文学救国、体育救国、医学救国等口号,并进行了种种探索。尽管其中一些想法、做法后来证明在当时条件下是行不通的,但他们从爱国主义出发,忧国忧民,积极进取的精神是值得肯定的。

百年前的维新志士谭嗣同,当那拉氏即将发动政变时有人劝他出走,他表示:"地球万国,为民变法,必先流血。我国二百年来,未有为民变流血者,流血请自谭嗣同始!"之后,谭慷慨赴死。辛亥革命中为革命献身的林觉民,在黄花岗起义前夕,给家乡父老、父亲写了诀别书,并在含泪给他的妻子陈意映写的《与妻书》中说:我是深深爱你的,我们婚后享受着巨大的幸福,常常祝愿天下有情人都成眷属。然而如今我们的祖国灾害、盗贼、奸官污吏肆虐,加之帝国主义侵略,"遍地腥云,满街狼犬,称心快意,几家能够?"为了国家和民族,当以天下为念,当乐牺牲吾身与汝身之幸福,为天下人谋幸福。战斗中林觉民受伤被清军所俘,就义前他慷慨激昂地说:如果能有国家富强、民族团结的一天,那么我死也瞑目了。林觉民牺牲时年仅25岁。飞行家、飞机制造师冯如,在美国研究制造出当时世界先进水平的飞机,并在国际飞行竞赛大会上获优秀奖。其后,他拒绝美国人的重金聘请,毅然驾机回国,投身于火热的斗争之中,后以身殉职。工程师詹天佑,主张留学救国,学成回国后,出色地主持了中国人自己修建的第一条铁路——京张铁路,使洋人对中国人刮目相看,为祖国和人民争了光。这些伟大的爱国者以他们的实际行动,促进了民族的觉醒,推动了国家的发展,并给我们的民族留下了宝贵的精神财富。

中国共产党成立后,高举爱国主义大旗,团结全国各族人民经过28年的英勇奋战,推翻了压在中国人民头上的三座大山,建立了中华人民共和国,结束了半殖民地半封建社会的屈辱历史。这期间,许多伟大的爱国者彪炳于史册,他们用自己的鲜血和生命,唱出了一曲曲爱国主义正气歌,演出了一幕幕悲壮的爱国主义历史活剧。革命烈士方志敏成了无数青少年学习的榜样,而他那饱含革命激情用血与泪写成的《可爱的中国》,成了几代人传颂的不朽名篇。在斗争中,中国共产党不断发展充实爱国主义内涵,将一切可以团结的人们集结在爱国主义的旗帜之下,并逐渐把爱国主义和无产阶级国际主义结合起来,把爱国主义和社会主义、共产主义联系起来,引导着中华民族朝着更高的目标前进。

传统爱国主义的特征

可以说,世界上任何一个国家的历史发展中,爱国主义在凝聚民族精神、民族力量方面,都起着巨大的作用,有着共同的特征。但每个国家的爱国主义传统,由于民族历史、文化等方面的不同,又各具有自己国家和民族的特点。相对而言,中华民族传统的爱国主义有哪些明显的特征呢?

其一,中国传统的爱国主义特别表现为中华民族的"大一统"精神,即执着地追求祖国的统一和民族的团结。

今天的中国,是统一的多民族的国家。辽阔、富饶的中国土地上,居住着汉族和55个少数民族,组成了中华民族大家庭。中华民族,有一个逐步形成的历史过程。相传,在遥远的古代,黄河流域有两个著名的部落,一个是以黄帝为首的姬姓部落,一个是以炎帝为首的炎帝部落。居住在东方的其他一些部落在传说中称为夷,太昊、少昊和蚩尤是夷人的著名首领。长江流域,则活跃着许多苗蛮部落,传说伏羲、女娲是这些部落的著名首领。汉族的祖先华夏族,是由距今五千多年前的活跃在黄河流域的黄帝部落,征服了蚩尤部落和炎帝部落,定居中原,并融合其他部落逐渐形成的。中国历史上的第一个王朝,即公元前21世纪建立的夏朝,就是华夏族建立的王朝。与此同时,古代中华民族的又一个摇篮,即在长江流域由一支在古代"苗蛮"

集团基础上形成的荆楚族和越族也在发展,后来荆楚族统一了长江流域,成为南方民族融合的中心,并经过春秋战国时期的南北民族的大融合,最终由秦统一。荆楚族、越族的主体为华夏族所融合,为汉民族的形成与中华民族的缔造奠定了基础。从夏到秦,是中国以汉族为主体的多民族的国家逐渐形成的重要时期。也就是在这一时期,中华民族大一统的观念逐步形成。

中国文化的核心精神,是追求统一与和谐,这很自然地引出民族融合和国家统一的观念。周朝是一个具有中央集权制雏形的统一的多民族的国家,初步形成了"大一统"的思想。不过这种思想有当时的时代特征,表达这种观念的典型语言是"溥天之下,莫非王土;率土之宾,莫非王臣"。春秋乱世,人心思定,孔子主张"拨乱反正",想恢复以周天子为核心的天下国家的统一与安定。后《春秋公羊传》中则明确提出了"大一统"的说法,这里的"大",是重视、尊重的意思。"大一统",就是要以一统天下为职志。秦统一中国,标志着中华民族的形成。汉代,以奉《春秋公羊传》为经典的今文经学派代表的儒家学说最为盛行,大一统的思想成了中华民族共同的文化心理和价值取向。这种大一统的观念,适应了中世纪中央集权制的需要,又有助于国家的统一和民族的融合。历代统治者都把统一中国作为政治目标,而广大人民基于渴望安定和平的生活,也习惯把"统一"看作"治世",把"分裂"看成是"乱世",形成了一种共同的文化心理。

正如一位著名的学者所说:"一统"和"大一统"思想,三千年来浸润着我国人民的思想感情,这是一种向心力,是一种回归的力量。这种力量的源泉不是狭隘的民族观念,而是一种内容丰富,包括有政治、经济、文化各种要素在内的"实体",而文化的要素有时更占重要地位。"华夏文明"照耀在天地间,使人们具有自豪感和自信心,因而是无比的精神力量。它要求人们统一于"华夏",统一于"中国",这"华夏"与"中国"不能理解为大民族主义或者是一种强大的征服力量,它是一种理想,一种自民族、国家实体升华了的境界,这种境界有发达的经济、理想的政治、崇高的文化水平而没有种族歧视及阶级差别,是谓"大同"。当然这种升华的概念是逐渐形成的。

历史上,凡是为中国各民族团结和祖国统一大业做出过贡献的人,无不受到人们的尊重。汉代的昭君出塞,唐代的文成公主入藏,从历史主义的观点来看,不仅在当时为维护民族团结、增进民族友谊做出了贡献,客观上也为中华民族的形成和发展起了重要作用。唯其如此,王昭君和文成公主才成为各族人民共同敬仰、缅怀的英雄式的人物。

下面这首诗在中国大地上被人们广泛吟颂,从成人到学童,几乎人人耳熟能详:"死去元知万事空,但悲不见九州同。王师北定中原日,家祭无忘告乃翁。"这首题为《示儿》的诗,大意是:对于个人即将面临死,本来没有什么可眷恋的。唯一的遗憾是,我生前看不到祖国统一的那一天了。待到有那么一天,朝廷的军队收复了中原失地,在家里祭祀的时候,可千万把这个大好消息告诉九泉之下的你的老父亲啊!

已经 85 岁的陆游,几乎把一切置之度外了,唯独祖国的统一,让他百般牵挂。

陆游是汉族人。实际上,在中华民族大家庭中,维护各民族团结和祖国统一,也是各个少数民族广大人民群众的共同愿望,历史上在这方面留下了许多可歌可泣的英雄事迹。冼夫人(名字及生卒年月不详)是俚族人。俚族是生活在我国岭南地区的一个古老民族。535 年她与高凉太守汉族人冯宝结婚,人称"冼夫人"。冼夫人一生经历了南朝时期的梁、陈和隋朝,她一直以自己的才智、勇气和威望,同分裂分子与分裂势力进行斗争,维护汉俚两族的团结和祖国的统一,为岭南地区的安定做出了卓越贡献,受到朝廷的表彰和汉、俚人民的爱戴。冼夫人每逢年节,便把三朝赠送给自己的礼物拿出来展示,以此激励子孙热爱祖国,积极维护祖国的和平统一。冼夫人经历了三个朝代,备尝艰辛,但爱国、报国之心从未动摇,赢得了后世各族人民的敬仰。

中国民主革命的先行者、伟大的爱国者孙中山先生,一生中坚决维护国家和民族的统一。他回顾了中国历史的发展后指出:中国"凡统一之时就是治,不统一之时就是乱的"。他得出这样一个结论:"提倡分裂中国的人一定是野心家。"

其二,中国传统的爱国主义精神,有一个显著特征,就是"忧患意识",即自觉地关心国家和民族的前途和命运,有以天下为己任的社会责任感。

"莫谈国事",是一些专制主义者在统治虚弱时强加给人民的。而中国传统文化精神,则要求人们关心政治、关心国家大事,关心天下兴亡,树立起崇高的社会和历史责任感和使命感。从孔夫子的"君子忧道",到"向来忧国泪,寂寞洒衣巾"(杜甫语)、"以国家之务为己任"(韩愈语)、"位卑未敢忘忧国"(陆游语)、"先天下之忧而忧,后天下之乐而乐"(范仲淹语)、"贤者不悲其身之死,而忧其国之衰"(苏洵语)、"报国之心,死而后已"(苏轼语)等历史名句,直到后来妇孺皆知的"天下兴亡,匹夫有责",无不体现了这一精神。伟大爱国者屈原及中国历史上无数志士仁人,给我们留下的宝贵遗产之一,便是那种深沉、博大的忧国忧民的精神。

忧国忧民,不唯社会贤达、志士仁人所有,也是中国老百姓的品格。战国时期,有个贩牛的人叫弦高。公元前 627 年,秦穆公出兵偷袭郑国,想里应外合灭掉郑国。恰好弦高赶着牛群前往洛阳做生意,中途得知了这一消息,他忧心如焚。弦高一面派人回国报告军情,一面自己冒充是郑国的使者,特送牛来犒劳秦军,秦军产生错觉,以为郑国有防备,不敢轻举妄动,最后因心虚而退兵。一个老百姓,以自己的拳拳爱国之心和临危不惧的大智大勇,避免了国家的一场灾难。

1840 年后,随着清王朝的衰落和西方殖民主义对中国的入侵,中华民族的忧患意识更加强烈。近代民主思想的传播,近代民族和国家观念的逐步确立,这种忧患意识发展到了一个新的历史阶段。有的爱国者发出了这样的感叹:"今天下之可忧者莫中国若,天下之可爱者莫中国若。吾愈益忧之,则愈益爱之;愈益爱之,则愈益忧之。"这种忧国忧民和爱国爱民、救国救民的时代紧迫感和民族自豪感相互交织,构成清末爱国主义的一个重要特征。在爱国志士看来,当时我们的祖国既壮丽又丑陋,既富饶又贫穷,既伟大又孱弱,既处于存亡绝续之秋,又有振兴腾飞的机会。关键是我们中华儿女能否发挥"伦理的观念之爱国心",既为祖国的悠久历史和古代灿烂文明而感到自豪,又能在祖国备受蹂躏、满身疮痍的情势下,充满胜利信心,进行坚韧不拔的救国斗争。

强烈的忧患意识和爱国心,在各界、各阶层人士中,都有突出的反映。女界喊出了"天下兴亡,匹妇亦有责焉"的口号。工人、农民、贩夫走卒,直至青楼女子,不少人投入到爱国救亡的行列之中。

忧患意识,还表现为一种居安思危、积极变革进取的精神。关于这一点,许多历史人物身上都有鲜明的体现。

其三,传统的爱国主义精神,还集中体现在不屈不挠的反抗外来侵略和压迫的战斗牺牲精神。

同仇敌忾、不屈不挠地反对外来压迫与外来侵略,是中国传统爱国主义精神的又一个特征。岳飞、文天祥、史可法等,是特定历史时代的一种典型的代表。而戚继光、郑成功等,则是抗击外国侵略、收复祖国失地的民族英雄。明朝中叶后,中国东南沿海倭患严重。"封侯非我望,但愿海波平",戚继光发誓扫平倭患,保卫祖国的神圣海疆。他组织训练了一支纪律严明、能打硬仗的"戚家军",经过十余年的英勇战斗,终于平定了倭患,谱写了一曲爱国主义的凯歌。1624年,荷兰殖民主义者侵占了中国的神圣领土台湾。1661年4月21日,郑成功率领两万多人的正义之师,从金门出海东进,给在台湾的荷兰侵略者一个又一个致命打击。1662年,曾经不可一世的荷兰殖民主义者举起白旗投降,被殖民者侵占了38年的宝岛台湾,终于回到了伟大祖国的怀抱。戚继光、郑成功是中国人民不屈不挠精神的象征,是传颂千古的爱国主义典范。

到了1840年后,在新的历史条件下,这种精神又有了新的内涵。人们把反对殖民主义、帝国主义侵略同反对封建专制主义结合起来,把反对外国侵略和学习外国长处结合起来,为保卫祖国、振兴中华而英勇奋斗。志士仁人发出了感人肺腑的声音:

"国家即我命根!"

"爱国之士,苟其事有利于国者,虽败己之身,裂己之名,犹当为之!"

"头可断,身可灭,家可毁,而地不可失,种不可奴,国不可亡!"

"不自由,毋宁死,国耻不伸,民愤不泄,独何生为!"

在爱国主义大旗的指引下,中华民族各族儿女前仆后继,流血牺牲,终于使帝国主义瓜分中国的阴谋无法得逞。

抗日战争时期,在中国共产党的领导下,中国人民的爱国主义精神又一次得到发扬,经过全民族的8年浴血奋战,打败了穷凶极恶的日本侵略者。无数先烈和英雄的名字,已铭记在人民的心中。

其四,中国传统的爱国主义精神也表现在热爱乡里,把爱乡里和爱祖国高度统一起来。

"谁不说俺家乡好!"这里的家乡,小处来讲,是指曾经或者一直生息的故乡,放大而言,则是养育我们的祖国。祖国和家乡的命运,是息息相通的,不可分割的。所以,中国传统的爱国主义美德,还包括了热爱家乡、故土。

弘扬爱国主义精神,推动社会改革与发展

爱国主义,历来是动员和鼓舞中国人民团结奋斗的一面大旗,是推动我国社会历史前进的巨大动力,是全国各族人民的精神支柱。中国共产党高举爱国主义的大旗,团结全国各族人民经过 28 年的英勇奋战,推翻了压在中国人民头上的三座大山,建立了中华人民共和国,结束了半殖民地半封建社会的屈辱历史。在斗争中,中国共产党不断发展充实爱国主义的内涵,将一切可以团结的人们集结在爱国主义的旗帜之下,并逐渐把爱国主义和无产阶级国际主义结合起来,把爱国主义和社会主义、共产主义联系起来,引导中华民族朝着更高的目标前进。正是靠这种精神,我们才打破了帝国主义的封锁,打退了资产阶级思想对革命队伍的腐蚀,稳住了人民共和国的脚跟。同样,正是靠这种精神,我们才粉碎了"四人帮",结束了"文化大革命"这场浩劫,使我们的国家沿着正确的方向健康发展,并取得了举世瞩目的伟大成就。

改革开放以后,党中央非常重视爱国主义教育。邓小平同志在许多重要场合都反复强调要发扬爱国主义精神,要教育广大党员和群众爱党、爱国家、爱社会主义。他指出:"必须发扬爱国主义精神,提高民族自尊心和自信心。否则我们就不可能建设社会主义,就会被种种资本主义势力所侵蚀腐化。"他还告诫我们:"如果中国不尊重自己,中国就站不住,国格没有了,关系太大了。中国任何一个人在这个问题上犯了错误都会垮台的,中国人民不会原谅的。"

必须强调指出,我们今天说发扬爱国主义精神,一定要以邓小平建设有中国特色的社会主义理论为指导,坚持党的基本路线,突出改革开放的时代特点,促进社会主义现代化建设。正如中共中央 1994 年印发的中共中央宣传部拟定的《爱国主义教育实施纲要》中所指出的:"开展爱国主义教育的目的,是要振奋民族精神,增强民族凝聚力,树立民族自尊心和自豪感,巩固和发展最广泛的爱国统一战线,把人民群众的爱国热情引导和凝聚到建设有中国特色的社会主义伟业上来,引导和凝聚到为祖国的统一繁荣和富强做贡献上来。做有理想、有道德、有文化、有纪律的社会主义公民,为实现四化、振兴中华的共同理想团结奋斗。"纲要还特别指出,爱国主义教育必须坚持对外开放的原则。爱国主义绝不是狭隘的民族主义,我们既要继承和发扬中华民族的优秀成果,也要学习和吸收世界各国包括资本主义发达国家所创造的一切文明成果。只有这样,中国人民才能和各国人民一道,为促进世界和平和人类进步做出自己的贡献。

可以说,建设有中国特色的社会主义,是新时期爱国主义的主题。弘扬爱国主

义精神,增强民族自尊心和自豪感、自信心,要在社会上造成这样一种浓厚氛围:以热爱祖国、为建设社会主义祖国做贡献为最大光荣,以损害社会主义祖国利益、尊严和荣誉为最大耻辱。

爱国主义和一个人的政治理想、政治信念、道德情操紧密联系在一起。纵观历史,所有站在时代前沿的人物,像一些著名的改革家、革命家、英雄人物等,他们可能不是马克思主义者,不是共产主义者,但一定是爱国主义者。他们的思想,起初都源于对祖国前途命运的关心。一个人如果没有对国家、对社会的责任感,就不可能有牺牲精神和献身精神,也就不可能努力为国家的民主、富强去建功立业。

目 录

清初人物

学统学案

后记

近代人物

东河总督任上的林则徐

林则徐是中国近代史上一位伟大的爱国者,也是封建地主阶级中一个精明能干的政治家和经世之才。本文拟对在河东河道总督(简称东河总督)任上的林则徐作一简要介绍,以纪念这位伟大历史人物诞辰 200 周年。

(一)请辞与上任

1831(道光十一年)11 月 10 日,林则徐由江宁布政使擢任河东河道总督。在封建社会里,河道和漕运、盐政历来被视为"肥缺"。河工帑项是清政府历年财政支出的大宗,但其中大部分为大小官吏所侵吞。"实用之工程者,十不及一。其余以供文武员弁之挥霍,大小衙门之应酬,过客游士之余润。凡饮食、衣服、车马、玩好之类,莫不斗奇竞巧,务极奢侈。"[①]因此,东河总督这个美差,自然是清朝一些官吏所梦寐以求的。

林则徐却做出了异乎寻常的举动。接到擢任河督谕旨后,即于

---

① 薛福成著:《庸庵笔记》卷 3,商务印书馆 1937 年版,第 68 页。

10月19日上奏清廷,以不谙河务之名,请皇帝另行简放。林则徐为什么要请辞呢?有的学者认为,这是林则徐认识到河工杜弊不易而有所顾虑,希望通过请辞来获取更大的支持。其实,林则徐请辞的最根本的原因,是他切实地感到自己缺乏河工经验,深恐有负皇帝重任。他的请辞是真诚的,绝非故作谦虚。

林则徐为官一向十分重视实践经验。他曾经对僚属说"吾恨不从牧令出身,事事由实践",意思是做官最好从基层做起,以取得各方面的实际经验,以后做大官才不至于被人欺蒙①。1820年,林则徐由翰林院放杭嘉湖道,未历经河工。1822年任江南淮海道,虽有兼管河工之责,但上任时间不及一个月即调任江苏按察使,加之又值河工岁末停工,林并未顾及河工之事。1825年2月,清政府任命丁忧在家的林则徐赴南河高家堰工地,虽为时约有数月,但"所司祗督催,并未经手工程,于河务仍属阂隔"。不错,林则徐一向注重研究水利,也取得一定的实际经验。但兴修水利与治河毕竟不是一回事。林则徐讲自己不谙河务,当属事实。若"聚膺总河重任,既不明于形势,又不审于机宜,纵使赶紧讲求,已属缓不及事"。何况河工弊端极多,若不熟悉,"周知其弊","终无不受人欺之明"。一旦措之有误,"狡猾之徒即皆生心尝试"。林则徐还认识到,河工事务与地方事务不同。地方上哪些有利当兴,哪些有害当除,一时看不清拿不准,可以容时间察看。纵使一时一事受人蒙蔽,而挽回补救,犹可徐图,而"河工事多猝来,计不旋踵,苟胸无定见,一事被蒙,毫厘之差,即成千里之谬"。"设或猝遇险工,束手无策,游移牵掣,致失机宜",那就可能误了大事,造成无法弥补的损失。基于上述原因,林则徐奏请将东河总督一缺另赐简放,"以重河防"。②

后1832年3月,林则徐在河南归河厅查验料垛之际,接到补授江苏巡抚的谕令。他在4月28日致房师沈鼎甫的一封信上说:"则徐宣防未习,本不宜久厕河墀,圣慈曲体下情,默俞前请,俾得脱离河职,感极涕零。"③

对于林则徐的请辞,道光帝在谕旨中批复说:林则徐所称向未谙习河防形势及土埽各工作法,"俱属实情,并非有意推诿"。但念林则徐由翰林出身,曾任御史,出膺外任已历十年,品学俱优,"办事细心可靠,特畀以总河重任"。所以如此,是因为"朕原恐熟悉河务之员深知属员弊窦,或意存瞻顾,不肯认真查出"。林则徐不是河员出身,正可厘剔弊端,毋庸循隐。道光要求林则徐"不避嫌怨,破除情面,督率所属,于修防要务悉心讲求,亲历查勘,务合机宜,以副重寄"。并令林则徐立即前赴新任,不要再以不谙河务为由加以推辞。道光帝任用林则徐还有一个原因,他在林则徐的奏折上批道:"当今外任官员,清慎自矢者固有其人,而官官相护之恶习,牢不可

① 徐珂编撰:《清稗类钞》,中华书局1984年版第三册,第1255页。

② 林则徐:《补授河督谢恩并陈不谙河务请令简放折》,中山大学历史系中国近现代史教研组、研究室编:《林则徐集·奏稿》(上),中华书局1962年版,第10页。

③ 林则徐:《致沈鼎甫》,新知识出版社丛刊本《鸦片战争》,1954年版,第567页。

破。此皆系自顾身家之辈,因循苟且,尸禄保身,甚属可恶。"①在道光帝看来,林则徐既是"清慎自矢"之人,又不是"因循苟且、尸禄保身"之辈。此时道光帝对林则徐是十分信任的,用人也算颇有眼光。

请辞不成,林则徐要前往山东赴任了。

前人评价林则徐云:"盖其自监司陟疆圻,所至有恩。每莅一事,不动声色,必挟全副精神以赴之。而生平所致力者,尤在农田水利,久办河工,洞悉利弊。"②林则徐确实是一位不干则已,干就全力以赴的封疆大吏。此次他前去山东赴任,其做法也颇与众不同。

林则徐在江苏扬州勘灾途次接到道光不允所请、着其即赴新任的谕旨,他没有径自直奔济宁办理交接手续(时东河总督管辖山东和河南两省境内黄河、运河防修事务)。林则徐考虑到当时运河河道岁办冬挑工程亟应兴举,如果俟到任后再前往勘察,恐怕延误时日。于是他请旨"取道闸河先行顺途履勘,以便兴工挑办,免致耽延"。还未正式上任,就踏实认真地做起事来了,这也从一个侧面显示出林则徐为官的难能可贵。无怪乎道光帝高兴地批示道:"一切勉力为之,务除河工积习,统归诚实,方合任用尽职之道,朕有厚望于汝也。慎勉毋怠!"③

(二)深入实际注重研究

这样,林则徐沿大运河一面勘察河工,一面往北走,24 天后,于 1832 年 1 月 10 日才在山东邹县接收了前任河督严烺派副将等前来移交的河督关防。

林则徐到达东河总督衙属所在地济宁州后,先对山东境内运河部分工程做了查验和安排,接着便沿黄河两岸开始了漫长的考察。他由黄河北岸曹考厅上堤,查到郑州(黄沁厅),问渡而南,循顺东行。复从当河渡过北岸,查验下游之曹河、粮河两厅,一路查验料垛、整顿积弊,走遍了河南、山东十五厅。一路上,林则徐对各工段检查得格外仔细。沿河料垛七千余座,林则徐一行逐一拆验,"计束称斤","从实从严"。历来河督验料往返不过半个月,林则徐却整整用去了一个多月的时间④。

林则徐深知自己不谙河务,路上特别讲求访问,经常深入到兵弁、夫役中间进行调查研究,取得了大量的第一手材料。他了解到,沿河料垛多处于有工处所。但因河堤地段本不甚宽,加之兵夫堡房林立,而秫秸料每垛长六尺,宽一丈五尺,占地面

① 林则徐:《起程赴河东河道总督新任折》,《林则徐集·奏稿》(上),第 11—12 页。

② 何刚德:《客座偶谈》卷一,《春明梦录·客座偶谈》,上海古籍书店 1983 年影印版,第 5 页。

③ 林则徐:《林则徐集·奏稿》(上),第 12 页。

④ 林则徐:《验催运河挑工并赴黄河两岸查料折》,《林则徐集·奏稿》(上),第 19 页。

积较大,不能统统堆放于大堤上。堆在堤上的称"门垛",在堤下者为"滩垛""底厂"。门垛因为在明面上,多属完整,秸料的质量都好。而远在堤下的滩垛、底厂就成了"掩藏之薮","最易蒙混"。另外,那些表面上架井虚空、朽黑霉烂的料垛,自然不难一眼看出。但一些官员营私舞弊,有的理旧翻新,名曰"并垛";有的以新盖旧,名曰"戴帽"。还有的在垛中间填上碎料杂草以衬高宽,垛周围则插上一些短节秸根加以巧妙掩饰,这些奸诈的做法,如不抽拔拆视,就很难看清其底细了。

林则徐洞其伎俩,总于每垛夹档之中,逐一穿行,量其高宽丈尺,看其新旧虚实,有松即抽,有疑即拆,按垛计束,按束称斤,无一垛不量,无一厅不拆,使那些弄虚作假者难以掩藏。① 林则徐这么严肃认真,过去人们绝少见过,故林则徐每到一处,兵夫居民观者如堵。

林则徐在沿黄河督查河工时,还调查了碎石及岁料的耗用情况。道光帝曾怀疑过:既然河工改用碎石代替部分秸料抛护,防险用的岁料开支自应减少。然而历年碎石工程无岁不有,其支出没有丝毫节省,究竟碎石工程于治河是否有益?为此,林则徐数次来到黄河大堤,认真地向有经验的兵民请教。了解到每遇险工紧急溃埽塌堤时,用碎石力加抛护,效果十分显著。为了进一步验证,林则徐来到埽前有碎石工程之处,仔细测量,悉心揣度,看到:埽工势成陡立,溜行迅急,"每易淘深",因而埽前之水深有数丈。"而以碎石斜分入水,铺作坦坡,既以偎护埽根,并可纡回流势"。林则徐在给道光帝的奏折中,肯定了碎石抛护的做法,并指出:用料节省与否,"天事居其半,人事亦居其半"。"在工人员果皆讲明利弊,自无枉费之工,果皆激发天良,自无妄开之费"。并表示,他一定认真督查,找出节省岁料的有效办法②。

为了做到胸中有数,林则徐绘制了一幅黄河形势图,挂在墙壁上。"实绘全河形势于壁,孰夷孰险,一览而得,群吏公牍,不能以虚词进,风气为之一变"③。

(三)奖惩严明　讲究实效

在东河总督任职期间,林则徐力振因循,奖惩严明。早在抵达山东邹县时,林则徐给道光帝上一奏折,其中表示:"河工积习,尤所熟闻,将欲力振因循,首在破除情面。臣惟有自持刻苦,不避怨嫌,以防意者防川,以纠心者纠吏,务冀弊除帑结,工固澜安。"④

林则徐这样说的,也是这样做的。接任之后,林则徐即赴济宁南北运河各工段

① 林则徐:《查验豫东各厅料垛完竣折》《林则徐集·奏稿》(上),第27页。
② 林则徐:《访查东河抛护碎石工程情形折》,《林则徐集·奏稿》(上),第29—31页。
③ 《续碑传集》卷24,沈云龙主编:《近代中国史料丛刊》第99集,文海出版社1966年影印版,第5页。
④ 林则徐:《接任河东河道总督日期折》,《林则徐集·奏稿》(上),第13页。

"逐细勘查","挨次验催",对办不如式或偷减尺寸、贴边垫崖等,轻则令其翻挑,重则严参惩办,务期一律(深)平。

林则徐上任的第二年正月,在南至滕汛北到汶上等汛沿河勘查。注意到沿堤出土之路,渐被泥浆抛散,遇冷冻结,形成一条条的泥龙,往往工程完毕而"泥龙"尚未除净。据各汛员弁禀称,这些"泥龙"历来都是全段工程完毕后再行清除。林则徐看到,这些"泥龙"日积月多,最后挑运将更为费事,而且一经春雨,大量泥沙就会又冲入河心。于是,林则徐严饬工员押令夫役,凡一段工程结束即将此段"泥龙"起净。凡已挑未净之处,"官差夫头先量予惩责"。来到钜嘉汛工段,林则徐发现工程丈尺虽无差错,但未居中挑挖,稍偏于东岸之处。这样,日后靠西岸就可能泥沙积淤、河床变窄。林则徐将该汛主薄徐恂摘去顶戴,令其督夫加挑,展宽丈尺,务使一律均匀。俟工竣时查验如果合格,即给还顶戴。如果不按规定去做,立即咨请革职,以儆效尤。①

1832年3月4日,当林则徐沿黄河视察到开归道属上南厅工次时,接到禀报,即将检查到的虞城上汛十六堡底厂秸垛于深夜三更时分失火,焚毁秸料计五十六垛。按照清王朝惯例,烧毁的料垛应于一年内赔完补齐。但林则徐却当即严批:饬上南厅勒限赔补,务必于河督到达该工次以前赶补足数。届时查验若有短少虚松,或查有捏情,一定从重参办。结果按常规一年内才能做完的事,仅仅用了半个月,即将秸料赔补齐全。林则徐将守厂的记名外委兵丁韩松茂等,严行审讯,将外委吴相临斥革,其他有关员弁也分别做了处理,对此,道光皇帝十分感慨,批道:"动则如此勤劳,弊自绝矣。做官皆当如是,河工尤当如是。吁!若是者鲜矣。"②

在兰仪厅蔡家楼,林则徐发现一处垛底有潮湿之料。这本算不上什么大事。但林则徐考虑到,如果让办料的于卿保还留在兰仪厅任上,恐其易于掩藏蒙混。于是请旨将于卿保革职。"责成接任之员逐垛拆晾"。当检查到曹河、粮河两厅时,林则徐发现秸料斤两虽然不差,但料垛尺寸加大,不合规格,概系堆手粗疏所致。林则徐当即令其拆改另堆,合格为止。道光帝闻报后写道:"向来河工查验料垛,从未有如此认真,揆诸天理人情,深可慨也。"③

东河总督任期内,林则徐还对东河所属的军队进行了严格的整顿。1832年4月中旬,桃汛过后,林则徐集中河标四营进行校阅。在表演弓力时,林则徐细心观察,根据其实际表现当场把每个员弁分成优劣若干等。列为超等者,优加奖赏;稍次一等者,也加以勉励。对在整个校阅中表现确实出色的,林则徐令人逐一登记造册,以

---

① 林则徐:《验催运河挑工并赴黄河两岸查料折》,《林则徐集·奏稿》(上),第18—19页。

② 林则徐:《查勘豫省商虞厅料垛被烧分别办理折》,《林则徐集·奏稿》(下),第25页。

③ 林则徐:《林则徐集·奏稿》(上),第28页。

备选拨。对技勇平常者，"弁则分别降责，兵则责革示惩"。对那些技艺稍生但尚年轻力壮者，"勒限演习，另候覆验"。林则徐表示，一定要督饬这支军队，"勤加操演，毋得旷时，务使纪律严明，咸成劲旅"①。

林则徐在东河总督任职期限时间不长，但他的所作所为，给山东、河南黄河两岸的人民留下了深刻的印象。1841年，黄河在开封西北处决口，开封城陷入一片汪洋。西戍途中的林则徐奉旨赴开封河工"效力赎罪"。消意传开，"闻林制军则徐将来，绅民无不喜悦。林公前任河南布政使及河东河道总督，人皆服其干略。后以两广总督严禁吸食鸦片，英夷滋事，被谪发往伊犁。至是复奉旨发往河东效力赎罪，故闻之者共相庆也"②。"初，林公之来也，汴梁百姓无不庆幸，咸知公有经济才。其在河上昼夜勤劳，一切事宜在在资其筹划。至是已具奏定于初八日合龙矣，旋奉旨仍发往伊犁，于是日起行，百姓闻之，皆扼腕叹息，多有泣下者。"③这反映了人民群众对林则徐的信任与拥戴。

（郑永福撰，《历史教学》1986年第7期，收入本书时略有增补）

---

① 林则徐：《校阅河标四营官兵折》，《林则徐集·奏稿》（上），第40页。
② （清）痛定思痛居士撰，李景文等点校：《汴梁水灾纪略》，河南大学出版社2006年版，第36页。
③ （清）痛定思痛居士撰，李景文等点校：《汴梁水灾纪略》，河南大学出版社2006年版，第86页。

钦差大臣林则徐视察澳门

澳门自古以来就是中国的领土。葡萄牙殖民主义者于 1553 年,用贿赂手段取得在澳门停靠船舶的便利,又用不正当的手段于 1557 年正式留居澳门。从这时起直到 1848 年,虽然葡萄牙盘踞澳门,但明王朝和清王朝对澳门一直行使主权。葡萄牙则通过缴纳地租取得在澳门的居留权,在向中国当局纳税的前提下取得在澳门的贸易权,并在清王朝的默许、监督下建立起葡人自治机构,取得了一定的自治权。澳门成了在中国管辖下由葡萄牙人经营的一块特殊的地方。

1839 年,林则徐作为钦差大臣来到广东后,为了制定正确的方针政策,有效地开展禁烟斗争,他十分关注在中西方交往中地位极其重要的澳门,并在澳门问题上采取了一系列的有力措施。禁烟斗争中,林则徐还亲自巡阅澳门,写下了澳门历史上重要的一页。

早在抵达澳门之前,林则徐即用密件嘱广东省官员派人化装调查在澳门的鸦片烟犯。抵粤后,又派人秘密赴澳门,暗加查访。

为了了解"夷情",林则徐积极组织人力,从在澳门发行的各地出版的英文报刊中摘译有关资料。这些资料涉及西方政治、经济、军事、文化、天文、地理及风土人情等。后林则徐将其分类整理选编成《澳门月报》。《澳门月报》共五辑,计有《海中国》《论茶叶》《论禁烟》《论各国夷情》《海用兵》。从这些资料中,林则徐了解到英国政府纵容和支持对华鸦片贸易及其所获利益情况,英国国内一些人谴责鸦片贸易、支持中国反毒禁烟的情况,中国禁烟的消息传到英国后对英国的震动,以及英国政府准备发动侵华战争的情况等。同时,林则徐通过这些资料,对西方国家的政治、文化也有了一定的了解。

林则徐自北京南下时,英国鸦片贩子查顿就跑到澳门,然后从那里逃回国。还有不少各国鸦片贩子躲在澳门,观望中方禁烟事态。1839 年 3 月 18 日,林则徐在广州发布责令外国商人尽数呈交鸦片的命令时,鉴于鸦片贩子势必取道澳门逃离中国的动向,于次日通过粤海关监督发布了禁止一切外国商人离开广州前往澳门的通告。义律怕中国官府前往澳门缉捕藏匿在澳门的英国奸商,于 1839 年 3 月 22 日请求澳门总督边度(Pinto)保护在澳门的英国居民。边度表示只保护守法侨民,不保护从事非法贸易的商人。3 月 24 日,义律自澳门赶到广州,策动已被中国官府传讯的鸦片贩子颠地乘夜逃遁。林则徐截回颠地后,增派军队,切断广州与澳门之间的一切交通,迫使义律交出鸦片。与此同时,林则徐在澳门采取一系列措施,澳门也进入禁烟运动高潮。

林则徐在斗争中,很注意策略,在重申中国对澳门拥有主权的前提下,维持现状,即容忍葡萄牙的寄居权,继续给予贸易上的优惠待遇。他委派道台易中孚负责澳门政务(此前管理澳门的官员仅为同知),接着对澳门进行全面的户口清查。经查,澳门有中国居民 1772 户,男女 7033 丁口。葡萄牙居民 720 户,男女 5612 丁口,英国"僦居夷人"57 户。中国官员仿照内地编查保甲之法,登记造册。清查工作中,林则徐严令中方官员督同澳葡当局"搜查夷楼,有无囤贮鸦片",一俟查获囤烟或庇匿别国烟贩,"即行随时惩办"。澳葡当局慑于压力,只好配合中方行动,且对葡萄牙籍有违禁行为的人也不留情,并向中方出具了"随同(中方)官宪驱逐卖烟奸夷"的保证。

此前,由于澳门葡萄牙人曾窝藏"英夷",被林则徐等下令停止贸易数月。后来在澳门葡萄牙当局改变态度的情况下,林则徐允许澳门继续通商,开展正当贸易。林则徐采取了"容葡抗英"的政策,受到澳葡当局欢迎,他们协助中方在澳开展鸦片清查,驱逐英国鸦片侵略者,且当后来义律妄图重返澳门时,亦予以坚决拒绝,表示要遵守中国章程。英国侵略者不肯罢休,不断制造事端。为示惩戒,林则徐决定将英国人驱逐出澳门。大约到了 1839 年 8 月 27 日后,澳门已基本不见英国人的踪影。

1839 年 9 月 3 日,林则徐、邓廷桢等统率官兵,巡阅澳门。明清中国高级官员巡视澳门,已形成一个历史传统。寄居澳门的澳葡当局,在迎送方面也逐渐形成了一定的仪式。据载:"凡天朝官如澳,判事官以降皆迎于三巴门外,三巴炮台燃大炮,蕃兵肃队,一人鸣鼓,一人飐旗,队长为帕首靴裤状,舞枪前导。及送亦如之,入谒则左右列坐。如登炮台,则蕃兵毕阵,吹角演阵,犒之牛酒。其燃炮率以三或五发、七发,致敬也。"①

9 月 3 日清晨,林则徐与邓廷桢统官兵 200 余人出关。他们从前山出发,进入古官闸,穿过莲花茎直抵莲峰古庙。澳门的民政长官率领百名士兵、4 名军官在关闸恭迎中国钦差大臣的到来。军官戎装佩剑,士兵肩荷火枪,乐队奏西洋乐曲。在莲花古庙,林则徐向澳门葡方民政长官申明禁令,要求其安分守法,不许囤贮禁物,不许徇庇奸夷之意。林则徐还赏给葡萄牙官员色缎、折扇、茶叶、冰糖等物,赏给葡萄牙士兵酒、肉、面等及银元 400 元。然后,林则徐一行穿越街道巡视,后返回前山。途中,中国居民扶老携幼,夹道欢呼,在好几个地方搭起牌楼,用绸花和写满颂词的对联装饰得堂皇雅致。葡萄牙居民也叠背摩肩,争先恐后地前往观看。视察过程中,三巴、妈阁、南湾等炮台在林则徐等经过时还鸣放礼炮 19 响(西方人记载 21响),以示敬意。

对于林则徐巡视澳门,英文《中国丛报》上有一段生动的记载:

"本月三日清晨,一队葡萄牙士兵在乐队的伴同下,向葡辖区东北边境的关闸开去。太阳初升时,人们看见一支长长的队伍从前山开了过来,在八点钟进入了关闸,然后,在葡萄牙士兵的护卫下,朝莲峰庙进发,进入庙前那片广阔的庭院,其情景是

---

① 印光任、张汝霖著,赵春晨点校:《澳门纪略》,广东高等教育出版社 1988 年版,第 65 页。

非常有趣的。是晨天空晴朗,在小山的斜坡下,这个院子十分凉爽。成群结队的看热闹的人,已经聚集在院外。而院子内,澳门理事官、(中国)同知、知县以及钦差大臣的代表,已在那里恭候。各种礼物——银子、丝绸、茶叶、猪和角上扎了红绸带的小牛,也已摆设在庙的正门口。队伍由二百名左右士兵组成,约摸有四百多码长。……一名骑马的军官最先到达,随后是抬大锣的,接着是一队扛旗的中国士兵,引导着钦差大臣的八人大轿。走在轿旁的,还有一队葡萄牙仪仗兵。然后过来一小队本地士兵,为邓总督开路。在他后面,跟随着其他官员和军队。大员一到,受到恭候官员的迎接,然后被引进庙堂,在那里稍事休息并与理事官举行会谈。"

"九点钟时,队伍再次出发,紧挨筷子基而过,穿过同名的中国村庄,在三巴炮台的礼炮声中进入花王庙旁边的大门,走上内港边的长长的街道,然后经过关部行台、中国税馆,再经龙须庙和小三巴,到达西望洋炮台旁边的娘妈阁。稍事停顿之后,重新折回小三巴,走进小巷,沿着大码头一直往前走,到达麻风庙的大门口,然后走上医院路,在三巴炮台下转了一圈,最后从花王庙的大门出去。这时,礼炮轰鸣二十一响,就和进来时一样。……当地的中国居民在好几个地方搭起了牌楼,用绸花和写满颂词的对联装饰得堂皇雅致。在钦差大人必经的道路上,人们在家门口和店铺门口摆上香案,上面堆满了鲜花等物。'这是为了',一位看热闹的居民说,'表达他们对大人的感恩戴德之心。是他戒除了他们的恶习,又销毁和禁绝了鸦片,从而将他们从一场死劫中拯救出来。'"①

林则徐巡阅澳门,有着重要意义。

18 世纪末,澳门成了走私鸦片的集散地。当时的高楼街、山水园、白马行街、十六柱大街等,便是进行罪恶鸦片贸易的黑窝。尽管林则徐到广州后采取严厉的禁烟政策,但仍有葡萄牙人将鸦片存贮夷楼,贩卖渔利。不法奸商在澳门继续偷卖残存鸦片。林则徐亲自到澳门巡视,无疑是对鸦片贩子的一个打击与震慑。

林则徐巡视澳门,观看了主要商业区及文化中心,观察了澳门当时最有名的建筑和军事设施,又考察了澳门西方人的居住区,不仅对澳门本身有了更多的了解,也大大增加了对西方社会诸多方面的感性认识。

林则徐对澳葡官员申明大义,要求他们安分守法。澳葡官员通过译员向林则徐、邓廷桢表示,200 余年来,葡人"长保子孙,其安乐利,心中感激,出于至诚,何敢自外生成,有干法纪,现在随时同(中国)官宪驱逐卖烟奸夷,亦属份内当为之事"。②

林则徐等还在澳门抽查民屋,核对户口,并在巡阅后向道光帝上奏折,要求允准每年编审澳门户口一次,派官员轮替抽查,力图通过此法,加强对澳门的管理,惜被道光皇帝否决。鸦片战争爆发后,由于清王朝的腐败与妥协,林则徐的种种努力及

① 《中国丛报》Chinese Repositoty,亦译《中国文库》八卷五期,1939 年 9 月。

② 中山大学历史系中国近代现代史教研组、研究室编:《林则徐集·奏稿》(下),中华书局 1962 年版,第 682 页。

设想,一并付之东流。1849年3月13日,葡澳当局以武力驱逐在澳中国政府官员,拆毁位于望厦村的香山县衙署,强据澳门。1888年换文批准的中葡《和好通商条约》,使葡萄牙取得了在澳门"永居、管理"的权利。

（郑永福、吉喜祥撰,原载《中国近代史通鉴》第一卷《鸦片战争》,红旗出版社1997年版）

义士沈志亮与葡澳总督阿玛拉被杀案

澳门位于广东省珠江口西侧,原属广东省香山县。明嘉靖三十二年(1553),葡萄牙殖民者强行租占澳门,鸦片战争后不断扩大范围。清光绪十三年(1887),清政府同葡萄牙签订了中葡《会议草约》和《中葡和好通商条约》,尽管条约文本上规定的是葡萄牙人在澳门有条件地永驻管理,但实际上澳门完全沦为葡萄牙统治。然而,在这片世代属于中国的土地上,中国人民从未停止过反抗侵略者的斗争,义士沈志亮智杀澳督阿玛拉的英勇行为就是其中之一。

(一)阿玛拉来澳使命

澳门自古就是中国的领土。1553年,葡萄牙人取得了在澳门码头停靠船只并进行贸易的权利,之后,又借口曝晒水渍货物,贿赂了当地官府,得以上岸居留。接着,又擅自修建墙垣和设置哨防,强行把澳门变成了租地。此后,尽管他们居心叵测,并不断地与广东官府发生冲突,但所拥有的也只是居住权和互市贸易而已,澳门的管辖权一直掌握在明清当局手中。

清道光二十年(1840)爆发了鸦片战争,清政府战败,相继被迫签订了《中英南京条约》《中法黄埔条约》《中美望厦条约》,这一系列丧权辱国的不平等条约的签订,使葡萄牙更看到了清政府的腐败无能,于是便撕下了以往"恭顺"的假面具,加快了侵略扩张的步伐,其第一个目标就是要对澳门实行殖民统治。

道光二十三年(1843),耆英奏报:澳葡当局提出:"求将地租银五百两恳恩豁免","又求将自官闸至三巴门一带地方俱归大西洋拨兵扼守。""又求各国商船听其赴澳贸易",即开放澳门为通商口岸等要求①。道光帝批示"军机大臣合同户部议奏",结果是清王朝只是在通商贸易方面作了让步,在澳门主权问题上加以坚持。道光二十五年(1845),葡萄牙女王玛丽亚二世竟然无视中国主权,公然宣布澳门为"自由港",允许所有外国商船来澳进行自由贸易。西方著作有如下记载:"1845年11月20日葡萄牙女王玛利亚降旨,宣布澳门对所有的国家,开放自由贸易,当然除了中国以外。因为根据与中国政府商定的办法,与中国的通商关系仍然保存。"②然而此时,澳门这个"自由港"是徒有虚名的,因为在澳的中国海关仍然向各国商船征收船钞、货税。"澳门是中国的地方,中国的管辖权是维持着的。""事实上,澳门的

---

① 《耆英等奏澳门葡萄牙人通商章程业经议定折》,《筹办夷务始末》(道光朝)卷70,中华书局1964年版,第五册,第2767—2768页。

② S.W.Williams:*The Chinese Commercial Guide*,pp.230—231.转引自姚贤镐编:《中国近代对外贸易史资料》第二册,中华书局1962年版,第764页。

地位很像一个通商口岸,中国官员掌握着财政和领土管辖权,不过稍微放松一点罢了。"①贪婪的葡萄牙为了获取更大的权益,决定进一步采取强硬措施。正是在这样的背景下,阿玛拉(Amaral,又译阿玛拉、阿马留等)被葡萄牙国王任命出任澳门总督。

(二)阿玛拉在澳行动

阿玛拉是个狂热的殖民主义者,他在镇压巴西人民起义的战斗中被炮弹炸断右臂,因此又被称为"独臂将军"。1846年4月,阿玛拉到澳上任后便采取了一系列强硬措施。

据徐广缙等奏报中揭露,"西洋兵头亚马勒(有些文献称"阿玛拉"为"亚马勒")行为凶暴,将澳门各店铺编立字号,勒取税银,如不依允,即带夷兵拘拿鞭打。又在三巴门外开辟马道,平毁附近坟墓"②,这早已引起澳门百姓的公愤。

阿玛拉于1849年3月5日"发出一项公告,在公告里他先说,葡萄牙海关现已关闭,当然不能允许一个外国海关继续在澳门办公。然后宣布澳门境内不得征收关税,并下令封闭粤海关办公处。3月8日,他用同样的意思致函总督徐广缙"③。又据徐广缙奏报:"本年(1849年——引者注)英夷希冀进城,汹汹欲动。该大西洋夷酋阿玛勒忽来照会,以香港既不设关,澳门关口亦当仿照裁撤。并欲在省城添设领事官,一如英夷所为。"遭徐广缙驳斥后,"乃亚酋横狡异常,竟于二月十七日突率夷兵数十人,钉闭关门,驱逐丁役"④。就是说,阿玛拉向两广总督徐广缙的照会中,竟然将澳门与已经割让给英国的香港相提并论,要求中国裁撤澳门海关,他还限令中国海关8天之内撤出澳门,并撤出拱北和氹仔。阿玛拉这些混淆是非的无理要求,自然遭到中国当局的反对。阿玛拉于3月11日率领数十葡萄牙士兵袭击中国的海关行台"钉闭关门,驱逐丁役"⑤;强行在葡萄牙人居住的围墙以北修筑公路,公路经过的龙田村,村庄土地被毁坏。更令人无法容忍的是,他置中国的传统习俗于不顾,强迫龙田村村民起迁祖坟,凡服从者,可得银一两四钱,拒从者,将坟墓夷为平地,尸骨扔入大海。阿玛拉对"澳门及其远至界栅的郊区的中国居民占有土地者"发出一

---

① 马士著,张汇文译等译:《中华帝国对外关系史》第一卷,三联书店1957年版,第362页。

② 《徐广缙等奏葡兵头亚玛勒被杀缉获凶手正法折》,《筹办夷务始末》(道光朝)卷80,第3214页。

③ 马士著,张汇文译等译:《中华帝国对外关系史》第一卷,三联书店1957年版,第380页。

④ 《徐广缙等奏葡人钉闭澳门关门栈商禀称另立马关现在黄埔开市折》,《筹办夷务始末》(道光朝)卷80,第3199页。

⑤ 《筹办夷务始末》(道光朝)卷80,第24—25页。

项公告,声称"如他们不先向葡官厅请领执照即行迁移,葡政府将立刻占有财产并以放弃论"①,气焰十分嚣张。但"这项公告并未阻止住最殷实的商人离去,反而激怒了居民和土地所有者。他们按照他们的老办法,联合起来了,并和别人携起手来,执行杀人的计划,用敌人的血来洗去对他们的损害"。②

(三)阿玛拉被杀经过

据光绪朝《香山县志》记载:"沈志亮,名米,以字行。先世福建人,贸迁来澳门,遂家于前山寨南之龙田村。"③他家的祖坟就是在修公路时被铲平的。对于侵略者的强暴行径,当地官府无能为力,这使"生而倜傥,慷慨尚义"④的沈志亮决定为当地居民除去阿玛拉这个祸害。

沈志亮首先找到了当地的士绅鲍俊、赵勋、梁玉祺等人来谋划这件事。鲍俊把阿玛拉在澳胡作非为的详情告知了两广总督徐广缙,徐听后,也愤怒地说"此诚可恶"⑤。鲍俊回村后,将徐的态度告知沈志亮等,沈和同村的郭金堂等人开始了他们的复仇行动。

阿玛拉经常骑马到望厦村、龙田村一带游逛,沈志亮决定利用这个机会除害。但阿玛拉每次出游,所带随从众多,防范甚严,沈志亮他们从春天等到秋天,也没有下手的机会。但是,狡诈之外,阿玛拉又是个狂傲自大的狂徒,他曾举着自己的独臂说:"我出生入死,身经百战,所向披靡。扫荡敌人,我一只手就足够用了。"他见屡次游玩都无意外发生,也就渐渐放松了警惕。

1849年8月22日傍晚,阿玛拉带着副官李特,驰马前往关闸。沈志亮得到消息,认为时机已到,迅速安排大家行动:有的青年装扮成鱼贩子,有的人以卖水果、蔬菜作为掩护,郭金堂还把事先准备好的野花和豆子撒在路边。一切准备就绪。这时,天近黄昏,晚风习习,只见阿玛拉不可一世地坐在高头大马上,缓缓而来。随着越走越近,阿玛拉的坐马闻到了花香和豆香,便站在路边吃豆,止步不前。沈志亮见

---

① 马士著,张汇文等译:《中华帝国对外关系史》第一卷,三联书店1957年版,第381页。

② 马士著,张汇文等译:《中华帝国对外关系史》第一卷,三联书店1957年版,第381页。

③ 陈沣纂:《香山县志·列传》(沈志亮、郭金堂传)卷15,第18页。按:陈沣在该书序言中有云:"自道光七年,香山修县志,越四十六年,为同治十二年,田星五刺史署县事,建议重修……"陈沣为该县志撰写的序文,撰写于光绪五年十二月,可见该志于光绪年间出版。学界一些著述称引用的是同治十二年刻本《香山县志》,系受地方衙门存档中错书"同治十二年"语引起的误判。本文所引光绪《香山县志》,系世纪出版集团上海书店出版社2003年影印出版的《中国地方志集成·广东府县志辑》本。

④ 陈沣纂:《香山县志》卷15,第18页。

⑤ 陈沣纂:《香山县志》卷15,第18页。

状,赶紧手举状纸,口喊冤枉,来到马前。阿玛拉不知有诈,接过状纸,刚要展开来看,沈志亮便以迅雷不及掩耳之势抽出藏在身上的尖刀刺了过去,其他青年也迅速围拢过来。阿玛拉在惊慌之余,慌忙用嘴衔住缰绳,准备用独臂举枪还击,但为时已晚,他被沈志亮等砍伤,拖下马来,一阵乱刀,阿玛拉的头颅和独臂都被砍下。随同阿玛拉前来的副官李特(Senhor Leite),仓惶逃离现场。

关于此事件,中外文献均有记载。英文杂志 *Chinese Repository* 中是这样描述的:本月22日晚,总管阿玛拉在关闸附近被刺事件极大地震惊了外国侨民。下午,阿玛拉阁下和助手李特像往常一样一起骑马,没有卫队跟随。这时,一些男孩手里拿着末端系着叶子的竹棍出现在他们面前,攻击总管马的头部;总管立刻调转缰绳去惩罚他们的无理,就在这时,八个男人拿着竹棍也冲向了总管,围着他的马,他们中的两个转而攻击助手李特,其他六个暴徒扔掉棍子,从袖子中取出宝剑,开始攻击未带武器,没有右臂,不能做任何反抗的受害者。他被拖下马,他的头和手被砍掉、他的身体被刺客残忍地剁成许多块。在有效的追捕开始前,刺客们通过关闸门逃走,躲到了附近的船上,助手被摔了下来,他受到马的攻击,身体被擦伤,但并未受到进一步的攻击。事情很快在小镇传开,但追捕已晚,残缺不全的尸体被运回了总管官邸。[①]

美国人马士(Hosea Ballou Morse)的著作中有如下记载:"8月22日当阿玛拉'总管'外出骑马行近界栅的时候,他遇着几个男童用竹棍打他的马(臆度所用中空的竹棒约5英尺长,2英寸直径)。随后他被八个男人用竹棍痛击,并从衣袖里取出刀来砍他。未带武器,又没有右手,他不能作任何抵抗,当被拖下马来,身体被剁成许多块,他的头和仅有的一只手被割下后携走了,他的副官李特(Senhor Leite)摔倒马下。此外没有受到攻击。"[②]

事件发生后,两广总督徐广缙、广东巡抚叶名琛联名呈送道光皇帝的奏折中云:"据沈志亮供称(系)香山县人,向在澳门生理。西洋兵头阿玛拉行为凶暴,将澳门各店铺编列字号,勒收租银,如不依允,即带夷兵拘拿鞭打。又在三巴门外开辟马道,平毁附近坟墓,该犯祖坟六穴全被平毁,心怀忿恨,起意将他杀死除害。七月初五,听闻土夷传说,阿玛拉下午出关闸(下缺四字)[游]玩,带人无多,该犯身藏利刃,并邀同郭亚安、李臣[亚]保及周姓、陈姓人等帮同行事。大家在那里等候,下晚时候,见阿玛拉骑马走来,该犯夹着雨伞,将尖刀藏在伞内,假装夷人告状模样,声喊伸冤,阿玛拉伸手来接呈词,遂拔刀欲断他臂膊,滚下马来,即砍取首级并臂膊,一同

---

① *Chinese Repository*,VOL.XVIII,1849.p.448.*Chinese Repository*,今译《中国丛报》,曾译为《澳门月报》,又译为《中国文库》。

② 马士著,张汇文等译:《中华帝国对外关系史》第一卷,三联书店1957年版,第381—382页。

逃走,祭告祖先,报仇雪恨等情。”①

广东省档案馆现存有《杀害西洋兵头亚马勒凶手沈志亮供词》,其中云:“夷兵勒索银钱,阖澳民人忿忿不平,即西洋夷人也因阿玛拉派银两、短给兵饷、奸淫妇女各有怨言。小的心怀忿恨,起意乘间把阿玛拉杀死除害。……闻之夷传说,阿玛拉带人无多。小的就身藏尖刀在那路旁等候……”“委因阿玛拉平毁祖坟忿恨将他杀死,并没别故。”②显然,沈志亮想一人揽下所有责任,不使他人受牵连。

(四)阿玛拉事件结局

阿玛拉被杀的消息传开后,在澳的中国民众无不拍手称快,大家奔走相告,欢呼庆贺。当然,这也给侵略者以极大的震动。“澳门葡当局立即致函前山寨的中国官员,要求交还“总管”的头,但无回音;25日一队葡兵计120人进至界栅处将界栅和防守该处的中国炮台占领(《澳门月报》1849年8月号——马士注,下同)。24日港督文翰(Bonham)(已于1848年3月接替了德庇时)派遣军舰两艘至澳门“表示给中国官方看,当此悲痛之时,英国政府完全同情最忠诚的女王陛下的政府”(《文翰总督致澳门政府函》,见《澳门月报》1849年10月号);并合同美使戴维斯(John w.Davis)和法使福斯罗昂男爵(Baron Fort-Rouen)向驻广州总督抗议这次暴行。这时,阿玛拉的遗体停放在他的官邸,未曾埋葬,以待头手能够接上。”③事后,葡萄牙人气势汹汹地到当地官府索要“凶手”及阿玛拉的头和手臂,但没有得到满意的答复。8月25日,葡萄牙炮兵军曹米士基打率兵攻占了关闸炮台,残忍地将一名中国军官的头和一只手臂砍下,挂在竹竿上,招摇过市,并毁坏了香山县衙,还掳走了3名中国汛兵为人质。

无能的清政府被敌人的嚣张气焰吓破了胆,为了平息风波,避免同葡方兵刃相见,决定缉拿沈志亮。为了不连累别人,以防滥杀无辜,沈志亮毅然决定到官府自首。郭金堂劝阻他道:你上有老母,膝下又无子,这点你不如我,还是让我去顶罪吧。沈志亮坚决不允,二人便拿着阿玛拉的头和断臂一同到官府自首去了。徐广缙认为,阿玛拉“妄作横行,固有取死之道,而该犯遽谋杀害,并解其肢体,实属残忍,事关外夷,未便稍涉拘泥致资借口”④。于9月15日将沈志亮杀害于前山。郭金堂则被遣送戍边。

沈志亮等人的英勇行为,给侵略者一个严厉的警告。当地百姓把他安葬在前山

---

① 《徐广缙等奏葡兵头亚玛勒被杀缉获凶手正法折》,《筹办夷务始末》(道光朝)卷80,第3214页。

② 《关闸前侠客突挥刀　暴虐澳督身首异处》,《南方都市报》2009年11月12日。

③ 马士著,张汇文等译:《中华帝国对外关系史》第一卷,三联书店1957年版,第382页。

④ 《筹办夷务始末》(道光朝)卷80,第3214页。

寨北门外,立碑"沈米义士墓",世代缅怀。

沈志亮死后,中国官府定于 9 月 27 日将阿玛拉的残肢交还葡方,而葡方却拒绝释放他们掳去的中国汛兵。经过多次交涉,12 月 24 日,葡澳当局才将 3 名汛兵放还,以便换回阿玛拉的残肢。于是,徐广缙便以汛兵交出,头手领回,一切安静如常,对葡萄牙人拒交地租银、侵占关闸、毁坏香山县衙等重大事件也不再追究了。据马士书载,1850 年 1 月 16 日,阿玛拉的头和手与其身体一同入殓。马士在上面这句后加了一个不短的注解,全文如下:"此后葡人的恶运接踵而至,新总督肯哈大佐(Captain P.A.da Cunha)于 1850 年 6 月 2 日抵达澳门继阿玛拉之任,7 月 6 日因虎列拉症以 8 小时即逝世(《澳门月报》1850 年 7 月号)。1850 年 10 月 29 日,葡巡舰"马利亚第二号"(Doka Maria Ⅱ)停泊在澳门港内发生爆炸,船员有 200 人死亡(《澳门月报》1850 年 12 月号)。"①

阿玛拉事件当时即引起广泛关注。英文《中国丛报》以"Assassination of Governor Amaral"(《阿玛拉总督被杀事件》)等为题对阿玛拉被杀事件做了多篇报道,其中附有中葡双方照会等②。

（郑永福据邓开颂《澳门历史》等书编写,原载《中国近代史通鉴》第一卷《鸦片战争》,红旗出版社 1997 年版,收入本书时做了较多增补。有关澳门相关问题,可参阅郑永福《历史上的澳门问题》,《河南大学学报》1987 年第 1 期;郑永福、吕美颐《历史上关于澳门问题的中葡条约》,《郑州大学学报》1998 年第 1 期;郑永福、吕美颐《关于澳门问题的历史考察》,《光明日报》史学版 1999 年 11 月 5 日）

---

①　马士著,张汇文等译:《中华帝国对外关系史》第一卷,三联书店 1957 年版,第 383 页。

②　*Chinese Repository*,VOL.ⅩⅧ,1849.p.448,p.532,p.612.*Chinese Repository* 即上文中的《澳门月报》,又译《中国文库》,还有人译为《澳门月刊》,现译《中国丛报》。

洪仁玕与儒家思想

洪仁玕是太平天国后期主要领导人之一,也是近代中国开始向西方学习、寻找真理的主要启蒙人物之一。本文拟就洪仁玕与儒家思想的关系,作一初步的探讨。

马克思主义认为,人们的意识是随着人们的生活条件、人们的社会关系和人们的社会存在的改变而改变的。精神生产是随着物质生产的改造而改造的。统治阶级的思想在每一时代都是占统治地位的思想,支配着物质生产资料的阶级,同时也支配着精神生产的资料。因此,那些没有精神生产资料的人的思想,一般地是受统治阶级支配的。生活于封建社会末、半殖民地半封建社会初的洪仁玕,不可能不深深地打上当时占统治地位的思想——儒家思想的烙印。

洪仁玕于 1822 年出生在广东花县一个农民家庭。他"自幼读书,至于二十八九岁,经考五科不售,习经史天文历数"①。其后在家乡设帐授徒,自修经史文学。他曾自称,"惟喜读古文纲鉴,每得有忠真节义之句,便念念不忘"②。这大概就是他说"本军师生长儒门"之因由。也正因为如此,洪仁玕的思想必然表现出浓厚的儒家色彩。

1843 年,出于对崇拜偶像的极端反对,洪秀全先是把他的书塾中的孔子牌位打碎,旋又将冯云山和洪仁玕书塾中的偶像及孔子牌位尽行除去。洪仁玕曾因此受其兄的杖责,以致被逐出家门。据此不少论者认为洪仁玕是反对儒教的,至于他后来又重拾儒家经典,则习惯认为是知识分子软弱性的表现。其实这是一种误解。长期受旧学熏陶的洪仁玕不可能完全摆脱儒家思想的影响,参加革命后的洪仁玕,也不可能不去儒家那里汲取营养。他在《英杰归真》里说"如读书士子不思学尧舜之孝弟忠信,遵孔孟之仁义道德,而徒以牲礼敬孔孟,以院宇祀诸贤,或拜文昌妖魁星妖,以为功名可必显达,此是士人痴心妄想"③。言语之间不难看出,洪仁玕对儒家是尊重的,对儒家的孝悌忠信、仁义道德是肯定的,反对的只是不求实质、徒具形式的礼拜仪式和崇拜妖神。

作为农民革命家的洪仁玕,既没有把孔孟先哲一棍子打倒,将他们的作用一笔抹杀,也反对把他们当作偶像来崇拜。他说:"向龟蛇而叩首,对木石而鞠躬,此多是猾聪诡谲,妖佛妄为,卑卑不足道也。即儒教之前贤后贤忠杰英豪,人与人相较确有功业可观,然究其德行善良,实由天赋,但能不自失耳。推其心之所得,发而为事功……在有志有为者亦以为彼之丈夫也,我丈夫也,特取法彼之仁义忠信孝弟廉节

---

① 《洪仁玕自述》,中国史学会编丛刊本《太平天国》(二),神州国光出版社 1954 年版,第 846 页。

② 洪仁玕:《军次实录》,丛刊本《太平天国》(一),神州国光出版社版,第 607 页。

③ 洪仁玕:《军次实录》,丛刊本《太平天国》(一),神州国光出版社版,第 585 页。

而已,独何必效妇儿之行拜彼哉?"①如果将洪仁玕的这番言论和孟子的言论对照一下,便可看出二者之间的承继关系。

孟子认为,人性善,亦即人先天就具有好的道德品质的萌芽。这个萌芽孟子称其为"善端"。他认为"善端"与生俱来,人人都有,而后天的差异即在于对善端"庶民去之,君子存之"②,亦即贤者能勿丧耳。"古之人所以大过人者无他焉,善推其所为而已矣"③。这就是说,若能推而广之,发展扩充每个人的"善端",便能像古人那样治国平天下。同时,既然人们天赋的人性相同,圣贤之人便不是可望而不可及,"彼丈夫也,我丈夫也,吾何畏彼哉?"④"舜何人也,予何人也,有为者亦若是。"⑤

洪仁玕搬来了孟子的性善说,加以改造,以适应农民阶级革命斗争的需要。他一方面论述了儒家的前贤后贤有可观之功业,因而值得人们尊重。另一方面,他又用儒家先哲孟子的言论来证明古之圣贤也是"人"。既然大家生来都是一样的人,那自然应该是平等的。因而用不着自卑,也用不着对什么人顶礼膜拜。至于那些"木石蠢物"(人工的雕塑像),洪仁玕认为更不值得一拜。因为它们"有目不能见,有口不能言,有手不能作,有脚不能行,置于此则于此,千年不动,万年不移;胡须是人手所种,金银是破纸折成,香是树叶造就,谶语是士子拟作,俗语云:'泥菩萨过河自身难保';又云:'烧香有保佑,烧窑较大烟;食斋能得道,牛马尚(上)西天。'语虽粗鄙,而有至理存焉。奈何世愚习而不察,竟甘向木石而叩首,见怪物而屈膝乎!"⑥

洪仁玕自去香港后,是笃信基督教的。而且,他信的基督教与洪秀全的拜上帝教颇为不同,比较接近西方基督教的本来面目。关于这一点,外国传教士多有论及。杨笃信说:"我们全都喜爱干王,他的基督教教义知识,是非常渊博、正确的。他极愿竭尽自己力量在他的人民中间传播纯正的基督教,并改正现有的错误。"⑦另一位传教士也表达了类似的观点。作为一神教的基督教,具有强烈的排他性。但值得人们注意的是,洪仁玕对佛、道二教极力排斥(当然洪自觉不自觉地也受到佛、道二教的影响,在此暂不论及),而对儒教的态度却迥然有别。在谈到佛、道二教时,他用的是

---

①　洪仁玕:《军次实录》,丛刊本《太平天国》(一),神州国光出版社版,第585—586页。

②　《孟子·离娄下》,《十三经注疏》(下),上海古籍出版社1997年版,第2727页。

③　《孟子·梁惠王上》,《十三经注疏》(下),上海古籍出版社1997年版,第2670页。

④　《孟子·滕文公上》,《十三经注疏》(下),上海古籍出版社1997年版,第2701页。

⑤　《孟子·滕文公上》,《十三经注疏》(下),上海古籍出版社1997年版,第2701页。

⑥　洪仁玕:《军次实录》,丛刊本《太平天国》(二),神州国光出版社版,第615页。

⑦　[英]呤唎著,王维周译:《太平天国革命亲历记》上,上海古籍出版社1985年版,第232页。

这样的语言："猾�诡谲,妖佛妄为","魃妖拜佛重僧"①,"释尚虚无,尤为诞妄之甚"②,"佛道等之妄作"③;等等。而对儒学虽也有所抨击,比如说"儒教贵执中,罔知人之力之难"④,但言语平和且笼统,决不如对佛、道二教那样切齿痛恨,是十分明显的。

漫长的历史发展中,儒家思想在中国的影响极其深广。任何外来的思想文化,若不考虑这一特点并与之相适应,便无从在中国这块大地上发挥作用。对此,即使是早期来华的传教士也有所领悟。利玛窦就曾以儒家经典来证明基督教教义的合理性。在《天主实义》一书中,他援据儒典证明天主上帝的存在。利玛窦在《天主实义》中说:"吾天主,乃古经书所称上帝也。《中庸》引孔子曰:郊社之礼,以事上帝也。朱注曰:'不言后土者,省文也。窃意仲尼明一之以不可为二,何独省文乎?'《周颂》曰:'执竞武王,无竞维烈,不显成康,上帝是皇。又曰:于皇来牟,将受厥明,明昭上帝。'《商颂》曰:'圣敬日跻,昭假迟迟,上帝是祇。'《雅》云:'维此文王,小心翼翼,昭事上帝。'《易》曰:'帝出乎震。夫帝也者,非天之谓。苍天者抱八方,何能出于一乎?……历观古书,而知上帝与天主,特异以名也。'"⑤《天主实义》一书中,还以儒家经典证明天堂地狱之存在:"诗曰:'文王在上,于昭于天,文王陟降,在帝左右。'又曰:'世有哲王,王后在天。'召诰曰:'天即遐终大帮殷之命,兹殷多先哲王在天,夫在上在天,在帝左右,非天堂之谓,其何欤?'""有天堂自有地狱,二者不能相无,其理一耳。如真文王殷王周公在天堂上,则桀纣盗跖必在地狱下矣。"⑥尽管出发点可能截然不同,但从形式上来说,洪仁玕和西方传教士利玛窦的做法颇相似,都是力图把儒家思想和基督教教义协调起来。拜上帝教初创时期的洪秀全,也是大量引证儒家经典,证明拜上帝教教义和传统的儒家思想是一致的。而且,洪秀全、洪仁玕和利玛窦援引的儒家经典的段落,也十分相似。

太平天国的领袖洪秀全,不称皇不称帝,而称天王,洪仁玕特为其从儒家经典中找到了合法的理论依据。他说:"三方(皇)五氏(帝)之称,恐是后人妄称,姑不置论。而夏、商、周亦未敢自大,故孔丘作春秋,首正名分,大书直书曰天王,盖谓系王于天,所以大一统也。此天王尊号前代无人敢潜者,实天父留以与吾真圣主也。"⑦查,《春秋》中谈及天王者凡二十余处,"天王"实际上指周天子。洪仁玕在这里对

① 洪仁玕:《英杰归真》,丛刊本《太平天国》(二),神州国光出版社版,第586页。

② 洪仁玕:《资政新编》,丛刊本《太平天国》(二),神州国光出版社版,第526页。

③ 洪仁玕:《军次实录》,丛刊本《太平天国》(二),神州国光出版社版,第609页。

④ 洪仁玕:《资政新编》,丛刊本《太平天国》(二),神州国光出版社版,第526页。

⑤ 利玛窦:《天主实义》上卷第二编,上海土山湾印书馆1903年版,第95页。

⑥ 利玛窦:《天主实义》上卷第二编,上海土山湾印书馆1903年版,第111—112页。

⑦ 洪仁玕:《英杰归真》,丛刊本《太平天国》(二),神州国光出版社版,第571页。

"天王"作了曲解,也正是这一曲解,中国的《春秋》经便与西方的《圣经》联系了起来,拜上帝教和儒教合而为一,孔子也就似乎成了拜上帝教的"先知"。

作为奴隶主阶级代言人的孔子,为了力挽狂澜于既倒,维护奴隶制的生产方式,必然要极力维护为奴隶制服务的"天"或上帝的神的地位。孔子讲的"天",是有人格、有意志的上帝,它不仅是自然界的最高主宰。孔子说:"天何言哉?四时行焉,百物生焉,天何言哉?"①洪仁玕说,天父上帝"为万邦之君,万邦之皇,而万邦皆其权能也。无言无声,伊之言出于全地,伊之声至于地极,四时流行,万物化生,令人观感渐摩而自化也。上帝之高深广运,全智全能,全荣全福,自然而然,显而易见,灼然而知也,高远云乎哉?"②为了进一步论述上帝唯一真神的地位,洪仁玕又引用儒家经典来佐证:"天父上帝为造化天地人万物大主宰也,肉身是其土气所成,灵魂是其灵气所降。书曰'天降下民,作之君,作之师,惟曰其助上帝',又曰'惟皇上帝,降衷于下民,若有恒性',又云'天生丞民,有物有则',知此则知凡宇宙内之万有皆无所不能、无所不在、无所不有之天父上帝权能造也。"③"所谓天父上帝者,万邦人之灵魂灵性由天父所生,书曰:'天降下民','天生丞民','惟皇上帝,降衷于下民'。昭昭古训洵非虚语也。万邦人之肉身是当初天父甄士以造之,故人死仍归土地。其灵魂由天而降,洁则升天,污则降地狱也。天仑养之,故以日月风雨化生谷果鸟兽以供食,使丝麻草木以资衣被。倘非天父之寒暑造化,安知不顷刻饥寒而死乎?"④天父上帝毕竟是"进口货",对中国当时广大农民来说,是异常陌生的。但一经洪仁玕诠释,似中国古已有之。

革命导师恩格斯在《德意志农民战争》一书中指出:"所有的起义预言者都用他的忏悔说教来开始活动。事实上,只有猛烈的振臂一呼,只有突然一下抛弃了全部习以为常的生活方式,才能把毫无联系、散居四方,并且从小就惯于盲目服从的农民发动起来。"⑤毫无疑问,拜上帝教在当时是可能起这样的发动作用的,但须知儒学在中国源远流长,在广大农民中亦有广泛深刻的影响。要把西方的基督教搬来作为农民斗争的思想武器,则不能不考虑中国这个具体的国情。所以我们说洪仁玕把中国的儒学与西方的基督教统一起来,是顺应当时的革命斗争需要,有其现实意义的。

仁、义、礼、智、信是长期形成的儒家最高道德规范,也是儒家思想的核心。农民阶级不是新的生产力的代表者,因而提不出与封建地主阶级本质上不同的道德标准。洪仁玕也不能不拿仁、义、礼、智、信这一套封建地主阶级的伦理道德向农民起

---

① 《论语·阳货》,《十三经注疏》(下),上海古籍出版社1997年版,第2526页。

② 洪仁玕:《英杰归真》,丛刊本《太平天国》(二),神州国光出版社版,第584页。

③ 洪仁玕:《军次实录》,丛刊本《太平天国》(二),神州国光出版社版,第614页。

④ 洪仁玕:《英杰归真》,丛刊本《太平天国》(二),神州国光出版社版,第583—584页。

⑤ 恩格斯:《德意志农民战争》,《马克思恩格斯全集》第七卷,第421页。

义军进行说教,只不过在解释上有所不同罢了。他说,人"大不过于牛象,力不过于狮虎,而与至大之天地参为三才,且名为万物之灵",这是为什么呢? 就是因为人有"宝贝灵魂,内怀有仁、义、礼、智、信,犹肉身之有心、肝、肠、肺、肾也。故人之桂(贵)于万物,食万物,器使万物,皆天父恩赐宝贝灵魂所能然也"①。洪仁玕把儒家的仁、义、礼、智、信看作是天父上帝赐予人类的宝贝灵魂的核心,就像人的肉身不能不有心肝五脏一样,足见其受儒家思想影响之深。"三才"的说法始见于周易,"《易》之为书也,广大悉备,有天道焉,有人道焉,有地道焉,兼三材而两之"②。《中庸》则说得更明确:"唯天下至诚,为解尽其性。能尽其性,则能尽人之性,能尽人之性,则能尽物之性;能尽物之性,则可以赞天地之化育;可以赞天地之化育,则可以与天地参矣。"③《中庸》讲"诚",认为至诚的人,既无内外之分,人人之见,于是达到"万物一体"的境界。而只要使自己的本性得到完全的发展,就可以赞助天地万物的生长,与天地并列为三了。洪仁玕是把作为一个整体的人看作"与至大之天地参为三才"。儒家"天人合一"的思想对洪仁玕的影响,在这里可以看得很清楚。他先采用基督教的说法,认为上帝不仅创造了人的肉体,且赋予灵魂;进而又论述这宝贝灵魂不是别的什么东西,正是儒家的仁、义、礼、智、信。这样,他就十分自然巧妙地糅儒教与基督教为一而用了。

对于儒家的"生死有命,富贵在天"的天命观,洪仁玕似乎并不反对。他认为:"生死有命,富贵在天,举凡有形无形,皆莫非上帝主宰之已。"并认为"聪明智识赋之在天","名之成败定之上主"④,"人之才能皆由天授"⑤。但洪仁玕毕竟是个农民起义的领袖,他对儒家"生死有命,富贵在天"的命题作了一个新颖的解释。他说:"降祥降殃总由作善作不善所致,即云死生有命,及得之不得曰'有命',不过一以解忧患,一以止贪求,非真有一定之数存乎其中,任人善恶百端不能移易也。"⑥由此可以看出,洪仁玕实际上不承认人的命运先天就有一定之数,认为人的命运是随人们后天作善作恶而转移的。所以他又说:"书云:'惟上帝不常,作善降之为祥,作不善降之为殃。'祸福无不自己求之者。""夫生死祸福,子禄妻财,降之自天,求之自己。"⑦"君子作善则吉,小人作恶则凶。"⑧洪仁玕力图对儒家的命题作出新的解释,

① 洪仁玕:《军次实录》,丛刊本《太平天国》(二),神州国光出版社版,第614—615页。

② 《周易正义·系辞下》,《十三经注疏》(上),上海古籍出版社1997年版,第90页。

③ 朱熹:《四书章句集注》,中华书局2012年版,第33页。

④ 洪仁玕:《英杰归真》,丛刊本《太平天国》(二),神州国光出版社版,第592页。

⑤ 洪仁玕:《军次实录》,丛刊本《太平天国》(二),神州国光出版社版,第602页。

⑥ 洪仁玕:《英杰归真》,丛刊本《太平天国》(二),神州国光出版社版,第588页。

⑦ 洪仁玕:《军次实录》,丛刊本《太平天国》(二),神州国光出版社版,第608页。

⑧ 洪仁玕:《英杰归真》,丛刊本《太平天国》(二),神州国光出版社版,第588页。

强调人的后天的努力,实际上是对封建社会中麻痹人们反抗意识的宿命论的批驳。洪仁玕认为"儒教贵执中,罔知人之力之难",也是批评儒家讲中庸之道,不注意发挥人的主观能动性。

实际上,洪仁玕不仅不反对孔孟,对后来的朱熹、二程等儒家也非常推崇,把他们和岳飞、韩世忠等忠君报国的英雄齐观,均大加赞扬,视作民族的骄傲,并把这些作为中华民族必将复兴的"证见"。《英杰归真》中有如下一段对话:"那人俯首沉吟而言曰:'依殿下宝谕所言,则凡为鞑子官者皆为中国之罪人矣。考之往古,更有何所证见,及有何所救,复睹中华锦绣江山乎?'""干王恻然长叹曰:'至欲知证见,请观宋、明代自有明鉴。弟试思之,问宋代何以多忠贤,明代何以多烈节,而元妖独无彰明较著之忠烈,令妇儿皆知者何也?岂元独无乎?虽有,亦是愚忠蠢忠不忠又忠,而纲鉴重华之义断不载之也。今问咸丰妖之衙,有如朱、程、周、张五夫子之文才否?问有如韩世忠、岳飞、张纲之所顾国者否?问有如陆秀夫、张世杰、文天祥等赫赫有名如雷贯耳,令妇儿皆知者否?恐元妖无之,今妖亦无之也。……此即古之证见,又是人人良心证见。'"①

洪秀全、洪仁玕都深受朱熹天理人欲之辨的影响。洪仁玕更是把这种思想与基督教思想相结合,提出了"遏欲存理"的主张。"遏欲存理",也就是朱熹的"存天理,灭人欲"。洪仁玕认为,天底下的人"皆有私心欲心",这是罪恶世界产生之根源。所以就是天见耶稣"也不肯与世人争能,恐为好胜之欲魔所使"。那么,怎样才能战胜这种"私心欲心"呢?洪仁玕说:"遏欲存理之行,即所以获福避祸之道,但不可先有获福之心,宜先有遏欲之实,而真福自慰乎心乎?其功在于悔罪改过,信代赎,遵天条,爱上帝者,必有加于荣宠焉。"并说:"人能明透此理欲二字,守而行之,不能进天上大天堂者,惟我是问。""遏欲存理",明显地是和《十款天条》等要求人们"不好奸邪淫乱""不好起贪心"及《天条书》中"为人切莫起贪心,欲海牵缠祸实深"等警告是一脉相承的。这种"遏欲",对于维系农民起义军组织,统一农民起义军行动,无疑会起一些积极作用。洪仁玕主张"遏欲",但也反对极端禁欲主义。他对佛教主张的超脱尘世的禁欲持坚决否定态度且给予猛烈的攻击:"至虚无寂天,弃绝人伦,日用之常,简弃造物,分为斋荤,逃税偷安,伪为善行,欲寡过于暗室之中,实欲作恶于宥密之内。"洪仁玕认为佛教舍本趋末,"大误世人","背天绝伦",主张要以"人伦实事"为己任,②就是说要立足于现实世界,承担起人世间的责任,表现出洪仁玕讲求实际的态度。

孟子说:"吾闻用夏变夷者,未闻变于夷者也。"③洪仁玕在其著述中,屡用儒家

---

① 洪仁玕:《英杰归真》,丛刊本《太平天国》(二),神州国光出版社版,第581页。

② 洪仁玕:《军次实录》,丛刊本《太平天国》(二),神州国光出版社版,第611页。

③ 《孟子·滕文公上》,《十三经注疏》(下),上海古籍出版社1997年版,第2706页。

"夷夏之辨"的儒家传统观念和农民革命的要求结合起来,作为推翻清王朝封建地主阶级统治的思想武器。甚而至于为反剃发也要举出"古有孝子曾参,全受全归,发肤无有毁伤"的例证。洪仁玕在《谕民》一诗中说:"庐居暂借作王庐,寄谕我民别夏夷;中国纲常如未坠。军师安肯运军机。"①而洪仁玕投身起义大军之目的,也正是要以夏变夷,推翻满清王朝的统治,恢复中华之纲常。他慷慨激昂地说:"缘夫天下者中华之天下,非胡虏之天下也;宝位者中华之宝位,非胡虏之宝位也;子女玉帛者中华之子女玉帛,非胡虏之子女玉帛也。概自明季凌夷,鞑妖乘衅,窜入中华,盗窃神器。"而今太平军之大任便是"用夏变夷,斩邪留正,誓扫胡尘,拓开疆土"。②洪仁玕激烈抨击清统治者,他说:"鞑妖每岁中国脂膏数百万回满洲,以为花粉之费,每岁耗费鸦片烟土银几千万,于今二百年矣。"因此,推翻这个反动的清王朝,是"生长中邦"的每个人的义不容辞的责任。③洪仁玕特别推尊历史上的朱元璋,认为他能"用夏变夷"。也是基于这种认识,洪仁玕极力赞扬韩世忠、岳飞、张纲的"顾国",推崇陆秀夫、张世忠、文天祥等如雷贯耳的"赫赫声名"。洪仁玕向以文天祥为榜样,激励自己,直至最后从容就义。洪仁玕狭隘的民族观念和封建的正统思想在我们今天看来固然不足取,但在特定的历史条件下,它却成了动员成千上万农民起来推翻清王朝的一个有力的思想武器。实际上,一直到辛亥革命前,一些资产阶级革命者仍然以"夷夏之辨"的观念号召人们向腐朽没落的清王朝冲击。

综上所述,我们可以得出一个结论:洪仁玕不但不反孔,而且对孔孟儒学十分尊崇。他深受儒家思想影响,并力图把儒学和基督教糅合在一起,作为太平天国农民斗争的思想武器。太平天国的领袖们在黑暗中不断摸索救世真谛的精神是可贵的,遗憾的是,无论西方的基督教还是传统的儒学,都不可能成为引导农民革命斗争走向胜利的理论武器。而农民阶级又不是新的生产力的代表,本身提不出科学的革命理论,这正是太平天国乃至整个旧式农民革命运动不能不以悲剧告终之原因所在。

(附记:读研究生时,随导师胡思庸先生研习太平天国一年,本文系在先生指导下的一篇作业,在先生《太平天国与儒家思想》一文中关于洪仁玕部分的基础上扩展为之。数年过后经过修改,先生云,此文可以发表了)

（郑永福撰《黄淮学刊》1989 年第 1 期）

---

① 洪仁玕:《军次实录》,丛刊本《太平天国》(二),神州国光出版社版,第 601 页。

② 洪仁玕:《诛妖檄文》,丛刊本《太平天国》(二),神州国光出版社版,第 624—625 页。

③ 洪仁玕:《军次实录》,丛刊本《太平天国》(二),神州国光出版社版,第 605 页。

中西文化冲突中的洪仁玕

中国近代化的过程,从某种意义上来讲是一个中西文化碰撞、融合的过程。太平天国运动在这个过程中处于什么样的地位,有许多问题值得思索。这里仅就洪仁玕在中西文化冲突中的表现谈一点不成熟的看法。

1843 年洪秀全创立拜上帝教,洪仁玕和冯云山首先皈依受洗。1847 年洪仁玕和洪秀全一起赴广州向美国浸礼会教士罗孝全学习基督教教义,这是洪仁玕初次与西方传教士结识,时间也仅仅一个月。这时,洪仁玕对基督教的了解还十分肤浅。

1852 年后,洪仁玕在香港、上海生活了长达 12 年的时间,结识了一大批西方传教士,据洪仁玕说,与其"相善"者有 22 人之多。其间,在伦敦传教士理雅各的推荐下,洪仁玕曾担任伦敦布道会的布道师。一些传教士曾说,洪仁玕是"香港的一位最真诚、最有成效的布道师"。[1] 可以说,洪仁玕在英国伦敦会特别是在理雅各的培养下,成了一个虔诚的基督教徒。洪仁玕笃信的基督教与洪秀全的拜上帝教颇为不同,比较接近西方基督教的本来面目。关于这一点,西方传教士多有论及。杨笃信说,"我们全体传教士都非常敬爱干王,在基督教义方面,他的知识非常渊博,正确。他盼望在太平天国的居民中尽力传播真正的基督教,改正现有的错误"。艾约瑟也说,"干王经过几年基督教传教士的指导和影响之后便来到南京,可能对洪氏(指洪秀全)的思想有些作用,他曾试图以正统派的基督教义来指示、劝告洪秀全,改正洪氏错误的宗教观点"。但是,由于洪仁玕政治上坚定地追随洪秀全,使他在 1859 年到天京后,冲破了基督教传统的正宗教条,坚守拜上帝教及洪秀全是上帝次子的说法,走上了革命的道路。对此,理雅各曾伤心地说,洪仁玕"已毁坏了自己的信仰和良心,我们深为忧虑"。[2]

特殊的经历和地位,使洪仁玕既没成为一个一般的地道的基督教传教士,也不是一个对西方宗教采取排斥对立的知识分子——而这样的知识分子在中国当时为数众多。洪仁玕力图将西方基督教教义同中国传统的儒家思想糅合起来,以服从于太平天国的革命事业。这里可以举两个例子说明。太平天国领袖洪秀全不称帝,而称天王,洪仁玕特为此从儒家经典中寻找理论根据。他说:"三方(皇)五氏(帝)之称,恖是后人妄称。姑不置论。而夏商周亦未敢自大,故孔丘作春秋,首正名分,大书直书曰天王,盖谓系王于天,所以大一统也。此天王尊号前代无人敢替者,实天父

---

[1] 参阅徐绪典、马大正:《论洪仁玕革新思想的形成及其历史地位》,广东太平天国史研究会、广西太平天国史研究会编:《太平天国史论文集)(纪念太平天国起义 130 周年),广西人民出版社、广东人民出版社 1983 年版,第 325—349 页。

[2] 《教务杂志》,1862 年 10 月。

留以与吾真圣主也。"①洪仁玕还宣传说,人之所以能与至大之天地参为三才,就是因为人有"宝贝灵魂,内怀有仁、义、礼、智、信,犹内身之有心、肝、肠、肺、肾者。故人之桂(贵)于万物,灵于万物,能制万物,用万物食万物,器使万物。皆天父恩赐宝贝灵魂所能然也"②。洪仁玕先是采取基督教的说法,认为上帝不仅创造了人的身体,且赋予其灵魂;进而又论证这宝贝灵魂不是什么别的东西,正是儒家长期形成的最高道德规范——仁、义、礼、智、信。这样,洪仁玕就十分自然巧妙地糅儒家思想与基督教思想为一而用了。

说明上述问题很重要。因为,在近代中国,特别是近代初期特殊的历史条件下,西方传教士客观上充当了传播西方文化的角色。正因为洪仁玕与西方传教士的密切接触与感情较深,他对从传教士那里直接或间接得到的有关西方制度方面的知识,就更容易接受,乐于效法西方。而和中国当时一般地具有进步思想的知识分子一个重要的不同点又在于,洪仁玕政治上追随洪秀全,立足于推翻清王朝,这又使他不像那些人那样对中国的君主专制的"体"那么死守。(当然,守洪秀全天国的"体"与守清王朝的专制政体说到底本质上一样,但毕竟有所不同,此处不作细论)因而洪仁玕毫不犹豫地称赞英国说"于今称为最强之邦,由法善也"。对美国总统"五年一任,限俸禄,任满则养尊处优,各省再举"、美国选举"置一大柜在中廷,令凡官民有仁智者,写票公举,置于柜内,以多人举者为贤能也,以多议是者为公也"这种制度深表欣美。洪仁玕还从法制的角度揭示"设法"与"用人"的制约关系,1859 年,他在《资政新篇》中就"人"与"法"的关系问题指出:"盖用人不当,适足以坏法;设法不当,适足以害人,可不慎哉!"③其中关于立法与司法平行、分立不能相互代替的说法,已接触到近代西方民主制度的核心问题,尽管这些主张的立足点仍在加强天王的权力与地位。

洪仁玕久居香港,对西方资本主义的物质文明多有了解。与洪仁玕"相善"的传教士合信(Hobsen B.),是个医生,曾编著著名的《博物新编》(1855 年上海墨海书馆刊行)等书,介绍西方的科学技术知识。另一位与洪仁玕"相善"的传教士艾约瑟也与李善兰合译或自译编过名著《重学》(即力学,19 世纪 50 年代后期上海墨海书馆刊行)等多种科技著述。洪仁玕同这些传教士交往中,从一些译著中,对西方的科学技术有较多的了解。近代科学技术,是近代资本主义文明的重要组成部分。尽管洪仁玕对此接触得还有限,但这无疑增强了他对西方文化先进性的认识。这也是洪仁玕之所以能坚定地、比较全面地要求仿效西方,鼓励发明创造、发展近代工矿业和近

① 太平天国历史博物馆编:《太平天国印书》,江苏人民出版社 1979 年版,第 762 页。

② 洪仁玕:《军次实录》,丛刊本《太平天国》(二),神州国光出版社版,第 614—615 页。

③ 洪仁玕:《资政新篇》,丛刊本《太平天国》(二),第 529 页、第 524 页。

代交通运输业的重要原因。

综上可以看出,洪仁玕在中西文化冲突中是个很特殊的人物。他虽然是一个深受封建文化熏陶的知识分子(洪自称"本军师自幼习举子业""本军师生长儒门"),但他较多地了解西方,又笃信基督教,其投身太平天国队伍后以推翻清王朝为己任,因而对现实生活中的专制清王朝没有留恋。这是洪仁玕成为向西方寻求真理的代表人物,而在中西文化冲突中与他之前的林则徐、魏源有别,而又与同时期的冯桂芬等人有所不同的重要原因。

(附记:本文系应太平天国史专家、时任宝鸡师范学院院长的姜秉正教授邀请撰写的"太平天国与中国近代化"笔谈的短文)

(郑永福撰,《宝鸡师院学报》1989 年第 3 期)

甲午战争与严复

甲午中日战争是中国近代民族觉醒过程中一个重大的转折点。与这个重大历史转折相适应,中国出现了一个近代思想启蒙运动。在这场启蒙运动中,严复占有特殊重要的地位。这不仅是因为严复译作的《天演论》是中国近代史上系统介绍西方资产阶级学说的第一部论著,还在于《天演论》所阐释的资产阶级世界观不但为资产阶级维新派作为变法维新的理论武器,也为资产阶级革命派从事推翻清王朝的斗争所利用,在中国近代社会中产生过广泛深远的影响。

(一)

严复是洋务派一手栽培和提拔起来的。他曾对当年"误习"旁行书(指英文)颇有懊悔之意,力图另辟蹊径,跻身于上层社会。正是甲午战争的炮声,促使严复开始了新的生活,成为中国近代历史上一个著名的资产阶级启蒙思想家。

1894 年 10 月,清政府海陆军皆败绩,严复"大愤"。时为北洋水师学堂总办的严复写信给丁忧居家的老乡陈宝琛,叙述了前期战争中清军失败的情形。当时清廷已给李鸿章"拔三眼花翎,夺黄马褂"的处分,严复信中写道:"朝廷如此处置合肥,理不为过。"对清廷启用湘军头子刘坤一,严复也不以为然:"且刘岘庄何如人,岂足以夷大难? 徒增一曹人献丑而已。"严复在信中惊呼:中国"当如居火屋,如坐漏舟",危在旦夕,只有发奋图强"踏踏实实去做,或有望头,不然将随风而靡耳"。不久,他又写信给陈宝琛,剖析甲午战争失败的原因,对李鸿章等人大为不满。信中说,李鸿章"其心益蔑视天下之无人,推诿控制,莫可谁何。谓战固我战,和亦我和。苟朝廷一旦捽而去之,则天下亦从以丧","故今日东事愈不可收拾,北洋之意气愈益发舒,于戏,可胜痛哉"。信中力主与日本抗争。① 与此同时,严复在给他儿子严璩的信中说:"时事岌岌,不堪措想。奉天城和旅顺口,皆旦夕陷倭,陆军见敌即溃,经战即败真成无一可恃者。""大家不知当年打长毛捻匪诸公,系以贼法子平贼,无论不足以当西洋节制之师。即东洋得其绪馀,业已欺我有余。中国今日之事,正坐平日学问之非,与士大夫心术之坏。由今之道,无变今之俗,虽管葛复生,亦无能为力也。"② 这里,严复已说明向西方学习,进行变法的必要性。

第二年,中日《马关条约》签订,严复怀着悲愤的心情,发表一系列文章,宣传西方资产阶级的思想文化,抨击君主专制制度。在 2 月 4 日、2 月 5 日的天津《直报》上发表的《论世变之亟》一文,开头即惊呼道:"呜呼! 观今日之事变,盖自秦以来,未有若斯之亟也。"严复指出,中日两国交战以中国失败而告终,是由于"中西事理"不

---

① 《严复甲午战争时期写的三通手札》,《文物》,1975 年第 11 期。
② 王蘧常编撰:《严几道年谱》,上海商务印书馆 1936 年版,第 13—14 页。

同。"其最不同而断乎不可合者,莫大于中之人好古而忽今,西人之力今而胜古;中之人以一治一乱,一盛一衰为天行人事之自然,西之人以日进无疆,既盛不可复衰,既治不可复乱,为学术政化之极则。""蕞尔"小国日本,学习西方,所以强盛起来,而中国墨守旧法,必然失败。他斥责顽固派们对西方政治制度"弗查事实",却奢谈什么中国是"礼仪之区",而"东西朔南","举为犬羊夷狄"。甚至咒骂那些介绍西方情况的"明识之士"是"誉仇而背本"。这些人平日闭目塞听,狂妄自大,自欺欺人,当帝国主义列强侵入时却毫无办法。他认为,西方汽机兵械的先进,天算格致之精妙,还不是西方国家的"命脉",其命脉就在"于学术则黜伪而崇真,于刑政则屈私以为公"。严复得出结论:"夫士生今日,不睹西洋富强之效者,无目者也。谓不讲富强,而中国自可以安;谓不用西洋之术,而富强自可致;谓用西洋之术,无俟于通达时务之真人才,皆非狂易失心之人不为此。"

1895年3月4日至9日,严复又在天津《直报》上发表了未完之作《原强》。文章指出:"中国至于今日,其积弱不振之势,不待智者而后明矣。深耻大辱,有无可讳焉者。日本以寥寥数舰之舟师,区区数万人之众,再战而陪京戒严,三战而夺我最坚之海口,四战而覆我海军。今日款议不成,而畿辅且有旦暮之警矣。"而朝廷内殿阁宰相以及六部九卿,外之二十四行省的督抚将军,无一人能胜御侮之任。李鸿章在战争期间所标榜的"深山猛虎""保舰制敌"之策,也不过是于事无补的"虚论"。"兵连仅逾年耳,而乃公私赤立,洋债而外,尚不能不扰闾阎,是财匮而蹈前明之覆辙也。"文章还对西方资本主义制度的优越性进行了评述:"彼西洋者,无法与法并用而皆有以胜我者也。自其自由平等之观之,则捐忌讳,去繁苛,袪壅蔽,人人得以行其意,申其言,上下之势不相悬,君不甚尊,民不堪贱,而联若一体者,是无法之胜也。自其官工商贾章程明备观之,则人知其职,不智而办,事至纤悉,莫不备举,进退作息,未或失节,无间远尔,朝令夕改,而人民不以为烦,则是以有法胜也。"

1895年3月,继威海卫失守,北洋舰队覆没后,营口、田庄台等地亦相继沦陷,日军进逼长城,京津危急。严复在3月13日、14日两天的《直报》上发表了《辟韩》一文,猛烈抨击君主专制制度。3月19日,清政府派李鸿章到日本议和,日方提出了十分苛刻的条款。消息传到国内,舆论大哗,全国沸腾。严复于3月29日发表《原强续篇》,反对签署卖国条约,主张与日本抗战到底。他说:"今日之事,舍战固无可言,使上之人尚有所恋,而不早自断焉,则国亡矣。且三五百年间,中土无复振之一日。"严复指出,今日北洋海军之所以被日军打得全军覆没,推其原皆因主持战事者以"和"字作为主导思想。严复说,我平生是最不喜欢言战的,但"迫不得已战矣,则计无复之,唯有于战相始终。万万不可求和,盖和则终亡,而战可期渐振。苟战亦亡,和岂遂免?"文章认为:"为今日之计,议不旋踵,十年二十年转战,以任拼于贼倭没尽而已。""愿诸公绝望和之一念,同德商力,亟为军求,兵虽乌合,战则可以日精;将虽愚蠢,战则可日来智勇;器虽苦窳,战则日出坚良。"这强烈地表现出严复抗战的决心和必胜的信念。

1895年4月17日，清政府不顾广大人民的反对，和日本侵略者签订了《马关条约》。严复认识到，中国不变法是毫无希望了。他写了《救亡决论》一文，刊载在5月1日至6月18日的天津《直报》上，大力鼓吹变法维新，救亡图存，指出："天下理之最明而势所必至者，如今日中国不变法则必亡是已。"

从上述可知，正是甲午中日战争的严酷现实，使严复对传统思想发生了动摇，对洋务派的幻想彻底破灭，走上了资产阶级维新变法的道路。而严复在甲午战争前后思想上产生的这一变化，在中国当时的知识分子中，是有相当的代表性的。

（二）

就在发表一系列文章，号召人们图强奋起挽救民族危亡的同时，严复开始进行《天演论》的译作工作。"合议始成，府君（严复）大受刺激，自是专力于译作著作，先从事于赫胥黎之《天演论》，未数月而落稿"①。据此可知，严复在1895年大体上完成了《天演论》的翻译。

《天演论》译自英国生物学家赫胥黎的《进化论与伦理学》。赫胥黎的原著是作者1893年及1894年几次演讲的合集，于1894年出版。第二年严复即将其译成中文，取名《天演论》。严复以这样的速度翻译《进化论与伦理学》，是为了在国家民族生死存亡的关头，警醒世人，为中国自存自立而斗争。赫胥黎原书是一部宣传达尔文主义的著作，若逐字逐句照直翻译成中文，自然不一定对中国思想界有多大震动。因此，严复在翻译《天演论》时，采取了所谓"达旨"的独特方法，依照自己的政治观点和哲学观点，对原著作了很多增删改造及附会发挥。这样，在甲午战后严重的民族危机关头，《天演论》给当时的思想界提供了一个新的观察祖国和人类前途命运的理论武器。它不仅向人们敲响了警钟，也为人们指明了向西方学习的变法维新的道路。

严译《天演论》从甲午战后中国面临的社会现实问题出发对赫胥黎《进化论与伦理学》作了重要的改造。从政治方面来说，这一改造概括起来有三个方面。

其一，把"物竞天择，适者生存"的自然进化规律引向人类社会。赫胥黎原著名为《进化论与伦理学》，严复取其前半部分为名，译作《天演论》。这是因为，严复认为"物竞天择，适者生存"的自然进化规律同样适用于人类社会。

在赫胥黎原著中，是这样论述生物进化中的生存竞争、自然选择的："在生物界，这种宇宙过程的最大特点之一就是生存斗争，每一物种和其他所有物种的相互竞争，其结果就是选择。""这就是说，那些生存下来的生命类型，总的说来，都是最适应于在某一个时期所存在的环境条件的。"②这里赫胥黎明明白白讲的是自然界的生物进化，严复却在这段文字后面加上了这么一段话："斯宾塞尔曰：'天择者，存其自

---

① 严璩：《侯官严先生年谱》，王栻编：《严复集》，中华书局1986年版，第5册。
② 赫胥黎：《进化论与伦理学》，科学出版社1971年版，第3页。

宜者也.'夫物既争存矣,而天又从其争之后而择之,一争一择,而变化之事出矣。"为什么在翻译赫胥黎的著作中硬要塞进斯宾塞的言论呢?纵观《天演论》全书便可知道,严复推崇达尔文、赫胥黎,更崇拜斯宾塞。生物学家赫胥黎,在一定程度上曾受到西方颇为流行的社会达尔文主义的影响。但这个影响在《进化论与伦理学》一书中并不占主导地位,这对急于探求解决中国社会政治问题的严复来说,是远远不够的。于是,严复看重了社会达尔文主义斯宾塞的理论。严复认为斯宾塞的代表作《综合哲学体系》(严译为《天人会通论》)"举天、地、人、形气、心性、动植之事而一贯之,其说尤为精辟宏富","欧洲自有生民以来,无此作也"①。

实际上,严复在《原强》一文中,已经把达尔文主义引向人类社会了。严复说:"达尔文曰:'物竞自存,最宜者立。'动植如是,政教亦如是也。"在《天演论》中,把赫胥黎讲自然进化曲译为讲人类社会进化的地方有多处。如《进化论与伦理学》第一节中说:"只要我们称之为科学知识的那种事物的性质的有限的揭露还在继续进行,它就会越来越有力地使人类相信,不仅植物界,而且动物界;不仅生物,而且地球的整个机构;不仅我们的行星,而且整个太阳系;不仅我们的恒星及卫星,而且作为那种遍及于无限空间并持续了无限时间的秩序的证据的亿万个类似星体;都在努力完成他们进化的预定过程。"②严复的译文改作:"凡兹运行之理,乃化机所以不息之精,苟能静观,随在可察;小之极于跂行倒生,大之放乎日星天地;隐之则神思智识之所以圣狂,显之则政俗文章之所以沿革,皆可一言以蔽之,曰'天演'而已。"③严复对赫胥黎原著的这一改造,目的是向人们指出:在强邻环视的情势下,中国已经到了生死存亡的关头。"物竞天择,适者生存","弱肉强食",这是自然和人类社会的共同规律,中国若再不奋起,亡国灭种便指日可待了。正是严复的这一番改造,使《天演论》在中国思想界起到了振聋发聩的作用。

其二,严复虽然特别崇拜斯宾塞,但对其"任天为治"的思想持否定态度,而将赫胥黎原著附会成"以人持天,与天争胜"而加以坚持和宣传。既然"物竞天择,适者生存"是自然界和人类社会的普遍规律,那么作为弱者的中国在这一规律面前不是只有听天由命了吗?严复回答:不。他强调"人为",强调要"以人持天,与天争胜"。严复在译《天演论》自序中说:"赫胥黎氏此书之旨,本以救斯宾塞任天为治之末流,其中所论,与吾古人有甚合者,且于自强保种之事,反复三致意焉。"这说明,严复固然十分推崇斯宾塞,但因斯宾塞"任天为治"的思想与严复主张变法维新、救亡图存的政治目标相悖,也并不为其所取。

严复认为,赫胥黎的著作中,有十分之九也主张"任天之说",独有《进化论与伦理学》不是这样,主张"与天争胜",这其实又是对赫胥黎原意的扭曲。赫胥黎原著

---

① 严复译:《天演论》,商务印书馆 1981 年版,第 4—5 页。
② 赫胥黎:《进化论与伦理学》,科学出版社 1971 年版,第 5 页。
③ 严复译:《天演论》,商务印书馆 1981 年版,第 7—9 页。

第二、三节中说:"不只是说通过人在一部分植物界起作用的宇宙能力,和通过自然状态起作用的同一宇宙能力,是互相对抗的,而且在人工和自然的东西之间到处都表现出同样的对抗性。"赫胥黎通过举例论证:"在自然状态中发生作用的宇宙威力",能够战胜"园艺家的技艺给它的最高权威造成的暂时阻碍"①。严译《天演论》中的这段译文不仅再次把赫胥黎对人和自然关系的论述拉到人类社会,说什么"天人势不相能……小之树艺牧畜之微,大之则修齐治平之道,无所往而非天人互争之境"。② 而且在这节按语中,严复按照自己的需要,把赫胥黎的论点曲解为"与天争胜"。这表现出处于上升时期的中国民族资产阶级的积极进取精神。由于严复对赫胥黎原著的这一改造,使人读了《天演论》后,一方面会产生国家民族岌岌可危的时代紧迫感,同时也会得出这样的结论:只要振作奋起,中华民族仍是有希望的。

这还表现在严复对马尔萨斯(严译为马尔达)人口论的介绍上。达尔文和赫胥黎都曾受到马尔萨斯人口论的影响,但是他们只是把人口论引入到生物学的范畴之内,并不认为这种人口理论适应于人类社会。严复却在《天演论》中用不小的篇幅介绍马尔萨斯的人口学说,当然这自有严复的一番用心,严复介绍了马尔萨斯的理论后指出:"资生之物所加多者有限,有术者既多取之而丰,无惧者自少取焉而啬,丰者近昌,啬者近灭。此洞识知微之士,所为惊心动魄。""墨澳二洲,其中土人日益萧瑟",这还不足为中国之殷鉴吗?他大声疾呼:"于保群进化之图,而知徒高睨大谈夷夏轩轾之间者,为深无益于事实也。"③严复在后面还说:"物竞既兴,负者日耗,区区人满,乌足恃也哉!乌足恃也哉!"④这里明确告诉人们:生存竞争是那样的无情,如果还沉溺在天朝大国的迷梦中,高谈什么"夷夏之辨",那中国只有亡国了。严复并未从马尔萨斯人口论出发得出悲观绝望的结论。他认为,"以物竞为乱源,而人治终穷于过庶"的看法不足取,相信"人道必成于郅治"。对于中国来说,尽管人多不足为恃,但也不足以构成妨生大患。患就患在民智未开,民德不新,民力不鼓。只要开民智、新民德、鼓民力,中国还是大有希望的。

其三,怎样"与天争胜"?国家的出路何在?这也是严复《天演论》要向人们回答的一个重大课题。鸦片战争以来,以老大自居的中华帝国屡屡败在西方资本主义列强手下。甲午中日战争中,仅得西方"绪馀"的东洋小国日本,"业以欺我有余"。严峻的现实自然使人们的眼光转向西方。严复在《天演论》译文中加入了他对中国君主专制制度的抨击,对西方社会制度的向往,为人们描绘出一幅向西方学习,走资本主义的蓝图。《天演论》导言十"择难",译自《进化论与伦理学》第八节。值得注意的是严复的译文多于原文,他借题发挥写下了这么一段话:"或如欧洲,天听民听,

---

① 赫胥黎:《进化论与伦理学》,科学出版社 1971 年版,第 7—9 页。
② 严复译:《天演论》,商务印书馆 1981 年版,第 15 页。
③ 严复译:《天演论》,商务印书馆 1981 年版,第 11—12 页。
④ 严复译:《天演论》,商务印书馆 1981 年版,第 14 页。

天视民视,公举公治之议院,为独为聚,圣智同优,夫而后托之主可也。"①这里,明显地流露出严复对西方政治制度的赞赏和向往。

《天演论》十七"善群",译自《进化论与伦理学》第十四节。赫胥黎在这一节中从自然界谈到人类社会,其中心论点是:"不管我们从社会内部或外部利益考虑,让财富和权力掌握在那些负有最大能力、勤勉、智力、顽强的意志而且对人类有同情心的人们手里,那是很理想的。只要争取享受资料的斗争有助于把这样的人们置于拥有财富和权势的地位,那就是一个有助于造福社会的过程。"②严复在译文中对上述赫胥黎的话作了尽情发挥,他说:"曰世治之最不幸,不在贤者在下位而不能升,而在不贤者在上位而无由降。门第、亲戚、援与、财贿、例故,与夫主治者之不明而自私,之数者皆举降之力也。"又说:"今夫一国之治,自外言之,则有邦交;自内言之,则有民政。邦交民政之事,必操之聪明强固、勤习刚毅而仁之人,夫而后国强而民富者,常智所与知也。由吾之术,不肖自降,贤者自升,邦交民政之事,必得其宜者为之主,且与时偕行,流而不滞,将不止富强而已,抑将有进种之效焉。"③在本节按语中,严复又说:"赫胥黎氏是篇,所谓去其所缚者最为有国者所难能。能则其国无不强其群无不进者,此质家亲亲,必不能也。文家尊尊,亦不能也。惟尚贤课名实者能之。尚贤则近墨,课名实则近于申商,故其为术,在中国中古以来,罕有用者,而用者乃在今日之西国。"④这里,严复是借赫胥黎之口抒发他自己对清政府腐朽统治的不满,为天下像他那样的有识之士不被重用而鸣不平。当然,这和同时期一些维新志士对封建专制的激烈批判比起来,显得有些软弱。

综上所述,可以看出,《天演论》是在甲午战争的刺激下,为挽救祖国危亡而译作的。其中到处直接或间接地体现着严复的政治见解。因而《天演论》固然是严复的译著,也未尝不可以看作严复的著作。

（三）

中国近代思想启蒙运动,严格说来,是从甲午中日战争前后开始的。所谓"启蒙运动",就是宣传资产阶级思想的运动。启蒙思想家以先进的思想教育民众,为资产阶级革命准备了思想条件。

近代中国的维新思潮,从1840年鸦片战争后即开始酝酿,并不断发展。但应该承认,直到甲午中日战争爆发前,先进的知识分子也还没有和洋务派划清界限。资产阶级进行独立的政治活动的要求还非常缺乏。甲午战后,资产阶级维新思潮迅速高涨,终于发展成一场激荡全国的变法维新运动。中国近代思想启蒙运动,是从甲

---

① 严复译:《天演论》,商务印书馆1981年版,第25页。
② 赫胥黎:《进化论与伦理学》,科学出版社1971年版,第29—30页。
③ 严复译:《天演论》,商务印书馆1981年版,第42—43页。
④ 严复译:《天演论》,商务印书馆1981年版,第43页。

午战争前后开始的。其重要标志是出现了康有为、严复等一批资产阶级思想家,也出版了《新学伪经考》《孔子改制考》《天演论》等一批重要的启迪人们思想的著作。

梁启超在《戊戌政变记》一书的开头便写道:"吾国四千余年大梦之唤醒,实自甲午战败割台湾常二百兆以后始也。"日本人稻叶君山也曾指出:"此时重要著作,如康有为之《孔教论》,严复新译之《天演论》当首屈一指。自曾国藩时代所创始之译书事业,所有化学、物理、法律各种类,然不足以唤起当时之人心。至此二书而思想界一变。《天演论》发挥适者生存、弱肉强食之说,四方读书之子,争购此新著,却当1896年中日战争之后,人人心中抱一眇者不忘视,跛者不忘履之观念。若以近代之革新,为发端于1895年之侯,则《天演论》者,正溯此思想之源头,而注以活水者也。"①这一论述是很有见地的。

如果说,随着康有为政治上日渐保守,曾如"一大飓风""火山喷火"的"两考"也逐步失去其昔日的光彩,严复的《天演论》则长期在中国近现代史上产生影响。在近代思想启蒙运动中,严复《天演论》占有突出地位。桐城派大家吴汝纶曾经这样评价《天演论》:"得惠书并大著(指《天演论》),虽刘先生得荆州不足为喻。比经手录副本,秘之枕中,盖自中土翻译西书以来,无此宏制,匪直天演之学,在中国为初凿鸿蒙,亦缘自译来之手,无此高文雄笔也。"②

梁启超是最早读到《天演论》译稿者之一。在《天演论》还未正式出版之前,梁不仅对它到处张扬,而且自己也根据《天演论》做文章了。③ 康有为向以圣人自居,目空一切,但读了《天演论》也称赞说"眼中未见此等人",并说《天演论》为中国"西学第一者也"。④

直到20世纪初,资产阶级革命派的报刊中,仍普遍地以《天演论》提出的"物竞天择,适者生存"这一原理作为理论指导,分析当时严重民族危机产生的原因,探索救亡图存的道路。尽管《天演论》所阐发的学说有许多缺点和错误,但它呼吁人们适应客观发展的潮流自强不息,在客观上符合面临被帝国主义列强瓜分危机的中国人民要求奋起直追、自存自立的强烈愿望,因而起了巨大的历史作用。

在《天演论》中,严复不仅给中国人民传来了西方的进化论,而且把他了解到的一些西方思想家及其主要学说,或多或少地予以介绍,这就大大打开了人们的眼界。鲁迅先生曾回忆说,读新书的风气盛行后,他也买了本《天演论》,一读便被其中优美的文字和新鲜的内容所吸引。于是,"一口气读下去,'物竞天择'出来了,苏格拉底、柏拉图出来了,斯多噶也出来了……一有空,就照例地吃侉饼、花生米、辣椒,看

---

① 稻叶君山:《清朝全史》(下),中华书局1915年版,第30页。
② 《答严幼陵》,家刻本《桐城吴先生全书·尺牍》卷1,第159页。
③ 《说群》序,《饮冰室合集·文集》第2册,第3页。
④ 丛刊本《戊戌变法》(二),第525页。

《天演论》"①,以至鲁迅先生能大段背诵《天演论》。而鲁迅先生在接受马克思主义前,主要是受进化论思想所支配,也为人所公认。

可以这样说,从戊戌维新到辛亥革命,直至五四运动前,对中国思想界影响最深最广的著作莫过于《天演论》。据学者考证,《天演论》部分译稿在《国闻汇编》上发表前,连自序、吴序、译例言尚未写出就由陕西味经售书处擅自草草刊印。待正式出版后,10多年的实践,即有30多个版本问世。仅商务印书馆,从1909年到1927年22年中,即印刷了24次,这在近代出版史上是不多见的。②"物竞天择,适者生存"等思想,激励着千百万爱国的知识分子为挽救民族危亡而奔走呼号。"自严氏书出,而物竞天择之理,厘然当于人心,而中国民气为之一变,即所谓言合群言排满者,固为风潮激发者多,而严氏之功盖亦匪细。"③胡汉民这一评价是中肯的。

当然,严复本人后来没能与时俱进,而是日趋保守,成了历史的落伍者。《天演论》给中国人民带来的西方资产阶级学说,也不可能使中国摆脱半殖民地半封建的厄运,从而走上独立富强的道路。但严复和《天演论》在近代思想启蒙运动中的地位,我们还是给予充分肯定的。

(郑永福撰《甲午战争与严复》,《甲午战争九十周年纪念论文集》,齐鲁书社1986年10月出版)

---

① 鲁迅:《朝花夕拾·琐记》,《鲁迅散文全编》,北京工业大学出版社2005年版,第141页。

② 参见王栻《严复传》(上海人民出版社1975年版)等。

③ 《述侯官严氏最近政见》,载《民报》第2期。

评聂士成

如何评价聂士成,史学界论述不多,但分歧颇大。有的同志曾提出,聂士成一生功过兼有,总的来说,不失为一个爱国将领。另一些同志则对此进行了严厉的批驳,认为聂不仅是镇压农民运动的刽子手,也充当了帝国主义侵略中国的"清道夫"。今天,聂士成已经牺牲80年了。在破除了束缚人们头脑的一些清规戒律之后,我们应该而且也有条件对聂士成的一生进行实事求是的分析,以得出科学的结论。

聂士成,字功亭,安徽合肥人,以武童投效湘军袁甲三军营。1862年(同治元年)聂士成随袁甲三军去镇压捻军起义,攻克庐州后"叙功奖外委",很快又提升为把总,加五品顶戴。改隶淮军刘铭传后,聂随刘军镇压太平天国起义,先升为都司,又超迁参将,1866年"奉旨以副将补用"。接着,聂士成跟随已是直隶提督的刘铭传进攻东捻军任柱部,屡有战绩,被赐号"力勇巴图鲁"。1868年,"诏以总兵交军机处记名简放并赏给一品封典",西捻军被镇压下去后又以提督记名。1892年,聂士成奉命镇压了朝阳地区反洋教斗争,被赏换"巴图隆阿巴图鲁"名号,授以太原镇总兵(但仍留芦台治军)①。聂士成、刘铭传和淮军头子李鸿章,均系安徽合肥人,聂因同乡关系被提拔重用是可能的。但在镇压农民起义的过程中,他确实为清王朝立下了汗马功劳。对于聂士成历史上这些阴暗面,我们不能也无须予以开脱或掩饰。实际上,作为封建地主阶级军队的一个头目,在阶级矛盾极其尖锐的情况下不去镇压农民起义,那反倒是不可理解的。

1900年,震惊中外的义和团运动爆发之后,八国联军侵入中国。这期间,聂士成先是奉命镇压义和团,暴露了他仇视农民运动的地主阶级的本性。然而当帝国主义入侵,民族矛盾上升为主要矛盾的时候,聂士成又奋勇抗敌,以致最后壮烈牺牲,又显示了他崇高的民族气节。弄清楚聂士成这一时期的主要活动,是评价他一生功过的关键,这里有必要较详细地作一论述。

义和团运动在清王朝的心腹地区轰轰烈烈地展开后,直接威胁到封建地主阶级的最高统治者,清政府急忙调兵遣将前往镇压。早在1900年5月15日,直隶总督裕禄就致电提督聂士成,令其派兵驻扎天津,协助张毓渠镇压义和团。聂士成已打算派步队两营赴津,后因裕禄电告军情"较前已松"、调拨军队之事可以从缓而作罢②。5月18日,聂又接裕禄电,"现在拳匪蔓延甚广,弹压、巡辑兵力万分不敷",令其饬令统带邢长春"酌带马队二、三营,迅赴保定一带,协助防辑"。邢长春的马队于

---

① 王钟翰点校:《清史列传》(第16册)卷六十一,中华书局1987年版,第4857页。

② 北京大学历史系中国近现代史教研室编:《直东剿匪电存》,《义和团运动史料丛编》第二辑,中华书局1964年版,第104—105页。(以下引文未注明者均出自此书)

22日晨由开平乘火车启行。当日,裕禄又发电报给聂士成:"今涞(水)、定(县)一带情形万急,拟请尊处派拔步队二营、马队一营,或步队三营,由火车分赴涿(州)、涞(水)、定(县)一带,会同剿办,免致势成燎原。"此时,义和团在涞水石亭,将前来镇压拳民的杨福同军围住,并将杨击毙。裕禄闻讯后又电聂派兵援应,26日,聂军三营抵达涞水。这个时候已有数千名义和团人员开进涿州城,很快又将涿州至长辛店、丰台的铁路、车站、桥梁、电杆尽行焚毁。5月28日裕禄加急电敦促聂士成亲督马步多营,前往丰台、长辛店等处进行"弹压、捕击",并请总理衙门将此安排代奏清廷。第二天,裕禄再次电令聂督马步四营赴京弹压,且增兵驻扎天津,"以资镇慑"。

就在这个时候,聂士成接到大沽副将韩照琦的电报,称"各国兵轮十二只,停泊界外。又有洋人四十余人,各带枪械一乘带水公司轮船赴津"。聂士成在当即给裕禄的密电中分析说:"伏查目下情形,外侮尤亟,洋兵到津过多,恐滋它患,已肃函请饬铁路津站,不卖票给洋人,防其进京。仍求严饬炮台各将领,认真准备。再,我国兵轮雷艇似宜饬令择要聚守,以备不虞。"形势急速发展,聂士成已认识到"外侮尤亟""防务攸关",提请清政府整饬军队,作好海、陆与外国侵略者作战的准备。应该承认,聂士成在内忧外患相交的情况下,是把反对外来侵略放在第一位的。6月1日,聂士成发电报给裕禄,谈了他对芦保、津芦两路沿线驻防的设想:"窃计芦保十七站,拟饬邢(长春)、杨(慕时)二统带匀拔队伍,或一哨,或半哨,亦按站驻扎,所余营队,仍驻津弹压。日前大帅由津拔出营队,拟请调回,以固津防。"从这种军事布局也可以看出,聂仍是从大局出发,以固守天津为要,其目的当然是防备外国侵略军的入侵。是日,聂士成又接到了大沽副将韩照琦的来电。电报说:"今天下午派快顺船出口,探明回称,又到英国兵轮一只,鱼雷艇一只,德国兵轮一只,意大利兵轮一只,停泊界外,共十六只。口里兵轮一只,雷艇一只。"外国侵略军的这种严重的军事威胁,自然要引起聂士成密切注视。但也就在这一天,裕禄再次来电,称芦保、津芦两路"人少势分",难以防守,要求聂加派队伍。聂士成只得"添派左路前后二营……令分往杨村、廊房等处,察看桥站,决策驻扎,妥为保护"。

1900年6月10日,聂士成率马、步队到达天津,次日抵达杨村,这是他和义和团直接接触的开始。当天他还致电裕禄,"津防紧要,已留右营马队驻西关,请就近饬派、分布",说明聂对天津加紧设防,仍念念不忘。同一天,聂接到荣禄来电:"贵军服色稍似洋队,未免乡愚误认为洋兵,而拳民究属中国赤子,总宜开诚晓谕,竭力劝散为要。"荣禄的电报是有来头的。早在6月3日,慈禧就曾叮嘱荣禄,义和团"拳匪聚众滋事,并有拆毁铁路等事。叠次谕令派队前往保护弹压。此等拳民,虽属良莠不齐,究系朝廷赤子,总宜设法弹压解散,该大学士不得孟浪从事,率行派队剿办,激成变端,是为至要"①。从"认真弹压"到"开诚晓谕",从"拳匪滋事"到"中国赤子",反

---

① 《清德宗实录》,光绪二十六年五月丁未谕。《清实录》(58),清德宗实录(7),中华书局,第66页。

映了清政府对义和团政策的变化,开始由"剿"到"抚",因而唯恐聂士成对义和团行动过火,特给以警告。聂士成与慈禧之流此时对义和团的态度不同,始终把义和团当作"匪"来看待。可是,帝国主义各国调兵频繁,大军压境,这种严重的形势使他并未把义和团作为主要敌手,另一方面,荣禄一再电示表明了清政府对义和团政策的改变,聂虽然对此心怀不满,但也绝对不敢过于放肆。这两者决定了聂士成不可能对义和团痛加剿杀。英国驻华公使窦纳乐当时致英外交大臣的密件中也说,北京附近"许多车站被破坏","中国军队却毫无动静"①。因此,在谈到聂士成镇压义和团时,不考察具体的历史情况,任意夸大其词,是很不合适的。6月6日,义和团连毁黄村至廊房各火车站,焚毁铁路设施。聂军的任务是护路,失职而任义和团毁路或镇压义和团而保路,这是摆在聂士成面前的两条道路,聂士成选择的是后一条。他在晓谕义和团停止毁路而义和团不听的情况下,率队击杀了义和团,同时致电荣禄:"日下匪众猖獗,连毁黄村至廊房各站。迭次示谕,乃该匪恃众抗拒,悫不畏,阻隔京津铁道,非捕击不能了结。士成奉旨保护,责有攸归,大局所关,实深悚惧。今该匪如此抗拒,亲督马步队沿铁路迎头痛击不及请示,侯大局底定,应如何责备之处,所不敢辞"。可见,他十分明白自己的行动与朝廷之意不符,因此作了受清廷斥责的准备。从这点来看,聂士成镇压义和团不可谓不积极。但能否以此说明聂士成比清政府的顽固派还要反动呢?不能。顽固派们是反革命两面派,他们对义和团由"剿"到"抚",继而由"抚"到更加残忍的"剿",在"抚"的时候也是心怀鬼胎,暗藏杀机,而对于帝国主义侵略,他们则是妥协投降,就是在发布所谓"宣战上谕"的时候,骨子里也并非不是如此。聂士成是一面派,对义和团进行弹压,对帝国主义侵略军坚决抵抗。6月7日,聂士成偕督办矿务局兼铁路公司事务大学士张燕得、铁路总办太守唐绍仪及"洋员"去丰台,行至廊房,见义和团人多势众,"持旗械列道旁",当即退至落堡。义和团数千人来围攻,聂令本地"绅耆"前往劝令解散,团民不听这一套,先烧铁道、断电线,继而"四面包袭,伤毙聂军80余人。聂士成命令军队轰击,打死打伤团民六七百人,轰毁村庄数座"②。聂士成镇压义和团这是最激烈的一次。我们除看到他仇视农民运动这一方面外,还应该注意到另一个方面。他在当时给荣禄的电报中说:"顷奉灰电,有派刚相开导之旨,自应钦遵办理。惟拳匪甘心为乱,殊难理谕,若不相机剿办,则铁路已毁未毁均难复保全。且内已著燎原,尤恐外人借口,另生枝节,大局攸关,实切悚惧。""恐外人借口,另生枝节",这说明他已经密切注意"洋人"的动向。当日中午,英提督西摩尔统率联军千余人由天津向北京进发,路过杨村时,聂士成想要阻止,但被有关部门电告"专车装洋兵入都,系奉制宪札饬办理"。聂悲

---

① 复旦大学历史系中国近代史教研组编:《中国近代对外关系史资料选辑》(上),第二分册,上海人民出版社1977年版,第131页。

② 中国史学会编:中国近代史料丛刊《义和团》(二)之《遇难日记》,上海人民出版社1957年版,第164—165页。

愤地说:"身为直隶提督,直隶有匪既不能剿,直隶有敌又不能阻,安用此一军为耶?"6月10日他给荣禄、裕禄去电:"伏思外人纷来,海防吃紧,敝军久住杨村,毫无裨益,当饬营队回芦(即芦台),以备不虞。"其中虽然包含有对清廷政策不满而发牢骚的意思,但大敌当前,以民族利益为重,把反对外来侵略放在第一位,应该说是聂士成的主导思想。

　　1900年6月13日,清政府电旨聂士成调集所部赴天津扼要驻扎,"以备不虞,倘有外兵阑入畿辅,惟该提督是问"①。16日,聂士成前往军粮城一带布置设防。17日,帝国主义侵略联军攻下大沽炮台,天津兵事猝起。19日,聂士成督队急驰天津防守。21日,清政府发布所谓"宣战上谕"。这时,帝国主义列强陆续增兵来华,到6月28日,从大沽登陆的八国联军已达18000多人。聂士成在天津"往来督战,力扼其冲,与侵略军进行了激烈的战斗。他带队移扎城南海光寺后,尽管"天气炎热,士卒苦甚"②,但"连日力战,先进据洋人跑马厂及八里台一带,烧毁洋楼三座,继复夺取小营门洋人炮台"。7月9日,有大股侵略军袭击聂军驻扎八里台之队,奉命守桥的营官周鼎甲遁逃,聂士成"提刀驰回拦截"。时"洋兵四面环击,枪炮如雨",聂士成"两腿均受枪伤,犹督兵不许少退"。营官宋占标劝其"退后将息",但聂奋不可遏,仍"持刀督战",结果"被敌枪洞穿左右两腮、项侧、脑门等处,脐下寸许被炮弹炸穿,肠出数寸,登时阵亡",其部下宋占标等人亦战死沙场③。

　　在天津战场上,聂士成"临阵捐躯,身受多伤,死事甚为惨烈"。然而具有戏剧性的一幕是,就在聂士成与外国侵略军拼命力战的时候,清廷却发出了"聂士成着即革职留任"的谕旨。这究竟是怎么回事呢?清政府将聂革职的理由是"办理防剿,种种失宜,屡被参劾,实属有负委任"④。对于聂士成屡被参劾的原因,一些同志提出这样的看法:御史郑炳麟对聂"置海防于不顾,包打义和拳民"很有意见。给事中唐椿森亦认为"惟聂士成与团民争斗",对洋兵"并不实力堵截",因此聂"屡被参劾",清政府才不得不把他调回芦台⑤。此种说法实在令人难以苟同。其一,唐椿森的奏折在1900年6月20日,郑炳麟的奏折在7月5日,后折时间距聂士成牺牲仅仅五天,而远在这之前,聂已屡遭清廷顽固派斥责了。其二,细查唐、郑二人奏折全文就不难

　　① 《合肥中节公事略》,闵尔昌:《碑传集补》第三十三卷,文海出版社《近代中国史料丛刊》1966年版,第1801页。

　　② 北京大学历史系中国近现代史教研室编:《庚子从军日记》,《义和团运动史料丛编》第一辑,中华书局1964年版,第231页。

　　③ 国家档案馆明清档案馆编:《义和团档案史料》(上),中华书局1959年版,第277页。

　　④ 国家档案馆明清档案馆编:《义和团档案史料》(上),中华书局1959年版,第282页。

　　⑤ 《论聂士成的功过》,载《天津日报》1961年6月24日。

发现,他俩不过是仰承慈禧为首的顽固派的鼻息,重复清政府对聂斥责的老调,对聂不能达权通变十分不满。如团民"均是朝廷赤子","近闻董福祥、田玉广等,尚能达权通变,以处团民。唯聂士成与团民争斗,独存意见……"等。聂士成死后,朝廷议论"赐恤"时,顽固派载漪和刚毅还极力阻挠,于是皇帝下诏责聂"误国丧身,实堪痛恨",只是"姑念前功",才"准予恤典"①。其三,唐、郑二人谈及的聂士成包打义和拳民、不尽力与洋人作战种种情况,均系传闻,并不可信。实际上,聂士成不能见风转舵、唯清政府马首是瞻,又"与拳民结怨",所以正如他自己所哀叹的那样,"上不谅于朝廷,下见逼于拳匪",处境是很狼狈的。而京津上下,关于他的传说不少,多隐善扬恶,甚或有意造谣。如说什么大沽失陷是由于聂士成受贿通敌。就连他的死,也有人说是他"藏匿洋楼为团民焚毙"②。再以聂士成与义和团的"争斗"来说,诚然是由于聂仇视农民运动所致,但也和义和团盲目排外、仇视新的生产力不无关系。义和团在涿州时,聂部有十几人进城,"拳民见其衣帽似洋人,皆缚之",经参将代为乞命,才算未被杀害③。在天津,义和团遇到聂士成的武卫军"辄辱",聂检勒部下不要轻举妄动。荣禄见到这种情况,怕发生事变,曾"驰书"聂士成加以"慰解"。聂士成到天津之后,与义和团冲突势所难免,不可能很好地配合,一致对外。至于说聂士成不尽力抵抗八国联军,则不符合事实。聂军奉命进攻租界后,"围攻甚力,恶战者十数次,相持八日,炮声不绝。西人谓自与中国交战以来,从未遇此勇悍之兵"④,以致侵略军最后竟灭绝人性地使用了毒气弹,保卫天律,聂士成是有功的。说到此,我们不能不提一提聂士成在天津时的困境。以慈禧为首的顽固派对聂颇有成见,对聂是委以重任,但不予支持,最后罚以重罪。聂士成进驻天津时,其军一分为三,一部驻芦台,一部护铁路,在天津兵单势寡,而且"其军已欠饷三月"⑤。天津开仗以后,"聂军无日不战,斩获伤亡均较制军为多"。裕禄也深深知道聂军"劳苦多功",但顾及朝廷对聂士成的态度,"不敢代白"。这样,"恩赏"不及,聂部"合军气沮",几乎酿成大的事变,多亏聂士成"恩威素浃,涕泣劝谕",才使军心稍稍稳定下来⑥。从这个角

---

① 左舜生:《中国近百年史资料初稿》下册之《拳变余闻》,中华书局1926年版,第546页。

② 北京大学历史系中国近现代史教研室编:《义和团运动史料丛编》第一辑之《恽毓鼎庚子日记》,中华书局1964年版,第56页。

③ 中国新史学研究会编:中国近代史资料丛刊《义和团》(一)之《拳匪记略》,神州国光社1957年版,第453页。

④ 中国新史学研究会编:中国近代史资料丛刊《义和团》(一)之《拳事杂记》,上海人民出版社1957年版,第258页。

⑤ 北京大学历史系中国近现代史教研室编:《义和团运动史料丛编》第一辑之《恽毓鼎庚子日记》,中华书局1964年版,第56页。

⑥ 中国新史学研究会编:中国近代史资料丛刊《义和团》(二)之《天津一日记》,神州国光社1957年版,第154页。

度来说,聂士成也可谓忍辱负重了。

聂士成和清王朝顽固派的矛盾十分明显,于是便有聂"倾心投靠卖国媚外的李鸿章、步袁世凯的后尘,根本不顾国家民族利益,对外国侵略者消极抵抗,对抵抗八国联军的义和团血腥镇压"之说①。不错,聂是李的老部下,关系密切,聂还就镇压义和团问题给李鸿章去过电报,进行请示。把聂士成和李鸿章画等号,这倒是否定聂氏的一个简便的"好"办法。但我们要问,在主张对内镇压、对外投降的李鸿章支持"东南互保"的时候,聂士成却在天津前线力战并死于八国联军的枪弹之下,难道这也是秉承李鸿章的旨意吗?

《论聂士成的功过》一文还根据聂士成阵亡前的话断定他是因处境十分狼狈但求一死,而并非出于爱国之心。这种观点也是站不住脚的。看问题不仅要看它的现象,更要看它的实质。这里需要对聂士成一生中爱国的一面做一简单的回顾。1884年中法战争爆发后,聂士成主动请战,率队赴台湾抗法,虽打仗不多,但据载"每战辄胜"②。中法战后民族危机的进一步加深,迫使聂士成十分关注边疆的形势。他料想"日、俄他日必为争朝鲜起衅"③,于1893年至1894年之际来往东三省进行考察,著有《东游纪程》一书。聂士成此次东北之行历时半载,跋涉数千里,绘图勒表,煞费苦心。桐城徐宗亮为该书作的《序》中说:"聂功亭军门,奋迹行间近三十年而膺专阃,循循行辈中不稍襮异,顾深有意于天下之故,日三复之。前闻帅府遣使东游,慨然请行。凡历八阅月,往返二万余里,而归成《东游纪程》二卷。"④从他的《东三省韩俄交界道里表》及其叙中不难看出:一、聂士成对东北边防极为关心,"请单骑巡边",说明他此行是出于保卫祖国边防的自愿;二、书中叙述了清朝西北、东北边界疆土沿革,暴露了沙皇俄国步步为营,蚕食我边疆领土的罪恶行径,对沙俄的进一步入侵不无戒心;三、对中朝边界地理形势的考察和论述,反映了聂士成对帝国主义从朝鲜入侵中国已有警觉。聂士成此行"自天津起,经奉天、吉林、黑龙江三省,继行俄罗斯阿穆尔东海滨两省,后经朝鲜八道,仍由奉天省高丽门沿海而归"。所绘图表,"东三省与俄韩交界各处,道路要隘,经行难易,有无超便凡路,路之山岭崎岖,沟渠源委,道路泥泞,州城府县相距远近,无不备载"。胡思敬在其书的跋文中说:"读其书如亲履其地。二万三千余里疆界牙错出入,不藉图记,一览而尽得之。"⑤聂士成不愧为一位关心祖国边防安危的有心人。不久,甲午中日战争爆发,时为太原镇总兵

① 《论聂士成的功过》,载《天津日报》1961年6月24日。

② 《清史列传》卷61,中华书局1987年版第16册,第4857页。

③ 中国新史学研究会编:中国近代资料丛刊《中日战争》(五)之《周悫慎公全集》文集二,新知识出版社1956年版,第213页。

④ 聂士成著:《东游纪程》,中华书局2007年版,第5—6页。

⑤ 胡思敬辑《问影楼舆地丛书》,新昌胡氏京师1908年排印本,第一集第十册序,第1页。

的聂士成与直隶提督叶志超奉命率军赴援朝鲜作战。在朝鲜,叶志超贪生怕死,一意奔逃,而聂士成却在成欢驿等地英勇抗敌。驻守九连城后,日军大举进犯,清军主将宋庆和依克唐阿仓皇溃退,数万清军不战而逃。在这种形势下,唯有聂士成部在虎山力战。退守辽阳之后,聂士成看到日军长驱直入,辽西即陷敌手,根据开战以来"祗闻敌来,未闻我往"、敌军无后顾之忧的情况,电请李鸿章和宋庆,"愿亲率精锐千人直出敌后,往来游击,截饟道,焚积聚,多方扰之",这样使敌人首尾兼顾,"然后以大军蹙之",即可制胜。① 这种正确的战略战术,竟遭到李鸿章等的制正而无法实施。在守辽阳、扼大高岭的一系列战斗中,聂士成屡败敌众。整个甲午中日战争的进程中,聂士成表现得有勇有谋,特别是他提出的出奇兵到敌后袭扰日军,切断其武器、粮草运输线的主张,不仅显示了他军事上的才能,也表现出他极大的爱国热情。1899 年,聂士成曾给吴汝纶写信议论时事,他感于国家面临列强瓜分之势,慷慨地说:"倘干戈相见,不敢稍有瞻顾",表示了以战斗保卫祖国的决心。在信中,他还表示了对民族英雄戚继光的仰慕②。上述一切清楚地说明,聂士成在抵抗八国侵略联军的战斗中英勇献身,绝非偶然,而是有爱国主义思想作基础的。

在评述聂士成抗击外国侵略者的时候,重新学习毛泽东同志《上海太原失陷以后抗日战争的形势和任务》一文,是很有益处的。毛泽东同志指出:"我们赞成一切反对帝国主义进攻的抗战,即使是片面的抗战。因为它比不抵抗主义进一步,因为它是带着革命性的,因为它也是在为着保卫祖国而战。"在谈到国民党主张的片面抗战时,毛泽东同志一方面尖锐地指出,那"是一定要引导战争趋于失败的,是决然不能保卫祖国的",但同时仍然承认其也是民族战争,也带着革命性,只是其革命性"很不完全"③。这就是毛泽东同志基于日本侵略军大举进攻中国,中华民族同日本帝国主义的矛盾已上升为主要矛盾的客观情况,得出的科学的结论。这种马克思列宁主义的观点,同样适用于我们评价聂士成。聂士成的抗战也可以说是"片面抗战"。基于阶级地位,他看不到也不可能看到广大农民的力量,敌视农民运动,而他背后的清政府又是早已下定了投降的决心,其抗战是注定要失败的,这是历史的悲剧。但在中华民族生死存亡之秋,他奋起抵抗外来侵略,这总该说是进步的,应该予以肯定。

综观聂士成一生,他曾参加过"平捻""剿发",镇压过反洋教斗争和义和团运动,在历史上留下了洗刷不掉的污点。但在中华民族遭到帝国主义侵略,民族矛盾不断上升,民族危机日益严重的历史条件下,他勇敢地参加了抗法、抗日的正义斗

---

① 中国新史学研究会编:中国近代史资料丛刊《中日战争》(一)之《东方兵事纪略》,新知识出版社 1956 年版,第 31 页。

② 中国新史学研究会编:中国近代史资料丛刊《中日战争》(一)之《桐城吴先生全书》尺牍二,新知识出版社 1956 年版。

③ 毛泽东:《毛泽东选集》合订本,人民出版社 1964 年版,第 357—358 页。

争,特别是在反对八国联军入侵的激烈斗争中不惜以身殉国,说他是我国近代史上著名的爱国将领,并非过分。这就是我们对聂士成一生的评价。

（郑永福撰《史学月刊》1981 年第 4 期）

不寻常的西方女性　不一样的慈禧太后

—— 萨拉·康格和她的《北京信札》

近代西方来华人士颇多,有传教士、军人、外交人员、商人、记者、学者及旅游探险者等,身份背景各异。他们以各自的立场和文化观念,观察中国,关注在中国这块古老的大地上发生的种种事变,不少人还留下了著述,从不同的侧面表达了他们各自的中国观。这些来华人士中,有一位不同寻常的女性,那就是萨拉·康格。

萨拉·康格是一位普通的女性,其丈夫是曾任美国驻华公使的爱德温·赫德·康格(Edwin Hurd Conger,1843—1907)。1898 年萨拉·康格随丈夫来华,1905 年返美,在华期间,她给家人及亲朋好友发回大量的书信。1909 年,萨拉·康格将这些书信结集出版,名为 *Letters from Peking,with Particular Reference to the Empress Dowager and the Women of China*。2006 年南京出版社出版中译本,书名为《北京信札——特别是关于慈禧太后和中国妇女》(以下简称《北京信札》)。

仔细阅读《北京信札》,不难得出这样一个结论:萨拉·康格是一位值得人们尊重的近代西方来华女性。

萨拉·康格观察中国和中国人的态度令人称道。她在《北京信札》出版的前言中说:"来远东前我头脑里对这个东方的概念是模糊不清的。自打我踏上中国的土地开始,整整七年内我一直抱定一个想法:认真去了解这个国度。""为了纠正四处泛滥的关于中国及其人民的错误看法和观点,我出版了这些家书。"①近代林林总总的西方来华人士的著述中,往往带着一些沙文气。基于当时西方制度和文化上的优越现实,他们不由自主地居高临下"俯视"中国和中国人,以"改造中国"为期许,以给中国人带来"福音"自居,说人论事,总免不了持一种高傲的态度。态度也许并不能决定一切,但确实是十分重要的。高傲的态度,往往是造成他们著述中产生偏颇与错误的一个重要原因。1904 年,萨拉·康格回答友人如何了解中国时说:"我得说我首先思考了自己的态度。我们的态度决定了我们的观点,决定了我们是否有机会获得信息、取得进展。对世界万物来说,这都是一条颠扑不破的真理。认真思考我们的态度可谓事关重大。"②

萨拉·康格曾经对随当外交官的丈夫在南美的经历进行过认真的反思,"认为一定是自己根深蒂固的民族优越感造成了失误。返回巴西后,我一改自以为是、高

---

① ［美］萨拉·康格著,沈春蕾等译:《北京信札——特别是关于慈禧太后和中国妇女》(*Letters from Peking*),南京出版社 2006 年版,前言第 1 页。

② 《致友人》,1904 年 10 月 25 日,《北京信札》第 264 页。

高在上的态度,决心睁大眼睛,静心倾听。于是我的收获便相当丰厚了"①。来到中国,她时时警惕"根深蒂固的民族优越感",力戒"自以为是""高高在上",决心"睁大眼睛,静心倾听",有几个近代西方来华人士能有这种态度?但萨拉·康格这位名不见经传的女性,不仅这样说,也力图这样做。去掉几分西方人固有的傲慢,"平视"而不是居高临下的"俯视",便多了几分真诚和理解。萨拉·康格说:"如今,整个世界都在潜心探索,希望了解未知的东方。如果想更好地了解中国和中国人民,我们需要耐心、专心,更要怀有一颗善心。带着侵略之心的外国人不可能真正认识和了解这个国度里的人们。"②一个普通女性,说出了许多政治家也许一生都不明白的至理名言。

　　萨拉·康格以一个女性特有的细腻和善良的心观察中国。她说:"中国的艺术品在其创作过程中自始至终贯穿着一层积极的意义。通过这些思想符号里日积月累的表达方式,中国的艺术品体现了一种能使任何客厅、图书馆、画廊及博物馆都增添光彩的文化。它得体而又从容地表达出自己的思想。色彩的调和与深浅、花草树木、山水岩石、平原陆地、地上爬的、天上飞的,这些全都相得益彰,默默诉说着一种或许你听不到也明白不了却可以意会的语言。要知道,每个符号都是独立的个体,尽管它们都是整体的一部分。它们都清楚各自的位置,知道自己要表达什么,并与周围其他符号浑然一体。中国的艺术就像一位学者,无论在哪里都像在家中一般轻松自如。若把外国艺术带到中国来,它就会失去丰富的效果,很有可能显得平庸无奇或是不合时宜。"③

　　来华后,中国当时愚昧落后、封闭保守的一面,也呈现在萨拉·康格的眼前,她对此无疑是持批评态度的。与一些人不同的是,在描述这些现象时,她不是高高在上,而是多了几分谨慎和理解。她说:"我在中国人的性格中发现很多令人敬佩的东西,同时也遇到很多——至少就我个人而言——令人不快的地方。我一直不断地提醒自己在其他国家里会有一些和我们自身不一样的地方。因为亲身经历了这里的一切,对于中国人痛恨外国人的现象,我并不感到惊讶。外国人在这个不属于自己的国度里频繁地巧取豪夺,变本加厉。他们对待中国就像对待狗和那些毫无尊严的东西一样。毫无疑问中国人会怒吼,甚至有时候会伤人。这些来自基督国度的人们难道不能向中国人展示出更多一点的基督精神吗?无论是'年轻的西方'还是'年轻的美国',已经积累起来的知识还远远不够,继续进行进一步的探索和研究不是更好吗?即使是在最不开化的国度里,仍然可以探寻到未知的领域。"④

　　① 《北京信札》(此为萨拉·康格该书的第一封信的篇名——笔者注),1898 年 7 月 23 日,《北京信札》第 3 页。
　　② 《致侄子》,1898 年 12 月 20 日,《北京信札》第 30 页。
　　③ 《致爱女》,1903 年 7 月 20 日,《北京信札》第 214 页。
　　④ 《致侄子》,1899 年 2 月 1 日,《北京信札》第 42—43 页。

1899 年 5 月萨拉·康格在给其侄女的信中说:"一直以来,中国不断地受到外国人所谓的激进思想的无情冲击……乍看上去中国似乎完蛋了,但是如果你仔细观察,对于这样一个历史悠久的大国,对于一个拥有诸多优良品质的民族来说,外国人野蛮残暴的行径或许能够打破这个民族传统迷信的坚壳,激发出某种力量,帮助中国和其他国家平等友好地相处。""中国人自认为自己的国家在世界上始终占着优越地位,这种想法使中国人感到很满足,因而他们对世界上发生的事和他人的想法不屑一顾。也许需要一段痛苦的经历,才能将他们唤醒,让他们回到现实中来,使他们明白'天外有天,人外有人'的道理。中国还没有灭亡,它也不会灭亡。我敢说它会很快打开国门,与其他民族交流融合;中国人会愿意与其他国家合作,共同为了一个更美好、更文明的世界而努力奋斗的。"①

义和团运动兴起后,1900 年 6 月 4 日从美国公使馆发给她妹妹的信中,萨拉·康格说:"你想不想听我说说中国的近况?也许你自己已经从其他渠道得到许多相关的消息,可我要说的是我的亲眼所见。我曾经告诉过你,中国不欢迎外国人,中国人希望自己的事情不受外来干涉。然而一些外国人似乎下定决心不让这个国家清静,他们以各种方式进行恶意侵略,提出无理要求。对于外国人来说,中国人的思维方式似乎上了锁,甚至还加上了很多暗扣,与他们的格格不入。中国人的性格特点对于他们来说也是奇怪陌生的。当然,外国人的性格特点对于中国人来说也同样不可琢磨。""在过去很长的一段时间里,这种反对外国干涉的思潮公开地高涨起来。近几个月,这样的思潮以有组织的或正在组织的团体形式表现出来,这样的组织被称为义和团。"②

1900 年义和团在北京围攻各国驻华使馆,萨拉·康格和她的丈夫及其他外交官经历了惊心动魄的一幕。从美国公使馆转移不久,康格夫妇工作的房间遭到炮击,五个房间落有炮弹碎片,门廊的屋顶也被掀掉。躲进英国使馆后,义和团和清军的"枪炮声使人胆战心惊","他们的号角声、呼号声和枪炮声是我听过的最可怕的声音了,听起来仿佛他们近在身边"。

梦魇般的经历,使萨拉·康格痛恨、谴责义和团的暴行,但她坚决反对西方人对中国实行报复,并认为外国人应该对这一事件进行反思。她说:"有些人怀有强烈的复仇心理,坚决反对怜悯中国人。他们说:'烧光每个城市和村庄!'这看起来像是'以牙还牙,以眼还眼'的做法。但我们不该让自己的怨恨刺痛自己的心灵,我们应该抛弃它。不错,中国人对待外国人极端残酷,但那是因为中国人不希望在自己的土地上受到他人的打扰啊。什么时候这块乌云才会散去,让明媚的阳光洒下来,让我们看到这件事情的结局?"③萨拉·康格感叹道:"可怜的中国!为什么外国人就

---

① 《致侄女》,1899 年 5 月 14 日,《北京信札》第 60—61 页。

② 《致妹妹》,1900 年 6 月 4 日,《北京信札》第 77—78 页。

③ 《致侄女》,1900 年 9 月 28 日,《北京信札》第 147 页。

不能不去打扰她呢？中国已经受了委屈,绝望中的她已经竭尽全力去阻拦外族的侵犯,想要忘记那些已经造成的伤害。我同情中国。这是个非常不受欢迎的想法,但却是个诚实的信念,并被诚实地说了出来。"

谈到义和团,萨拉·康格说:"我很同情这些中国人,但我不会以任何方式来维护他们或为他们辩解。他们已经用最令人悲痛、最有辱人格、最具报复性的方式虐待了外国人。但事实仍未改变,中国属于中国人,她从来就不希望外国人站在她的土地上。外国人来华后会把他的生活强加给中国人,破坏让他们政府有序运行的车轮上的嵌齿。尽管我们承认中国的状况已经因这些入侵而得以改变,但外国人有什么权利擅自闯进这片领土？外国人已经把他自己、他的国家、他的习惯和他的产物都强加给了中国,而同时也总是遭到强烈的抵抗。"①

作为一个女性,特别是作为一个有女性主义倾向的女性,萨拉·康格对中国女性有较多的关注。她曾在一封信中写道:"如果撇开女性,只了解男性,那么我们恐怕就忽略了一户人家或一个国家的一半,因为我们没有看到女性的影响,也没有看到男女两性共同的作用。男人有男人的成就,女人也有女人的成就;男人和女人构成整个世界。"②基于这种认识,她每到一地都注意观察中国不同阶层女性传统的生活习惯、风俗文化,她在北京参与了"妇女冬季救难会"的宣传、筹款活动,而清末兴女学、创办女子报刊等方面的进步,使她感到高兴。萨拉·康格曾九次觐见慈禧太后,令康格夫人感到遗憾的是"繁文缛节使一个女人无法对另一个女人吐露心声"。③尽管如此,萨拉·康格带有女性特色的描述,还是让人们看到了慈禧太后的鲜为人知的一面。她对慈禧太后的观察与分析,既从她是中国最高当权者的角度出发,又有从性别视角的切入,尽管其中不少观点值得商榷,却也让我们看到了一个不一样的慈禧太后。

萨拉·康格认为,"太后陛下是中国历史上少有的几个性格鲜明的女性之一。我们每次见面的时间都很长,谈话也非常有趣,让人收获颇多。我无法像写一本书那样去描述太后的生活,只能尽量依照我曾经亲眼看到的和所了解的情况来描绘她的生活。了解这个女强人早期生活的人都证实在被咸丰皇帝封为贵妃时她是一位有修养的美女"。④"在这块女性没有多少社会地位的土地上,她的成就让她的能力和才干更加耀眼。""她的一生记载了一个女强人一步一步攀上权力巅峰的过程。"⑤

萨拉·康格的笔下,那拉氏显然不是中外社会上流传的那种形象。1898 年那拉氏第一次会见公使夫人时,萨拉·康格看见端坐在黄色宝座上的那拉氏"很愉快,脸

① 《致侄儿》,1900 年 12 月 12 日,《北京信札》第 159 页。
② 《致爱女》,1904 年 5 月 2 日,《北京信札》第 253 页。
③ 《致顺王福晋》,1906 年 3 月 20 日,《北京信札》第 301 页。
④ 《致姨母》,1906 年 11 月 4 日,《北京信札》第 302—304 页。
⑤ 《结语》,1908 年 11 月 16 日,《北京信札》第 310—311 页。

上容光焕发,充满善意,看不出一丝残忍的痕迹。太后用简单的语汇表示了对我们的欢迎,她行动自如,热情洋溢。接着她站起来向我们大家问好,向每位夫人伸出双手,然后又指了指自己,热情而又严肃地说道:'一家人,我们都是一家人。'"①1902年2月1日那拉氏第二次接见西方外交使团的夫人们时,又握着她的手说:"我非常抱歉,为发生了这些不该发生的事(指义和团时期排外事件)感到痛心,这是一个沉痛的教训。大清国从今以后会成为外国人的朋友。同样的事将来不会再发生。大清国会保护外国人,我希望将来我们能成为朋友的。""太后一遍又一遍地向我们保证过去两年里发生的那些事将不会再发生。她看起来体贴而严肃,念念不忘客人们的安逸和愉快。她的眼睛明亮、犀利,充满警惕,因此任何事也逃不过她的观察。她的容貌看不出残酷或严厉的痕迹;她的声音低沉、柔和,充满磁性;她的触摸温柔而亲切。"②在多次会见中,那拉氏一些人性化的举动给萨拉·康格留下了深刻印象,如邀请公使夫人们在宫中进餐、用茶,赐给每位女士亲自题写的"寿"和"福"字,邀请她们登上私人画舫,赠送给她们珍贵礼物,甚至亲手给每个人戴上镶有珍珠的戒指。在康格夫人看来,那拉氏的举动显得亲切而自然。

萨拉·康格通过与那拉氏的近距离接触,对那拉氏的看法与众不同。1903年初她给女儿们的信中说:"我们愉快地聊了近一个小时。太后给予你爸爸、美国政府、查飞将军,还有美国士兵高度评价。她对周围所发生的一切事情的了解令我吃惊。"③在另一封信中萨拉·康格写道:"对于我提的问题,她从不回避,也不拒绝,而是积极配合。""一次觐见中,我谈到了最近参观的一所当地学堂,和太后谈起我的见闻及我对那些聪明孩子的兴趣。我不经意地说:'这么聪明的孩子将会成为他们伟大国家的一股力量。正如外国人都支持你一样,如果清朝最有才华的少年既能接受国外教育,又能接受国内教育,这样不就使他们能理解和接受新兴的思想观念吗?'太后赞同道:'是应该送他们到国外去。'数天后,我高兴地读到了太后颁布的(遴选八旗青少年送国外留学)的懿旨。"康格夫人说:"我还曾和太后谈及她禁止缠足的懿旨,问她这是否会对其子民产生影响。太后回答道:'没什么影响。中国人一向保守固执,我们的传统根深蒂固,想改变不是一朝一夕的事情。'"④萨拉·康格在她的《北京信札》的《结语》中说:"在我与这个不平凡的女性的谈话中,我注意到她热爱她的国家、她的子民,她想要提高民众的意识,提升妇女地位。"⑤1903年8月,萨拉·康格还记载了这样一个场面:"太后坐下来画像时,两个太监上前跪着呈报公文。太后接过一份仔细阅读起来,一份接一份地看着。周围寂静无声。阅读时,她

---

① 《致妹妹》,1899年1月8日,《北京信札》第40页。

② 《致我们的女儿》,1902年3月14日,《北京信札》第184—185页。

③ 《致我们的女儿》,1903年1月9日,《北京信札》第202页。

④ 《致爱女劳拉》,1903年6月20日,《北京信札》第207—209页。

⑤ 《北京信札》,1908年11月16日,第310—311页。

脸上的表情相当凝重。我非常高兴能有这么个机会看到这个心思缜密、洞察力敏锐的中国皇太后严肃的一面。"①

也许是出于女性主义立场,或受到其他方面的局限,萨拉·康格对那拉氏的评价实在令人惊讶,她说:"通过这个女强人,全世界可以窥见中国女性难得一见的特质,并可以发现让西方女性受益的优秀品质。愿全世界将她的名字载入历史的缔造者之列。"②对于这个评价,恐怕大多数人难以接受。但萨拉·康格的另一个判断和预言,则令当时西方某些政治家、思想家汗颜:"中国属于她的人民,她的人民必须励精图治,站起来保护家园。他们可以风光体面地完成这项任务。天生的优雅加上不懈的努力,他们的这种长处肯定会唤醒他们身上沉睡已久的力量。""中国人很坚韧,做事有头有尾、专心致志,因而我坚信,如果外国人让他们按照自己的方式继续下去,中国迟早会跻身世界强国之林。"③无疑,萨拉·康格在西方近代来华各色人等中,是一位值得人们尊敬的女性。

(郑永福撰《文史知识》2011 年第 3 期)

---

① 《致爱女》,1903 年 8 月 24 日,《北京信札》第 224 页。
② 《结语》,1908 年 11 月 16 日,《北京信札》第 310—311 页。
③ 《致侄儿》,1907 年 9 月 22 日,《北京信札》第 307—308 页。

孙中山与进化论

在中华陆沉、社会动荡的新旧兴替时代,孙中山先生以伟大民主革命先行者的雄姿,与时俱进,"适乎世界之潮流,合乎人群之需要",卓领了数十年的历史风骚,实现了中华民族的第一次腾飞。在反帝反封建的历史激流中,他不断坚定和完善自己的信仰,形成了以进化论为基调的思想体系。"世界大势,浩浩荡荡,顺之则昌,逆之则亡。"这句闪烁着进化论光辉的传世名言,深刻昭示了孙中山之所以伟大的思想动因。

(一)进化论是孙中山革命思想的理论基础

孙中山认为:"凡真知特识,必从科学而来也。"①在以进化论、细胞学说、能量守恒与转化三大发现为主体的近代自然科学中,进化论对孙中山的影响最大。

1896 年,孙中山曾应英国著名汉学家翟理斯(H·A·Giles)之约,写了一篇自传性的文字。其中说到,他自 13 岁随母往夏威夷,初出国门,"始见轮舟之奇,沧海之阔,自是有慕西学之心,穷天地之想"。一直到 26 岁前,他辗转求学于夏威夷、香港、广州的各类学校。"志窥远大、性慕新奇"的孙中山,虽然"所学多博杂不纯",但有一点极值得人们注意,即他"于中学则独好三代两汉之文,于西学则雅癖达文之道(Darwinism)"②。青年时代的孙中山,曾在香港西医书院系统学习生物学,认真研读生物学名家达尔文的《物种起源》。他还对达尔文主义的积极支持者和勇敢捍卫者赫胥黎的著作进行过认真的研究。因为他接触的是英文原著,所以他能指出严复《天演论》并非赫胥黎原著《进化论与伦理学》的忠实译作,而有不少"牵强附会"之处③。

孙中山对达尔文的进化论推崇备至,认为它可以与牛顿在力学上的发明相媲美。"自达尔文之书出后,则进化之学,一旦豁然开朗,大放光明,而世界思想为之一变。从此各种学术皆依归于进化矣"。

根据"世界万物皆由进化而成"的观点,孙中山把世界万物和人类的起源分为三个发展时期:"其一为物质进化之时期,其二为物种进化之时期,其三则为人类进化之时期。"他认为,"元始之时,太极(此用以译西名'伊太'也)动而生电子,电子凝而

---

① 《建国方略》,中山大学历史系孙中山研究室编:《孙中山全集》第六卷,中华书局 1985 年版,第 200 页。

② 《复翟理斯函》,广东省社会科学院历史研究室、中国社会科学院近代史所中华民国史研究室、中山大学历史系孙中山研究室合编:《孙中山全集》第一卷,中华书局 1981 年版,第 48 页。

③ 《孙中山全集》第一卷,第 384 页。

成元素,元素合而成物质,物质聚而成地球"。他还认为,"讲地球的来源,便可由此推究到人类的起源",人类进化的历史。孙中山把人类进化的历史过程,分成"洪荒时代""神权时代""君权时代"和"民权时代"①四个时期;并认定,"世界的潮流,由神权流到君权,由君权流到民权,现在流到了民权",应"顺应世界的潮流",而不应像袁世凯、张勋那样,倒行逆施。"世界潮流的趋势,好比长江、黄河的流水一样……最后一定是向东的,无论是怎么样都阻止不住的"②。孙中山正是用进化的理论武器宣告民权时代的到来。

(二)孙中山对庸俗进化论的批判

孙中山以进化论为思想武器,为民主革命的必然性提供了科学根据。他借进化论的发展观论证民主革命的必然性时,以伟大的民族主义者特有的敏感,从革命实践的需要出发,对进化论作了认真的研究取舍,并对风靡一时的"社会达尔文主义"给予严肃的揭露和批判。

孙中山认为,人类社会的进化原则,与物种进化原则不同,"物种以竞争为原则,人类以互助为原则。社会国家者,互助之体也,道德仁义者,互助之用也"③。人类若遵循互助原则则昌,否则就衰亡。孙中山以进化论认识人类社会,却得出了与社会达尔文主义截然相反的结论。他没有以物种的自然属性去比附人类的社会属性,而是借用"互助论"和"性善说"去解说人类的社会关系。孙中山认为,"盖共和之国,首重平权;弱肉强食、优胜劣败之学说,是社会之蠹,非共和国之所宜用",应"铲去"这"野蛮之学问"④。孙中山在批判社会达尔文主义时,以《礼记·礼运篇》表述的"大道之行、天下为公"的大同思想和《圣经》所谓的"尔旨得成、在地若天"为"人类进化之目的",来勾勒设计自己的理想国。为了实现这个理想国,他摒弃了把生物竞争学说机械地搬到社会的庸俗进化论,却捡来了克鲁泡特金的"互助论"与孟子的"性善说"。固然,这与孙中山宣传的资产阶级"平等""博爱"在思想情感上有相通之处,殊不知,克鲁泡特金的"互助论",只不过是从另一个极端,把生物进化的原理搬到人类社会的政治伦理学领域,与斯宾塞等庸俗进化论者一样,在理论上犯了社会达尔文主义的错误。但在探讨历史进化、民族兴亡的根本动因时,他却并未单纯浅薄地把物种"生存竞争""优胜劣败"作为社会发展的动力。孙中山认为,推动世界进化的力量,不止一种天然力,而是天然力和人为力的结合。人为的力量可以巧夺天工,所谓"人事胜天"。"这种人为力,最大的有两种:一种是政治力,一种是经

---

① 《孙中山全集》第六卷,第 194 页。
② 《孙中山全集》第六卷,第 194 页。
③ 《孙中山全集》第六卷,第 195 页,第二卷,第 423 页。
④ 《孙中山全集》第六卷,第 195 页,第二卷,第 423 页。

济力。这两种力关系于民族兴亡,比较天然力还要大"①。近代中国政府腐败,经济、技术落后,造成民族危机日益加深,这迫使孙中山探索其中的原因。他把民族兴亡归结为政治、经济和自然三方面的原因,这是相当深刻的。孙中山坚信"人事胜天",一个国家、民族的命运是完全可以改变的。这表现了处于上升时期的中国民族资产阶级朝气蓬勃的革命精神和坚定的民族自信心。

他从政治、经济和自然三方面分析了20世纪初中国的社会现实后说:"此后中国民族如果单受天然力的淘汰,还可以支持一百年,如果兼受了政治力和经济力的压迫,就很难度过十年,故在这十年之内,就是中国民族的生死关头。"②他看到中华民族"现在所受的政治力、经济力两种压迫已达极点"。但孙中山认为:"如果民族思想没有失去,外国的政治力和经济力一定打不破我们。"③

达尔文1895年问世的《物种起源》,建立了生物变异选择的进化学说,其中吸收了马尔萨斯人口论的内容。社会达尔文主义者,利用了达尔文学说的疏漏之处,把它生硬地翻版到了人类社会领域,这种掩耳盗铃的把戏,并没有瞒过谙于西学的孙中山先生。他一针见血地指出了马尔萨斯人口论是为殖民主义政策服务的理论。孙中山说:"英国格物家马其国者(即马尔萨斯——引者),著有《人类物产统计表》一书,其主脑谓物产之产额,有一定限制,而人类之蕃息,为级数之增加,按二十五年一倍之说,推之将来必有人多地少之患。生众食寡,夫降疫疠、国际战争,皆所以减少人口之众,防止孳生之害,而合于世界演进之原理。于是乎,国家殖民政策缘此发生……"④

在批判马尔萨斯的时候,孙中山也片段地接触到一些科学社会主义的观点。他认为社会主义"主张人道,扶持公理","循进化之理,由天演而至人为,社会主义实为关键。……故天演淘汰为野蛮物质之进化,公理良知实道德文明之进化也。……社会主义所以尽人所能,以挽救天演界之缺憾也。其主张,原欲推翻弱肉强食、优胜劣败之学说,而以和平慈善、消灭贪富之阶级于无形也"⑤。孙中山主张"民生重心"说,不同意马克思的"物质重心"说。但他还是承认"马克思从事实与历史方面用功,原原本本把社会问题的经济变迁阐发无遗",马克思主义"是集几千年来人类思想之大成"⑥。孙中山在批判社会达尔文主义过程中,对科学社会主义学说的重视,是他能与时俱进、重新解释"三民主义"的原因之一。

---

① 《孙中山选集》,第603—631页。

② 《孙中山选集》,第631—632页。

③ 《孙中山选集》,第653页。

④ 中国社会科学院近代史研究所中华民国史研究室编:《孙中山全集》第二卷,中华书局1982年版,第513页。

⑤ 《孙中山全集》第二卷,第507—508页。

⑥ 《民生主义》《孙中山选集》第807—809页。

（三）进化论是孙中山同改良派论战的武器之一

20 世纪初,围绕"中国向何处去"这个时代的中心课题,在中国知识分子中展开了革命派与改良派的一场大论战,掀起了一场上承戊戌维新运动,下启五四新文化运动的思想启蒙运动。在这场运动中,革命派高举的旗帜是推翻清朝封建专制,建立资产阶级民主共和国;运用的思想武器主要是"天赋人权""三权分立"学说和进化论。作为革命民主派领袖的孙中山,机智地运用了进化论这个思想武器,对改良派恪守"开明专制"反对"民主共和"的谬论进行了有力批判,论证了民权必然代替君权这个民主革命的"天演之公例"。

改良派康有为为了给君主立宪论寻找历史根据,曾以"公羊三世说"的历史循环论为武器,即以君主专制为"据乱世"、君主立宪为"升平世"、民主共和为"太平世",认为"今日为据乱世,内其国则不能一超直至世界大同也,为君主专制之旧风,亦不能一超至民主之世也"。"盖今日由小康而硕,由君主而至民主,正当过度之世,孔子所谓升平之世也,万无一跃超飞之理,凡君主专制、立宪、民主三法,必当一一循序行之,若紊其序,则必大乱,法国其已然者矣"。① 在康有为看来,法国资产阶级革命以"天赋人权"学说为指导,推翻了君主专制,便是违背了"循序"渐进之情理,在 20 世纪初期的中国,只有"保救大清皇帝公司",杜绝革命,才不致招来内乱外患之祸。为了打击保皇势力的嚣张气焰,章太炎在《苏报》上发表了著名的《驳康有为论革命书》,广引中外史实证明反清革命完全符合进化之公理。1903 年 12 月,孙中山也发表了《敬告同乡书》,认为革命与保皇"理不相容,势不两立","如黑白之不能混淆,如东西之不能易位"②。孙中山指出,康梁所谓的中国"民智未开",只可"拾级而上","只可为君主立宪,不能躐等而为共和。此说亦谬……是反夫进化之公理也"③。

孙中山站在资产阶级革命派的立场上,谈进化论强调"突驾""躐等"和由旧而新。这就与改良派单纯标榜"次序井然断难躐等"和"登楼以梯"的庸俗渐变观严格区分开来;更是对梁启超鼓吹的"与其共知,不如君主立宪,与其君主立宪,又不如开明专制"④的历史退化论的迎头痛击。1908 年秋,孙中山在新加坡领导同盟会的南洋支部机关报《中兴日报》与保皇派的《南洋总汇报》的论战中,运用进化论对改良

---

① 康有为:《答南北美洲诸华商论中国只可行立宪不可行革命书》,汤志钧编《康有为政论集》(上),中华书局 1981 年版,第 476 页。
② 《孙中山全集》第一卷,第 231—232 页。
③ 《在东京中国留学生欢迎大会的演说》,《孙中山全集》第一卷,第 283 页。
④ 《开明专制论》第八章第一节,载《新民丛报》第 75 号。

派的"人事天演论"作了进一步的批判,"崇论闳议,压倒一时"①。署名"平实"的一篇改良派的文章,提倡"以时势为自然"的社会达尔文主义,孙中山驳斥道:"进化之程度愈高,则离天然愈远……两者固绝然不同也。"针对"平实"蹩脚地引用《天演论》中社会进化论者斯宾塞的庸俗说教,却以为所本为赫肯黎之说,孙中山反诘道:"赫胥黎所著之书共几种?赫胥黎所主张之学说为如何?即尔所奉之《天演论》译本,其原意有无为译者所牵强附会?尔能一一答我乎?"孙中山指出:"其实,Evolution在赫胥黎之书应译'进化'乃合,译为'天演'则不合;以进化一学,有天然进化、人事进化之别也。若曰天然'天演',人事'天演'则不合也,因人事进化与天然进化有相因的,亦有相反的也。"②这里,孙中山对"天然天演"与"人事天演"既相因又相反的辩证关系的科学论述,澄清了改良派冒"天演"进化之名,制造的"人事与天然""时势与自然"的庸俗社会进化论的的混乱,用辩证的方法,站在科学进化论的角度,从理论上划清了革命与改良的界限。

孙中山在批判了改良派庸俗进化论观点之后,进一步指出:"人事"应从历史的"进化"来理解,"夫时势者,人事之变迁也;自然者,天理之一定也"。人类历史上"汤之十一征而无敌于天下","武之八百诸侯不期而会","美大陆十三州殖民地之离英独立",都是"纯然人事之变迁",与改良派所说的"自然"和"天数"毫不相干。孙中山还揭露改良派标榜"天数者自然也",是为宣扬"今日之时势,以满制汉亦自然也,自然者非人事而改更,故曰'革命不可强为主张'"③,妄阻止蓬勃发展的民主革命时势。这也是对改良派借混淆"时势与自然""天数"与"自然"的庸俗社会进化论贩卖"天不变、道亦不变"的"天命论"的一个驳斥。以进化论为根据,孙中山对民主革命的前途作了充满信心的预言:"时势者非自然也……时势者纯乎人事之变迁也。革命者,大圣人、大英雄能为,常人亦能为";只要"主张革命者出而唤起同胞,使之速醒",那么,一定能够"造成革命之时势"④。

孙中山以民主革命思想为指导,创造性地发展了《天演论》中反对"任天为治"、坚持"任人为治"的进化论观点,相信"人事胜天",人可以"巧夺天工"。他反对固步自封,主张随历史进化的趋势,"取法他人",变革现实,"决不要随天演的变更,定要为人事的变更,其进步方速"⑤。

孙中山宣传进化论是为论证革命。他不仅批判了斯宾塞等人的社会达尔文主

① 居正:《中兴与光华》,冯自由《革命逸史》第五集,新星出版社版《革命逸史》(下),2009年版,第966页。
② 《孙中山全集》第一卷,第383—385页。
③ 《孙中山全集》第一卷,第386—388页。
④ 《孙中山全集》第一卷,第388页。
⑤ 《在东京中国留学生欢迎大会上的演说》,《孙中山全集》第一卷,第281—282页。

义观点和马尔萨斯人口论;而且运用进化论这一思想武器,批判了改良派的"中国不能躐等而共和"的"渐进论",主张用"破天荒"的"突驾",采取革命手段完成由君主制一跃而至民主共和的"进化之次序"①,论证了中国资产阶级民主革命的必然性与合理性。把革命的思想内容,引入进化论,或谓根据进化论的观点得出革命的结论,这是以孙中山为首的中国民族资产阶级革命派理论上的一大特点,它在中国近代思想史上写下了光辉的一页。

（郑永福　田海林撰《河南大学学报》1986年第4期,中国人民大学报刊复印资料《中国哲学史》1986年第9期全文复印）

---

① 《孙中山全集》第一卷,第236页。

梁启超的妇女解放思想

作为时代引领者,梁启超对中国广大妇女被压迫的历史、现状进行深刻认识和反思,对痼弊妇女的陈旧观念进行彻底否定,并对妇女解放的道路作出理性思考,形成了内涵丰富的妇女解放思想,这些思想主要体现在以下几个方面。

(一)戒缠足:挣脱身体桎梏

封建社会,妇女在受到封建礼教的精神压迫之余,还要遭受缠足的极端摧残。"缠足不仅是对妇女身体的摧残,更是一种精神上的枷锁,本已被'男外女内'束缚在家中的妇女,因缠足行动不便,活动的天地更加狭小,精神世界更加封闭,性格更加怯懦柔顺,最终成为男性得意的玩偶。"①然而,对于缠足这种难以想象的残忍,无数女子却仍趋之若鹜,甚至将其视为社会地位、贵贱等级、时髦风尚的标志。不戒除缠足恶习,妇女解放便无从谈起。1896 年,梁启超发表《戒缠足会叙》,向封建礼教和变态的审美文化观发起猛烈冲击。

梁启超批判缠足陋习的言论,体现出较多的女性关怀。他说:"眼、耳、鼻、手、足,受诸天,受诸父母。有一不具若残缺者,谓之废疾,谓之天下戮民,古王之制刑也,为劓为戮为刖,将以天戮,戮不肖以威天下,仁者犹或讥之,恶其伤天而残人类也。男女中分,人数之半,受生于天,受爱于父母,非有异矣。"②但"人类之初起,以力胜者也",由于男女之力"最悬绝不相敌",导致男子"扶阳抑阴说"的产生,从而使得"尘尘五洲,莽莽万古,贤哲如卿,政教如晦,无一言一事为女子计"③,女子只能处于"充服役""供玩好"的地位。梁启超还拓宽视野,从全人类的范围比较了非洲、印度、欧洲等社会陋习对女子身体的摧残。他进一步指出,"禀此二虐,乃生三刑,非洲、印度以石压首,使成扁形,其刑若黥。欧洲好细腰,其刑若关木。中国缠足,其刑若斫胫。三刑行而地球之妇女无完人矣"④。这里,梁启超将缠足陋习批判得入木三分,着实让人惊叹。

千百年来,缠足使无数女性身心受到极大摧残。为缠就一双"三寸金莲",她们甚至不惜在缠脚布内放入碎石、瓦砾、瓷屑,有人甚至用针刺刀划的办法弄破皮肉。这种"自残"行为,使缠足女子行不能稳,夜不能寐,历尽极度煎熬,惨遭至酷折磨。对缠足的危害,梁启超似有切肤之痛,在文中做了鞭辟入里的描述。他说,缠足之风

---

① 刘斌:《中国近代妇女伦理思想演变与建构》,张本义:《白云论坛》卷四,北京图书馆出版社 2007 年版,第 278 页。

② 张品兴主编:《梁启超全集》第 1 册,北京出版社 1999 年版,第 80 页。

③ 张品兴主编:《梁启超全集》第 1 册,北京出版社 1999 年版,第 80 页。

④ 张品兴主编:《梁启超全集》第 1 册,北京出版社 1999 年版,第 80 页。

盛行，"父母以此督其女，舅姑以此择其妇，夫君以此宠其妻，龀齿未易，已受极刑，骨即折落，皮肉溃脱，创伤充斥，脓血狼藉，呻吟弗顾，悲啼弗恤，哀求弗应，嗥号弗闻，数月之内，杖而不起，一年之内，异而后行，虽狱吏之尊，无此忍心，即九世之仇，亦报不至是。顾乃以骨肉之爱，天性之亲，狥彼俗情，为此荼毒，呜呼！可不谓愚人哉？可不谓忍人哉？"①此外，梁启超还认为缠足会加剧国家的衰弱。他指出，"欲强国本必储人才，欲植人才，必开幼学，欲端幼学，必禀母仪，欲正母仪，必由女教。人生六七年，入学之时也，今不务所以教之，而务所以刑戮之倡优之。是率中国四万万人之半，而纳诸罪人贱役之林，安所往而不为人弱也"②。在梁启超看来，缠足后的女子，走路尚且困难，怎能进入学校接受教育？又怎能参加必要的社会劳动呢？女子"自残"无异于国家"自杀"，又怎能不导致国家的衰弱呢？为强国富民，就必须戒除缠足陋习。

缠足之风，相沿成习，其特有的势能决定戒缠足绝非易事。对此，梁启超也有清醒认识，他认为"斯义虽立，而丕变为难"③，只有设立学会，合众人之力，戒缠足才有希望。1897年，梁启超在《时务报》工作期间，与吴樵、麦孟华、汪康年、谭嗣同、康广仁等人在上海成立"不缠足会"。为发展组织，他草拟了《试办不缠足会简明章程》，说明"此会之设，原为缠足之风，本非人情所乐，徒以习俗既久，苟不如此，即难以择婚。故特创此会，使会中同志，可以互通婚姻，无所顾虑。庶几流风渐广，革此浇风"④。

梁启超力主戒缠足，和他提倡设女子教育来实现国家强盛的目的是一致的。他把缠足和女学联系起来，认为缠足是女子不能正常接受学校教育的阻碍因素之一。他指出，"今中国妇女，深居闺阁，足不出户，终身未尝见一通人，履一都会，独学无友，孤陋寡闻……不宁惟是，彼方毁人肢体，溃人血肉，一以人为废疾，一以人为刑僇，以快其一己耳目之玩好"。基于此，梁启超得出结论："是故缠足一日不变，则女学一日不立。"⑤只有将其彻底废除，兴女学才能得以顺利进行。

可见，梁启超把戒缠足提高到关系国家、民族生死存亡的高度。梁启超的戒缠足的有关理论，极大地促进了中国近代的不缠足运动的发展。此外，梁启超还卓有远见地将女子教育与戒缠足紧密地联系在一起，科学地论证出二者之间的因果关系。

（二）兴女学：摈弃谬误的真理

梁启超认为，中国妇女要获得自由，就要走向社会，而要走向社会，首先要具备

---

① 张品兴主编：《梁启超全集》第1册，北京出版社1999年版，第80页。
② 张品兴主编：《梁启超全集》第1册，北京出版社1999年版，第80页。
③ 张品兴主编：《梁启超全集》第1册，北京出版社1999年版，第80页。
④ 张品兴主编：《梁启超全集》第1册，北京出版社1999年版，第80页。
⑤ 张品兴主编：《梁启超全集》第1册，北京出版社1999年版，第33页。

独立自由的人格,女学则是培养女子独立人格的首要方式之一,是女子谋取职业、获得自由的第一步。显然,他已认识到女学、职业、自由和国家盛衰之间的内在联系,故倡导妇女解放,可谓从中找到了另一种强国富民的思想武器。

传统社会里,"男主外,女主内"的"性别分工"不容动摇,"相夫教子"是妇女的人生目标。为向这个目标"努力",无数女性把本是"谬误"的命题——"女子无才便是德"看作"真理"而顶礼膜拜。争取妇女解放,就要通过兴女学来解放思想,提高广大女性自身的素质,让其认识到自身应有的社会价值。1896 年,梁启超在《时务报》上发表《论女学》,对兴女学进行详细的论述。

受孔孟礼教的浸润,被视作"小人""祸水""糟糠"的女子不能接受正规教育。梁启超对"女子不可教论"提出了尖锐的批驳与否定。他说,男女"躯体峙立,首函清阳者,其聪明必不甚相远。所以生差别者,在智慧之开与不开耳"①。在他看来,男女生理构造的不同不会造成智力上的悬殊,而男女智力上的差异则是因为女子没有接受教育造成的。他还指出,"据多数学者说,女子的创造力不如男子,男子的整理力不如女子……社会是要不断地整理,这两种事业,正如车的两轮,鸟的两翼,缺一不可。断不能说整理的功劳和创造的功劳有优劣之分"②。男女在学习能力上存在的差异也不能视为优劣的等级区别,而只是各有所长,各有所短而已。梁启超从生理、学理两个角度进行论证得出女子也是可以接受正规教育的,为其兴女学思想的传播消除了一些观念上的障碍。

为找到兴女学的合法性依据,梁启超从家庭利益、国家和民族利益、女性自身利益三个层面详细论证兴女学的必要性。

他认为,女子无学,"则以其于天地间之事物,一无所闻,而竭其终身之精神,以争强弱讲交涉于筐筥之间"③,容易造成她们心胸狭窄,目光短浅,每天都在鸡毛蒜皮的事情上争强斗胜,使得"家庭之间,终日不安"。要避免这种局面的出现,就需兴女学,"使其人而知有万古,有五洲,与夫生人所以相处之道。万国所以强弱之理,则其心也,方忧天下悯众生之不暇,而必无余力以计较于家人妇子之事也"④,以便广大妇女"上可相夫,下可教子。近可宜家,远可善种"⑤,成为新型的"贤妻良母"。应该指出,梁启超倡导的这种新型女性,"既能相夫教子成为男子的贤内助,又能强国善种尽到责任,这是资产阶级维新派赋予贤良主义的新内涵。在当时的历史条件下,这样的提倡和要求含有反封建的意义,比起传统的以三从四德为标准的贤妻良

---

① 张品兴主编:《梁启超全集》第 1 册,北京出版社 1999 年版,第 32 页。
② 杜学元:《中国女子教育通史》,贵州教育出版社 1995 年版,第 296 页。
③ 张品兴主编:《梁启超全集》第 1 册,北京出版社 1999 年版,第 31 页。
④ 张品兴主编:《梁启超全集》第 1 册,北京出版社 1999 年版,第 31 页。
⑤ 张品兴主编:《梁启超全集》第 1 册,北京出版社 1999 年版,第 104 页。

母,不能不说是一种历史的进步"①。

另外,梁启超还认为,中国积贫积弱,"其根源非一端,而妇人无实业,实为最初之起点"②,"天下积弱之本,则必自妇人不学始"③。他进一步提出,"学也者,业之母也。妇人之无业也,非天理宜然也",而是"既不教矣,其无从执业,有固然矣"④,所以,"欲强国,必由女学"⑤。显而易见,梁启超认为,中国贫穷落后的根源在于女子没有接受教育,因此,要使国家富裕就需兴女学,让其有"生利"的技能,为国家创造财富。此外,梁启超还认为女子担负着为国家教育后代的重任。他说,"治天下之大本二,曰正人心,广人才。而二者之本,必自蒙养始。蒙养之本,必自母教始。母教之本,必自妇学始,故妇学实天下存亡强弱之大原也"⑥。作为蒙养的延伸,梁启超对妇女"胎教"问题也较为重视。他认为,中国妇女如果进行"胎教"锻炼,"然后所生之子,肤革充盈,筋力强壮。此亦女学堂中之一大义也"⑦。这样,梁启超把兴女学和"强国保种"有机地联系在一起,为兴女学找到了有力的支撑点。对孔孟礼教愚民教化的本质,梁启超也有深刻认识。他说,"等是人也,命之曰民。则为君者从而臣妾之,命之曰女,则为男者从而奴隶之。臣妾奴隶之不已,而又必封其耳目,缚其手足,冻其脑筋,塞其学问之途,绝其治生之路,使之不能不俯首帖耳于此强有力者之手。"⑧从女子自身利益看,接受教育是女子应当享有的一项基本人权。梁启超受西方民权运动和女权运动的影响,认为在人类历史上,不管是在中国还是在外国,都有几种人没有被当成人看,这几种人包括奴隶、女人和平民,不仅统治阶级不把这些人当"人"看,这些人自己也不把自己看成"人",因而也就无法享受作为"人"应该享有的权利。"人"能享有的权利主要有教育上的平等权、职业上的平等权、政治上的平等权等。因为首先要具备做人的资格才能享受做人的权利,而人唯有凭借教育才能成为人,因此,讲人权就应该让女子和男子一样接受教育。

梁启超提倡女子学校教育,其内容包括多方面,有算学、医学、法学、师范、纺织、绘画等科目;教育目的是为了既要使女子养成一定的道德,也要教给她们科学文化知识和谋生技能;教育方法较为科学合理,如在学校建立严格的规章制度,让学生循序渐进、由浅入深地进行学习,定期对学生进行考试等。不难看出,梁启超所提倡的

① 吕美颐:《评中国近代关于贤妻良母主义的论争》,《天津社会科学》1995 年第 5
期。
② 张品兴主编:《梁启超全集》第 1 册,北京出版社 1999 年版,第 31 页。
③ 张品兴主编:《梁启超全集》第 1 册,北京出版社 1999 年版,第 30 页。
④ 张品兴主编:《梁启超全集》第 1 册,北京出版社 1999 年版,第 31 页。
⑤ 张品兴主编:《梁启超全集》第 1 册,北京出版社 1999 年版,第 33 页。
⑥ 张品兴主编:《梁启超全集》第 1 册,北京出版社 1999 年版,第 32 页。
⑦ 张品兴主编:《梁启超全集》第 1 册,北京出版社 1999 年版,第 32 页。
⑧ 张品兴主编:《梁启超全集》第 1 册,北京出版社 1999 年版,第 33 页。

女子教育与封建制度下的女子教育除在教育组织形式、内容、方法上不同外,最重要的区别就在于教育目的。封建制度下的女子教育以"男尊女卑""男强女弱"作为理论依据,对女子身心进行奴化和愚化。而梁启超所提倡的女子教育以"天赋人权""男女平等"作为理论依据,主要是想通过帮助女性争取经济、政治、人格上的独立来促进国家富强和民族振兴。显然,梁启超兴女学思想有重要的理论建树。

(三)禁早婚:妇女不是生育工具

中国传统生育文化强调"多子多福""男尊女卑""不孝有三,无后为大",在这样的文化氛围中,妇女往往被当作是用来"传宗接代"的生育工具。生育观念的愚昧,决定早婚行为也就理所当然地被人们接受。梁启超从"强国保种"的角度出发,驳斥为传宗接代而早婚的行为,反对将妇女看作生育工具,为其妇女解放思想增添了新内容。1902年12月,梁启超在《新民丛报》上刊登时论《禁早婚议》,对禁早婚问题发表了精深的见解。① 梁启超在文中一针见血地指出,早婚有五大害处:

1."害于养生"。梁启超说:"少年男女身体皆未成熟,而使之居室,妄矸丧其元气,害莫大焉。……年少者,其智力既稚,其经验复浅,往往溺一时肉欲之乐,而忘终身痼疾之苦。"梁启超说得很明白,年轻人因早婚容易贪欢一时,极情纵欲,耗损阴精,"丧其元气",几经戕伐,身体虚羸,甚至弄得病入膏肓。他甚至还将早婚比作"自杀之利刃",危害极大。"夫我中国民族,无活泼之气象,无勇敢之精神,无沈雄强毅之魄力,其原因虽非一端,而早婚亦实尸其咎矣。一人如是,则为废人,积人成国,则为废国。中国之弱于天下,皆此之由。"因此,禁早婚对于提高整个国民的体质有十分重要的意义。

2."害于传种"。梁启超认为,早婚早育只能产生柔弱的下一代,对民族的繁衍很不利。"父母之身体与神经,两未发达,其资格不足以育佳儿。"做父母的本人身体尚未发育成熟,性机能还不够健全,又怎么能生出优质的后代来呢?"从当时各国人口素质的实际情况来看,确系事实。梁启超惊呼,如果一代代地早婚下去而不加以制止,势必造成恶性循环,将会出现"子弱于父""孙又弱于我子"的情况,于是"递传递弱,每况愈下"。早婚之害,实在危及子孙后代和国家民族的前途,绝不可坐视不管。他说:"欲国之有后,其必自禁早婚始。"

3."害于养蒙"。梁启超认为,幼儿在成长过程中全靠父母的抚养和教育,而青年男女要到"二十五岁或三十岁以上,乃有可以为人父母之能力"。由于早婚者自身尚未发育成熟,在思想意识、道德品质、文化素养等各方面都有很多欠缺,不足以"为后辈之模范",难以担当教育子女的重任。为了加强对幼儿与学龄儿童的教育和培养,以便提高人口素质,也必须禁止早婚。他认为,早婚行为将会贻误子女的教育和培养,"不禁早婚,则国民教育将无所施也"。

---

① 张品兴主编:《梁启超全集》第3册,北京出版社1999年版,第622—624页。

4."害于修学"。在梁启超看来,早婚的青少年男女,一般在15岁至20岁之间,正是学习的黄金时期。一个人有无作为和成就,全靠此时的学习和进取,"不可不俟诸二十三岁以外",应当争取早出成果,早日成为人才。而早婚者纵欲无度,把人生最宝贵的年华"投诸春花秋月缠绵歌泣绻恋床第之域,销磨其风云进取之气,耗损其寸阴尺璧之时,虽有慧质,亦无暇从事于高等事业,乃不得不改而就下等劳力以自赡"。这样下去,早婚者一方面必然在德、智、体诸方面"劣于他人",将远远地落后于同龄人中那些勤奋好学的积极进取者,另一方面,久而久之,也将使"国民资格,渐趋卑下"。

5."害于国计"。梁启超指出,早婚的青少年在经济上根本不能独立,"其本身方且仰食于父母","治生之力,未能充实","无力养妻子而妄结婚",过早地生儿育女,徒然为家庭、社会、国家增添沉重的负担,使"分利者"增多,给国计民生带来种种不利。

梁启超在该文中还明确指出,人口质量的高低与人们的婚姻迟早密切相关。他说:"凡愈野蛮之人,其婚姻愈早,愈文明之人,其婚姻愈迟。"①意即越是缺乏文化教养的人,结婚就越早,而文化素养愈高的人,结婚就愈迟。凡早婚早育的,人口质量必定低劣,晚婚晚育的,则人口质量自然优良。他又说:"优劣之数,常与婚姻之迟早成比例。""印度人结婚最早,十五而生子者以为常,而其衰落亦特速焉。欧洲人结婚最迟,三十未娶者以为常,而其民族强健,老而益壮。"②不论中外,凡结婚早的,子女既弱,而做父母的衰老得更快。结婚晚的,子女强悍,做父母的又都健康长寿。因此,"欲观民族文野之程度,亦于其婚媾而已"③。梁启超此说很有道理,因为婚配早晚的问题,一定程度上反映了一个民族的政治、经济、文化、教育、道德风尚和社会习俗等各方面的水平。

在宣扬禁早婚的同时,梁启超还阐述了人口膨胀与社会动乱甚至国家间战争的内在联系,从而告诫世人要大力提倡晚婚晚育。梁启超曾有这样一段话:"欧洲区区之地,断不能容此孳生蕃衍之民族。使之各得其所,势固不得不求新政策之调剂也,此事理之易见者也。于是乎,殖民政略,遂为维持内治之第一要著。此近世帝国主义发生之原因也。"④他还曾指出:"推原各国兵事之所由起,殆皆由民族与民族之相接触而有争竞。其所以相接触之故,大率由于人满而移住,此天演自然之理,即中国当亦不能外也。"⑤虽然,梁启超的此处论述并不科学,没有认识到帝国主义的侵略本质,但却注意到人口膨胀与社会群体之间冲突的因果联系,确有一定道理。从这

① 张品兴主编:《梁启超全集》第3册,北京出版社1999年版,第621页。
② 张品兴主编:《梁启超全集》第3册,北京出版社1999年版,第621页。
③ 张品兴主编:《梁启超全集》第3册,北京出版社1999年版,第621页。
④ 张品兴主编:《梁启超全集》第4册,北京出版社1999年版,第888页。
⑤ 张品兴主编:《梁启超全集》第4册,北京出版社1999年版,第900页。

个意义上说,梁启超提倡晚婚晚育无疑是明智之举。

毫无疑问,在宗法社会、男权社会中,早婚这种婚姻关系使得无数女性深受其害,她们毫无选择地被看成传宗接代的工具,甚至是家族交易的砝码,丧失了做人的基本尊严。梁启超有关"禁早婚"的奋力疾呼不能不说是对传统社会固有的婚姻伦理道德的不小冲击。

四、倡女权:妇女要分阶段来解放自己

20世纪初期,国内出现大量介绍西方女权主义的文章,形成了浓厚的舆论氛围。受此舆论的影响,1922年,梁启超在南京女子师范学校发表《人权与女权》的演讲,阐述其倡女权思想。他说:"女权运动,无论为求学运动,为竞业运动,为参政运动,我在原则上都赞成;不惟赞成,而且认为十分必要。"[1]女权理论的大量输入为梁启超妇女解放思想的最终形成起到了重要的支撑作用。

如何才能让女权运动开展起来,梁启超对此有深入思考。他认为要实现妇女解放,就必须提升女权,让女子在社会上与男子一样享有平等机会。然而,梁启超认为,女权的实现需要妇女自己对自己要有痛切的自我意识,且需分几个阶段循序渐进,即要满足两个条件:"自动"和"有阶段"。

所谓"自动",即妇女要自己行动起来,求得自我解放。梁启超举例说:"例如美国放奴运动,不是黑奴自己要解放自己,乃是一部分有博爱心的白人要解放他们。这便是他动,不是自动,不由自动得来的解放,虽解放了也没有什么价值。不惟如此,凡运动是多数人协作的事,不是少数人包办的事,所以要多数共同的自动。例如中国建设共和政体,仅有极少数人在那里动,其余大多数不管事,这仍算是他动不是自动。像欧洲19世纪的平民运动,的确是出于全部或大多数的平民自觉自动,其所以能成功而且彻底的理由,全在乎此。女权运动能否有意义有价值,第一件就要看女子切实自觉自动的程度何如。"[2]

所谓"有阶段",即女权运动的开展需要分为三个步骤。哪三个步骤?梁启超说,"一是教育上平等权,二是职业上平等权,三是政治上平等权"。三个步骤之间又有什么内在联系?梁启超接着又说,"这三件事虽然一贯,但里头自然分出个步骤来。在贵族垄断权利的时代,他们辩护自己唯一的武器,就是说:我们贵族所有的学问知识,你们平民没有;我们贵族办得下来的事,你们平民办不下来。这话对不对呢?对呀。欧洲中世纪的社会情状,的确是如此。倘若18、19世纪依然是这种情状,我敢保《人权宣言》一定发不出来,即发出来也是空话。所以自文艺复兴以来,他们平民第一件最急切的要求,是要和贵族有受同等教育的机会。这种机会陆续到手,他们便十二分努力去增进自己的知识和能力。到18、19世纪时,平民的知识能

---

① 张品兴主编:《梁启超全集》第14册,北京出版社1999年版,第4053页。

② 张品兴主编:《梁启超全集》第14册,北京出版社1999年版,第4052页。

力,比贵族只有加高,绝无低下,于是乎一鼓作气,把平民运动成功了。换一句话说,他们是先把做人的条件预备充分,才能把做人的权利扩张圆满。"①由此,梁启超得出结论,如果"不从知识基础上求权利,权利断断乎得不到,侥幸得到,也断断乎保不住",三者之间"若以程序论,我说学第一,业第二,政第三"②,次第进行,不能逾越。

梁启超从西方女权学说中找到了批判封建礼教的有力武器。他在全方位、深入系统地分析无数女性在家庭、社会地位的基础之上,提出男女平等、分阶段地开展女权运动,并进一步合理地阐明女权运动要蓬勃发展所必须具备的两个条件,既有助于推动妇女解放的进程,也不乏对近代女权思想进行认真细致的反思。这种揭示妇女权利的原本含义,让妇女自己分步骤地解放自己的认识无疑回归到了人权的命题中去,实有先见之明。

19世纪末至20世纪初,妇女解放已成为一些有识之士的口头禅,但对于妇女解放是什么、妇女如何解放等问题,当时并无明确的答案,可谓见仁见智。梁启超有关倡女权的言论,在一定程度上开创了中国妇女解放理论的先河,对当时妇女解放运动产生了深远的影响。当然,囿于客观社会条件,梁启超倡女权思想带有明显的不成熟性,突出表现是其忽视了广大妇女作为人的权利意识。如其过于重视女性应对国家民族承担的义务、轻视其应享有的权利,存在反封建不彻底的痕迹等。据此来看,梁启超妇女解放思想所折射出的并非是一条真正的、彻底的"妇女解放"之路,而是一条在精英男性主导下的"解放妇女"之路。

(郑永福　李道永撰《吉首大学学报》2011年第1期)

---

① 张品兴主编:《梁启超全集》第14册,北京出版社1999年版,第4052页。
② 张品兴主编:《梁启超全集》第14册,北京出版社1999年版,第4053页。

辛亥革命时期精英女性小传

——秋瑾 张竹君 陈撷芬 吕碧城 单士厘 刘青霞

杰出的女革命家秋瑾

秋瑾(1875—1907),原名闺瑾,乳名玉姑,字璇卿,号旦吾,别署鉴湖女侠。留学日本时易名瑾,字竞雄,又署汉侠女儿和秋千,原籍浙江山阴县(今绍兴市)人。秋瑾出生于福建南部某地,时其祖父在厦门、漳州一带任知县,其父母俱随侍任所。①

秋瑾在福建度过了自己的少年时代。她聪颖好学,自幼好翰墨,偶成小诗,清丽可喜。14岁时曾向表兄单宝勋学习骑马击剑。1893年,秋瑾随赴湖南任职的父亲移湘,侍居长沙。次年甲午战起,瑾有诗云:"海气苍茫刁斗多,微闻绣帘动吴歌。绿娥蹙损因家国,系表名流竟若何?"②抒发了忧国情思。1895年冬或翌年春,从父命与湘乡富家子弟王子芳(廷钧)结婚。秋瑾秉性庄重,性格豪放,与纨绔子弟王子芳格格不入,"知己不逢归俗子,终身长恨咽深闺"③,正是她对自己婚姻不幸的哀叹。

1903年,王子芳捐官户部主事,秋瑾随夫进京。入京后,她更加关心国事,阅读新书报刊,视野愈加开阔,并结识思想倾向维新的吴芝瑛等。是年中秋,秋瑾和丈夫发生公开冲突,当时曾填词《满江红·小住京华》,其下半阕云:"身不得,男儿列,心却比,男儿烈;算生平肝胆,因人常热。俗子胸襟谁识我,英雄末路当磨折。莽红尘,何处觅知音,青衫湿!"④时秋瑾对梁启超编的《新民丛报》《新小说》杂志上的一些文章,如《近世第一女杰罗兰夫人传》《意大利建国三杰》《东欧女豪杰》《新中国未来记》等爱不释手,激发了民主思想和爱国精神。

1904年春,秋瑾为寻求救国真理,毅然与封建家庭决裂,准备东渡留学。离开京师时,她写有《宝刀歌》,"几番回首京华望,亡国悲歌涕泪多。北上联军八国众,把我江山又赠送",表示"誓将死里求生路,世界和平赖武装","愿从兹以天地为炉、阴阳为炭兮,铁聚六洲。铸造出千柄万柄宝刀兮,澄清神州。上继我祖黄帝赫赫之威名兮,一洗数千数百年国史之奇羞"⑤。是年五月,秋瑾抵日本东京,入神田区骏河

---

① 秋瑾生平事迹,诸家著述多所歧异。郭延礼先生《秋瑾年谱》一书考证颇见功夫。本节即主要据郭著编写而成,在此说明并致谢意。

② 中华书局上海编辑所编辑:《秋瑾集》,中华书局1960年版,第78页。

③ 中华书局上海编辑所编辑:《秋瑾集》,中华书局1960年版,第151页。

④ 中华书局上海编辑所编辑:《秋瑾集》,中华书局1960年版,第101页。

⑤ 中华书局上海编辑所编辑:《秋瑾集》,中华书局1960年版,第82页。

台中国留学生会馆日语讲习所补习日语。秋,秋瑾由东京至横滨,经李自平介绍,加入冯自由、梁慕先等组织的"三合会",宗旨是"推翻满清、恢复中华",秋瑾被封为"白扇"(俗称军师)。同时她又与留日同志组织"演说练习会",每月开会演说一次。秋瑾极善演说,"其词淋漓悲壮,荡人心魄,与闻之者,鲜不感动愧赧而继之以泣也"[1]。当年中秋,秋瑾所创《白话》杂志第一期问世。秋瑾认为,"欲图光复,非普及知识不可",乃"仿欧美新闻纸之例,以俚俗语文……以为妇人孺子之先导"[2],故创此杂志。内容以鼓吹民主革命为主,兼及妇女解放。9月、10月,《白话》第二期、第三期出版。秋瑾先后发表《告二万万女同胞》和《警告我同胞》(未完)两篇文章。前者控诉了封建礼教对妇女的摧残,批判了男尊女卑、女子无才便是德、夫为妻纲等传统观念,主张妇女要有志气,要学习文化,求一个谋生的手段,以为自立之基础。后者赞赏日本重视军人的社会风气,批判了社会上轻视武备、视当兵为贱业的错误观念。10月,秋瑾与留日学生陈撷芬等10名女学生重组"共爱会",改名"实行共爱会",这是中国近代史上第一个爱国的妇女团体。其宗旨是"反抗清廷,恢复中原,主张女子从军,救护受伤战士,一面通信国内女学,要求推广"。推举陈撷芬为会长,潘英为书记,秋瑾任招待。[3] 是年冬,秋瑾致书湖南第一女学堂,对其遭顽固派破坏深表关切,并鼓励全体师生"切勿因此一挫自颓其志,而永远沉埋男子压制之下"。又指出,妇女"欲脱男子之范围,非自立不可;欲自立,非求学艺不可,非合群不可。东洋女学之兴,日见其盛,人人皆执一艺以谋身,上可以扶助父母,下可以助夫教子,使男女无坐食之人,其国焉能不强也? 我诸姊妹如有此志,非游学日本不可"。并表示,"如愿来妹处,俱可照拂一切"。[4]

　　1905年6月,秋瑾第一次回国筹款期间,专程拜访蔡元培、徐锡麟,并经徐锡麟介绍,加入革命小团体光复会。7月5日,秋瑾入日本青山实践女校附设师范班学习。她不仅刻苦学习文化课程,研读革命书籍,还常到东京神乐坂武术会练习体操、击剑和射击技术,后曾去横滨研习制造炸药技术。7月13日,秋瑾在东京富士见楼参加了留日学生欢迎孙中山莅日大会,后由冯自由介绍在黄兴寓所正式加入中国同盟会。8月20日中国同盟会在日本东京召开成立大会,秋瑾被推为浙江分会主盟人和评议部评议员。1905年10月6日,日本文部省颁布《关于清国入学之公私立学校章程》(此即《取缔清韩留日学生规则》),激起中国留日学生极大愤慨,纷纷举行罢课、集会,以示抗议。12月8日陈天华跳海自杀以表示对日本政府的强烈抗议,这一

---

① 　陈去病:《鉴湖女侠秋瑾传》,中国史学会主编:《中国近代史资料丛刊(辛亥革命)》第三册,上海人民出版社1957年版,第184页。

② 　悲生:《秋瑾传》,转引自郭延礼:《秋瑾年谱》,齐鲁书社1983年版,第45页。

③ 　《记秋瑾》,《辛亥革命回忆录》第四集,第208—209页。参见《东京留学界纪实》第一期。

④ 　中华书局上海编辑所编辑:《秋瑾集》,中华书局1960年版,第32页。

举动使秋瑾受到很大震动,她决计立即回国。临行前,她在留学生的集会上拔出锋利的倭刀插在讲台上,慷慨陈词:"如有人回到祖国,投降满虏,卖友求荣,欺压汉人,吃我一刀!"①

1905 年 12 月初,秋瑾回到祖国。抵沪后,她在寄给留日同学王时泽的信中说:"吾归国后,亦当尽力筹划,以期光复旧物,与君相见于中原。成败虽未可知,然苟留此未死之余生,则吾志不敢一日息也。吾自庚子以来,已置吾生命于不顾,即不获成功而死,亦吾所不悔也。"信中还说:"且光复之事,不可一日缓,而男子之死于谋光复者,则自唐才常以后,若沈荩、史坚如、吴樾诸君子,不乏其人,而女子则无闻焉,亦吾女界之羞也。愿与诸君交勉之。"②足见秋瑾已做好女界第一个为革命流血牺牲的思想准备了。当年秋瑾开始写作弹词《精卫石》,成一至三回,翌年成四、五两回,第六回(未完)约写于 1907 年。这是一部带有自传性质的作品,主题在于宣传男女平权、妇女解放,并主张把争取男女平权、妇女解放和民族解放结合起来。弹词第一回即明确指出:"扫尽胡氛安社稷,由来男女要平权。人权天赋原无别,男女还须一例担……唤醒痴聋光睡国,和衷共济勿畏难。锦乡江山须整顿,休使那胡尘腥臊满中原。"③

1906 年正月,秋瑾在绍兴摄男装小影并赋《自题小照》(男装)七律一首:"俨然在望此何人? 侠骨前生悔寄身。过世形骸原是幻,未见景界却疑真。相逢恨晚情应集,仰屋嗟时气益振。他日见余旧时友,为言今已扫浮尘。"④寄托了自己的革命志向。此后,秋瑾曾在绍兴建立学务公所,任湖洲浔溪女学教员,于上海助力中国公学。7 月在上海虹口厚德里,与陈伯平等以"蠡城学社"为名进行革命活动。8 月的一天制造炸药时发生意外爆炸,陈伯平、秋瑾二人受伤。初冬,秋瑾另租赁上海北四川路厚德里九十一号,筹创《中国女报》。腊月初一(1907 年 1 月 14 日),《中国女报》创刊号问世。秋瑾在发刊词中说:"吾今欲结二万万大团体于一致,通全国女界声息于朝夕,为女界之总机关,使我女子生机活泼,精神奋飞,绝尘而奔,以速进于大光明世界;为醒狮之前驱,为文明之先导,为迷津筏,为暗室灯,使我中国女界中放一光明灿烂之异彩,使全球人种,惊心夺目,拍手而欢呼。"⑤表达了秋瑾对妇女解放的热切期望和坚强信念。《中国女报》以"开通风气,提倡女学,联感情,结团体,并为它日创设中国妇人协会之基础为宗旨"⑥。秋瑾除撰写文章担任编辑外,还一人承

---

① 徐双韵:《忆秋瑾》,见郭延礼编:《秋瑾研究资料》,山东教育出版社 1987 年版,第 215—216 页。

② 中华书局上海编辑所编辑:《秋瑾集》,中华书局 1960 年版,第 46—47 页。

③ 中华书局上海编辑所编辑:《秋瑾集》,中华书局 1960 年版,第 130—131 页。

④ 中华书局上海编辑所编辑:《秋瑾集》,中华书局 1960 年版,第 78 页。

⑤ 中华书局上海编辑所编辑:《秋瑾集》,中华书局 1960 年版,第 13 页。

⑥ 中华书局上海编辑所编辑:《秋瑾集》,中华书局 1960 年版,第 10 页。

担了发行、总务等工作。惜因资金短缺,女报仅出两期即停刊。

秋瑾在《中国女报》第一期上,发表了著名的文章《敬告姊妹们》。文章指出:"我们二万万女同胞,还依然黑暗沉沦在十八层地狱,一层也不想爬上来。足儿缠得小小的,头儿梳得光光的;花儿、朵儿、扎的、镶的、戴着;绸儿、缎儿、滚的、盘的,穿着;粉儿白白、脂儿红红的搽抹着。一生只晓得依傍男子,穿的、吃的全靠着男子。身儿是柔柔顺顺的媚着,气虐儿是闷闷的受着,泪珠是常常的滴着,生活是巴巴结结的做着;一世的囚徒,半生的牛马。试问诸位姊妹,为人一世,曾有些自由自立的幸福未曾呢?"①秋瑾指出,男女是平等的:"天生男女,四肢五官,才智见识,聪明勇力,俱是同的;天职权利,亦是同的。"②妇女"欲脱男子之范围,非自立不可;欲自立,非求学艺不可,非合群不可"③。这篇文章在当时的妇女解放思潮中,产生了重要的影响。1907 年初出版的《中国女报》第二期上,刊登了秋瑾的《勉女权歌》,云:"吾辈爱自由,勉励自由一杯酒。男女平权天赋就,岂甘居牛后?愿奋然自拔,一洗从前羞耻垢。若安作同俦,恢复江山劳素手。旧习最堪羞,女子竟同牛马偶。曙光新放文明候,独立占头筹。愿奴隶根除,智识学问历练就。责任上肩头,国民女杰期无负。"④许多妇女在秋瑾精神的感召下,奋起从戎,参加了革命斗争。

1907 年正月,绍兴大通学堂公举秋瑾主持校务。大通学堂系光复会首领陶成章、徐锡麟等于 1905 年创办的。学校以提倡军事体操为由,请准绍兴官吏,募款购置一批枪支弹药。一批革命党人以此为据点,秘密发展力量,学习军事,为武装起义作准备。秋瑾以办学为名,屡去沪杭,运动军界和学界,"藉令党之声气,以鼓舞军学界,复以军学界之名义,歙动会党"。⑤ 秋瑾还设立体育会,自任会长,欲令女学生皆习军事体操,编成女国民军,因遭绅、学两界顽固守旧势力的反对未果。

为了统一浙江的秘密军事组织,秋瑾决定组成光复军,并着手拟定"光复军制",分干部为 16 级,众推徐锡麟为首领,秋瑾为协领,王金发等为分统。同时把各地会党编成八军,用"光复汉族,大振国权"八字分别标记。决定于 1907 年 7 月 6 日由徐锡麟、秋瑾分别指挥安徽、浙江两处义军同时举事。秋瑾起草了两个重要文件:《普告同胞檄稿》《光复军起义檄稿》。7 月 6 日,徐锡麟在安庆乘巡警学堂甲班学生毕业典礼之际,枪击安徽巡抚恩铭,宣布起义。由于事起仓促,徐锡麟受伤被俘,壮烈牺牲。秋瑾闻讯,悲痛万分。她在寄给徐蕴华的信中说:"痛同胞之醉梦犹昏,悲祖国之陆沉谁挽。日暮穷途,徒下新亭之泪;残山剩水,谁招志士之魂?不须三尺孤坟,中国已无干净土;好持一杯鲁酒,他年共唱摆仑歌。虽死犹生,牺牲尽我责任;即

① 中华书局上海编辑所编辑:《秋瑾集》,中华书局 1960 年版,第 14 页。

② 中华书局上海编辑所编辑:《秋瑾集》,中华书局 1960 年版,第 126 页。

③ 中华书局上海编辑所编辑:《秋瑾集》,中华书局 1960 年版,第 32 页。

④ 中华书局上海编辑所编辑:《秋瑾集》,中华书局 1960 年版,第 117 页。

⑤ 陶成章:《秋瑾传》,见上海古籍出版社 1979 年出版《秋谨集》附录。

此永别,风潮取彼头颅。壮志犹虚,雄心未渝,中原回首肠堪断!"①安庆起义失败后,各地秘密组织相继被破坏,形势逆转,原计划无法实施。秋瑾接受王金发的建议,催促战友们迅速离开绍兴,以保存实力。7月12日,秋瑾得杭州密报,即指挥大通师生掩藏武器,焚毁名册,疏散学生,回家后又处理了文件、信札及革命书籍。王金发劝秋瑾离开绍兴,她不同意,并催促王金发火速离开。13日,清兵将大通学堂团团围住,经过一番激烈的枪战,秋瑾被俘,系于卧龙山女监狱内。14日,绍兴知府贵福命山阴知县李钟岳提审,秋瑾"坚不吐供",只书"秋雨秋风愁煞人"七字。1907年7月15日凌晨4时英勇就义于绍兴古轩亭口。

秋瑾不愧为杰出的资产阶级革命家。诚如吴玉章所说:"秋瑾是中国近代史上一位伟大的女英雄,她为民族解放和妇女解放事业付出了自己的生命,从而成为旧民主主义革命时期中国革命妇女的楷模。"②

"女界之梁启超"张竹君

冯自由在《革命逸史》中写道:"凡言清季之女志士,不能不推广东女医生张竹君为首屈一指","竹君在广州成名,实远在庚子辛丑间,当时一般志士咸称之曰妇女界之梁启超,其魔力可见"。③ 这里或有溢美之辞,但也可看出张竹君在20世纪初的地位和影响。

张竹君(1879—?),广东番禺人,曾入基督教。出身于诗书人家,其父曾为显宦。排行第五,乡人称之为五姑。竹君幼年因患重病半身不遂,经广州美国长老会所办博济医院的美国医师长期治疗乃痊愈,于是立志学习西医。她在博济医院附设的夏葛女医学堂就学十数年,1900年以优等成绩毕业,开始了悬壶济世的生涯。

开始的时候,张竹君在博济医院行医,每日西装革履,出入医院及往来城南城西,十分惹人注目。而引起城中报界、教育界许多人为之倾倒的,则是其大胆的革命宣传。当时医院外设福音堂一所,每逢星期六、星期日宣讲基督教福音,张竹君常到那里演讲,鼓吹维新,宣扬女权,评点时政。她说,有人讲"女子不当施教",这谬误不通;又说"耶稣说人不当谋衣食,女雀鸟类"也是谬误不通。张竹君指出:我辈处于激烈竞争的时代,自己不立志学习专门实学,担当社会公众的义务,空言灵魂永生,了无益处。一个20多岁的年轻女子,敢于登上属于上帝的"神圣"讲坛,宣扬维新的道理,在当时轰动了广州城,众多的人前来听讲,其中非基督徒超过半数。

不久,张竹君自行筹款在广州荔枝湾创办提福医院,继而在广州市河南柳波桥

---

① 中华书局上海编辑所编辑:《秋瑾集》,中华书局1960年版,第26—27页。

② 吴玉章:《辛亥革命》,人民出版社1961年版,第89页。

③ 冯自由著:《女医生张竹君》,《革命逸史》第二集,新星出版社2009年版《革命逸史》(上)第218页、第221页。按:《革命逸史》共6集,该出版社将6集分为上、中、下册出版,每两集编为一册。

侧创南福医院,经常施医施药,救济贫民。行医之余,张竹君在南、北两医院继续倡立演说会,邀请社会名流绅士官宦眷属聚会演说,宣传女子不可等待男子让权,须用学问来争权。学问不是指做几句诗、填几句词,而是今日西方所发明的最近最新的有用科学等。其精彩议论,感人至深,不仅女子折服,不少男子也表示钦佩。也就在这一时期,张竹君与徐佩萱(宗汉,后与黄兴结合)、史憬然(烈士史坚如之妹)结下莫逆之交。徐氏曾对张竹君办医院鼎力相助。时任《岭海报》主笔的胡汉民以及程子仪、朱通孺等,都是张竹君的座上客。

为了开创女子教育事业,张竹君大力倡办女学。1902 年,她把南福医院改为女子学堂,名育贤女学。这所学校是广东省最早出现的中国人自办的女学,张竹君与其母亲任该校教员。上海《女学报》刊文云:"广东新女学,斯世孰能群?……此月鱼书达,怀人首竹君。"①1904 年年初,张竹君又在广州河南拓地设立了女工艺厂,实为女子工艺学校,招收 120 名女学员。第一年内分三期,分别教授编织、刺绣等工艺,培养女子的自立本领。是年因发生笞责学生事件,张竹君离开广州赴上海。

张竹君迁寓上海后,重振精神,继续为妇女解放事业奔忙,很快成为上海颇有影响力的人物。除创设医院外,张竹君主要办了三件事:1904 年 4 月创了"女子兴学保险会";1904 年 5 月创办了"卫生讲习会";另办了一所"女子手工传习所"。张竹君在爱国女校的演说,博得了震动屋宇的掌声。她说:"欲言救国,必先教育,欲先教育,必先女子,而女子所宜先者,则首立自爱,次则肆力学问,厚结团体。"张竹君创办的女子兴学保险会和卫生讲习会两个团体积极活动,成绩卓著,报刊上常有其活动的报道,在辛亥革命时期涌现出的几十个团体中,占有重要地位。在上海,张竹君与哈同夫人罗迦陵女士及伍廷芳夫人交往甚厚,其各项活动也得到她们各方面的支持。

1911 年武昌首义告捷,张竹君马上在上海组织红十字救伤队,前往汉口救治伤员。并将中国同盟会主要负责人黄兴乔装成负伤队员,将其妻徐宗汉乔装成看护妇,同船密往汉口,得以避免各关津骚扰。这戏剧性的一幕,也是张竹君对辛亥革命的一个贡献。

民国成立后,张竹君仍居上海,但韬光敛迹,专心从事医学,退出了政治舞台。其年轻时在粤与卢少歧订有婚约,后因与卢家发生冲突,婚约失效。此后张竹君持独身主义,拒绝一切求婚者。这也是辛亥时一些女权主义者选择的生活道路。

张竹君是辛亥时期的一个风云人物,享有盛誉。马君武曾在横滨《新民丛报》为其写传,并附以七绝一首,其中有言:"女权波浪兼天涌,独立神州树一军。"②

---

① 上海《女学报》,1903 年第 2 期。

② 冯自由:《女医生张竹君》,《革命逸史》第二集,新星出版社 2009 年版《革命逸史》(上)第 220 页。

楚南女子陈撷芬

陈撷芬（1883—1923），笔名楚南女子。原籍湖南衡山，出生于江苏阳湖（今常州市）。系著名的《苏报》发行人陈范之长女。

冯自由《革命逸史》中载："《苏报》主人陈范……其女公子撷芬，亦另创女学报，鼓吹民权，与父齐名。"[①]

陈撷芬生长在一个有改良思想的知识分子家庭，从小即受到时代潮流的影响。1898 年戊戌政变后，中国第一份女子报刊《女学报》被迫停刊。1902 年，19 岁的陈撷芬在父亲陈范协助下在上海重办《女学报》（月刊），随《苏报》发行，时人称之为"女苏报"。报馆设在上海新马路华安里，陈撷芬担任主笔。该报以妇女为主要对象，栏目除论说、演说、女界近史、译件外，还辟有尺素、词翰等专栏，附有插图，提倡办女学，兴女权。由于《女学报》内容新颖、思想活跃、形式多样，在当时颇有影响。

在《女学报》上，陈撷芬发表了《元旦问答》《女子独立篇》等重要文章。《元旦问答》一文谈道："做报就不能单照自己的意思做的，要叫别人看得喜欢。劝人的话，要劝得人相信，他才肯做。激励人的话，要激励出人的精神兴致，他才肯出来做事，出来学学问。痛切的话，要说得人悲愤填胸，他才能立定宗旨。骂人的话，要骂得人刺心钻骨，他才惭愧改过。"陈撷芬认为，办报要给人以新学问、新议论，不能像"有些人，满口说新，满口说文明，做出来的事，却今年如此，明年如此；一年如此，十年还如此。他虽说得热闹，我想也没有人信他，也没有人看得起他"。故我们做起事来，"要真真的一天新一天"。这可看作陈撷芬办报的重要宗旨之一。

作为一个热血青年，陈撷芬颇为祖国的前途和命运担忧。她指出：我们中国"大官受制于朝廷，小吏则受制于大官，百姓则受制于小吏。今则举朝廷、大官小吏、百姓，而系受制于外人"。陈撷芬在文章中控诉了旧社会对妇女的压迫，她说："今中国二万万女子，盲其目，刖其足，樊笼其身，束缚其智慧。方且不能识字，何论读书；方且不能读书，何论学与权。"女子自离襁褓以迄成人，都要受家庭之刑厄，"如穿耳、如缠足，是为初级刑法"，"次级刑法者，则为私配。举不相识之人，无论暗哑废疾愚鲁不才，惟媒妁之言"，"至有适字未嫁，而夫婿先夭者，亦强女子以奔丧守节，则犹悖情理"。至于奴婢，"既役其力，复鬻其身，且并其人权而鬻之。如牛马，如鸡豕"。陈撷芬特别强调女子应自主独立。她说：中国"女权不振，女学不讲"，妇女"徒以生命肢体委之于男子。即有以兴女学、复女权为志者，亦必以提倡望之男子。无论彼男子无暇专此也，就其暇焉，恐仍为便于男子之女学而已，仍为便于男子之女权而已。未必为女子设身也"。因此，"吾再思之，吾三思之，殆非独立不可。所谓独立者，脱压力，抗阻挠，犹浅也。其要在不受男子之维持与干预"。陈撷芬认为，只要女界以

---

① 冯自由《陈梦坡事略》，《革命逸史》第一集，新星出版社 2009 年版《革命逸史》（上）第 95 页。

"独立""自主"为纲,"不逮十年,女界中殆无不兴之学,亦无不复之权矣"。①

《女学报》为中国近代最早的女子报刊之一,陈撷芬也成办中国近代最早从事办报活动的先进妇女,因此而名重一时。同时,陈撷芬还在女学报馆内创办了"自立女学塾"。她还积极参与中国教育会蔡元培等人筹办爱国女校的会议和活动,一说陈曾任爱国女学校校长。1903年6月,清政府制造了骇人听闻的"苏报案",苏报馆被查封,《女学报》亦被迫停刊。事件发生后,原《苏报》主笔章士钊、张继等人为了回击清政府的专制淫威,于8月份出版《国民日日报》。据载:"《国民日日报》受窘时,其(陈范)女撷芬手挈家中仅存之番银二百版,含笑而至",予以资助。②

由于受苏报案牵连,陈撷芬不得不随父亲陈范流亡日本。经过陈撷芬等人的努力,1903—1904年之交,《女学报》在东京一度复刊。陈撷芬以"楚南女子"为名在报上发表了论说和传记文学,该报还刊载了《沈荩死》《章邹囚》等诗文,带有明显的反清革命色彩。

旅日期间,陈撷芬参加了一系列革命活动。她参加了反清秘密会党三合会。积极参加拒俄运动。1904年10月,陈撷芬与秋瑾、林宗素重组共爱会,在东京留日学生会馆召开大会,将该会改名为"实行共爱会",陈撷芬任会长,秋瑾任招待。此系留日女学生组织的第一个爱国妇女团体。1905年秋,黄兴等在日本横滨设立习造炸弹的机关,为武装起义做准备,由俄国虚无党人教授制造炸弹技术,陈撷芬与喻培伦、熊越山、秋瑾、唐群英、林宗素等前往参加学习。

作为有革命思想的先进知识妇女陈撷芬,曾在报刊上为振兴女权大声疾呼,但在生活中却没能摆脱封建传统思想的束缚。在日期间,陈范决计将撷芬嫁给粤籍商人廖翼朋为妾,撷芬也准备屈从父命,引起留日学生界舆论大哗。因陈撷芬曾表示"事出父命,不得不从",秋瑾在专门组织的留日女学生大会上严肃指出:"逼女作妾,即是乱命,事关女同学全体名誉,非取消不可。"秋瑾鼓励陈撷芬反抗家庭专制,婚事最终废除。③ 陈撷芬听从秋瑾的意见,决心求学以自立,进入横滨基督教公立女子学校学习。后来,她与四川籍人士杨俊结为夫妇,两人同赴美国留学,1923年去世。

黑暗中的探索者吕碧城

近代中国妇女,为争得民族和自身的解放,经历了艰难崎岖的道路。有的人投身于革命事业,为革命而献身;有的人在黑暗中几经拼搏,败下阵来,遁入空门。辛亥革命前后名噪一时的吕碧城,就是后者的典型。

---

① 《女子独立篇》,《女学报》第二年,第一期。
② 《苏报案始末记叙》,丛刊本《辛亥革命》(一),第387页。
③ 冯自由:《鉴湖女侠秋瑾》,《革命逸史》第二集,新星出版社2009年版《革命逸史》(上)第301页。

吕碧城(1883—1943),安徽旌德人。一名兰清,字遁天,号圣因,晚年法号宝莲。其父吕凤歧,进士出身,累官至山西学政。吕碧城12岁时父亲去世,随母亲居旌德乡下,后投奔在塘沽做官的舅舅严朗轩。在父亲膝下和舅舅身边,吕碧城受到了良好的教育,加之其天资聪颖、勤奋好学,十五六岁后就显露出不寻常的才华。吕碧城善书法、绘画、治印,娴声律,长于诗词,是当时有名的才女,与其姊吕惠如、吕眉生被誉为"淮西三吕"。

1903年,21岁的吕碧城不顾舅舅的阻拦,来到天津求学。由于借寓《大公报》报馆,她结识了《大公报》总理英敛之。英敛之十分赏识吕碧城的才华,不仅聘请她为《大公报》的编辑,还请她住在自己家中。吕碧城,这位《大公报》的女编辑,以出色的文笔,声名大著于京津一带,这一时期,吕碧城还结识了著名启蒙思想家严复及不少学士名流,常与他们诗词唱和,相互往来。于是吕碧城一时成为风云人物,京、津等地来访者络绎不绝。

也就在这个时期,吕碧城与秋瑾首次见面。秋瑾当时寓居北京,其字亦称碧城,因与吕碧城名重,京师人往往将吕碧城之作误为出自秋瑾之手,闹出一些笑话。后经傅润元介绍,1903年5月23日,秋瑾与其夫王子芳专程赴津拜访吕碧城,在英敛之公馆会面。秋瑾为了避嫌,慨然表示取消碧城字号。当晚,秋瑾留宿英公馆,与吕碧城倾心长谈。秋瑾表示已下定决心,东渡日本,劝吕碧城同往。此时的吕碧城,坚持改良主张,因而婉言回绝。后来吕碧城回忆这次会见时说:"彼密劝同渡扶桑,为革命运动。予持世界主义,同情于政体改革,而无满汉之见。交谈结果,彼独进行,予任文字之役。"吕碧城虽然没有跟秋瑾同去日本,但两人还是保持了良好的友情。秋瑾到日本后创办《中国女报》,吕碧城曾为该报撰写过《女子宜急结团体》等文章。1916年秋,吕碧城与袁克文等诗友游历杭州,路过西泠桥畔秋女侠祠时,想起与秋瑾的一面之缘,吕碧城感慨良多,当即赋诗一首,题为《西泠过秋女侠祠次寒云韵》:"松篁交籁和鸣泉,合向仙源泛舸眠。负郭有山皆见寺,绕堤无水不生莲。残钟断鼓今何世,翠羽明珰又一天。尘劫未销惭后死,俊游愁过墓门前。"①表达了对秋瑾的敬慕,寄托了对秋瑾的哀思。

吕碧城寓津期间,为中国妇女解放事业进行了积极的工作。1903年,她曾作《满江红》一首。词中揭露了中国妇女几千年来"幽与闭,如长夜,羁与绊,无休歇"的悲惨处境。为使妇女获得解放,她向全社会发出强烈呼吁:"晦暗神州,忻曙光一线遥射,问何人女权高唱?"词中对自己有志难酬发出了无恨感慨:"遍地离魂招未得,一腔热血无从洒。"为对妇女解放事业尽自己的一份力量,吕碧城决心从具体事情入手。她先后为《女子世界》《中国女报》等女子报刊撰写文章。后来,她萌发了办女学的念头。当时,在很多人的眼中,办学堂是最好的开民智的手段。因此,当吕碧城倡办北洋女子公学的消息一传出,立刻得到英敛之、傅润元、方药雨、严朗轩等

---

① 赵焰:《吕碧城与秋瑾》,《绍兴日报》2011年7月11日。

人的响应。他们协助吕碧城募捐款、租校舍、拟章程,四处奔忙。时任直隶总督的袁世凯答应提供开办经费一千元,海关道唐绍仪也答应每月由筹款局提取百金作为经费。吕碧城积极参加各次筹备会议,特地撰写了《论女学宗旨》《教育为立国之本》等文章。北洋女子公学于1904年9月开始招生,10月1日正式开学,初办时有学生20余名。1905年以后,英敛之、傅润元等人辞去了公学董事职务,由吕碧城自任北洋女子公学校长。自1906年春天起,北洋女子公学还设立了师范科。

1908年7月,吕碧城开始随严复学习逻辑学(即所谓的"名学"),后来她还翻译了《名学浅识》一书。

1909年,南社成立,吕碧城成为南社社友。南社系一革命文学团体,其宗旨是以文学鼓吹革命,使文学为革命斗争服务。该社发起人陈去病、高旭、柳亚子等均为中国同盟会会员。吕碧城参加南社,不仅因为她是诗坛的佼佼者,而且与她思想中具有民主色彩有直接关系。1914年8月,吕碧城参加了南社在上海徐园举行的雅集。南社社刊《南社丛谈》收录过她的词,她也为该刊题写过刊名。在南社中,吕碧城与张默君齐名。

民初,吕碧城被聘为袁世凯的公府秘书。袁氏复辟帝制的阴谋败露后,她即辞去政府职务。此后,吕碧城寄情于祖国的山河,游名山、访名士,到过西子湖畔、庐山胜地,登过万里长城,写下不少赞颂祖国山河壮美的诗篇。

吕碧城生活在中国发生历史大变革的时代,这也是一个民主思潮广泛传播的时代。她自幼不甘为寻常闺阁人,因而容易接受新思想。加上她从小因家道中落,受过夫家退婚等种种打击凌辱,长期过寄人篱下的生活,坎坷的道路促使她决心走自立的道路,同时养成了敢于抗争又过于执拗的性格。她不惮人们大惊小怪,敢于身着西装"于乐声玎纵中,翩翩作交际舞",也敢于因洋人汽车轧死其爱犬,而与洋人打官司。对于在报刊上影射侮辱她人格的人,她坚决诉之于法,穷追不舍。但在自己的朋友、亲人面前,她也常常表现出偏狭、毫无容让。在创办北洋女子公学时,她争创办人与总教习,一度与多方支持过她的英敛之翻脸。后又因一些毛举细故,与姐姐不和,直闹到法院。这些情况,经常使吕碧城陷于窘境。同时,在当时的社会中,一个抱独身主义的女子,长期孤身奋斗,谣言谤毁随时都可袭来,处境之艰难可以想见。

经过几番拼搏,吕碧城丧失了勇气。用她自己的话说:"众叛亲离,骨肉龃龉,伦常惨变,而时世环境尤多拂道",于是"万念灭心"。这个曾被时人誉为"祥麟威凤""巾帼英雄"的一代才女,转而皈依佛学。1918年,她赴美入哥伦比亚大学学习,1922年自加拿大回国。1927年再度游历欧美,专以宣传佛学为志。1929年她的《欧美之光》出版,其中辑录的主要内容是护生崇佛的言论,该书被各地佛教界重版多次,颇有影响。晚年在室中高悬观音大士像,大谈"世界进化,最终之点曰美,美之广义为善,其一切残暴欺诈,皆曰丑恶……况以它类痛苦流血,供一己口服之快,忍恶极矣"。1943年年初在九龙去世,终年60岁。

吕碧城一生著述甚丰,有《吕碧城集》《信芳集》《文史纲要》《欧美纪事》《美利坚建国史纲》及多种佛学论著、译著。

吕碧城是中国近代追求妇女解放的一位勇敢的探索者。由于时代和个人的种种因由,她没有走上民主革命的道路,而是在重重压力下走上了宗教虚无主义之路,青灯古佛下了结一生。我们为她前半生的勇敢探索而歌唱,也为其后半生的不幸而惋惜①。

走向世界的女子单士厘

1903 年 5 月 2 日凌晨,航行在日本海峡的伊势丸轮逐渐驶近海参崴。彩霞旭日,一位 40 多岁的中国妇女,伫立甲板,用望远镜仔细瞭望着港口高崎的灯塔,螺鬟的山峰。面对这块被清廷"送"给俄国的故土,她的心像大海一样涌起了波涛。这位妇女的名字叫单士厘。

单士厘(1856—1943),字受兹,浙江萧山人。单士厘自云:"余家世代清贫,而书籍不少。"她幼年失母,随舅父许壬伯读书。许氏著述较丰,达十余种,这使单士厘受到了很好的文化熏陶。29 岁时,单士厘嫁给了浙江吴兴人钱恂,成为清末著名学者钱玄同的长嫂。钱恂(1853—1927),字念劬,青年时即随薛福成等人出使欧洲,后来到过日本,1907—1908 年先后出任荷兰和意大利的公使。他曾秘密加入光复会,实际参加辛亥革命,曾任民国政府顾问。初,钱恂每次回国,都向妻子详细介绍国外各方面的情况,引起了单士厘极大的兴趣。她对马可波罗不远万里来到东方,钦羡不已,向往着有朝一日也能走向广阔的世界。

1898 年,钱恂被任命为留日学生监督。次年,单士厘第一次率二子随丈夫赴日。单士厘到日本,比秋瑾早五年,比何香凝也要早。当时是中国妇女从启蒙运动中开始觉醒的时代,是何香凝深思冥想、秋瑾慷慨悲歌的时代。单士厘并没有被卷入革命的旋涡,却在走向世界的道路上,把整个身心投入到时代的潮流,这在当时是一件了不起的事情。中国妇女历来被禁锢在家庭的牢笼中,大家闺秀更是大门不出,二门不迈,到国外去抛头露面是不可思议的事。以往的出使大臣,正室夫人均未随同前往。同治状元洪钧当年出使俄、德等国,是带了名妓赛金花去的。单士厘一向反对以"一事不见,一事不知"为女德标准,这使她比较容易接受妇女解放启蒙思想,加之其丈夫的支持,她终于冲破世俗偏见,毅然远涉重洋,走向世界。这也从一个方面告诉人们:时代变了!

1899—1903 年,单士厘多次往返于中国、日本,"无岁无行,或一航,或再航"②。她把两个儿子、一个女婿、一个儿媳和三个孙子都带到了日本,分别进了四所学校,

---

① 本节资料出自《吕碧城集》《吕碧城传略》《英敛之日记》等。

② 钱单士厘:《癸卯旅行记》自序,钟叔河主编《走向世界丛书》第一辑第十册,岳麓书社 1985 年版,第 684 页。

自费留学。《癸卯旅行记》和《归潜记》两部著作，集中了单士厘对世界的观察与思考。

《癸卯旅行记》系作者1903年从日本经朝鲜、中国东北、西伯利亚至欧俄80天旅行的日记，钱恂在该书的题记中云："右日记三卷，为予妻单士厘所撰，以三万数千言，记二万数千里之行程，得中国妇女所未曾有。方今女学渐萌，女智渐开，必有乐于读此者。故稍为损益句读，以公于世。"①

来到日本，单士厘感到进入了一个新天地，她无拘无束地"步行于稠人广众之场"，还经常"攀树陟巅"或"绕行湖堧"。为了深入了解日本社会，她经常参加各种社交活动，与不少日本知识妇女交了朋友，并且刻苦学习日语，很快达到能为钱恂做翻译的水平。1903年离开东京后，她先赴大阪，冒雨参观了日本"第五回内国博览会"。她感慨道："日本之所以立于今日世界，由免亡而跻于列强者，惟有教育故。""要之，教育之意，乃是为本国培育国民，并非为政府储备人材，故男女并重，女尤倍重于男。中国近亦论教育矣，但多从人材一边着想，而尚未注重国民，故谈女子教育者尤少。即男子教育，亦不过令多材多艺，大之备政府指使，小之为自谋生计，可叹！况无国民，安得有人材？无国民，且不成一社会！中国前途，晨鸡未唱，观彼教育馆，不胜感慨。"②单士厘后来谈到自己的体会时说："中国妇女闭笼一室，本不知有国。予从日本来，习闻彼妇女每以国民自任，且以国本巩固，尤关妇女。予亦不禁勃然发爱国心。"③

这里她提出教育的目的应是培养有觉悟的国民，在当时是深刻的。单士厘看到日本市场上所售西方商品，以"图籍""工艺为多"，立刻想到上海市场上尽是些钟表、戒指之类的"玩品"，深感"予益知日本崇拜欧美，专务实用，不尚焜耀"。④

1903年，钱恂被清廷派往俄国公使馆，年过四旬的单士厘欣然同往。启程前，她与丈夫从日本回上海省亲。当看到中国妇女受歧视的现象没有什么改变时，她非常不安。于是她利用一切机会向亲友宣传介绍日本兴办女学的情况，告诫他们不要为女孩子缠足，还以"步行至东南湖母舅家"的举动，为同乡妇女做出表率。

自沪返日后，单士厘夫妇于长崎启程，乘日轮伊势丸赴海参崴，这就是本文开头介绍的一幕。他们一行自海参崴乘火车，穿过我国东北，经俄国人控制的中东铁路，到中俄边境的满洲里；又经俄国的西伯利亚铁路，至莫斯科，最后到达彼得堡。一路上，她饱览了祖国的大好河山和异国的自然风光，但她的注意力主要放在对社会情况的观察与思索上。她有着敏锐的目光，惊人的洞察力。从海参崴一入中国境内，她立刻感到海关权"在俄不在华"。在旅途中她了解了沙俄军队在黑龙江沿岸制造

---

① 《癸卯旅行记》，《走向世界丛书》第一辑第十册，第683页。
② 《癸卯旅行记》，《走向世界丛书》第一辑第十册，第687页。
③ 《癸卯旅行记》，《走向世界丛书》第一辑第十册，第733页。
④ 《癸卯旅行记》，《走向世界丛书》第一辑第十册，第691页。

的海兰泡惨案,"俄人肆虐杀淫掠于东三省,自以海兰泡之杀我男妇老幼三千余人于一日,为最著称"①,目睹了俄国汽船在松花江上"喷烟激浪"的嚣张气焰。面对侵略者的种种罪行,单士厘无比愤慨,"勃然发爱国之情"。单士厘详细调查记录了沙俄霸占哈尔滨的经过,尖锐地指出:沙俄驻满洲铁路总监达尼尔,"名为铁路监工,实于哈尔滨地方操立法、行政、司法三大权者也,三大权操于一手,今世界列国君王且无之,而达得之"。② 单士厘对清政府在侵略者面前卑躬屈膝委曲求全"慨赠"大片国土的卖国行径非常痛恨,对那些认贼作父"唯恐失俄欢"的地主官僚十分鄙视,对清军腐败软弱毫无战斗力的状况深感痛心与气愤。她呼吁人们,对沙俄政府企图形成如巨蟹之双螯包围北京、图谋中国的情势提高警惕。

进入俄国国境,单士厘突出感到的是沙皇政府的专制统治。从沿途"教堂尖矗"的浓重宗教气氛中,她看到沙皇政府"务欲使人迷信宗教,则一切社会不发达与蒙政治上之压迫损害,悉悉诿于天神之不佑,而不复生行政诉愿、行政改良之思想,颇见效验"。她在日记中还记录了俄国人民在沙皇专制的淫威下"不得贸易自由""不得自由读书",以及由于"政府对报馆禁令苛细",使笔者"左右顾忌,无从着笔"的种种情况。

在俄国,单士厘对俄国的文学艺术产生了浓厚的兴趣。她称赞其绘画的"绘光之技尤不可思议光肖,则无笔不肖。且能因光肖声,雨、风、泉、石及人物形神,莫不如闻其声,至绘声而技绝矣,此为日本所未及见"③。

她在日记中还介绍了俄国伟大现实主义作家托尔斯泰。"托为俄国大名小说家,名震欧美。一度病气,欧美电询起居者日以百数,其见重世界可知。所著小说,多曲肖各种社会情状最足开启民智,故俄政府禁之甚严。"④她特地购买印有托尔斯泰肖像的明信片,留作纪念。

单士厘的《归潜记》一书主要记述她眼中的意大利和古希腊罗马艺术,抒发了关于中西文化史的看法。

1907年,钱恂以分省补用知府任出使驻荷兰大臣,次年改任出使意大利大臣。1908年,单士厘随丈夫来到意大利。古代罗马是欧洲文明的发源地之一,意大利又是文艺复兴的中心,这里的一切深深地吸引着单士厘。为了了解西方文化,单士厘如饥似渴地学习西方绘画史、雕刻建筑史、宗教史,并让长子稻孙写了《新释名》,介绍基督教的历史、教义、教俗,供她学习。在《彼得寺》一文中,单士厘对这座举世闻名的大教堂进行了详尽的介绍,尤其是其建筑艺术和绘画雕塑艺术。文艺复兴时期的艺术大师拉斐尔和米开朗琪罗,在教堂中留有多幅壁画和人物雕像。单士厘在文

① 《癸卯旅行记》,《走向世界丛书》第一辑第十册,第723页。
② 《癸卯旅行记》,《走向世界丛书》第一辑第十册,第724页。
③ 《癸卯旅行记》,《走向世界丛书》第一辑第十册,第751页。
④ 《癸卯旅行记》,《走向世界丛书》第一辑第十册,第753页。

章中,结合艺术作品,介绍了希腊罗马的文学。在《章华庭四室》《育斯》两篇文章中,介绍了希腊、罗马的神话,并对朱必特及诸神世系、神话的起源、希腊神话流传罗马后的转变、神话与宗教关系等作了论述。单士厘的这些文章,内容丰富,文字清丽,实属游记中之上乘。尤为可贵的是,单士厘完全摒弃了那种闭关自守、盲目自大的卑劣学风,努力去理解西方文化。她曾说:"予昔年初出国境,见裸体雕画,心窃怪之,既观劳贡[即拉奥孔(Laocoon)——引者注]之像读辨论劳贡之书,于是知学者著作,非可妄非也。"①

1909 年钱恂奉调回国,以后一直在国内任职,单士厘也没再出国,潜心文史,至晚年仍笔耕不辍,一生著述凡十一种之多。

单士厘是清末最早接触资产阶级启蒙思想走向世界的女性之一。她那种敢于冲破旧传统的勇气,饱满的爱国热情,强烈的求知欲望,以及为向中国人民介绍西方文化所做的巨大努力,给人们留下了深刻的印象。

1943 年单士厘去世。据其子钱稻孙云:其"一生著述,凡十一种"。其经刊印者,《癸卯旅行记》三卷,《家政学》两卷,《家之宜育儿简谈》一卷,《正始再续集》五卷;其刊而未竟者,《归潜记》十卷,《清闺秀艺文略》五卷;其未刊者,有《受兹室诗钞》《发难遭逢记》《懿范闻见录》《嗤杀集》等,其中或有散逸。②

从"一品命妇"到同盟会员的刘青霞

刘青霞,1877 年生于河南省安阳县,本姓马,因嫁尉氏县大地主刘耀德为妻,遂名刘青霞。其父马丕瑶(1831—1895),字玉山,同治进士,曾在山西任按察使、布政使,后任广西巡抚,1895 年卒于广东巡抚任上。其长兄马吉森曾办实业,次兄马吉樟系清末翰林院侍读,后曾任湖北布政使。官宦家庭的生活,使刘青霞从小得到咏读诗书的机会。

18 岁时,刘青霞嫁给刘耀德,刘依仗家境殷实,自幼不知读书,又染上鸦片嗜好,用钱捐了个"山西试用道",也是徒有其名。婚后七年(1901),刘耀德去世,留下巨额遗产。刘青霞为人慷慨,对教育事业尤大力资助。尉氏县办高等学堂,刘捐银三千两。省城开封兴办小学堂,她捐银二千两。曾任京师豫学堂监学兼教务长的王锡彤在其日记中记载曰:该学堂系"豫人之官于京者就嵩云草堂改设,俾随任子弟便于求学。且不分省界,以示大公。马积生之妹刘夫人捐款独多"③,据说捐银三万两。

---

①　钱单士厘:《归潜记》,钟叔河主编《走向世界丛书》第一辑第十册,岳麓书社 1985 年版,第 825 页。

②　钟叔和:《第一部女子出国记》,钟叔河主编《走向世界丛书》第一辑第十册,岳麓书社 1985 年版,第 679 页。

③　王锡彤著,郑永福、吕美颐点注:《抑斋自述》,河南大学出版社 2001 年版,第 177 页。

刘氏此等义举受到乡间好评,清政府也因其乐善好施,授予她"一品命妇"。

1906年,马吉樟被学部遴选赴日本考察,刘青霞"由其兄马侍读具呈学部请转咨外务部发给护照,并咨照出使日本杨大臣一体保护"。① 1907年,在其次兄马吉樟的帮助下,刘青霞与吉樟一起赴日,开始了新的生活。

刘青霞抵达日本东京后,放足改装,开始与河南籍的留日学生接触。中国同盟会会员、豫籍留学生张钟端,上年回国时曾与刘青霞结识,此时吁请刘参加革命,并接受了刘氏一万六千元的捐款,办起了颇具特色的《河南》杂志。《河南》杂志简章第三章第十三条云:"本社所有经费,均尉氏刘青霞女士所出,暂以两万元先行试办,俟成效卓著时,再增巨资,以谋扩充。"② 时同盟会会员在开封创设"大河书社",以发行革命刊物,并作为同盟会的秘密联络机关。刘青霞为"大河书社"捐赠巨款,以助其活动。《中国新女界杂志》1906年在日本东京创刊,开留学女界创办女子报刊之先河,影响很大。在该杂志在经费上遇到困难时,又是刘青霞慷慨赞助大洋六千六百元,对该刊的运行起了至关重要的作用。该杂志第四期开篇的《本社特别广告》中云:"本社杂志,自经炼石女士燕斌创办以来,颇蒙海内外学界欢迎。销路之广,已及五千余册,诚非初料所能及。惟前因特别事故,以致未能如期出版。迟愆之咎,诚无可讳。兹得河南尉氏县刘女士之造成,增助资本,以扩社务。现已增聘干事,一切大加改良。准于西历八、九两月内,定将五、六、七、八四期杂志相继发行。"③

刘青霞1908年归国,在日活动半年左右,其间加入中国同盟会。

刘青霞回国以后,除致力教育和其他社会事业外,积极参与了河南的革命活动。1908年,她在尉氏县创办了华英女子学校。"先办初等一班,颇著成效也。欲开浚知识,养成家庭教育习惯起见,遵章在该校附近设师范一班,招考学生四十名,定为二年毕业,刻已开堂授课。"④ 华英女校系河南省较早的一所新型女学。入校学生先要放足。刘青霞聘请日本人高山爱子及留日女学生朱珍吾等人任教,开设课程除国文、算术、修身、史地外,还有编织、刺绣、桑蚕等实用科目。学生的早、午两餐及书籍、文具、制服等,均由学校供给——实由刘青霞资助。学校至1911年年底停办。

辛亥革命前夕,革命党人张钟端归国,首先到南京与刘青霞接头。武昌起义后,张钟端秘密潜回河南开封,谋划武装起义,刘青霞不仅出资作为起义活动经费,并参与了革命活动。

民国建立后,河南革命党人创办《自由报》,刘青霞捐款两千元相助。她写的祝

① 《河南官报》,光绪三十二年第一期。引自尉氏县政协文史资料委员会编《尉氏文史资料》第二辑,1987年版,第43页。

② 《河南》第一期。

③ 《中国新女界杂志》第四期。该杂志名为《中国新女界杂志》,一些著述资料中称其为《中国新女界》杂志或《新女界》杂志,不确。

④ 《开封简报》(1910年)。

词中说：

"自由好，中夏少萌芽。岳色河声飞笔底，洛阳纸贵泄春华，开遍自由花。"

"自由好，妖雾惨夷门。手拔摩天旗影荡，腰悬横河剑光腾，夺转自由魂。"

"自由好，过渡帐迷津。揭破九幽超变相，罗胆万佛见天真，崇拜自由神。"

"自由好，五岳独称嵩。燕赵健儿身手锐，犬羊部落羽毛空，撞破自由缺。"①

由于刘青霞的威望，民初被选为河南国民捐总理。

辛亥革命的胜利果实落到了袁世凯手里，河南、全国的专制黑暗统治依旧。刘青霞终于无法冲破各种黑暗守旧势力精心纺织的罗网，在刘氏家族的打击迫害下，1923 年于孤独痛苦之中病逝于安阳老家。

值得注意的是，刘青霞还是位经营管理的好手，这在当时妇女界中实为罕见。"桐茂典及小铺三四处，既归青霞独立管理，执事者二三百人听指挥焉。公茂典则归族人管理，青霞坐分红利而已。既自夫亡至今十年中，凡属青霞所管理者皆有盈无绌。"②刘青霞的管理能力，于此可见一斑。

关于刘青霞的文字记载不多，刘氏自己撰写的文字则更少之又少，这给我们今天对她的研究造成了很大困难。下面将刘青霞自述体的《豫人刘马青霞披露》一文附录如下，我们或可从刘青霞在家国之事的冲击中发出的呐喊，窥探出刘青霞一生的真实经历和心路历程。

附录：

豫人刘马青霞披露

四万万男女同胞公鉴：今日中国非所谓法制国乎？法制云者人人受制于法律之中，虽以总统之尊不敢违法以欺人，虽以匹夫匹妇之微亦罔不得法律之保障。因与满清政府时代，强凌弱，暴凌寡，不可同日而语也。青霞何福托革命诸先烈之赐得为法治，国民自惟哀怜无告之人，从此生存于光天化日之下，永无冤抑不平之气。熟料积重难返，漫漫长夜黑暗如恒，孤苦伶仃，频遭蹂躏。举所谓财产自由，营业自由，居住自由，无不剥夺殆尽。河南风气闭塞，既无独立之审检，又乏辩护之律师，寡妇孤儿呼吁无路。继思共和初建，国会未开，法律虽未完全，是非讵无公论。况总统、总理以及河南都督均属豫人，其余为豫人者无论在何方面，当无强权之可言。以故青霞昔日所唾面自干者，今亦不忍安于默默，新仇旧恨，请为我男女同胞涕泣述之：青霞自 18 岁嫁于尉氏县刘姓，越 7 年而夫亡。遗子一，桐茂典一，小铺三四处。公茂典资本金十五万串，与桐茂同，青霞与族人各半。刘姓五门，共有地千顷，青霞占五门之一，应分地二百顷，俱补族人霸种久假不归，得业者惟私置之五十顷耳。夫亡以

---

① 《自由报》，1912 年 7 月 1 日。引自《尉氏文史资料》第二辑，1987 年版，第 48 页。

② 《豫人刘马青霞披露》，《尉氏文史资料》第二辑，1987 年版，第 59 页。

后,母子二人相依为命,综理家务,寝食不遑。桐茂典及小铺三四处,既归青霞独立管理,执事者二三百人听指挥焉。公茂典则归族人管理,青霞坐分红利而已。既自夫亡至今十年中,凡属青霞所管理者皆有盈无绌,宁非节衣缩食劳神焦思之所致,而可以侥幸求之乎!青霞上无伯叔,下鲜兄弟,使稍有不慎荡尽无余久矣。然而青霞兢兢业业综理家务,经营商业之外,益复手造住宅一所,费银八万金;独修刘氏祠堂一所,费银四万金;附设义学一处捐地十五顷,其对于家族者如此。北京豫学堂,捐银三万两;尉氏县高等学堂,捐银三千两;孤贫院,捐地一顷零三十亩;桥工捐银七千两;省城女学堂,捐银三千两。丁未游学东瀛,创办河南杂志,捐洋一万六千元;女杂志(即《中国新女界杂志》——编者注)捐洋六千六百元。归国后,在尉氏县自办女学校四年,约费银一万数千两。去冬,省城运动起义,捐银一千六百两,满拟竭力多捐,旋因失败而止。今年,省城办《自由报》,捐洋二千元。其余如赈捐工厂、报社,等等,或捐一千、八百元,或捐三百、五百元,不胜枚举。总之,凡属公益善举,宁节己相助,未尝作守财之奴,此又对于社会者如此。青霞一妇人耳,屈指平日碌碌劳劳,淡食粗衣,自奉甚微。而对于家族、对于社会自觉可以告无罪矣。奈何专制家庭中之数十恶魔咄咄逼人,不惜以怨报德,匹妇何罪?言之痛心!族人沾染富家习气甚深,骄奢淫逸几成为第二天性,或捐州县府道(指捐官——引者注),或娶美妾骄(娇)妻,历年在公茂典中滥用滥支,至去年竟被彼等支用五十余万两。青霞睹此情形深恐众寡强弱之不敌。于是忍痛让产,自愿将七万余串之基本金并房物一切全数让出,永与公茂断绝关系,族人哀鸣嗷嗷要求不已。青霞又在桐茂私积项下拨银十八万五千两,捐助公茂,乃凭族亲。一面书立字据,一面在尉氏县劝业道两处立案,声明以后无论公茂亏赢,概与青霞无涉。应得一半之大宗当典,不但本利付之乌有,反断送私产十八万八千,似此亏上加亏,始换得此无聊之证据。脱非族人滥支五十余万两,何以至此?谚云:欠债者还钱。彼辈阡陌亘连,非无赔偿之代价,祇因满清末造公理混淆,可怜怀璧自危,遂至桃僵李代,斯真忍人之所不能忍。而有用之金钱填彼无益之欲壑,亦青霞所饮恨无穷者也。民国成立以后,族人候补外省者纷纷被逐回籍,挥霍习惯囊底钱空。见青霞尚有一息之微,必欲置之死地而后已。豺狼无厌,握爪张拳,在家则令彼家泼妇喧嚷叫嚣,无理取闹;在外则造谣生谤,甚至串通商会,妄图取消成案。殊不知前清契约罔不继续有效。岂青霞独属化外人?民悲夫悲夫不自由,毋宁死有家不能归,是丧却居住之自由也。流离奔走,主持商会者无人,是丧却营业之自由也。今日诈讹,明日狡赖,是丧却财产之自由也。青霞处兹悲境,对于家族甚觉短气灰心,而对于社会事业尚不忍放弃天职。南京新置住宅一所,预备组织实业,移治家之精神以经营之。然兹事体大,又不得不求社会上热心任事志同道合之人,而蜚语频兴。一似男女共同办事,即犯现行律第几条者!吾见彼家妇女多矣,涂脂抹粉,金屋藏娇,表面不见一人,学界不通名刺,究之日与仆役接近,恐有不可告人者!青霞自游学以来,当与学界接洽,其有出类拔萃之士,甚至引为同志欢若平生。诚以男女之界不除,坐养二万万死人,社会之活动无望也。窥族人造谣之意,不过欲青霞畏嫌旨避,不散一钱,不办一事,蓄积多金以供彼无厌之要求而已。青霞岂漫无知识者,天赋人权,自由平等,共和肇建,应变方针。退让主义,一变而为竞争主义;家庭主义,一变而为社会主义。青霞与族人固绝无财产上之胶辘,可以断言:我不能欺人,人亦不能欺我。彼如改悔过,自可维持和平;若怙恶不悛,堂堂民国,应许延律师以对付之。但青霞所不能已于言者,刘姓号称"驷马高车",声威赫濯,胡不能容一孀妇公益事业。一女子尚知稍尽义务,彼辈挥金如土,仅知膏粱文绣,何不肯于社会公益上捐出一文之钱,而惟以欺人孤儿寡母为事,自问能无颜汗良心不必汝容。须知中华民国与前清大有区别,弱之肉未必即为强之食也。青霞劳苦一生得此恶果,愁肠百结,聊作不平之鸣。略述生平,非敢自扬其德,握毫濡墨,泣不成声。曲直是非究竟安在? 深望我四万万同胞共讨论之。①

（吕美颐编撰,原载《中国妇女运动——1840—1949》,河南人民出版社 1991 年出版。收入本书时,做了部分修改）

---

① 《自由报》,1917 年 11 月 17 日。引自《尉氏文史资料》第二辑,1987 年版,第58—62 页。该书编者将本文题目拟为《告四万万男女同胞》,此处恢复原标题。

中国近代科学的先驱者——李善兰①

谈到中国近代史上的科学家,人们第一个想到的便会是李善兰。李善兰是一个伟大的数学家,他精心研究中国传统数学,并取得了重大突破。他还是中国近代史上引进西方近代数学的第一人,并且是中国诸多近代自然科学学科建设的开拓者。他的才能与贡献,不仅奠定了他在中国近代科技史上显赫的地位,也赢得了不少国际同行的钦佩与赞扬。李善兰不仅是一位杰出的科学家、中国近代科学的先驱者,还是一位令人尊敬的爱国者,他对西方侵略者的痛恨,对祖国富强的期盼,给人们留下了深刻的印象。

数学奇才

李善兰(1813—1884),浙江海宁硖石镇人。原名心兰,字竟芳,号秋纫,别号壬叔。谈到李善兰的名和字,还有一段来历。据说,李善兰出生时,其父李祖烈已 40 出头,欣喜之余看到案头上摆着的一盆自己心爱的君子兰正竞吐芬芳,于是给刚出生的儿子取名心兰,字竟芳。入学后庠名为善兰。

李善兰从小在私塾里学习,读四书五经,练习八股文章。他聪明好学,家里人和邻居都夸他是个有出息的孩子。9 岁时,有一天他从书架上拿下了一本古书,名为《九章算术》。该书是中国古代传统数学的经典著作和教科书。由于这本书有前人的注解,李善兰看起来还不算太费劲。很快,他被书迷住了,没过多久,他竟然把书中的 246 个应用题都做出来了。14 岁时,李善兰又靠自学,读懂了西方传教士利玛窦和徐光启合译的《几何原本》,数学方面又大有长进。后来他曾去杭州参加乡试,考举人,因八股文做得不好没中。李善兰对此倒不太介意,而是更加勤奋地搜集、研读古代的数学名著,提高自己的数学水平。李善兰研究数学非常投入,在他的家乡,一直流传着他洞房花烛夜"失踪"的故事。据说在他结婚的当天晚上,人们突然找不到他了。后来才发现他正在二楼将身子探出窗外观察星象呢(古代数学和天文历法关系密切)!

应该说,爱国、忧国的情结,也是支撑李善兰进行科学研究的巨大动力之一。第一次鸦片战争期间,李善兰耳闻目睹英国侵略军的暴行及清军的腐败,愤怒地写道:"壬寅四月夷船来,海塘不守门自开。官兵畏死作鼠窜,百姓号哭声如雷。夷人好杀用火攻,飞炮轰击千家灰。牵衣携儿出门走,白日无光惨尘埃。黑面夷奴性贪淫,网收珠玉罗裙袄。饱掠十日扬帆去,满城死骨如山堆。朝廷养兵本为民,临敌不战为何哉?"李善兰痛恨英国侵略者,怒斥腐败的清朝军队,也深感中国科技的落后,故而

---

① 原载《世界著名科学家传》,河南人民出版社 1999 年版。该书系一部有学术性通俗读物,一律不加注释,此文系据当时学界已有成果编写而成,特此说明。

发奋著书、译书,意在期待中国科技发达,"制器日精,以威海外各国"。更为难能可贵的是,若干年后,李善兰以一个科学家特有的敏感,似乎感到中国的政治制度有什么问题。在他逝世的前两年,即1882年,翻译介绍了《德国议院章程》。虽然李善兰说此举"聊备采风问俗之意",但他对西方政治制度的欣羡,人们还是不难感受得到的。

1845年前后,李善兰在陆费家设馆授徒。此间与数学家张文虎(1808—1885)、顾观光(1799—1862)、汪曰桢(1813—1881)等相识,过从甚密,常在一起讨论数学问题。汪曰桢曾拿元代朱世杰《四元玉鉴》手抄本给李善兰阅读,李善兰"深思七昼夜,尽通其法,乃解明之",并撰《四元解》两卷,阐述高次方程组的消元解法。

在此期间,李善兰撰写了《方圆阐幽》《弧矢启密》《对数探源》等,关于这几本书的内容,我们后面会有具体介绍。1851年,李善兰与著名数学家戴煦(1805—1860)会面,相互研讨数学。墨海书馆是外国传教士在上海设立最早的编译、出版机构,先由麦都思主持,后由伟烈亚力继任,1850年后,墨海书馆开始翻译出版一些科技书籍。李善兰在上海结识了英国传教士伟烈亚力、艾约瑟等人,他们对李的才华感到惊奇,便邀请他到墨海书馆共同从事西方数学、天文学等科学著作的翻译工作,8年间译书达80多卷。

鸦片战争前后,在江南一带,出现了一批热心探求西方格致之学(当时称自然科学为格致学)的士大夫。江苏巡抚、数学家徐有壬,曾在上海会见过西方传教士,相互谈论数学问题。徐与李善兰关系密切,一起研讨数学。1860年徐有壬在苏州任江苏巡抚,邀李善兰入幕,来镇压太平天国起义,李善兰力辞未果,带疾前往。不久,太平军攻克苏州,徐有壬被太平军所杀。正在徐有壬幕下的李善兰,因战乱,他苦心钻研积累的各种算学手稿全部散失。为躲避战乱,李善兰回到上海,潜心研究,重新著书立说。

19世纪60年代起,洋务运动兴起。1863年,曾国藩筹建安庆内军械所时,特聘李善兰为幕僚,并主持书局。第二年,李善兰来到南京,整理自己的著述。1865年,在南京的李善兰得到曾国藩从上海寄来资助出书的三百两银子。李善兰将自己多年的数学研究成果,编辑刊刻为《则古昔斋算学》一书。该书包括了李善兰数学著作13种24卷。从这些著作中人们可以看出,接触西学之前,李善兰靠研究中国的传统算学方法,业已独立地跨进了高等数学微积分和素数判定的门槛。这是李善兰在数学研究领域中的杰出贡献。

1867年,上海江南制造局专门设立了翻译馆,李善兰在馆中工作了一段短暂的时间。1868年,李善兰到北京任同文馆算学馆总教习(类似后来的教务长),直至1882年病故。此间,繁忙教学之余,李善兰仍不断有新的数学研究成果问世,其中之一便是在《中西闻见录》上连续发表的《考数根法》,题为"《则古昔斋算学》十四"。

李善兰认为自己在数学研究方面的精到之处,不让西人;所著译各种数学著作,远胜古人。这应该说是符合实际的,绝非夸大其词。曾与李善兰在上海江南制造局翻译馆共过事、近代翻译西方科技著作最多的西方传教士傅兰雅说,翻译馆中的西方人遇到不懂的西方国家最深最难的数学问题,请教李善兰后,大都能够得到满意的答复。

李善兰数学研究的成就,是多方面的。早在李善兰 15 岁时,读了利玛窦、徐光启所译述的欧几里德《几何原理》前六卷(译名为《几何原本》,前 4 卷论线与面,第 5 卷论比例,第 6 卷论面与比例结合),竟然无师自通,尽解其义,初步显示出他在数学方面的才华。利玛窦、徐光启二人没有译出《几何原理》一书后面更艰深的几卷,李善兰深以为憾,希望有人将其译出,使自己得窥全豹。后在上海墨海书馆,李善兰同伟烈亚力决定首先翻译《几何原本》后九卷(第 7—9 卷论数,第 10 卷论无比例几何,第 11—15 卷论体)。但此书在西方各国多未全译,完善的本子很少。英国有一部从希腊文译为英文的本子,由于翻译校勘的粗疏,错误相当多。伟烈亚力自己也承认:我才疏学浅,虽然生长在西方,但对几何学造诣不深,许多问题不敢妄下断语。他只能就英译本照本宣科,口译为汉语,余则无能为力,英译本谬误之处全凭李善兰深广的数学知识加以匡正审定。正如伟烈亚力所说:删芜正讹,反复详审,使该译本没有疵病,李善兰出力居多。我只不过借他的手完成而已。全书译完后,伟烈亚力感叹地说:"将来西方要想搜求《几何原本》的善本,反应当到中国来!"《几何原本》的翻译,在中西文化交流史上是一件重要的事情,而李善兰的科学造诣要远高过他的前辈徐光启等人。《几何原本》于 1855 年印行。

李善兰所处的时代,是一个历史大变革的时代。在西方殖民主义者的鸦片与大炮的轰击下,中国被推进了近代社会的门槛,走上了半殖民地半封建的道路。严重的民族危机使李善兰产生了强烈的危机意识和爱国主义精神。他曾感叹道:"呜呼!今欧罗巴各国日益强盛,为中国边患,推原其故,制器精也。推原制器之精,算学明也。"他希望中国"异日人人习算,制器日精",庶能富国强兵,抵抗外来侵略。在翻译《几何原本》的过程中,艾约瑟又邀请李善兰一起翻译英国胡威立所著的《重学》(重学即 Mechanics,后译为力学)。于是李善兰"朝译几何,暮译重学",同步进行,同时译作完毕。此后,李善兰又同英国传教士韦廉臣合译《植物》,同伟烈亚力合译《代数学》《代微积拾级》《谈天》等书,最早地将西方近代植物学、代数学、解析几何、微积分及近代天文学较系统地介绍到中国。1877 年,《格致汇编》夏季卷特别印出李善兰的大幅照片,并附刊著名的西方传教士丁韪良撰写的《李壬叔先生像序》。丁韪良在该文中说,他对李善兰了解得越深,越钦佩他,对李善兰表示由衷的折服。

中国传统数学研究的新突破

在数学领域中,致力于幂级展开式的研究,为清代一大特色,并在清代后期取得了不少重要成果。著名数学家项名达、戴煦、徐有壬等,在这方面做出了卓越贡献。李善兰与戴煦、徐有壬等友善,曾在一起研讨切磋。李善兰在其《弧矢启密》一书中,得出了与戴煦等人许多相同与不尽相同的结果,虽就幂级数的研究而言较戴煦等人稍逊色,但所用方法却是其独创的尖锥术。在其《对数探源》一书中,李善兰又由尖锥术给出自然对数展开式。幂级数展开式的一个重要应用,是造三角函数表与对数表。李善兰用尖锥术方法造对数表,与戴煦假设对数造表法殊途同归。

那么人们或许要问,所谓"尖锥术"是一种什么样的数学理论呢?概括起来说又包含哪些具体内容呢?对此,有的专家是这样回答的:李善兰1845年在《方圆阐幽》一书中建立的尖锥术理论,相当于一套简单的积分学,主要内容包括:体积由面积积叠而成,面积由线段积叠而成;体积可变为面积,面积可变为线段;幂函数 X 有一系列的对应关系,并提出了空间 P 乘尖锥的概念;等等。尖锥术除在幂级展开式及对数方面有许多重要应用外,李善兰还用它解决了圆面积公式。当时西方数学界已发展到为17世纪后半叶建立起来的微积分学奠定的严密的理论基础。而由于清政府长期奉行闭关自守政策,中国数学界除见到少数几个由传教士带来的三角函数无穷极数表达式和对数计算方法外,其余一概不知。经过李善兰等中国数学家的努力贡献,才使西方微积分学大规模传入找到了媒介,这是一个非常了不起的成就!

引进西方近代数学

作为一个杰出的数学家,李善兰的突出贡献还表现在对西方高等数学的开拓性的引进。

李善兰与伟烈亚力合译的《代数学》(13卷),是西方近代代数学的第一个中译本。该书原作者为英国人棣莫甘,原名为《代数学基础》,既论代数,也论指数函数、对数函数的幂级展开式。李善兰与伟烈亚力合译的《代微积拾级》(18卷),是中国第一部微积分学的译本。该书原名为《解析几何与微积分学》,作者为美国人罗密士(Elias Loomis),1850年出版。李善兰等选了该书中代数、几何、微积分部分,后者基本包括了微积分的全部内容。该译本有不够严谨的地方,也不能代表当时西方的先进水平。但该译本在当时不失为一种带有启蒙性质的高等数学读本与教材。

《代微积拾级》一书前9卷为解析几何,介绍了极坐标、笛卡尔坐标、直线、坐标变换、圆、抛物线、椭圆、双曲线、二次曲线、二次曲线分类,以及三次、四次代数曲线的分类。此外还介绍了摆线,对数曲线、螺线等超越曲线。卷10至卷16为微分学,包括一阶和高阶微分。卷10讲函数的一般概念,如常数、变数、函数、显函数、隐函数、增函数、减函数、极限、导数以及代数函数的导数。卷11讲复合函数及其导数、幂级数。卷12讲导数用于求极值问题。卷13讲超越函数的求导问题。卷14—卷16用微分方法讨论曲线的性质,其中有渐近线、曲率、拐点、凹凸性等。末两卷讲积分学。其中卷17讨论各种初等函数的不定积分,卷18讲积分的应用。该书对中国数学家认识微积分理论,引起对西方数学的认识,起了积极的作用。

特别应该指出的是,当时翻译西书是一件相当艰巨的事情。别的姑且不论,仅如何翻译西方著作中涉及的名词术语,就绝不是一件简单的事,因为很多名词术语是中国人从来没有碰到过的,没有现成的可用,真可谓筚路褴褛,前驱先路。为此李善兰进行了开创性的工作,显示了他的聪明才智。

李善兰在翻译过程中,对原著符号系统的处理,采用中西结合的方式。乘、除、括号、根号、等号、大于、小于等,照搬西书。加、减号为避免与表示正、负数的"+"(正)"-"(负)相混淆,改为"⊥""丅"。微积分的记号,用"微""积"两字的偏旁"彳"和"禾"代替"d"和"∫";等等。

李善兰与伟烈亚力一起确定了大批数学译名。其中有些译名非常精当。除几何学的 60 多个名词外,解析几何的原点、圆锥曲线、抛物线、双曲线、渐近线、切线、法线、摆线、蚌线、螺线等 20 多个名词,微积分的无穷、极限、曲率、歧点、微分、积分等约 20 个名词,代数学的方程式、代数、函数、常数、变数、系数、未知数、虚数等近 30 个名词,都沿用至今,许多还流传到日本,被广泛采用。汉语数学名词的创造,是李善兰又一重大贡献。

随着西方数学的引进,中国近代数学研究活动也开展起来,李善兰于 1872 年发表的我国第一篇有关素数的研究论文《考数根四法》,达到很高水平。所谓"数根",就是素数。李善兰在论文中说:"任举一数,欲辨是否数根,古无法焉。"李氏"精思沉久",提出了四个素数判定定理,分别为"屡乘求一考数根法""天元求一考数根法""小回环考数根法"及"准根分级考数根法"。其要点是,对于已知的自然数 N(本数),必能找到一个最小指数 d,使 $a-1$ 能被 N 整除。李善兰取 a(用数)为 2 或 3,然后去确定 d,在此基础上判定 N 是否为素数。李善兰在建立这些定理的过程中证明了费尔马小定理,并且指出其逆命题不真。虽然这个研究结果晚于费尔马,但却是独立获得的。李善兰晚年患中风症,行动不便,但仍潜心著述。直到逝世前数月,还在撰著《级数勾股》一书。

在自然科学其他领域的贡献

李善兰在译介西方自然科学方面的贡献,是多方位的,数学之外,涉及物理学、天文学、植物学等诸多领域。

物理学方面,李善兰与艾约瑟合译的《重学》一书,最早将牛顿关于物体运动和关系规律的理论介绍到中国来,是当时影响最大、最重要的一部物理学著作。"重学",即我们今天所说的力学。《重学》一书系英国胡威立著。《重学》全书 20 卷,前 7 卷内容为静力学,第 8 卷开始为动力学,最后 3 卷为流体力学。李善兰所译为该书的中间部分,第一次将牛顿关于物体运动的三大定律介绍到中国来。比如书中这样写道:"动理第一例:凡动,无他力加之,则方向必直,迟速必平。无他力加之,则无变方向及变迟速根源故也。"(大意是:运动理论的第一定律是,物体运动时,如果没有其他的力影响它,方向是直的,速度是均匀的,不会改变的)此前,中国知识界虽然已闻牛顿其人,但对其学说知之甚少。中国人了解三大定律,实自李善兰始。

李善兰还在《谈天》一书中,引进了牛顿的万有引力定律。《谈天》,原名为《天文学纲要》,系英国侯失勒一部天文学名著。由李善兰与伟烈亚力合译,1859 年由墨海书馆印行。《天文学纲要》一书,系统介绍了自哥白尼日心说产生以来欧洲天文学所取得的成就,被人称为近代天文学一本标准的教科书。原书作者1871年逝世,另一名中国近代著名科学家徐建寅1874年将1851—1857年间天文学新成就补充增译而成18卷,约23万字,由江南制造局于1881年印行。

《谈天》自序中,简明扼要地论述的牛顿的万有引力定律,是在哥白尼、刻普勒等前人研究天体运动的成果上所创立的一种统一天体及地面运动规律的理论。书中用"质点"这个概念描述万有引力的状态,云:"诸质点非共一心,各余诸点所摄,故地摄地面之物,而用地球中各点所生之诸力也。""天空诸有质物各点俱互相摄引,其力与质点之多少有正比例,而与相距平方有反比例。"这首次使中国人知道牛顿是先从月球绕地球的加速度求出地球对月球的引力,从行星绕太阳的向心加速度求出太阳对行星的引力,得出这两种力都是同一种力的结论。

李善兰还与傅兰雅合译过牛顿的名著《自然哲学的数学原理》,可惜因种种情由,这部著作未能译完,后来稿子又遗失了。

在近代植物学学科的建设上,李善兰也有贡献。他与韦廉臣等合译的《植物学》一书,是中国第一部系统介绍西方近代植物学的著作。该书原作者为英国的林德利,书名为《植物学基础》。李善兰等以该书为蓝本,进行节译,编辑了《植物学》一书,于1858年出版。该书计8卷,其中第8卷系李善兰与艾约瑟合译,其他卷均为李与韦廉臣合译。书中李善兰等所创译的"植物学""心皮""子房"等名词术语,一直沿用至今,开拓之功,实不可没。

李善兰是中国近代自然科学的先驱者、开拓者,给后人留下了丰富的数学著作和多种科学译著。不仅如此,李善兰对当时官场的腐败和儒林的迂腐非常痛恨,嗤之以鼻。晚年他官居内阁高位,但从来没有离开过同文馆的教学岗位,也没有中断过科研工作。他门上的对联写道:"小学略通书数,大隐不在山林。"表明虽然位居高位,但仍以在野隐士自居,绝不和贪官污吏及那些沽名钩誉之辈同流合污。李善兰以自己在科学方面的卓越贡献、强烈的爱国主义精神和高尚的人格,赢得了他在中国近代史上的地位。在他逝世100多年后,人们仍然深深地怀念这位著名的科学家。

(王献甫、郑永福编写,原载《世界著名科学家传》,河南人民出版社1999年出版)

清宣宗旻宁的那些事*

清宣宗(1782—1850),名绵宁,后因御名回避例改旻宁,清仁宗颙琰的第二个儿子。乾隆四十七年八月十日(1782年9月16日),旻宁出生于北京皇宫撷芳殿。生母为旻宁嫡福晋,喜塔腊氏,系副都统、内务府总管和尔经额之女,旻宁即位后册封为孝淑睿皇后,共生一子二女,嘉庆二年去世。有清一代,皇帝为元后所生,仅旻宁一人。

道光出生的时代,清王朝已经度过辉煌的岁月,沿着衰落的路子发展。嘉庆共五子,但长子两岁夭折,旻宁实际上处于嫡长子地位,所受优遇独多。6岁起开始读书,受到严格的宫廷教育。10岁时曾随乾隆行围,结婚时乾隆又在嘉庆陪同下亲临旻宁的住所进膳。嘉庆十八年(1813)京师发生天理教义军突入宫门之变,正值嘉庆帝木兰秋围未归,诸王大臣"错愕无策",旻宁闻变不慌,果断处理。变乱平息后嘉庆帝封旻宁为智亲王。嘉庆二十五年(1820)八月,嘉庆帝梓宫运到北京,旻宁正式发丧,并在太和殿举行继位大典,以明年为道光元年,系清王朝入主中原后的第六代皇帝。在位30年(1821—1850),庙号宣宗,葬于慕陵。

道光帝处于历史大转折的时代。当时社会动荡,矛盾尖锐,既面临历史的宿疾,又面临西方殖民主义者的东侵。变局之中,道光帝颇想有所作为。其继位后,西北边塞峰烟告急。道光调兵遣将,经8年征战平定了张格尔叛乱,这是道光帝一生中值得大书一笔之处。道光二十年(1840)前,来自东南沿海的鸦片走私及随之而来的一系列社会问题,扰得道光寝食不安。他深知鸦片的巨大危害,实行严厉的禁烟政策,应该肯定。面临英国殖民者的入侵,道光帝进退失据,和战失措,抵抗不利,无可奈何之中,屈辱地与英国签订城下之盟,中国也从此滑入半殖民地的苦难深渊。在东西方对奕的新格局中,道光帝既想维护天朝威仪,也有保境安民的志向,但盲目、虚骄、自大的惰性,令其制定出所谓的"上不可以失国体,下不可以开边衅"的似是而非的决策。定海陷落,谗言四起,道光竟认为开边衅招来是非的是坚决抵抗英军的林则徐,将其革职,起用琦善,终导致败局。《南京条约》的签订,给中国带来的创伤、教训不可谓不痛不深。但此时的中国还有机会,道光帝也还有机会。可惜道光没有把握住这个机会。如果说第一次鸦片战争时期,道光对西方殖民主义者缺乏认识,甚至到了不了解英国在何方的地步,尚情有可原的话,战后8年仍固守天朝旧制,不

* 本文原系20世纪90年代中期,应某出版社之邀,为《中国历代帝王生活传》一书写的文稿。后因故该书未能付梓。该书约稿时定位为通俗读物,不加注释。收入本书前,又根据戴逸主编《中国近代史通鉴》第一卷《鸦片战争》(主编郑永福,副主编吕美颐,红旗出版社1997年版)做了部分修改和补充。这篇文章参考、使用了学界一些学者的研究成果,特在此说明并表示谢意。

思改革进取,连林则徐、魏源等师夷长技的话也听不进去,历史时机的丧失,道光帝难辞其咎。

"黜华崇俭""黜华崇实"

道光帝与清朝其他诸位皇帝相比,节俭是出了名的。可以说,"黜华崇俭""黜华崇实",是其在位时期一以贯之的为政方针。

道光帝重节俭,有其内在原因与外在条件。道光自幼系统地接受了儒家思想的教育。中国传统的"尚俭"思想,对其产生了重要影响。《养正书屋全集》收集了道光从14岁起至39岁登基前撰写的诗文,包括诗2755首,文章171篇。其中谈及学习修齐治平之道的体会,尤重一个"勤"字,一个"节"字。论述节俭的篇章计有《节用而爱人论》《崇俭去奢论》《临财毋苟得论》《节以制度论》等。道光认为,大凡为人君者治理一个国家,必须首先以节用爱人为贵。所谓节用者,就是应当节省的一定要节省,绝不能奢靡。所谓"节",并不等于吝啬。为人君者治理国家,应该量入为出,举行祭典,修造宫室,都应该以"节"为要。有用有节,才能理顺;理顺,国家才能长治久安,岂能暴殄天物、恣意而行?《易经》有云:节以制度,不伤财,不害民。国家财政收支,应全面筹划,以归于实用。这样,一旦国家有事,府库没有空虚之忧,仓廪也不会有空虚之虞。这一段言论,可比较全面地看出道光的节俭思想。他不仅把节俭看成一个重要的经济问题,还把它看成一个政治问题,看成为政的大计方针。而这些认识,影响了道光的一生①。应该看到,道光这一理念,不仅表现在他穿的裤子上"打掌"(打补丁,非作秀),对社会风气有一定影响。如专家认定,道光时期官窑制造的瓷器,就体现了"崇俭去奢"的特点,和康、雍、乾时期明显不同,官窑的规模大大缩小,着色绘画不那么热烈、奢华,当然这也和国力渐衰国库空虚不无关系。

道光的青少年时代,正值乾隆末期,耳闻目睹了乾隆帝好排场、喜奢华的作风,以及由此对朝野上下产生的不良影响的严酷现实。而乾隆末年国力日衰的趋势,道光想必也深有所感。嘉庆帝对其"损上益下"的谆谆教诲,也对道光产生了一定的积极影响。

基于此,道光帝继位两个月后,便发出一道上谕,要求上下不得"习尚浮华","以副朕敦本务实之意"。此后道光帝的上谕中,返本还淳、黜华崇俭、崇俭去奢、黜华崇实、敦本崇实等字眼不断反复出现。道光帝在其后陆续撰写的《声色货利论》《慎德堂记》《重修圆明园三殿成御制记》等文中,进一步阐释强化这一思想。

道光在《声色货利论》一文中强调指出,好的社会风气行之久了,不免世俗相因,渐生奢靡之风。重要的是为君者要认识到稼穑之艰难,力崇节俭,返本还淳。沉溺声色,对常人而言,还仅仅害及一身;对人君而言,则不得了,会害及天下。道光认为,人君不可以有私财。有私财,必然会有私事;有私事,必然会有私人;有私人,就

① 参见故宫博物院编:《养正书屋全集》,海南出版社2000年版。

不可避免地为私人所蒙骗而不明智,危害着为君者的立身行政。道光主张,首先从限制贡物做起。亭台苑囿已经有了一定的规模,足以供平时游览休息,不能再增加了。所乘车舆,能用就行,不必踵事增华,劳民伤财。对于逢迎献谀者,应予贬斥,若附和铺张,则系我大清朝万世罪人。道光令将《声色货利论》一文缜密存记,永远遵行。后世子孙若不遵守此制,纵欲无厌,则是祖宗罪人。如臣工不能犯颜强谏,惟知自顾身家,苟且旁观,尸禄保位,则是万世不忠之臣。

十年之后,道光帝又在其撰写的《慎德堂记》一文中,将"节俭"与奢靡提高到能否保住政权的位置上来认识。文章围绕"崇俭去奢,慎修思永"展开论证。云:念及祖宗功德,开创保持极为不易。后世子孙坐享承平之福,纵然不尚奢华,无所加增,已觉不安。若破坏了祖上之规礼,视富贵为已所应有,那真是不可理喻,又怎么能长久地保持着王位呢?道光提出,一丝一粟皆出于民脂民膏。应该不作无益害有益,不贵异物用贱物。要求其后代修身务存俭约之心,以期永久图治之道。

数年之后,道光帝在《重修圆明园三殿成御制记》中,再次强调"勤俭"。他说明重修三殿的原因,一是该建筑系祖宗"缔构",二是因为其不仅为游观之所,且为寝兴之所,再不修理就会毁坏。接着道光说,勤者,治之本;俭者,福之源。保持勤俭,统治地位才能巩固。

可以说,求俭、求实对道光而言是一以贯之的,他既这样说,也是努力这样去实践的。

夏天的热河行宫避暑,秋天的木兰围场狩猎,成为清朝历代皇帝每年的惯例。其间耗资巨大,劳民伤财。道光登基后,决心不复行此事。为了表示"黜华崇实",道光废止了一些升殿还宫的政治礼仪。道光九年,又下旨革除由圆明园进城时,设仪仗作乐、王公文武于三座门前接驾等繁文缛节。

据云,在吃穿用度方面,道光颇为注意节俭。其所穿套裤,膝盖处穿破了,便令人在上面缀一块圆绸。道光穿的黑狐端罩衬缎稍显宽大,令内侍拿出欲在其四周添毛皮。后听说内务府报告需用银一千两,道光认为破费太大,急忙下令不必四周添皮。次日道光与军机大臣谈及此事,致使道光节俭朝廷上下皆有所闻,自此十余年间京官穿裘衣不敢外露毛皮。在饮食上,道光每日只点四簋(簋,古代一种盛食物的器具,圆口,两耳)。有时他很喜欢吃的东西,只要听说此物很贵,也舍不得糜费。一次皇后生日,道光只让以猪肉打卤面赏赐内廷。清宫旧例,皇帝御用毛笔向来都是选最硬的紫毫制成,道光帝却一改旧习,命人依民间纯羊毫、兼毫诸笔仿制。

耗巨资修建陵寝,为明清历代皇帝所为,道光亦不能免。但相比较而言,道光帝的陵墓要比其他诸帝的陵墓规模要小,地宫之上只有石圈,减少了台亭等建筑,没有华表、石象生、方城和明楼,比较朴实。这自然与道光帝总以地臻全美为重不在宫殿壮丽以侈观瞻、一切工程务使朴华的谕旨有关。

道光帝黜华崇俭的另一个表现,是削减地方贡物。地方上的官员定期向皇帝进贡,历史悠长,早成定例。道光帝继位后,即谕令停止贡奉,即便是食品也不得进呈。

虽然后来的事实证明,这一禁令实未严格执行,但道光帝确实陆续削减了一些地方及一些品种的贡奉,减轻了一些地方上的负担。据载,道光三十年间,各项贡赋,裁汰大半。

道光帝的节俭,在清王朝的皇帝中是出了名的,也是值得称道的。但应该看到,道光帝的这种节俭,是有限的。即以建造陵墓而言,道光帝登基之初,即选择东陵宝华峪为"万年吉地"。后来因发现地宫浸水,便将所建拆除,改在西陵重建,造成大量人力、物力的浪费。道光认为东陵始修之地宫之所以浸水,大概是群龙钻穴,龙口吐水所致。如果把龙统统移到天花板上去,就不会在地宫中吐水了。于是西陵中,金丝楠木雕成的蟠龙和游龙,布满了天花藻井、梁坊雀替、门窗隔扇,呈万龙聚会、龙口喷香。耗时数年完成的陵墓,不知用去了多少老百姓的血汗,当然也就说不上什么节俭了。此外,道光力倡节俭,以图改变统治阶级中的奢侈挥霍之风,不能说毫无作用,但终不能从根本上解决专制体制带来的腐败,这也是很自然的事情。

严厉禁烟

鸦片,俗称大烟,又名阿芙蓉,系由罂粟果中的汁液提炼而成。罂粟原产于小亚细亚及东南欧一带,后来流传到阿拉伯、印度等地区。罂粟是一种草本植物,其花呈鲜红、橙红、粉红或白色,很是漂亮。罂粟的果实为球状,里面是白色的汁液,其中生物碱、吗啡、可卡因、那可汀等含量较高,具有提神、止泻、镇痛等功能。早在唐代,开始有少量的鸦片从阿拉伯输入到中国,按照药材进口征税。万历十七年(1589),明王朝规定每十斤鸦片收缴税银二钱。康熙二十三年(1684)清王朝的规定为每斤鸦片收税银三钱,乾隆二十年(1755)增至每斤鸦片收税银五钱。16世纪后,随着西方殖民主义者的东来,吸食鸦片的恶习从南洋传到中国,而葡萄牙殖民主义者盘踞的澳门,成了鸦片进口走私的重要据点。

随着鸦片进口量的增加,吸食鸦片的人也逐渐多了进来,这必然引起清王朝的重视。雍正七年(1729),清王朝发布了禁烟的法令。其中云:"兴贩鸦片烟者,照收买违禁物例,枷号一月,发近边充军;私开鸦片烟馆引诱良家子弟者,照邪教惑众律,拟绞监侯,为从杖一百,流三千里;船户、地保、邻佑人等,俱杖一百,徒三年;兵役人等借端需索计脏,照枉法律治罪;失察之汛口地方文武各官,并不行监察之海关监督,均交部严加议处。"①但此时,清王朝仍准鸦片纳税进口,对吸食者亦没有定律处罚。嘉庆元年(1796),清帝下诏禁止鸦片进口。其后,鸦片由公开合法贸易改为暗中偷售。嘉庆十八年(1813),清王朝制定了惩治官吏兵弁及百姓吸食鸦片治罪则律。嘉庆二十年(1815)春,京师、广东连续发生烟案,两广总督奏请清王朝制定查禁鸦片条规。规定,外国商船到达澳门,先令其开报货单,查验后方准卸载。奖赏拿获

---

① 李圭:《鸦片事略》卷上,文海出版社《近代中国史料丛刊》三编第61辑,第6页。

烟犯者。凡官员,计其获烟斤数给予议叙:每二百斤记录一次,每一千斤加一级,递加获至五百斤者送部引见。对于军民人等每查获鸦片烟一百斤赏银十两,以次递加失察官员须赔缴银两,充作赏银,并咨部议处。嘉庆帝同意上述条规,并批示:对于到达澳门的外国货船均须逐船查验,如发现一船只带有鸦片,即将此一船货物全行驳回,不准贸易。这里提出的对外来货船进行检查的措施,把禁烟政策推进了一步。应该说,嘉庆帝对于鸦片烟害是有一定认识的。但由于各种原因,他制定的种种律例并未严格执行。事实上,鸦片输入到中国的数量越来越大,吸食鸦片的中国人也越来越多。待道光帝即位时,鸦片问题成了清王朝面临的一大祸害。

道光帝对禁烟持严厉态度。道光元年(1821),道光帝重申前禁,规定外国船只至广东,必须先出具货船并不夹带鸦片的甘结(即保证书),方准开仓。开鸦片烟馆者,议绞;贩卖鸦片烟者,充军。同时规定,吸食鸦片烟者,杖徒,开始对吸食鸦片者加以制裁。次年,道光帝令广东巡抚密查粤海关监督是否对鸦片进口课以重税,并通饬各省关隘,对鸦片走私一体查拿。道光三年(1823),包庇走私、贪脏枉法的广东官吏、水师官兵詹兴有、孙朝安等,受到严惩。道光命令吏部、兵部议定条例。是年8月,两部奉旨酌定的《失察鸦片烟条例》出台。该条例的主要内容如下:嗣后如有洋船夹带鸦片进口,或奸民种植罂粟、煎熬烟膏、开设烟馆,地方官若能自行拿获究办,免其议处。故纵者照旧例革职,只是失察者,按烟斤多寡惩处:一百斤以上者,该管大员罚俸一年;一千斤以上者降一级留任;五千斤以上者降一级调用。文武职失职处分画一办理。

道光九年(1829)、十年(1830),清王朝分别通过了《查禁官银出洋及私货入口章程》及《查禁纹银偷漏及鸦片分销章程》。鸦片输入激增,白银大量外流,引起道光帝的高度重视。道光九年他令两广总督李鸿宾调查并拟定了上述第一个章程。该章程计七款,主要内容是严禁官银出洋,外商进泊黄埔,须立并无夹带鸦片字据,经查属实方准开仓;如有夹带,立即驱逐出口,永远不许来粤贸易。道光帝谕令地方官员实力奉行,认真查办,净绝根株,不若日久视为具文,仍至有名无实,一经发觉,惟该省督抚是问。后一个章程计六条,系由李鸿宾与广东巡抚卢坤奉旨制定。主要内容为:责成巡洋舟师分段查察,进口洋船有无运销鸦片,出口洋船有无运载纹银。如舟师员弁不实力巡查,甚或包庇故纵,照例严行究治;内河拿获鸦片与外洋拿获纹银,必究明何处进出口,并严行质讯该口委员书役弁兵是否贿纵。失察者治罪或议处;责成行商、通事(翻译)、买办随时查察来粤夷商有无夹带鸦片偷买纹银事,知而不报者斥革究治;凡获鸦片案,须根究有关衙门书役兵差,若有包庇纵放或参与发贩,与贩卖人一体治罪;责成内地各省关卡严格搜查,若在关人役搜出鸦片私行入已,计脏以枉法论。冒名巡丁强抢鸦片等私货入已者,照强盗例、贩卖鸦片例从重治罪。这一章程的重点是打击沿海和各省的走私犯,以及包庇纵容走私的书役兵丁,标志着清王朝的禁烟政策由"外禁"开始转向"内禁"。

道光十一年(1831),道光皇帝加快了禁烟步伐。在继续颁发禁烟令的同时,他指示各地制订禁烟措施。不少总督巡抚制订了本省的禁烟章程,并向道光作了汇报,道光也一一作了批复。在对安徽巡抚邓廷桢的批复中,道光云:"于每年初冬春尽时,两次委员严查,如有私种熬烟情弊,除首从各犯,分别问拟军徒外,其贪利放种之业户,即照私种为例,杖一百,徒三年。若任犯逃逸,不肯供出姓名,即照私种为首例发边远充军,山地入官。"当年,有十余省分别制定禁烟章程,向道光帝奏报。

应当说,道光皇帝一直是主张禁烟的,制定的禁烟条例不可谓不多,也不可谓不严厉。但是,禁烟的实际效果却很差,走私输入鸦片越来越多,烟毒泛滥变本加厉。究其原因,不外乎两个方面。一是受高额利润的利益驱动,鸦片贩子的走私活动日益猖狂;一是清王朝的腐败,致使各种禁烟措施往往成为具文。同时,在禁烟的方式方面,统治集团内部也存在着不同的认识,即有所谓的"弛禁"与"严禁"之争。

鸦片问题越来越成为一个严重的社会问题,但鸦片走私又屡禁不止且变本加厉,如何是好呢? 一些官员思索再三,认为:既然严法厉禁难以奏效,不如改变方式,一方面放鸦片入口,课以较高的关税,防止白银外流;另一方面,允许国人自己种植罂粟,这种土烟价格低廉,可以抵制外来的鸦片输入。持这种所谓"弛禁"看法的人不算少,但在相当长的时间内没有人敢公开向皇帝提出来,因为道光帝主张严厉禁烟,这是人所共知的。

道光十六年(1836)六月,持"弛禁"观点的太常寺少卿许乃济,综合了其他与自己看法相近的人的意见,向道光帝上了一个奏折,这就是有名的《鸦片烟例禁愈严流弊愈大亟请变通办理折》。该折提出的要点有三:其一,准许外国商人向中国输入鸦片,照药材进口纳税。但鸦片贸易只准以货易货,不得用白银购买。这样,既可增加税收,又可防止白银外流。其二,允许国内人民种植罂粟,用以抵制洋烟进口。许乃济等认为,内地生产的土烟烟性平淡,没有太大的危害。且内地种植多了,价格便宜,海外鸦片贩子的利益会越来越少,以至无利可图,外来鸦片就会不禁自绝。其三,只允许民间百姓吸食鸦片,官吏兵丁严禁吸食。许乃济等人认为,民间吸食鸦片者,多为游手好闲之辈,无业愚贼之徒。允许此等人吸食贩卖鸦片,不会造成什么大的社会危害,只要当官的当兵的不吸食就问题不大。

许乃济的奏折引起了一场争论,马克思提到这场争论时,说了如下的话:"中国最出色的国务要人之一许乃济,曾提议使鸦片贸易成为合法的贸易而从中收税;但是经过一年多的讨论以后(中国一切高级官吏都参加讨论),中国政府就决定:'此种贸易毒害人民,所以不应该准予经营。'"①平心而论,许乃济在清政府的官僚队伍中还是一个比较有作为的人。马克思说他是中国最出色的国务要人之一是有根据的。当然,许氏提出的办法,必然导致鸦片贸易合法化,其结果不堪设想。但许的出发点,是要解决鸦片问题带来的社会危机,唯其如此,才引起了道光皇帝的高度重

---

① 马克思:《论鸦片贸易》,《中国近代史资料丛刊·鸦片战争》第一册,上海人民出版社 2000 年版,第 8 页。

视。

道光帝在许乃济的奏折上的批示是"所奏甚是"。事关大局,道光帝是慎重的,他立即将许的奏折批发广东,命令两广总督、广东巡抚及粤海关监督人等认真讨论后"会同妥议具奏"。时任两广总督的邓廷桢等经过讨论,对许乃济的意见表示赞同,认为按许的意见执行"实于国计民生,均有裨益"。

许乃济的奏折,也受到了不少人的反对。其中,内阁学士朱樽、兵科给事中许球、江南道御使袁玉麟等相继上书,反对"弛禁",主张严厉禁烟。许球说:弛鸦片之禁,既然不禁止鸦片的买卖,又怎能禁止人们吸食?官与兵均出自民,不禁民何以禁官兵?况且明知鸦片为毒人之物,而听任其泛滥,再征其税,堂堂天朝,成何体统?道光帝感到言之有理,将朱、许等人的奏折发往广东,让有关官员再进行讨论。邓廷桢等本来还坚持"弛禁"主张,后权衡再三,做了些改变,提出再坚持严禁三年,如果到时效果仍然不佳,即行"弛禁"。实际上,此后无人再敢谈"弛禁"。但朱、许等人主张"严禁",并未提出具体的措施。因而,关于如何禁烟问题的讨论,在统治阶级当中继续进行。

道光十八年(1838)六月,鸿胪寺卿黄爵滋向道光皇帝上了《请严塞漏卮以培国本折》,提出了重治吸食的主张,将禁烟问题的讨论推向高潮。黄爵滋以直谏著称于世,他早在1835年即曾上书道光皇帝,力主严禁鸦片。这次上书中,黄氏具体地提出了严禁鸦片的措施,主要内容是:一、加重惩罚,重治吸食。建议以一年为限,令吸食者戒烟。若一年以后仍然吸食,是不奉法之乱民,"置之重刑,无不平允"。二、建立五家邻右互保法。"取具五家互保,准令举发,给予优叙。倘有容隐,本犯照新例处死外,互结之家,照例治罪。"三、官吏吸食鸦片,罪加一等,其子孙不准参加科举考试。[①]

黄爵滋用死刑惩治吸食鸦片者的主张,引起道光帝高度重视。他将黄的奏折转发给各省总督、巡抚及盛京、吉林、黑龙江的将军,令其"各抒已见,妥议章程,迅速具奏",从而开始了关于禁烟问题的第二次大讨论。参与讨论的官员计29人,赞成黄的意见者有湖广总督林则徐、两江总督陶澍等8人,不完全同意或反对者有直隶总督琦善、云贵总督伊里布等21人。所有参加讨论的官员,都同意严禁鸦片,只不过在如何制定更有效地禁绝鸦片的政策、措施及打击重点方面,有较大分歧。林则徐提出,鸦片"流毒于天下,则为害甚居,该当从严。若犹泄泄视之,是使数十年后,中原几无可以御敌之兵,且无可以充饷之银,兴思及此,能无股栗!"[②]道光帝全面听取了各种意见之后,决心采取严厉禁烟的政策。

---

① 黄爵滋:《请严塞漏卮以培国本折》,道光朝《筹办夷务始末》(一)卷二,中华书局1964年版,第31—35页。

② 中山大学历史系中国近现代史教研组、研究室编:《林则徐集·奏稿》(中),中华书局1962年版,第598页。

道光三十八年（1838）十月二十三日，道光帝谕令大学士、军机大臣会同刑部研究收到各省督抚及辽吉黑将军关于禁烟的奏疏。十月二十五日又发出谕旨，要求诸大员"振作精神，力祛积习"。并指出："其贩运、开馆等犯，固应从重惩办，即文武官员，军民人等吸食不知悛改者，亦著一体查拿，分别办理。"①同日，道光帝先从自己身边的人开刀，将其亲侄子庄亲王奕诉以及辅国公溥喜严惩示众。这两个人身为王公，竟然跑到尼僧庙庵内吸食鸦片，道光下令革去二人的王爵、公爵，并各罚两年养赡钱粮。十月二十八日，道光帝将提出"弛禁"的许乃济革职，"降为六品顶带，即行休致，以示惩儆"，斥其"冒昧渎陈，殊属纰缪"②。

十一月，道光帝命湖广总督林则徐来京陛见，准备委以禁烟重任，中国全面禁烟运动，拉开了帷幕。

道光帝继位后，鸦片输入、白银外流的局面愈演愈烈，引起严重的社会问题。对此，道光帝给予高度重视，并决心采取严厉的禁烟措施。为了更好地禁烟，道光帝组织有关官员进行认真的讨论，就如何禁烟发表各种意见。道光帝权衡利弊后，决定采纳黄爵滋、林则徐等人的严禁主张，拉开了全面禁烟的帷幕。这说明，当时道光帝对鸦片问题的认识是清醒的，决策也是正确的。但是，由于道光帝对世界大的格局缺乏了解，禁烟失败的命运也就注定了。

重用林则徐

马克思说："中国政府在1837、1838年和1839年采取了非常措施，这些措施的顶点是钦差大臣林则徐到达广州和按照他的命令没收焚毁走私的鸦片。"③

道光帝在位30年中，与一位伟大的爱国者结下了恩恩怨怨，并因此对这一时期中国的历史发生了重大影响，这个人的名字就是林则徐。

道光帝生于乾隆四十七年（1782）的八月，林则徐比他小3岁，生于乾隆五十年（1785），同样是八月；道光帝于道光三十年（1850）去世，林则徐也逝世于这一年，不过前者在年初，后者则在岁末。

林则徐系嘉庆十六年（1811）进士，但其真正仕途的开始，是在道光帝继位之后，此前林则徐曾是记名御史，充任过会试同考官和云南乡试正考官。嘉庆二十五年（1820）三月，林则徐补江南道监察御史，六月外放浙江杭嘉湖道，八月二十七日抵杭州上任，也正是这一天，道光帝正式在京继帝位。此后30年的历史中，偶然因素加必然因素，使二者结下了不解之缘，其中的是是非非、风风雨雨，从一个角度折射出道光帝一生中的正面与负面，留给后人评说。

道光帝熟读经史，明白"国家以贤才为宝"的大道理。乾嘉以降，统治着思想界、

---

① 道光朝《筹办夷务始末》（一）卷五，中华书局1964年版，第124页。
② 道光朝《筹办夷务始末》（一）卷五，中华书局1964年版，第125页。
③ 马克思：《鸦片贸易史》，《马克思恩格斯选集》第2卷，第28页。

知识界的是空谈性命义理的宋学与埋头考据的汉学,尽管双方互相水火、互争正统,但二者都严重脱离实际,失去了生命力。而社会上急需的才士与才民很难冒头。想有所作为的道光帝继位后,深感知人难,得人尤难,因而也格外重视人才。讲求经世致用的林则徐,通过各种渠道进入道光帝的眼帘,并颇受重用。早在道光二年(1822)进京觐见皇帝时,道光对其就有如下评价:"汝在浙省虽为日未久,而官声颇好,办事都没有毛病,朕早有所闻,所以叫汝再去浙江,遇有道缺都给汝补,汝补缺后,好好察吏安民吧。"①道光十二年(1832),林则徐首次担封疆大吏,任江苏巡抚。道光帝有谕云:"知人难,得人尤难,汝当知朕之苦衷,一切勉力而行,毋负委任,朕有厚望焉。"②

请看鸦片战争前林则徐的升迁轨迹:

道光元年(1821),杭嘉湖道任上(八月因父病离任回闽)。

道光二年三月,赴京经道光接见后发往浙江任道员。十月署浙江盐运使。旋奉道光旨放江南淮海道(未即赴任)。

道光三年二月至江苏清江任淮海道。旋升任江苏按察使(是年十二月离任到北京,道光帝召对两次)。

道光四年一月十五日返江苏,署江苏布政使。(九月卸任,旋丁母忧回福州)。

道光五年三月奉旨"夺情"赴清江浦督催河工。

道光六年六月,奉旨以三品卿署两淮盐政,林则徐以疾辞未赴任。

道光七年五月抵京,被任命为陕西按察使,即署布政使。旋得道光旨擢江宁布政使(十二月父亡,回籍丁忧)。

道光十年八月抵京,奉旨放湖北布政使,十月到任。

道光十一年一月调河南布政使。八月调江宁布政使。十一月奉旨擢升东河河道总督。

道光十二年六月,接任江苏巡抚。

道光十六年一月,奉旨抵江宁接署两江总督兼两淮盐政。

道光十七年一月,自江宁起程,入京觐见。道光召见后擢升湖广总督。

道光十八年十一月,奉旨入京觐见。十二月二十六日抵京,道光帝接连召见8次,命其为钦差大臣,节制广东水师,赴广东禁烟。

道光二十年(1840)一月,道光帝命林则徐为两广总督。

上述情况说明,林则徐在仕途上可谓一帆风顺,升迁之快在当时清王朝一般官员中是不多见的。究其原因,固然是多方面的。如林则徐本人讲究经世致用,办事精明干练,为官清廉,忠于朝廷,关心民瘼等,这是林本人内在的原因。有道光帝信任的、政绩比较突出的两江总督陶澍(陶本人是经人推举又经道光派人认真仔细考

---

① 《林则徐集·日记》,第92页。

② 《清实录》(36),《宣宗实录》(4)卷226,第368页。

察而委以重任青云直上的)等人的推荐,这是客观原因。另一个重要原因,当然是道光帝对林则徐的信任,这一时期,在林则徐这个人的任用上,可以说道光帝是知人善任,且做到了用人不疑,实属难能可贵。

道光帝自己对林则徐的提拔、使用也颇有得意之感。林则徐在江苏为官时政绩突出,时任大学士、两江总督的孙玉庭给道光的奏折中对此大加赞赏,并推荐林综办江浙水利,道光帝在孙的奏折上批示:"即朕特派,非伊而谁,所请甚是。"①表示自己对林则徐早已了解,非常赏识,当然会重用的。

道光十一年(1831)十月,江宁布政使任上的林则徐被道光帝提升为东河河道总督(职掌大运河北段及黄河郑州花园口以下至入海口等的河工治理)。河督是当时人所共知的肥缺,但林则徐接到道光谕旨后立即上奏,请求皇帝另行简放。林则徐请辞的理由是,自己不谙河务,治河事关重大,失之毫厘,便成千里之谬,铸成大错。道光接到林氏请辞的奏折后再下圣旨,说:你林则徐说自己不谙河务是事实。但是,我知你林则徐为官已历十年,品学俱优,办事细心可靠,特委以河督重任,此其一;其二,我恐怕那些熟悉河务之员,深知河务中之弊端,不敢下决心治理,所以才派你林则徐去。道光云:"当今外任官员,清慎自矢者因有其人,而官官相护之恶习,牢不可破。此皆系自顾身家之辈,因循苟且,尸禄保身,甚属可恶!"②当林则徐奏请赴任之前先沿运河检查冬挑工程时,道光帝高兴地批示道:"一切勉力为之,务除河工积习,统归诚实,方合任用尽职之道,朕有厚望于汝也。"后林则徐不惮辛劳,深入调查研究,大力整治河工积弊,严肃处理失职渎职官吏,成绩突出,道光帝接奏后十分感慨,批示道:"动则如此勤劳,弊自绝矣。作官者皆当如是,河工尤当如是。吁!若是者鲜矣!"③接到林则徐认真查验河工料垛的奏报后,道光批示:"向来河工查验料垛,从未有如此认真者,揆诸天理人情,深可慨也。"④从这些批示中,我们可以深深感受到道光帝对林则徐的信任。我们还可以感受到,在道光帝看来,林则徐这样的官员太可贵了,但现实中这样的官员也真是太少了,这也是让道光惆怅不已的事。

这期间,林则徐与道光帝也有一次不大不小的冲突。

道光十二年,林则徐出任江苏巡抚。次年,江苏因大雨发生大面积自然灾害,稻谷歉收。林则徐与两江总督陶澍联名上疏道光帝,请求清王朝缓征漕粮。道光帝接到奏报后十分不满,云:"该督抚等不肯为国任怨,不以国计为亟……只知博取声誉!"林则徐闻此主张继续上疏报灾,陶澍则有些害怕了,犹豫不决。林则徐说如果朝廷处分,我一个人承担。于是他单衔上疏和道光帝理论,林则徐说:"国计与民生

① 魏应骐:《林文忠公年谱》,上海商务印书馆 1935 年版,第 20 页。

② 林则徐:《起程赴河东河道总督新任折》,《林则徐集·奏稿》(上),第 11—12 页。

③ 林则徐:《查勘豫省商虞厅料垛被烧分别办理折》,《林则徐集·奏稿》(下),第 25 页。

④ 《林则徐集·奏稿》(上),第 28 页注(1)。

实相维系。朝廷之度支积贮无一不出于民,故下恤民生,正所以上筹国计,所谓民为邦本也!""多宽一分追呼,即多培一分元气。"①这样的上疏,算得上抗旨上疏了,道光帝当然不会高兴,但也未见道光对林则徐的信任有所动摇。究其原因,可能是道光从林的上疏中进一步看清楚了林对国家(当然也是对清王朝)是忠心耿耿的,是为国为民着想的,何况他说得确实是有道理的。可以说,这次冲突之后,道光对林则徐是更加信任了。

唯其如此,道光帝才将赴广东禁烟的重任交给林则徐。

道光十八年九月,道光宣召林则徐进京陛见。林则徐抵京后,道光帝召见他达8次之多,特恩旨赐林则徐在紫禁城骑马(即坐椅子轿)。且每次召对,"皆上毡垫"。最后下旨命林则徐为钦差大臣,加兵部尚书、右都御史衔,驰驿前往广东查办海口事件,所有该省水师兼归节制。道光帝如此隆信、眷顾林则徐,可以说使林享受了做臣子的最高礼遇,"此国初以来未有之旷典,文忠破格得之,枢相(指穆彰阿——引者注)亦为之动色。朝罢与同僚论不合,中外交构。有识者已为文忠危。顾上意方殷,势不能已"②。一方面,道光帝对林则徐信任有加,而林则徐则对道光帝的知遇之恩铭刻在心,决心不负道光帝厚望,赴广东完成道光帝交付的重大的历史使命。但林被"破格"提拔,已经引起穆彰阿等人的不满,这也为林后来被罢免埋下了伏笔。

孔子《论语·八佾》有云:"君使臣以礼,臣事君以忠。"这里讲的是君臣之间相待应该遵循的古礼,旧时代的君也好,臣也好,一般士人也好,是常挂在嘴边的。真正做到这点固然也是不容易的,尤其是在晚清皇权高度专制的背景下。然而,这毕竟还只说的是个礼节问题,态度问题。更为重要的是,为君者要识人,将最富有进取心、最有能力且严于律己的臣子提拔到重要岗位上来,并做到委以实权,用人不疑;为臣者亦应做到名副其实,不辱使命。这才是实质性的问题。从鸦片战争前的道光帝与林则徐两者关系的发展中看,道光的举措是令人称道的。虎门销烟的前台主持者是林则徐,而做后盾者当为道光帝,当然还有中国一切主持正义的官员与老百姓。

罢免林则徐

鸦片战争爆发后,人所共知的事实是,道光帝对林则徐的信任发生了动摇,最终将林革职并充军新疆。这是中国近代史的悲剧,是林则徐的悲剧,又何尝不是道光帝的悲剧呢? 下面,我们看一看这一悲剧是如何发生的。

道光十八年,道光帝赐予林则徐特别规格的礼遇,高度信任,委以重用,这预示着林则徐在未来的禁烟运动中所应具有的地位与权威。但这不等于说此后林则徐的事业就可一帆风顺了,因为西方殖民主义者的奸诈与凶狠,腐败懦弱的清王朝官

① 林则徐:《江苏阴雨连绵田稻歉收情形片》,《林则徐集·奏稿》(上),第148页。
② 雷瑨:《蓉城闲话》,中国史学会主编丛刊本《鸦片战争》(一),上海人民出版社1957年版,第314页。

僚队伍,与鸦片有着各种利益的人们,都构成足以动摇道光帝决心的强大力量,自然也是对林则徐及其事业的严重威胁,事态的发展,证明了这一点。

林则徐抵达广州后甚至之前,那些与鸦片利益有关的人们,即开始造谣生事,对禁烟运动、对林则徐进行攻击。此时的道光帝还算清醒,他降旨要求密拿严惩造谣生事之徒。道光十九年,"十二月,赏赐林公(则徐)福字,有楷书玉音云:愿卿福寿日增,永为国家宣力。"①道光帝对林则徐的支持,使那些反对派及反对势力不得不有所收敛。当然,这只是问题的一个方面。此前林则徐在奏折中提到对外的策略是"奉法者来之,抗法者去之"。道光帝朱批云:"未免自相矛盾。恭顺抗拒,情虽不同,究系一国之人,不应若是办理。"②显现了认识上的差距。

1840 年 6 月,英国侵华远征军到达广州,鸦片战争爆发。7 月,定海陷落。消息传到北京,道光帝震惊。此前道光已听到不少说法,如夷兵之来系由林则徐禁烟引起;林则徐在广州缴烟,先许买价,而后负约,以致激变;等等。有的官员抱怨林则徐,有的官员公开攻击林则徐,迫在眉睫的事是英军又挥师北上——道光帝最担心的也正是这一点,道光帝对林则徐的信任发生了危机。他一方面令琦善做好应付英军北上的准备,另一方面则任命两江总督伊里布为钦差大臣,查办浙江夷务,追究"启衅"即引发战争的缘由。火,就要烧到林则徐的头上来了。

琦善并非不主张禁绝鸦片,但在禁烟方式上与林则徐有明显区别,而在对外关系上,琦善则一直力主妥协。他用妥协的方式促成英军于 9 月 15 日从天津起碇南返,深得道光帝的欢心。道光如释重负,他在对伊里布的奏折中洋洋得意地朱批道:"是我办理得手之机,岂非片言片纸,远胜十万之师耶!想卿亦必以朕之识见为是也!"③并下旨任命琦善为钦差大臣,迅速来京请训前赴广东查办事件。

对琦善的赏训的另一个方面,必然导致对林则徐的从怀疑到不信任,再到产生厌恶感,直至将林革职。

早在 8 月 21 日时,道光帝接到了林则徐的一个奏折,其中略谓:广东禁烟成绩显著,但走私吸毒尚未根绝,请求继续贯彻禁烟政策。道光正为英军北上而对林不满,见到此折更是气不打一处来,批示道:"外而继绝通商,并未断绝;内而查拿犯法亦不能净,无非空言搪塞,不但终无实济,返生出许多波澜,思之曷胜愤懑,看汝以何词对朕也!"④林则徐接到朱批谕旨后,不胜惶恐,上折请求处分之外,吁请道光坚持抵抗英国殖民者的政策,并建议从长远计应以关税盈余创办火器局、造船厂,以对付外来侵略。道光哪里还听得进此类言语,挥笔批道:"一片胡言!"⑤一句之后,道光

---

① 梁廷枏:《夷氛闻记》卷五,中华书局 1959 年版,第 31 页。
② 梁廷枏:《夷氛闻记》卷五,中华书局 1959 年版,第 31 页。
③ 道光朝《筹办夷务始末》(一)卷 16,第 513 页。
④ 《林则徐集·奏稿》(中),第 882—883 页。
⑤ 《林则徐集·奏稿》(中),第 883 页。

下令罢免林则徐,交部严加议处,琦善署理两广总督,取代了林则徐的位置。

林则徐忧国忧民之心并未因受道光错误处置而稍减,请求赴浙东军营效力。道光帝于 1841 年 5 月赏给林则徐四品卿衔,令其前往浙江省,听候谕旨。6 月 28 日又下旨,革去林则徐四品卿衔,发往伊犁,效力赎罪。时开封段黄河决口,市区一片汪洋。老臣王鼎一向器重林则徐,对妥协派穆彰阿之流愤慨已极,王鼎向道光帝建议派林则徐去开封治河,想通过让林则徐赴开封治河以免西戍。8 月 19 日行至扬州的林则徐接到一道谕令,赴祥符襄办河工,"效力赎罪"。

林则徐在开封治河有功,但仍未能"赎罪"。大坝即将合龙,道光仍令其赴伊犁。王鼎自缢尸谏,道光帝无动于衷。

1845 年,一系列丧权辱国的不平等条约先后签订完毕。道光帝想起了林则徐,以林则徐在新疆查勘有功(上一年末曾谕令林赴阿克苏、乌什、库东、和阗等处勘议开垦事宜,后又命林赴喀什噶尔查勘开荒),令其回京以四品京堂候补。1946 年初,林则徐奉旨以三品顶带署理陕甘总督,后任陕西巡抚。1847 年 1 月,林则徐因病奏请开缺,道光帝不允。5 月,奉旨调云贵总督,6 月在昆明就任。1849 年 8 月,因病情加剧奏请开缺回乡调治。9 月道光帝下旨准予病免。1850 年 2 月 25 日道光帝病逝。

咸丰帝继位后下诏求贤,不少大员推荐林则徐。9 月,广西天地会起义军逼近桂林。10 月,咸丰帝下旨命林则徐为钦差大臣,驰驿前赴广西。林则徐于 11 月 5 日奉旨从福州起程,前往广西镇压天地会起义。至广东潮州病情恶化,22 日逝世于普宁县行馆。12 月咸丰帝下诏晋赠林则徐太子太傅,照总督例赐恤,任内一切处分,悉予开复。

1820 年到 1850 年,在中国历史发生重大变动的 30 年中,道光与林则徐都无疑是中国当时社会舞台上最重要的人物。道光帝重用林则徐,成就了林则徐这个伟大的爱国者,也奠定了道光帝在禁烟运动中的历史地位。而罢免排斥林则徐,铸成道光帝在鸦片战争一开始就犯了一个令国人痛心的大错误。历史不容假设,我们无法设想若不是琦善取代林则徐的位置,战争进程又会是如何。毕竟,最终影响战争结局的不在一两个人身上,而在其他诸多因素上。道光帝与林则徐,算得上当时中国最重要的人物了。我们这里想考察一下,为什么道光帝对林则徐由信任、重用到怀疑、打击排斥呢?第一,道光帝虽熟读经史,但局蹐于旧学圈子之中。闭关政策的结果使其对世界大事懵然无知,无法对整个战局作出正确判断。全局不明,用人不可避免出问题。第二,由第一点延伸而来,道光帝认为英军入侵,系由林则徐举措失当所致,只要罢斥处理林则徐,英国人便会满意、退兵。第三,林则徐的经世之才及受道光帝重用而迅速升迁,已招致一些官员的不满与嫉妒;林则徐严厉禁烟,又触及了不少官员的切身利益,他们或造谣诽谤,或将因自己无能造成失误的责任往林则徐身上推。这必然构成道光帝对林则徐信任的动摇。第四,身为满族贵族的道光帝,与清王朝的其他皇帝一样,从内心深处来说,对汉族官吏存有戒心,更信任满族官员,这也是造成他失误的原因之一。历史给我们留下了不少令人深思的问题。

道光帝排斥、打击林则徐,不仅影响了鸦片战争的战局。由于道光帝厌恶林则徐,《南京条约》签订后对林则徐、魏源等睁眼看世界提出的师夷长技以制夷的方针也漠然视之,使中国丧失了近代第一次振作的机会。对道光帝而言,这是他一生中最大的失误。

战抚不定与《南京条约》

1842 年 10 月 2 日,中国近代史上第一个不平等条约《江宁条约》(即《南京条约》)正式签订。持续一年多的鸦片战争,以清王朝的失败告终。当战争的帷幕即将拉下的时候,作为这场战争的最高组织者及指挥者,道光帝的心情是难以平静的。

当听到和局既定的消息,"上退朝后,负手行便殿阶上,一日夜未尝暂息。侍者但闻太息声。漏下五鼓,上忽顿足长叹。旋入殿以碌笔草草书一纸,封缄甚固。时宫门未启,令内侍持往枢廷。戒之曰:'俟穆彰阿入直即以授之,并嘱其毋为祁寯藻所知。'盖即谕议和诸臣画押之廷寄也……宣宗之议和,实出于不得已"①。

我们无法确切知道此时的道光帝究竟想了些什么。但可以推断,一年多的战争进程,自然会进入他的脑海。当然,从道光的性格及其鸦片战争后他的表现来看,我们不能期望他对战争失败中自己应付的责任做一认真清理。

那么,只好让我们走入这场战争,考察道光帝的所作所为。

1839 年 10 月 1 日,英国召开了内阁会议,议决发动一场侵华战争。内阁的这一决定并未公布,战争准备在暗地里紧锣密鼓地进行着。内阁会后巴麦斯顿将决定密告义律,批示他在第二年三月间进攻中国,并为此做好一切准备。1840 年 2 月,英国政府任命乔治·懿律(Elliot,George,曾任英印总督、英国好望角舰队司令,系查理·义律之堂兄)与查理·义律为正副全权代表,懿律为侵华远征军总司令。巴麦斯顿在给懿律的训令中,就如何封锁广州及中国沿海口岸、占领舟山、北上天津胁迫清政府接受赔偿烟款、割让岛屿、订立条约等,做了详尽的指示。并下发了对清政府提出各种要求的《巴麦尊致中国宰相书》。按照规定,英国政府的重大行动计划,必须经过议会批准方为有效。1840 年 4 月 7 日,英国下议院开始讨论对华战争军费案和广州英商损失赔偿案。经过三天的辩论,会议以 271 对 262 的微弱优势,通过了内阁的侵华决定。1840 年 5 月 10 日,英国上议院几乎未经讨论,便一致通过了上述议决案。而实际上,英国政府早在 2 月 20 日,即正式下达了武装侵华的命令。1840 年 6 月下旬,英国"东方远征军"陆续从印度到达广州珠江口外,计有军舰 16 艘,武装轮船 4 艘,运输船 27 艘,载运地面部队 4000 人。一场大的战争迫在眉睫,而对于清王朝方面来说,对于这场战争既缺乏心理上的准备,更谈不上物质方面的准备了。

---

① 不著撰人:《软尘私议》,中国史学会主编丛刊本《鸦片战争》(五),上海人民出版社 1957 年版,第 543 页。

　　鸦片战争爆发前,道光帝最不愿意看到的是"启边衅",最担心的问题也是"启边衅"。在禁鸦片、查海口事件上,他给他的臣下制定的最高原则是:"上不可以失国体,下不可以开边衅。"但战争在道光二十年(1840)的夏天,无情地打响了,以道光帝为首的清王朝仓促应战。在高度皇权专制的体制下,对中国一方来说,道光是战争的最高决策者、最高组织者,也是最高指挥者。中国面临的敌人已非传统意义上的"犬羊夷狄",是发展到资本主义阶段的西方殖民主义者;而道光帝用以对付外来侵略的策略,还是传统的所谓的"剿"与"抚"。抚,有"安抚""和"之意,即采取妥协的方法(如给被抚者一些好处等),达到和平的目的。"剿"则自然是以武力战而胜之。

　　战前,道光帝估计英国人会来闹事,责令有关官员做好准备。但道光帝想不到敌人会派大批军队来华,因而对打一场大的战争可说是毫无思想上、物质上的准备。中世纪的思想意识,落后的通信条件,使道光对战事的了解及采取的对策,总是慢半拍,甚至慢几拍。1840年7月初,定海被英军攻陷,道光帝于7月20日才得到浙江巡抚的奏报。道光帝虽感震惊,怒斥有关官员平庸误事,开始调兵防范。但实际上道光帝并没有认清形势,他认为定海事不过是"该夷等不过稍逞小技,虚疑恫喝,迨至计穷势蹙,自必返棹入洋,无所希冀"①。

　　7月24日再次收到定海失守、英夷进逼镇海的奏折,道光帝命闽浙总督邓廷桢、两江总督伊里布各派水师数千名援浙合剿。道光帝信心十足,上谕中说,英夷滋事,攻陷定海,现已调兵合剿,不难即时扑灭。7月28日英国兵舰5艘,汽船1只,运输舰两艘,驶离舟山北上天津,欲以武力迫使清政府接受英方的侵略要求。8月6日,英军抵达大沽口外。而在这天道光帝才接到邓廷桢7月21日发出的奏折,知浙江吃紧,令两江总督伊里布为钦差大臣,前往浙江主持军务。直到8月9日,道光帝收到琦善关于天津防务的奏折,他才明白,英国已经发动侵华战争了。也就是说,此前他虽对英军一力主"剿",但对敌情几乎一无所知。此后,道光帝的态度发生重大变化,由主"剿"变为主"抚"。

　　8月19日,道光帝接到琦善进呈的英国外相巴麦斯顿的照会,即所谓致清国宰相书。道光帝是否仔细研究了英方照会不得而知,但他对英方照会没看明白实质性的内容则是不争的事实。道光帝印象最深的是英国人指控林则徐,要求"伸冤"。而英方的其他要求,在道光帝看来,甚属无理。8月20日他降旨琦善,指示其"驾驭外夷"之术:对于英方的"冤抑",告以将认真查访,以折服其心;对于割让海岛等,告以大清朝允许英人通商已属恩准,不能"再坏成规"。当天道光帝给琦善的另一道谕旨是让琦善向英方宣布的,答应为英人昭雪,英人应立即返回广东,听候办理。

　　此时的道光帝的主要思想是:一、他错误地认为英国人对林则徐很不满意,只要斥责林则徐,英国人或许就没气了,战争即可结束;二、英国军舰停泊在距北京甚近

　　① 《清实录》(38),《宣宗实录》77,卷335,中华书局影印本,第94页。

的天津大沽,实在危险,应赶快将其引开回广东,即使在广东谈判不成,战争爆发,也不至危及京畿;三、道光帝此时对英军"船坚炮利"已有耳闻,若打起来没有速战速胜的把握,何况英方前来主要是"诉冤"与"贸易",主"抚"比主"剿"好。

9月15日,在得到琦善的保证之后,英军从天津大沽南下。9月17日,道光帝委任"退敌有功"的琦善为钦差大臣,赴广东与英国人继续谈判。道光帝也松了一口气。为了使英军顺利南下,根据英方的请求,道光帝下令沿海各省不必开枪开炮,以免再战。甚至为了节省军费,他下令沿海各省酌撤防兵。

上面已经提到,8月6日道光帝命伊里布赴浙,使命是渡海作战,收复定海。8月下旬,根据天津形势,又指示伊里布:必须访察明确,谋定后动,断不可急图收复,冒昧轻进。9月16日又发出谕旨,要伊里布探明情况,以为进攻之计。但接着又发出一道谕旨,称英军已听训南下,定海英军亦将先撤一半,命令伊里布等对南下英军不必开放枪炮,不要以攻击为先。后一谕旨,和此时伊里布主"和"的思想合拍了。

琦善于10月3日从北京起程,11月29日抵达广州。此后的4个月时间里,琦善的主要活动,都围绕着与英军妥协乞和进行。对于义律提出的种种侵略要求,琦善一一答应,只是对割让香港一事表示不敢做主,要请求道光皇帝,或含糊其词,不做正面答复。1841年1月7日,英军攻占虎门第一重门户大角、沙角炮台。旋在香港单方面发布文告,诡称已与琦善达成《穿鼻草约》,内容包括中方答应割让香港,赔偿烟价600万元,恢复广州通商等。1月26日,英军在没有任何条约根据的情况下占据香港。道光皇帝接到广东巡抚怡良等弹劾琦善的奏折后大怒,令将琦善革职锁拿进京。

英军攻占大角、沙角炮台之前,道光皇帝屡接琦善从广东发来的奏报,知英军贪得无厌、桀骜不训,"抚夷"的政策开始转变。沙角、大角战败,道光决计主"剿",1841年2月18日清政府对英车宣战。道光帝调派援军12000余人,任命皇侄奕山为靖逆将军,湖南提督杨芳等为参赞大臣,率军开赴广东与英军作战。并要求伊里布克日进兵,收复定海。杨芳3月3日到达广州,仍希图以"抚"为主,道光闻知后将杨芳交部严加议处。直到4月14日,奕山才姗姗来到广州,在道光严旨督催之下草草筹备战事。

杨芳抵达广州之前,英军舰队已驶往虎门炮台一带集结。2月26日,英军攻破虎门第二重门户横挡一线炮台,亲守靖远炮台的62岁老将关天培,率将士殊死战斗,壮烈牺牲,诸炮台相继陷落,虎门天险沦于敌手。接着,英军上溯珠江,连陷诸炮台,兵临广州城下。奕山盲目出击未果,便在广州城上竖起白旗,命广州知府余保纯出城向英军乞降。5月27日奕山接受了英军提出的全部屈辱条件,签订了《广州和约》,主要内容是:清军于6日内退至广州城60里以外;一周内中方缴纳"赎城费"600万元,赎城费付清后英军撤出虎门。此外,中方还须于一周内赔偿英国被焚商馆等处损失30万元。待清军撤到广州城外并将赎城费大体交清后,英军交还各炮台,退往香港。大败后的奕山,却向道光谎称大胜,将自己乞降说成敌人乞求通商,把赔款说成向英方交商欠。而道光皇帝未加深究,以"该夷性等犬羊,不值与之计较"之类的昏话,批准了《广州和约》。同时批准奕山广东援军撤回的请求,谕令其他沿海省份的将军督抚:"现在广东夷船,经奕山等叠次焚击,业已退出虎门……所有各省调防官兵,著该将军督抚等体察情形,如何酌量裁撤,迅速奏闻请旨。"①情报不明,上下欺瞒,战争发展的走向,可想而知。

英国政府得知有关所谓《穿鼻草约》的信息,认为不仅所得权益太少,也不像正式签订了条约。于是,英国政府决定撤换义律,派璞鼎查(H.Pottinger)为全权公使,扩大对华侵略战争。1841 年 8 月,璞鼎查来到澳门,命英军一部留守香港外,率军舰 9 艘、轮船 4 艘、运输船 22 艘、陆军 2500 人北上,进攻厦门。奉道光谕旨不得不着手撤兵的闽浙总督颜伯焘与守军 5000 余人大部溃逃,总兵江继芸力战牺牲,厦门陷落。接到厦门失守的消息,道光帝才急忙下令沿海各省停止撤兵,加强防御。英军主力继续北上进攻定海,葛云飞、郑国鸿、王锡朋三总兵率军英勇抵抗,以身殉国,10 月 1 日定海再度陷落。英军转攻镇海,清军亦败,钦差大臣裕谦坚决抵抗,兵败后投水身亡;浙江提督余步云临阵脱逃。

为了组织收复失地,道光帝于 10 月 18 日任命协办大学士奕经(道光帝堂侄)为扬威将军前往浙江,并从各省调集军队。奕经出京后,一路上游山玩水,到处勒索,花天酒地,寻欢作乐,历时 3 个半月,道光二十二年(1842)二月才到达浙江绍兴。奕经仓促出击,分三路进攻宁波、镇海、定海的英军,以图侥幸取胜,结果三路皆败。英军乘势进攻慈溪,清军再次大败,奕经等逃回杭州,从此不敢言战。

1842 年 4 月,浙江巡抚刘韵珂,向道光帝上了一个全面分析战局的奏折,提出了十项"深可焦虑"之事,因而该折亦称"十可虑"折。折中指出,清军连遭败绩,锐气全消,且近省已无兵可调。英军炮火猛烈,我方无制敌之术。尤可注意的是,国内形势不稳,一些"不逞之徒"随时可能揭竿而起。道光帝深感刘韵珂所言"俱系实在情况",主战的意志开始动摇,他派耆英为钦差大臣署理杭州将军,并启用已被革职的伊里布,一同赴浙江办理交涉。

当年 5 月,英军集中兵力攻打长江流域。17 日陷乍浦。6 月攻打吴淞炮台,江南提督陈化成英勇抵抗,以身殉职,而两江总督牛鉴则逃遁,宝山、上海陷落。7 月下旬,英军大举进攻镇江,受到以副都统海龄为首的爱国官兵的拼死抵抗,英军付出重大伤亡后陷镇江,海龄殉难。道光帝密谕耆英求和,答应中英"平等"交往,割让香港,开放通商口岸。1842 年 8 月 29 日,代表清政府的耆英、伊里布,与英国订立了屈辱的中英《南京条约》。

第一次鸦片战争结束了。英国侵略者用大炮屈服了清王朝,把中国推进了近代历史的门槛,在半殖民地的道路上滑行。道光帝在战争中的表现,给了我们许多思

---

① 中国第一历史档案馆编:《鸦片战争档案史料》(三),天津古籍出版社 1992 年版,第 579 页。

考。从各方面来说,道光帝想打赢这场战争,他不想妥协,但最终输了,原因何在呢?一、道光没有他的前辈康、雍、乾等那种雄才大略,却碰到了亘古未有的变局。面对有一二百年殖民经验的西方资本主义,可道光帝对他们的情况几乎一无所知。英国人为何而来?英国人为什么要发动这场战争?道光帝不知道。他甚至在战争结束后,竟然还不清楚英国在何方!愚昧无知,往往又和虚骄自大联系在一起,而战争相信的偏偏是实力。如此,这场战争一开始,就预示着清王朝的失败。二、道光帝资质平平,而高度皇权专制的体制和麻木不仁的腐败的官僚队伍,使他在中央没有一个互补、有效的决策机构,在前线又缺乏有谋有勇的军事指挥者。战争中,道光帝敌情不明,用人不当,举措失误,指挥混乱,失败自然不可避免。

道光二十二年(1842)八月三十一日,即耆英、伊里布在《南京条约》上签字后两天,道光帝在谕旨中云:"朕惟自恨自愧,何致事机一至如此?于万无可奈之处,一切不能不允所请旨。"①事机何至如此?此时的道光帝不明白,可以说,直到死之前,他还是不明白。

平定张格尔叛乱

清朝统一天山南北,并置官设治,对维护祖国统一,巩固边陲,起了重要作用。但由于清朝地方官的腐败与欺诈,也引起了当地维吾尔族人民的不满,他们不断起来进行反抗斗争。在这种情况下,跑到国外去的和卓家族,利用人民群众对清王朝统治的不满情绪,进行煽动,进而发动叛乱,力图恢复其在南疆地区的封建统治。

道光帝对边陲地区的问题没有足够的认识,加之国力衰微,财政拮据,他只想能维持现状即可,采取消极的政策,使边疆问题越来越严重。终于在道光帝上台不久,新疆便爆发了张格尔叛乱。

张格尔系大和卓波罗尼都之孙。自乾隆年间大小和卓被平定后,波罗尼都之子萨木萨克逃居浩罕,生三子,张格尔为其次子。张格尔利用其家族在维吾尔族民众中的影响,在浩罕统治者及英国殖民主义者的支持和怂恿下,发动叛乱,大搞民族分裂。从嘉庆二十五年(1820)到道光七年(1827),张格尔叛乱活动持续了近8年的时间。

嘉庆二十五年,张格尔与布鲁特头目纠合在一起发动叛乱,被清军击败。道光四年,张格尔再次纠合布鲁特的一些人发动叛乱,再一次被清军打败。道光帝对张格尔的阴谋活动认识不足,小胜之后便以为平安无事了,下令酌量撤兵,致使张格尔的势力不断发展扩大。道光六年夏张格尔纠集了安集延、布鲁特500余人,由开齐山路入中国境内,窜至距离喀什噶尔百余里的地方,煽动当地人聚众闹事。清兵进剿,张格尔突围而去,裹胁部分群众掀起叛乱。张格尔不惜出卖祖国权益,以换取浩

---

① 中国第一历史档案馆编:《鸦片战争档案史料》第6册,上海人民出版社1987年版,第114页。

罕的支持,答应浩罕攻下喀什噶尔、英吉沙尔、叶尔羌、和田四城后,子女玉帛共享,且割让喀什噶尔给浩罕以作酬劳。浩罕统治者穆罕默德·阿里亲率军队万人入侵南疆,攻打喀什噶尔。道光帝接到喀什噶尔、叶尔羌两城被围的奏报后,深感事态严峻。他令长龄为平叛指挥,杨遇春等协同,除已在疆清军外,又从内地征调2万余军队赴疆进剿。

道光六年(1826)八月八日,道光帝对平定叛乱做了十条指示,其要点如下:

对顽抗之敌,严惩不贷,一律剿杀,不留后患。但对于并未助纣为虐的当地村庄,不但不可妄行杀戮,还要约束兵丁勿得骚扰。

进剿大军设卡安营,必就水草之地。对于敌人种种奸计(如投毒等)要有足够警惕。

所调部队,要有充足、强壮的马匹,准备充足的火药、铅弹与弓矢。进攻城垣庄堡和大股敌军宜用大炮。新疆地区大炮如不敷用,应当早日筹划办理。大军进疆,正值新疆气候严寒之时,应该准备好衣具,原则是既能防寒,又利于奔驰行走。

作战过程中,各部之间要做到息息相通,不可讯息隔绝,以保持可以互相照应。

对在平叛中真心出力、立有功绩的伯克,应立予褒奖,用以鼓励争取其他之人。对于首犯张格尔、巴布顶暨附逆的布鲁特等,务必设法擒获,勿令外逃,不能生擒,亦应予以击毙。

此后,道光帝一直严密关注平叛战事进展,并不断发出谕旨。

由于自然条件恶劣,交通不便,清军行动缓慢。加之张格尔多系骑兵,转战迅速,清军虽有斩获,但损失亦重。南疆四城先后失陷。张格尔进据喀什噶尔后,即自称赛义德·张格尔苏丹,宣布为当地的统治者。占领四城后,张格尔得意忘形,撕毁了原来与浩罕的分赃协议,导致双方火拼。

道光帝于道光六年九月三日接到四城先后失守的奏报后,五日即谕令再增兵10100名,并指示:大军未集中时,加强侦察,掌握敌情,并准备好充足的粮饷。十月,清军会师阿克苏,先击退了企图强渡浑巴什河的张格尔叛军,又于十一月在阿克苏以西的柯尔坪大破叛军。柯尔坪之战的胜利,据守柯尔坪的3000叛军几乎全部被歼灭,不仅保卫了东四城(乌什、阿克苏、库车、辟民)的安全,也为清军西进打通了道路。此时已是冬天,大雪封山,清军暂时停止进军。

第二年春天,清军大举西进。道光帝令长龄派两支各七八千人的部队包抄,指示一路由乌什巴尔雅哈玛卡伦草地潜赴喀什噶尔,一路由巴尔楚克军台暗地向树窝子进军,以收出奇不意之效。而长龄、杨遇春统率中路大军,三箭齐发,速取喀什噶尔。长龄根据具体形势,向道光帝提出只派树窝子一路配合正面大军即可的方案,道光帝接纳了这个意见,只是要求长龄等必须每七八日最迟不得超过十日奏报一次。

张格尔为了抵拒清军,在阿克苏以北20余里的洋阿尔巴特聚集数万人,排列沙冈。长龄率中路大军猛冲,歼敌万余名,首战告捷。该战结束后,清军将攻击的目标定在沙布都尔庄。张格尔洋阿尔巴特失利后,纠集数万(号称十万)人于沙布都尔。该地多树木芦苇,叛军临渠横列,挖坎筑垒,并决渠放水,以阻止清军的进攻。清军奋勇抢渡,骑兵分左右两翼侧应,叛军大败。清军追至洋达玛河,距喀什噶尔仅10余里。叛军倾巢出动,背城阻水顽抗。清军以马队千人从下游佯攻,然后集中主力在上游抢渡,叛军大乱,四处奔逃。三月一日,清军经过两昼夜战斗,克复喀什噶尔,张格尔逃走。

张格尔的叛乱,本是利用维吾尔族人民反清情绪及宗教信仰煽动起来的。张格尔欺骗当地少数民族的老百姓,扬言可以给他们带来自由与幸福。但张格尔占据四城后,残害生灵,淫虐妇女,勒索财物,不从者即杀,其暴虐程度甚至远远超过从前的和卓统治,这激起了广大维吾尔族人民的强烈反抗,不少受骗的人掉转戈头,支持清军作战。收复喀什噶尔后,杨遇春带兵继续追剿,收复了英吉沙尔、叶尔羌,在当地人民与清军里应外合之下,又攻克和田,在数千人的热烈欢迎下,清军开入和田城。战败后的张格尔,流窜于柯尔克孜族的游牧地,伺机再起。

道光七年末,张格尔乘春节将近、清军疏于防范之际,重新纠集数百叛军,窜至喀什噶尔附近。当地群众与清军一起追杀,将其活捉,并押解至北京。道光闻讯大喜,下令对被裹挟参加叛乱的余众不加追查,以示宽大。长龄等回京时,道光帝举行了隆重的欢迎仪式。

张格尔叛乱之所以被平定,固然是多方面原因促成的,但道光帝采取的正确的军事政策与策略,也起了重要作用,这也是道光帝一生中的闪光点之一。可惜的是,叛乱平定后,道光并没有采纳深谙新疆事务的长龄等人关于善后处理的建议,铸成大错。长龄认为,新疆回众崇信和卓,宜将尚羁在京师的博罗尼都(和卓之子)的儿子阿布都哈里赦归总辖西四城,以稳定边疆。道光帝却以长龄请释逆裔实属悖谬为由,将长龄革职留任。不仅如此,道光帝还错误地采纳了那彦成的意见,在新疆采取闭关政策,以图新疆稳定。善后工作不力,加之道光重内轻边的思想,致使后来边患不已。

面对腐败徒唤奈何

道光帝继位后,一大社会问题即摆在他的面前,那就是吏治腐败。严峻的形势,迫使道光帝不得不将整饬吏治、铲除腐败,作为第一要事来抓。

高度集中的皇权长期专制统治的结果,必然造成腐败。官吏贪污受贿,勒索百姓,中饱私囊,相沿成风,其实例比比皆是。道光初年,江苏、浙江一带市价库平纹银一两约合制钱1200—1300文。农民完纳钱粮,官吏却要农民交制钱2400—2500文才能折算一两银子,农民的负担无形中增加了近一倍。而江浙一带这一做法比起其他一些地区来,并不算是最恶劣的。山东黄县在农民完纳钱粮时,一两白银竟折收制钱3600文,山东诸城则更高达4260文。正额地丁银之外,各种名目的摊派与科敛数不胜数。这些从农民手中敲诈勒索来的钱财,并未进入国库,而是流进了大大小小的官吏的腰包。再如各地所设立的所谓的常平仓、社仓、义仓等,名义上是为了遇有饥荒时以应急,实则为各地官吏坑农渔利提供了条件。从农民手中采买粮食时,故意压低价格,或借谷时按户摊派,还谷时农民交两斛也兑付不了一斛。更有些地方官私自将仓谷全行卖出自肥,或以赈灾为名,捏造假账,加以侵吞。赈灾中的黑暗更是尽人皆知,道光帝也曾指出,各州县历来办灾查报户口及散给口粮,每多不实。其间吏役之侵吞,绅衿恶棍之包揽,地保的勒索,无不相率效尤。

剥民自肥之外,大小官吏还疯狂地侵吞国家的资产。据道光十一年清廷户部公布,直隶15个地区和省共拖欠国家地丁银835万余两,另有历年939万余两缓征地丁银未能入库,合计欠正额银1774万两。针对此种情况,道光帝曾谕令将道光十年以前的民欠全免。但此后地方亏欠中央财政大量银两的情况并未改观。如道光十五年,河南商城县知县张敦绪亏空钱粮近4万两。道光十六年,广东高要县知县叶承基亏空五六万两。道光十九年,河南永城县知县沈玉到任一年即亏欠3万两。全国历年亏欠竟又高达2940余万两白银。此外,地方官吏还公然截留、侵吞上缴部库银两。据道光十五年统计,已经征收但未交到户部的关税达256.6万余两。户部奏追各省地丁银为870万两,至道光十六年三月,陆续起解报部者仅有267万余两,不及原额的1/3。这大量应该上交户部的银两,相当大的一部分被脏官贪污或挥霍浪费掉了。

据清人张祖翼云,道光朝以来,凡士子来京应试,遇同乡京官任考差者,必向之索关节,谓之"条子"。被索者倒不一定都出于谋利受贿。有的为了多多延揽门生弟子,有的为了博取延揽人才的美名。应试者若不向此辈索条子,他们往往不高兴而怪罪,认为这些士子是瞧不起自己,由此心存芥蒂。"故热中之士,亦乐得乞条子也。此风已久,昌言无忌,恬不为怪。"但此风越闹越凶,终于闹出了大事,即咸丰戊午科顺天乡试大案①,一些官吏借科举考试、官司诉讼之机敲诈勒索,聚敛财富,更是屡有发生。道光十五年,甘肃平凉知府考试各属文童,列前十名者均靠的是向知府缪廷槐行贿。山东海阳县知县张兆祥,凡民间结讼,遇有可敲诈的便刑逼勒贿。用钱贿赂他的,没理也有理,官司准能打赢;不贿赂他的,有理也被判为没理,官司肯定输。民间给这位知县起了个"雅号",名为"张钱儿"。

道光二十五年正月,张集馨奉旨补授陕西督粮道,离京前道光帝在勤政殿东暖阁召见张,云:"汝外官已久,首府、道员俱已做过,朕不必与尔多言。汝操守闻甚好,前此申启贤年终密考,称汝操守。汝今此去更要坚持,老而弥笃,人臣所以励晚节也。"张叩首曰:"谨遵圣训。"②实际上,陕西督粮道一缺"向来著名,不得不普律应酬",张来到京城后为上下打点,用去白银17000余两。到任以后,张又要按惯例向在陕甘地方的军政要员孝敬,他开出的账单如下:

① 张祖翼:《清代野记》,中华书局2007年版,第192—193页。
② 张集馨:《道咸宦海见闻录》,中华书局1981年版,第78页。

"将军三节两寿,粮道每次送银八百两,又表礼、水礼八色,门包四十两一次。两都统每节送银二百两,水礼四色。八旗协领八员,每节每员送银二十两,上白米四石。将军、都统又荐家人在仓,或挂名在署,按节分账。抚台分四季致送,每季一千三百银,节寿但送表礼、水礼、门包杂费。制台按三节致送,每节一千两,表礼、水礼八色及门包杂费,差家人赴兰州呈送。"①以上合计,用银当在14000两左右。

张集馨在其年谱中还记载了任上迎来送往的花费:

"遇有过客,皆系粮道承办……过客到境,粮道随将军、中丞等在官厅迎接,俟各官回署后,差人遍问称呼,由道中幕友写好送到各署,看明不错,然后差人送至官客公馆,一面张灯结彩,传戏备席。每次皆戏两班,上席五桌,中席十四桌。上席必燕窝烧烤,中席亦鱼翅海参。西安活鱼难得,每大鱼一尾,值制钱四五千文,上席五桌断不能少。其他如白鳝、鹿尾,皆贵重难得之物,亦必设法购求……次日,过客起身,又往城西公送,并馈送盘缠,其馈送之厚薄,则视官职之尊卑……大宴会则无月无之,小应酬则无日无之……通计每年用度,连京城炭敬,总在五万金上下。"②

腐败的社会制度造就了腐败的官僚队伍。各级官吏在办正经事方面不思进取,互相推诿,不负责任,麻木不仁。但在投机钻营、尔虞我诈、拉帮结党、行贿受贿等方面,却不乏手段。

面对这种状况,道光亦极想振作,也采取了一些措施。

道光帝认为,安民必须察吏,对查出来的贪官污吏必须加以严惩。有人控告协办大学士英和的家人张天成私加租息,并仗势欺压民人。道光帝对此事十分重视,谕令革去英和协办大学士和理藩院尚书头衔,夺回赐用紫缰。道光并以此事为例告诫群臣,要矢公忠信,不要擅权生事。他说,国家提拔启用诸大臣,是让其协助皇帝治理国家。为官者谨慎公正行事,才能不负重任。否则定会受到惩处。

道光帝认为,吏制腐败的重要原因之一,是把自身利益放在国家利益之上。官员应该做到,视国事如家事,以民心为己心。为此,道光特别强调要出以公心,勇于及时纠正冤假错案。道光四年,山西榆次县民阎思虎将妇女赵某强奸。案发后该县知县却当堂逼供,以通奸草草定案,致使赵某羞愤自尽。道光见到赵某亲属赴京申冤的诉状后,即降旨交山西巡抚邱树堂亲自提审。邱氏接旨后并未做认真核查,仍以通奸草率定案。后御史梁中靖参奏,道光令将原案人证卷宗提解到刑部审讯,彻底弄清案情,严惩强奸犯阎某。同时,对办案过程中徇私舞弊、渎职枉法的各级官员,一一做了处理:榆次县知县吕锡龄发配新疆服苦役,太原知府沈琼革职发往乌鲁木齐效力赎罪,山西巡抚邱树堂降职为按察使。道光帝还派大臣王鼎查办了浙江德

---

①　《道咸宦海见闻录》,中华书局1981年版,第78—79页。按:文中将军、都统、协领均为八旗兵系统官员。三节为春节、端午节、中秋节。两寿指官员本人及其妻的生日。抚台系巡抚,此处指陕西巡抚。制台系总督,此处指陕甘总督,驻兰州。

②　张集馨:《道咸宦海见闻录》,中华书局1981年版,第79—80页。

清县及湖州府一些官员收受案犯贿赂,枉断人命案的事件,将德清县知县发往黑龙江充当苦差。道光皇帝感慨地说,这些案件的出现,都是因为官官相护,罔顾天良,罔尽心力,只知以权谋取个人私利,置老百姓的痛痒于不顾。道光帝要求将有否冤狱、冤狱是否能得到及时纠正,作为考核地方官员是否称职的一个重要条件。

在道光帝严督之下,处理了一些贪赃枉法、欺压百姓的地方官吏。天津知县汪本及天津知府李蕃,纵容手下吏胥借兴办水利之机,大肆搜刮,中饱私囊;安乡县知县李庆孙,伙同吏胥克扣灾民口粮;湘潭县知县灵秀,谋娶该衙捕役的女儿为妾,不久又将该女辗转售卖;通判叶起鹏收受部民寿礼,并诬指绅民为闹漕凶棍,追捕勒索,这些不法官吏均受到严惩。道光深有感触地说,像这样的官,多设一个,老百姓即多受一官之累,多了一分祸害,岂能不予以严加惩处。

道光帝看到了吏治腐败给他的统治带来的重大危害,他很想惩治腐败,稳定社会,也确实处理了一批贪官污吏,甚至包括一些徇私枉法的王公显贵。但在当时的社会中,腐败已如同瘟疫蔓延,充斥于整个官僚队伍之中,几乎达到无可药救之地步。道光在位期间,官僚腐败的势头,非但没有得到遏止,还大有愈演愈烈之势。

贪污、行贿、受贿,在官场已普遍成风。官员在上司三节两寿时要给送礼,夏日敬奉"冰敬",冬天要送"炭敬",习以为常。官员升迁时给上司送"别敬银",其数目有时大得惊人。前面说过,张集馨出任陕西督粮道时,仅赴京谢恩、打点京城诸衙门大小官员,即花费"别敬银"17000余两。上任后,张集馨每年仅向上司送礼一项,即要用去近2万两白银。行贿送礼达到这么大的数目,可张集馨每年仍有大笔银两用于清偿旧债、买地购屋,合计一年收入近10万两白银。当时张氏的薪俸是有限的,其收入绝大多数要靠贪污受贿,巧取豪夺,是不言而喻的。

道光二十三年,震动朝野的国库帑银被盗案事发。据查,自嘉庆五年之后,被盗库银高达925万余两,均系户部银库管库人员监守自盗。道光二十九年,查出浙江各属库存正项动垫银亏空达284万余两,仓谷亏空110万担以上。一批道貌岸然的大清朝的官吏,实为疯狂侵吞国家资财的蛀虫。

一些官吏为了对付上边的考核,故意隐瞒社会问题,制造平安无事的假象,以得到好的考绩。抢劫事件的出现,在当时被认为是管理不善的问题。地方官遇到有抢劫事件发生,极力隐匿不报。道光二十五年,四川简州发生劫案300余起,州官不上报。四川总督宝兴为了粉饰太平,也鼓励属员这样弄虚作假。更有甚之,为讳盗而陷害良善。道光二十九年四川遂宁强盗杀人,县令徐均反诬死者妻子有奸情,谋害丈夫,以隐讳命案性质。

总之,道光帝虽看到官吏腐败已成严重的社会问题,他也想大力整治。但他看不到造成吏治败坏的最根本原因是政治体制造成的,他只治标而不能治本,甚或连标也治不了。其结果便是,贪官污吏上下横行,腐败之风愈刮愈胜。

"台湾之狱"

事件发生在道光二十三年（1843）。

中英《南京条约》签订后，璞鼎查率领的英国侵略军，以所谓在台湾的英国俘虏被害为由，制造了一起"台湾冤案"，由此又引发了一桩达洪阿、姚莹两人的冤狱之案。

英国侵略军进攻我东南沿海的同时，先后于 1841 年 9 月、10 月，1842 年 3 月、5 月，向台湾基隆、大安两港发动了四次进攻。时任台湾兵备道的姚莹会同时任台湾镇总兵的达洪阿，平时积极备战，事发时指挥得力，使英国侵略军多次进犯均未能得逞。在这一过程中，英国兵船"纳尔布达"号及"安音"号，在台湾军民的打击下先后沉没。在台湾军民的围歼之中，俘获了该船上的军事人员 189 名。

姚莹、达洪阿基于对侵略军在江、浙、闽、粤等省烧杀抢掠强盗行径的愤慨，为了表示与侵略者战斗到底的决心，上书闽浙总督颜伯涛及继任者怡良，坚决要求处决英俘。颜伯涛及怡良害怕此举会招致英军报复，又企图以英俘换回被英军侵占的厦门，要求将英俘解送内地，反对处决。姚莹则认为，英国侵略者强行占据厦门，正是看中了厦门是通往浙江、广东的咽喉要道，不会因百余名战俘而放弃此战备要地。且侵略者向来畏强欺弱，杀之可壮我士卒之气。英船来犯，我唯有与之交锋，岂能惧其报复？于是，姚莹、达洪阿毅然上奏道光帝，请求定夺。

道光帝前在接到台湾军民痛击英国侵略军取得胜利的奏报时，非常高兴。他说，英国人窥伺我台湾，达洪阿等用计谋使英船搁浅，军民破舟杀敌，智勇兼施，不负委任。道光帝特给达洪阿赏加太子太保衔，并给予其"阿克达春巴图鲁"荣誉称号。1842 年 6 月，道光帝接到姚莹等处决战俘的奏折后朱笔批示：必当如此！道光帝谕令姚莹、达洪阿将所获英国俘虏，除头目暂行关押、候旨办理外，余均著即行正法，以出积压已久的愤懑之气而快人心。由此可以看出，道光帝对达洪阿、姚莹等在台湾与英军作战取得的胜利，深感快慰。

英军在台湾侵略受挫后，扬言要调兵报复。为此，道光帝特下谕旨询问达洪阿、姚莹有何对策，并再次重申前谕，取供之后除英军头目外，其他英国俘虏，连同汉奸，即行正法。姚莹、达洪阿奉旨行事，在台湾处决了俘虏的英国侵略者 139 人。

事隔不久，英国侵略军头子璞鼎查于 1842 年 12 月 29 日，突然在厦门会晤闽浙总督怡良，声称台湾所破英船系"民船"，中国所戮英俘均系"遭风难民"，公然提出为之伸冤的要求。次日，英方正式递交两份书面照会，一份给怡良，另一份送给了清政府签订《南京条约》的首席代表、钦差大臣、两江总督耆英。照会中云，台湾镇总兵、兵备道姚莹等，将英国"遭风难民"妄称战俘，冒功捏奏，滥行杀戮。璞鼎查还张贴告示，要挟清政府将姚莹和达洪阿即刻革职正法，家财没收以抚恤受害英人。并威胁若不如此办理，难免干戈再起。

接到照会后，耆英认为：鸦片战争后，民困财匮，将怯兵疲，不值得因台湾事使抚局又成决裂，再生战端。他奏请道光皇帝下旨将台湾镇总兵达洪阿解部审办。妥协派的另一个代表人物广州将军伊里布也加以呼应,云在台湾所戮英俘实属无辜,请求道光帝立即采纳耆英的意见,将达洪阿、姚莹"解京讯问"。怡良也上奏道光帝云,不答应英方的要求,战事定起,而战事再起,则台湾断难固守。

耆英、伊里布等人之所以强烈要求查办姚莹与达洪阿,屈从璞鼎查,其原因主要有三。一是对姚莹、达洪阿台湾抗敌立功受到道光的称赞,产生嫉妒之心。二是战前姚莹等曾拒绝执行闽浙督抚的不当指挥方案,又拒绝怡良将英国战俘解送内地的要求,怡良等乘机挟嫌报复。三是一帮鸦片战争中的妥协派,对姚莹等抵抗派心怀不满,想借此机会打击抵抗派。据云,耆英曾致书京师中的要人,说:"不杀道、镇(指姚莹、达洪阿),我辈无立足之地!"这真是一语道破天机。

此时的道光帝又是何种态度呢?数月前还批示对英军头目暂行禁锢余皆正法以抒积仇忿以快人心的道光帝,先是对耆英等人交相弹劾、要求惩办姚莹、达洪阿的奏章进行批驳,继而犹疑,最后在英国侵略者与中国的妥协派的双重压力之下,考虑《南京条约》刚刚签订,好不容易出现的和局不宜打破,终于屈从了妥协派的意见。1843年2月,道光帝派新任闽浙总督怡良赴台传旨查办,并特意嘱咐其要破除情面。甚至为了取悦洋人、保全"和局",道光帝命令怡良不管姚莹、达洪阿有无妄杀英人情事,也应当顾及大局,将其二人撤任,带回省城,候旨办理。

1843年3月,怡良带着道光的谕旨到达台湾府城,次日即传旨逮问姚莹与达洪阿,并将所收集的有关他俩的诬陷不实之词拿出来迫使二人认可。4月,怡良将其"查办"情形上奏道光皇帝,云其查访的实情与璞鼎查、耆英、伊里布所言无异,现已将达洪阿、姚莹带回内地,或饬部从重治罪,或解部审办,恭候谕旨。道光帝接到奏报后,申斥达洪阿和姚莹欺饰冒功,情殊可恶,下令将二人革职,解交刑部,派军机大臣会同该部审讯。5月,达洪阿与姚莹被拉上囚车,从福州启程,押解入京。是年8月,达洪阿与姚莹被打入刑部大狱,这就是当时史书上讲的"台湾之狱""台湾冤狱",亦称"姚莹冤狱"。

姚莹等因抗英被逮捕下狱,激起了强烈的社会反响。台湾军民群情激愤,达洪阿、姚莹被逮捕的消息传出后,精兵千人振臂喧嚣,气势汹汹,几乎酿成兵变,后经姚莹劝导,众兵士才痛哭投戈而去。台湾当地百姓,也为达洪阿、姚莹鸣不平。被押解的姚莹抵达京都时,一些正直的京官,赶到40里以外的京郊长辛店去迎接。道光本来心里也有几分明白,姚莹、达洪阿实属冤枉,加之为姚、达申诉之声甚烈,于是对二人从轻发落,开释出狱。旋贬姚莹四川,再罚往西藏。道光二十五年(1845),姚莹在西南各地进行实际考察的基础上,写成著名的关于边疆地理的著作《康輶纪行》。姚莹自己说:"莹为此书,盖惜前人之误,欲吾中国稍习夷事,以求抚驭之方耳。"意图在于"知彼虚实""徐图制夷","冀雪中国之耻,重边海之防"①。警告国人对英国、俄国从西部边陲侵犯我国保持高度警惕。道光二十八年引疾返籍。达洪阿当年冬免

---

① 中国史学会主编丛刊本《鸦片战争》(四),第534页。

罪,充任哈密办事大臣。但实际上,二人的冤案并未得到彻底平反。

道光三十年(1850),咸丰帝继位后,下诏宣示,罢黜穆彰阿、耆英等,起用林则徐。同时宣布,达洪阿、姚莹以前在台湾尽忠尽力,而穆彰阿妒其二人之功,进行诬陷,必置其于死地而后快。姚莹等冤案得以彻底昭雪。

姚莹、达洪阿两人功过是非此处暂且不论。单就道光帝而言,先是缺乏大局观,感情用事,同意姚莹、达洪阿等人意见,谕令杀掉百余名英军俘虏;继而又抵挡不住英国人及国内妥协派的压力,将姚、达二人打入大狱以平息中外纠纷。战没个战法,抚没个抚法,自然在对外关系方面处于下风。下令杀英俘的是道光帝,惩罚杀英俘者还是道光帝,足见在专制帝王之下当官也真难。好在道光帝心里还明白,总算事后给达、姚二人平反了,虽然不那么彻底。

黄竹岐案

案件发生在 1847 年。

黄竹岐村位于广州西南南海县境内的珠江边上。第一次鸦片战争爆发后,英国侵略军沿江骚扰,百姓深受其害。为了保卫身家性命,包括黄竹岐村在内的广州附近沿江一带村庄的人民,纷纷在村口筑闸设栏,用以自卫。

《南京条约》等不平等条约签订后,英国殖民者向清朝广东地方当局提出了进入广州城的要求,遭到广大人民群众的强烈反对。1847 年,迫于西方殖民主义者的压力,耆英等人暗地里与英方订立了两年后开放广州城的约定。至此,入城问题暂时算是搁置下来了,但英国殖民者在当地的小规模的侵略骚扰活动,始终没有停止。他们往往拉帮结伙手持鸟枪或短枪,驾驶小舢板或租用小艇,在广州附近东游西窜。这些人登岸打鸟,甚或用枪瞄准中国的村民,为此常常与当地居民发生冲突。

一次,有 6 名英国人驾船闯入省河北路一带村庄,到达黄竹岐村时,撞进村口的闸栅,肆无忌惮地在村内鸣枪打鸟。看见村中妇女,喧嚷调戏,吓得村中妇女惊叫四逃,英国兵竟向惊恐的女性射击取乐,险些伤人。村民们怕英兵滋事伤人,纷纷上前拦阻。暴虐的英兵竟向村民开枪,当场打死村民 2 人。村民大怒,并鸣锣告急,向临近诸村村民求援。愤怒的群众扑向侵略者,殴毙 6 名英国人中的 3 人,其余 3 人逃回省城报信(亦有史料云杀死英兵 6 名,似不甚可靠)。

事发后,英方照会耆英,要求耆英"缉凶备抵",即缉拿所谓杀死英国人的凶手,用以偿命。并扬言,如不如此,将召集在香港的英军前来报复,烧毁黄竹岐村。还要求将凶手交给英国领事自行审讯惩办。新任广东巡抚徐广缙拒绝了英人的无理要求。徐表示:杀人偿命,理所应当。然而只能一命抵一命,不可滥捕滥杀,用鱼肉乡民的办法来求得洋人的欢心,掩盖英方的责任。徐广缙查明案情后,判处 3 名村民死刑。

道光帝接到耆英最初的奏报后,谕令耆英,一方面查拿村民凶犯,另一方面命令清军水陆各营暗中加强防范,以备英军不轨,借机扩大事端。后道光帝又接到奏报,闻黄岐村村民在冲突中有两人被英国人打死。道光帝在给耆英的谕旨中又强调,处理该事件时,务必不要有失民心,是为至要。接着,耆英又奏报,英国殖民主义者不仅仅要求惩办凶手,还要派军队烧毁黄竹岐村及其相临的两个村庄。道光帝闻此大为恼火,认为英方的要求荒谬至极,绝无允准之理,指示耆英,此案一定要公平审判。一方面,不要对村民过于宽纵,致使英军不满再生事端;另一方面,处理此案不宜急躁草率,以致有失民望。并再次告诫耆英对英国侵略者一定要加强防范,不可麻痹大意。

旋道光帝又谕令耆英调查黄竹岐事件的起因。接到耆英的调查奏报后,道光帝云,此次华洋争殴之事,完全是英国人无理挑衅引起的。如果当初英国方面能够严格约束英国兵,禁止他们乱来,何至于引起衅端?道光强调指出,耆英等务必将这些看法向英国方面切实讲明白,使其知晓。并使英国方面拿出有效办法,禁止此类事件再次发生。英国人除进行正当贸易外,不得随意进入民间田舍房屋。

耆英是如何具体处理黄竹岐事件的呢?道光帝的批示与当地群众的情绪,他当然不能不考虑。但英国人气势汹汹,耆英在此案的交涉中,尽量妥协,做出有利于英方的处理,以取悦洋人。结果是:此前徐广缙缚杀村民 3 人之外,又处理村民多人,计定斩监候 1 人,绞监候 1 人,充军流放 3 人,杖一百徒 3 年 6 人。耆英着意向英国方面表示,因为中国愿与英国和好,所以对村民应得罪名已是加数等处理,以为英国人伸冤,这已经做到不遗余力了。耆英想以此求得英国方面的"谅解"。耆英虽然委曲求全至此,但英国人仍不满意。英方照会耆英,嚣张地说,英国商人不能不出游,如果在其他村庄也发生类似黄竹岐事件,那将怎么办?必须烧其村庄庐舍,不如此不足以平息英国人的愤怒,不足以杜绝今后此类事件的发生。耆英马上责令府县召集士绅开会,拟定并到处张贴各地不要"妄杀"洋人、确保类似黄竹岐事件不再发生的告示,以抚慰洋人。

黄竹岐案就这样做了了结。从整个案件的处理过程可以看出,道光帝对事件本身的认识是比较清醒的,对如何处理该案的原则意见也基本上是正确的。但事件发展为什么没能照道光帝设想的那样进行呢?它起码告诉人们两点:一、经过鸦片战争中西方的较量,清政府被西方殖民者打败了。此后中国在中外交涉的大局方面已处于下风,这就决定了在局部上也就很难与外国人较真。二、道光帝重用的人中,类似耆英这样的人为数不少,他们手握大权,在对外交涉中一味以妥协(即以"抚")为主,即使道光帝有正确的决策或意见,实际上也难以执行。

闭关政策的悲剧

1842 年 8 月 29 日,清政府的代表耆英、伊里布等,在南京下关江面上的英舰"汉华丽"号上与英国代表璞鼎查签订了改变中国命运的《南京条约》。

钦差大臣耆英、伊里布是 4 个多月前,即 4 月 15 日,离开北京的。此前道光帝召见耆英时,明确指示:先剿后抚。其意是,先与英军战,哪怕是取得小小的一次胜利,再与英军讲和,以提高谈判的筹码。道光意识到,要完全打赢这场战争看来是不可能的了,只好"抚",也就是妥协了。战事何以至此,道光帝苦思冥想,理不出一个头绪来。到这时他才发现,原来自己对交战的对手英吉利及有关各国的情况,真是一无所知!

5 月 1 日,道光帝收到奕经的奏折,得知可以审讯俘虏,立即发出谕旨,开出了他急切想了解的种种问题,让奕经询问俘虏后给予一个明确的答复。这些问题是:

据称英吉利距中国水程有七万里,如果从内地来中国,要经过几个国家?

克什米尔距离英国有多远的路程? 是否有水路可通? 克什米尔与英国有无来往? 此次战争中为什么有克什米尔人相从英人到浙江?

孟加拉、西班牙、菲律宾(时为西班牙殖民地)、奥地利此次来到浙江,到底是英国带兵头目私相号召,还是由英国国王招之使来? 是被英国裹胁而来,还是被许以重利招诱而至?

据说英国女王年仅 22 岁,何以这么年轻就被推为一国之主? 该女王结婚没有? 若已婚,其丈夫叫什么名字? 哪里的人? 现在该国任何职务?

英国来的头目,有所谓什么钦差、提督等名号,这是英国女王授予的,还是他们私自假称的? 逆夷在浙江如此嚣张,调动军队,占据州县,搜刮民财,主持其事的人究竟是何人?

听说义律已经回国,消息是否确实? 他回国后有什么谋划? 有否什么消息传到浙江?

其后,道光帝又令台湾道达洪阿讯问如下问题:

究竟英国国土面积有多大?

英国的属国有多少? 其最为强大不受该国统治者共有多少?

英吉利到中国的新疆有没有旱路可通? 平素可有往来?

俄罗斯与英国边界是否接壤? 有无贸易相通?①

鸦片战争已经打了将近两年,差不多就要结束的时候,道光帝竟然作如此发问,真令人啼笑皆非(当然,在当时的历史背景下,这毕竟还算是一个小小的进步呢)。无怪乎魏源在《海国图志》一书中气愤地说:跟英国打了二百年的交道,竟然不知道该国在哪个方向,不知道该国的发展演变,还谈得上什么留心边事?②

对世界大势懵然无知,对交战的对手一无了解,这恐怕在鸦片战争打响之前,很大程度上已经决定了清政府在这场战争中不可逆转的失败的命运!

或问,造成这种状况,谁之罪?

是道光帝,是清政府那些封疆大吏,是那些应该负有责任的知识分子? 是,但又不全是。从根本上来说,是已经落伍的封建专制主义体制,是在这种体制下派生出

---

① 道光朝《筹办夷务始末》第四册,第 1776—1777 页。
② 《筹海篇三·议战》,《海国图志》卷 2,清光绪二年刻本影印本,第 4 页。

来的闭关政策所造成的恶果!

所谓闭关政策,不同于往常的严格管制对外贸易的政策,而是一种封建专制主义的对内对外政策,这种政策不限于外贸和外交的领域,而是在政治、经济、文化上都带有与世隔绝和盲目排外的倾向。它是传统重农抑商政策的延续,也来自封建统治者妄自尊大的心理。其政策的制定与实施,也有隔绝人民与外界的联系,以利于专制统治的目的。清代,除个别皇帝如康熙外,绝大多数统治者对西方资本主义的科学文化,都采取了不加分析的深闭固拒的态度。马克思曾经指出:"一个人口几乎占人类三分之一的大帝国,不顾时势,安于现状,人为地隔绝于世并因此竭力以天朝尽善尽美的幻想自欺。这样一个帝国注定最后要在一场殊死的决斗中被打垮。"①闭关政策当然不是从道光年间才开始的,但道光继位后,在新的历史条件下,仍然坚持实行闭关政策,对中国的危害就更大。

鸦片战争时期,若追究起因实行闭关政策造成恶果个人应负的责任的话,首先就追究到道光帝的头上。即以道光帝最为困惑的世界地理情况而言,西方传教士南怀仁送给康熙帝的当时中国最精美的世界地图《坤舆全图》,就在紫禁城的库房里放着呢! 以天朝大国自居的当权者们,盲目虚骄自大,对外国的情况他们认为没有必要了解,也不屑去了解,更可恶的是还不让其他人去了解。

如果说,鸦片战争前这种情况的存在勉强还可以理解的话,而《南京条约》签订后,这类情况仍在继续,道光帝难辞其咎。

道光二十五年(1845),俄国因国内没有《大藏经》,其国王请求中国皇帝赠送该书。道光帝遂颁旨发雍和宫藏《大藏经》计800余册赠给了俄罗斯。几个月后,俄罗斯国王回赠给中国一批图书。

代表道光帝接受这批赠书的是理藩院,并由该院俄罗斯译馆译出了书名目录。目录编号至357,其中第356号系仪器工具,第357号为仪器工具的说明书,355号以前均为图书,包括281种图书(少数图书系一种几个编号)。按图书内容性质划分,排列如下:

第1—7号,政令类

第8—10号,自然观类

第11—14号,宗教观类(以上两种又合称天理类)

第15—47号,历史类

第48—88号,军政、军史类

第89—137号,地理、行记、方志类

第138—142号,经济、财政类

第143—160号,农林业类

第161—168号,手工业类、工业类

① 《马克思恩格斯选集》第一卷,人民出版社1995年版,第716页。

第 169—178 号,植物、动物等类

第 179—182 号,矿物学类

第 183—207 号,医药学类

第 208—223 号,数学、测量学类

第 224—234 号,天文学、气象学类

第 235—251 号,军事类

第 252—253 号,音乐类

第 254—266 号,文字学类

第 267—272 号,语言学类

第 273—310 号,文学类

第 311—326 号,教育学类

第 327—328 号,综合类

第 329—355 号,图幅类

第 356—357 号,天文、地理仪器及其说明书

以上共计 21 类图书,涉及政治、经济、军事、文化等各个领域。这些图书中,有些是当时最新出版的西方文化、科学名著的俄译本。有意思的是,333 号名曰"天下东西地理图",含地图两幅,各宽 97 厘米,高 90 厘米,是彩色的世界地图,极为详尽精美,系俄国军用印刷所于 1831 年出版。

这批图书反映了当时俄罗斯广阔的知识领域,就世界范围内而言也是非常珍贵的,理应得到昧于世界大势的道光帝及清王朝的高度重视。

事实上又如何呢?理藩院收下这批图书后,奏报道光帝,道光帝令在该院保存,另在军机处存注档册,以备垂询。事后,道光帝并未垂询,也无法查询。同文馆设立后,同文馆洋文总教习美国人丁韪良同馆内的俄文馆教习班铎率领学生对剩下的图书进行编目。但那时也只是翻译下书名,同文馆的学生水平有限,根本无法对图书进行翻译,即使翻译书名,很多也是勉强为之。因这批图书仅由理藩院的俄罗斯学馆翻译出了中文目录,并未翻译图书内容,便搁置在库房里睡大觉了。而此时那些睁眼看世界、想师夷之长技以制夷的有识之士,正苦于找不到图书资料而焦急!直到道光帝去世前,这批图书始终没有发挥任何作用。维新变法兴起后,翻译西方著作成为一股热潮,于是又有一些人准备筹划翻译这些图书,但是有人认为,这些图书已经过时了。确实,相比于当时西方的最新书籍,这些几十年前的图书无疑是落后了,而且当时人们更重视英法书籍。后来随着日本的崛起,中国多数是转译日本翻译的西方图书。这些图书仍在总理衙门继续沉睡。

由于实行闭关政策,道光帝对于当时世界大势一无所知,对于直接交战的英国政治、经济、军事等方面的情况皆不甚了解,曾造成各种决策的失误,成为导致战争失败的重要原因;更可怕的是,《南京条约》签订后,道光帝似乎仍未醒悟,对开眼看世界的杰出人士魏源等人师夷长技的意见不予重视,仍沿着"守成"的路子走,没有

拿出像样的变革措施,使中国又白白耽误了七八年,丧失了一个发展的历史机遇。

反入广州城的斗争

鸦片战争前,外国人来广州做买卖,不能随便进入广州城,只能居住在广州城外的夷馆内。对此,外国商人极为不满。中英《南京条约》签订后,围绕着入城与反入城问题,中英之间展开了一场激烈的斗争。

道光二十四年,英国由德庇时就任香港总督兼任英国驻华公使。他多次与接替伊里布任两广总督的耆英交涉,要求入城。耆英向英方表示,自己无意阻止英人入城,但怕当地百姓反对,激起事端。广东巡抚黄恩彤也以此为借口,婉拒英人。

第二年,按有关条约规定,中国要收复定海。德庇时则以清政府不许英国人进入广州城为借口,拒绝将定海交还中方。耆英将此情况向道光帝奏报后,道光帝指示耆英,对英国人的请求应当保持镇静。若英国人再提出此事,应告之,两国贸易之事贵在彼此相安。如改变过去不许外人进城的旧章,难免不发生事端,对双方都不好。后耆英再奏报,英国人还是坚持原来的意见,要求进城。道光帝指示耆英:英人进城之事,本非条约所有。应该详细清楚地向英人讲明白,即便官方允许英人进城,而民情究难相安,一旦发生冲突,地方官也断难查办,且地方官在此问题上不负约束百姓之责任。

道光帝这里的态度是明确的。但耆英是怎样具体处理这件事的呢?一方面,他禁不住英人的要挟;另一方面,他又不能不考虑当地绅民的态度。此前,他曾设想,一方面贴出准许英国人入城的告示,另一方面民众可以贴出反对英人入城的揭贴,让英人了解民情,或许其暂时放弃入城的念头。道光二十五年十二月十六日(1846年1月13日)耆英与黄恩彤贴出告示,准许英人入城,希望绅民不要阻挠,以敦友好。广州民众撕毁告示,冲入广州府衙门,以示抗拒英人入城之决心。耆英见众怒难犯,又贴出了杜绝英人入城之请的告示。

道光二十七年三月,德庇时率英军千人、兵舰十余只突入省河,强烈要求进入广州城,否则以兵戎相见。而广州民众也严阵以待,不准英人入城一步。道光帝得到奏报后,说了些模棱两可的话,一方面令耆英等迅速布置,严密防堵;另一方面令耆英等相机妥筹,不可过事张皇。耆英与德庇时会商,应允英人获从道光二十九年三月十四日(1849年4月6日)自由进入广州城的权利。其后,耆英离任,由徐广缙接任两广总督。德庇时回国,继任者为文翰。后叶名琛接任黄恩彤巡抚之职。

徐广缙赴广东任职时,道光帝告诫其重在安民,民心不失,则外侮可以消弭。今后凡遇有中外交涉事件,不可瞻徇迁就,有失民心。徐广缙到广州后,和叶名琛一起与文翰谈判。会谈中,双方坚持各自主张,互不相让,徐再次请示道光帝。道光帝的态度是:"民心即天心",要顺乎民意。[1] 后道光帝看到两广总督徐广缙奏折中有"拒之过

---

[1] 梁廷枏:《夷氛闻记》卷五,中华书局1959年版,第157页。

峻,难免激成事端"一语,曾下旨暂时准许英入城以践前约。可这道谕旨到达广州时,民众激越的反入城斗争情绪已使徐广缙无法执行。于是,徐一面制造伪诏对付英人,一面将拒绝入城的情况奏报道光帝。1849 年 3 月 25 日,两广总督徐广缙以广东民情不愿外人进城为内容照会英公使文翰,其中公布了道光帝的谕旨,照会如下:

为照会事:现在恭奉大皇帝谕旨,以本大臣由驿驰奏贵国:"现拟进城一节,谕以设城所以卫民,卫民方能保国,民心之所向,天命之所归。今广东百姓既心齐志定,不愿外国人进城,岂能遍贴誊黄,勉强晓喻。中国不能拂百姓以顺远人,外国亦应察民情而护商力,更须严禁土匪勿令乘机滋事,扰我居民。外国商人远涉重洋,总为安居乐业,亦当一体保护,庶几永敦和好,共享太平。钦此!"现本大臣前与贵公使面议之言,非固执己见,即远承谕旨,亦不出此公论也。为此照会①

1849 年 4 月,文翰率兵企图强行进入广州城。广州附近十万民众严阵以待,誓死抗争。文翰见状,只好退回香港。

当道光帝听到英人放弃入城(实为暂时搁置)的消息时,感受到开战以来从未有过的喜悦,"朕嘉悦之忱,难以尽述。允宜懋赏,以奖殊勋。徐广缙著加恩赏给子爵,准其世袭,并赏戴双眼花翎。叶名琛著加恩赏给男爵,准其世袭,并赏戴花翎"。道光说:举办洋务以来,将近 10 年了,但沿海扰累不断,真是劳师糜饷。总结过去驭夷之法,总是刚柔不得其平。此次广州反入城事件,徐广缙等办理悉和机宜,加之商民深明大义捐资御侮,绅士实力匡助,不折一兵,不发一矢,令英夷训服,今后可历久相安了。道光帝十分激动,在谕旨中大大称赞粤东百姓深明大义,有勇有谋,"难得十万之众,利不夺而势不移,朕念其翊戴之功,能无恻然有动于衷乎!"②道光帝以为找到了制夷的方法,即联络民众,利用民气,驱血肉以抗枪炮的力量。

我们今天有理由给当时广州民众反入城斗争以肯定的、较高的评价。由于道光的巨奖,朝野上下一派对外强硬的姿态。这固然不能说是不好的事情。然而更重要的是这种姿态应该建立在对世界发展大势的正确认识为基础,应该是理性的,有长远战略眼光的。

1850 年 2 月 25 日道光帝因病于圆明园去世。清宣宗死后,清王朝在对外斗争中一次又一次地重复着失败。

(郑永福编撰《中国历代帝王生活传》书稿 1997 年)

---

① 《广州反入城问题及有关公告》之一,《两广总督徐广缙以广东民情不愿外人进城给英公使文翰的照会》,《中国文库》(*Chinese Repostiory*)1849 年 4 月,18 卷 4 期第 6 篇。引自广东省文史研究馆译《鸦片战争史料选译》,中华书局 1983 年版,第 485 页。该书编者注曰:谕旨系"据《筹办夷务始末补遗》道光朝所载原文抄录"。

② 梁廷枏:《夷氛闻记》,卷五,中华书局 1959 年版,第 167 页。

河南人物

治河名臣张师载

有清一代,水灾是仅次于旱灾的最为严重的自然灾害。即便是康乾盛世,也面临着黄河失控、淮(河)运(河)俱病的局面。记载表明,清代 260 多年间,仅黄河即决溢漫口 99 次,雍乾两朝则多达 21 次。[①]频繁发生的河患,危及沿河人民的生命财产,也威胁着漕粮北运京师的安全。康熙皇帝曾把河务和平定三藩、漕运视为治国安邦的三件大事,作书悬于宫内柱上,夙夜萦怀,并强调"自古作患,惟河是大"[②]。大力治理河患的直接目的,是通过治河以济运通漕,解除东西流向的黄河对南北走向的京杭运河的干扰,以保持运河畅通无阻,保证京师粮食和其他生活用品的供应。在治理河患的实践中,涌现出了不少治河专家、名臣,如靳辅、于成龙、张伯行、张鹏翮、栗毓美等,张师载也是其中之一。

张师载(1695—1764),字又渠,号愚斋,河南仪封(今属兰考县)

---

① 参阅黄河水利委员会编《黄河水利史述要》相关章节,水利出版社 1986 年版。

② 《御制河臣箴》,《雍正朝大清会典》卷 205,沈云龙主编:《近代中国史料丛编》第三编,台北文海出版社 1990 年影印版,第 19 页。

人。系康熙名臣官至礼部尚书的张伯行之子。康熙五十六年甲申科中举,以父荫补户部员外郎。雍正初年,授扬州知府;累迁江苏按察使,内擢右通政使,再迁仓场侍郎,并授副江南河道总督,协办江南河务;继授安徽巡抚,会河溢,受累夺官,再起为兵部侍郎,迁漕运总督;乾隆二十二年(1757)授河东河道总督。乾隆二十九年,张师载69岁时,卒于任上。作为理学大师之子,师载少读父书,研性理之学。张伯行虽然是理学大家,对经世致用之学也多有心得,有《治河杂论》等文传世,这些都会对其子张师载产生影响。张师载一生"与河务相始终",实为治理河患的有功之臣。乾隆皇帝曾赞其为官为人"笃实"[1],逝后赠太子太保,谥恝敬。昭梿在《啸亭杂录》中谈到本朝理学大臣并非不讲经世致用时,并列举"完颜伟、张师载二河帅之治河"等事例为证,称其"皆扬名于一时,谁谓理学果无益于国也"[2]。足见师载在清代治河事业上的重要地位。

张师载之父张伯行系康熙名臣,官至礼部尚书,素有"天下第一清官"之誉,为清代仅有的以名臣从祀孔庙的三位官员之一。张伯行除了在理学方面多有建树,为官方面亦是清廉爱民的楷模。任内曾多次亲赴河工,甚至自己雇民以布囊装沙堵塞黄河决口,并撰写过多篇见解独到的治河文章。师载自幼随父在任,深受影响,年轻时就立下了"报国活民"的志向。

雍正元年(1723)张师载初次外放,任扬州知府。到任之初,其便做出了两件惊人之举。时岁饥,高邮湖西的百姓因县吏报灾过轻,得不到赈济。师载见饥民满道,不待报而赈之,"活男妇数千口"。另一事为,当时正值夏潦暴涨,低田尽淹。但地处淮、黄二河及其他河流入江之地的江都芒稻闸闸官,因向受盐商贿赂,以盐运需要为借口,不肯启闸排涝。师载了解到盐船行驶需水深六七尺,而现已过半,于是"单骑驰往,督役启闸",并觅船夜宿其旁进行监督,至水退"田皆涸出"始归。他不畏盐运使"大恚",具文请得该闸改归扬州府启闭,为当地百姓做了一件大好事。乾隆初年,师载两任河库道道员,专掌治河资金和物资。此职不负河工之责,无须直接参与治河工程,但由于办事认真,他多次被河道总督委以重任,负险要大工之责。[3] 在实践中他对河务日加谙熟。

乾隆八年(1743),张师载出任副江南河道总督,之后,协办江南河务达16年之久。乾隆十八年黄河秋汛,铜山和张家马路决口200余丈,黄河水南注洪泽湖,夺淮而下,徐州被冲。时师载正于省城监临乡试,以"失察"褫职。在处决侵帑误工的同知李焞、守备张宾两名官员时,他与江南河道总督高斌二人被"缚视行刑",随后受命

---

① 赵尔巽等撰:《清史稿》列传五十二,中华书局1986年版,第9940页。

② (清)昭梿:《啸亭杂录》卷十,"本朝理学大臣"条,中华书局1980年版,第318页。

③ 《张公师载神道碑铭》《碑传集》卷七十六河臣下,沈云龙主编:《近代史资料丛编》正编,台北文海出版社1966年影印版,第3652—3655页,第3681页又附录小传。

赴河工效力赎罪,两年后放归。乾隆二十二年(1557),升任河东河道总督(简称东河总督),专司黄河中下游河南、山东段及相关运河段的防治事宜。

明清时期,逐步建立起了一整套管理重要河湖和治理河患的行政系统。形成了上有河道总督,道有管河道、河库道,府有管河同知、通判,州有管河州同、州判,县有管河县丞、主簿的较为完备的系统。河工紧要时往往另设副河道总督以协助"河总"。各级河道官员均设有相应衙门,道以下专设厅、汛,共掌本地区水利工程岁修、抢修、挑浚淤浅事宜。清代六部之一的工部,并不负责治理黄、淮、运河一事,此项重任,由河道总督全权督办,直接听命于皇帝并向皇帝负责。河道总督的职责很广泛,因兼兵部侍郎及都察院右副都御史衔,于治河之外还负有监督地方和弹压地方之责,是名符其实的封疆大吏,官至正二品。如地方总督和漕运总督,河道总督下辖一定数量军队,被称为"河标",掌督护、守汛、防险及河工调遣之事。东河总督额定河标 8 营,计 3000 余人。凡遇重大河患,皇帝一般还会另钦命中央或地方重臣前往督办。清初顺康年间,只设有一名河道总督,这是由于黄河自明代以来改道徐州夺淮入海,黄河、淮河、运河三河的治理已合为一体。康熙年间的河患主要集中在黄河和运河交汇处的淮安清口及下河地区。至雍正年间,黄河河患中心由江南段向上推移到了河南段,治河中心也转移到了河南段,河政管理制度随之发生变革。雍正二年,因河南河工紧要,增设副河总一人,专门管理河南、山东的黄河、运河;雍正七年,改河道总督为江南河道总督,副总河改为河东河道总督;雍正八年,以直隶河工紧要,又增设北河总一人。至此,形成了南河、东河、北河三河道总督分立的局面。清代河政制度基本确立,也更趋完善。其中,北河、南河二河道总督为兼职,由直隶总督和漕运总督兼任,只有东河总督为专职,治黄地位之重要可见一斑。这一格局一直延续到咸丰年间,才有所变化。①

乾隆二十二年,张师载任东河总督之初,正值黄河上年在山东孙家集决口,黄水肆虐横流,泻入洪泽湖,危及大运河。一片汪洋之中,"贾舶漕艘如泛大海"。为指挥堵口工程,师载以 62 岁高龄,"冒风雪,宿河干,灯荧荧达曙",常彻夜不眠。是年二月,乾隆南巡,张师载与南河总督白钟山向乾隆建议:"徐州南北岸相距甚迫,一遇害盛涨,时有溃决。请挑濬淤浅,增筑堤工,并堵住北岸支河,为南北分筹之计。"得到乾隆认可。他采用疏筑并举的方针,经一冬春努力,终使大坝合龙浚工。② 乾隆二十六年七月,沁水、黄河并涨,河南省武陟、荥泽、阳武、祥符、兰阳等地同时决口 15 处,中牟杨桥亦决口数百丈,"大溜直趋贾鲁河",形势十分危急,乾隆特派大学士刘统勋等人前往勘察。作为东河总督的张师载深感责任在身的压力,但是,在先堵杨桥还是先筑南岸溃堤问题上,乾隆皇帝与地方大员的主张并不一致,以致乾隆大怒之下

① 张德泽:《清代国家机关考略》,中国人民大学出版社 1981 年版,第 233—234 页。

② 参见《清史稿》卷 127,志 102 河渠二。

撤换了河南巡抚常钧,继而申斥师载:过于谨小慎微,缺乏决断。经过反复勘察,刘勋统、张师载等再次提出治理方案,建议于山东曹县十四堡黄河南岸坐湾处的刘家庄开挑引河,向南直入黄河主道,以防南岸淤高,危及十四堡堤埽。得到乾隆认可。4个多月后工程完工,十一月初一大坝合龙。"上闻大喜,命于工所立河神庙",御赐"巩佑金堤"匾额,并谕令对大学士刘统勋、东河总督张师载、河南巡抚胡宝瑔等进行褒奖。在整个东河总督任职期间,师载在治所济宁与开封等地往来穿梭,视察河情,组织开展了多项治河工程,付出了极大心血。① 其间,为了向乾隆皇帝及朝廷汇报河务信息,并为清廷进行河务决策提供依据,同时也是为了陈述自己的治河政见,乾隆二十四年,张师载与海明及山东巡抚阿尔泰在受命会勘直隶、山东运河之后,援成例详细绘制了《豫东黄河全图》(现存美国国会图书馆),呈奏朝廷。河图右起河南、陕西交界处,左至江南、山东、河南交界处。此图用中国传统绘图方法,形象地表现了黄河在河南省内的河道形势与河防堤埽工程情况。图中分别用黄、蓝、棕等不同颜色标示出了黄河和其他河流、堤埝埽坝,特用红色细线标出了新修工程,并标注出"新工"字样,观者可一目了然。② 豫东黄河图的绘制,不仅为当时治理河患提供了切实有效的帮助,也为后人留下了一份那个时代人们与自然灾害作斗争的真实记录。此外,据称师载有不少关于治理河患的论著,可惜均已佚失。

在治理河患中,张师载主张采用明朝潘季驯和清初靳辅等治河专家的成功经验,以筑遥堤、缕堤束水冲沙,解决黄河多沙难题;以疏浚筑堤并举之法,障其狂分之势。同时,师载亦十分重视乃父张伯行总结出的治河须遵循的"八因""三策"方略。所谓"八因",即"因河之未泛而北运;因河之顺流为运道;因河安则修堤以固本;因河危则塞决以治标;因冬春则沿堤以修;因夏秋则拒堤以守"。所谓"三策",即"四月方终,舟悉入闸,夏秋之际,河复安流,上策也;运艘入闸,国计无虞,黄水啮堤,随决随堵,中策也;夏秋水发,运舸渡河,漕既愆期,河无全算,斯无策也"③。师载对此谨记慎行。实践中,张师载以因地制宜为治理河患的基本原则,尤其强调黄河自身的特点。他指出,在山东"河东水势、土性均与江南相异,河东两岸相距甚宽,宜多挖引河以杀险;河东土多浮沙,宜厚培客土以实虚"。又提醒人们,"豫省黄河工多暗险"。他曾多次有针对性地提出治河方案,受到乾隆皇帝嘉许。如,乾隆二十二年,他与南河总督白钟山就徐州遇盛涨则溃决的问题,向南巡中的乾隆进言:"挑浚淤浅,增筑堤工,并堵北岸之河……"乾隆二十四年,他与巡漕给事中海明在会勘直隶

---

① 参见庆桂:《高宗实录》,《清实录》第17册,中华书局1985年版;《清史稿》卷126,志101河渠一。

② 席会东:《美国国会图书馆藏〈豫东黄河全图〉与乾隆朝河南河患治理》,《西北大学学报》2013年7月第43卷第4期。

③ 《治河杂论》,引自黄河水利委员会黄河志总编辑室编《历代治黄文选》上册,河南人民出版社1988年版,286—287页。

山东运河段时,根据临清以下 200 余里河身盘曲的形势,提出综合治理漳河、卫河的方案,建议于临清作滚水石坝,使汶、卫两水合流,分泄水势。次年,又与巡漕给事中耀海奏请移金线闸于柳林闸北,使独山诸湖之水全注北运河,抑制水患。乾隆二十七年,又建议将鱼台等地两个泄水口改建滚坝,以解决口门年久刷深难以节制的问题。这些建议多从实践中来,很有价值。①

张师载一生任职过多种官职,又以多种身份参与过河政,从时间上看,可以说"与河务相始终"。仅就治理河患这项工作而言,他在很多方面的作法,是值得称道的。其一,关心民瘼,始终把沿河百姓的生死、百姓的生计放在首位,不惜自身遭诟累受牵连。其二,善于充分汲取前人治理河患的经验,但又不拘泥已有成规。对于这项极具专业性又经常事出紧急的事情,师载采取了最直接最有成效的方法,即仿效以往成功的经验,不仅解了一时之困,还为新一轮治理奠定了基础。其三,讲求因地制宜。为了掌握沿河各地地形、土质等实情,师载进行了多次实地巡视、考察,不辞辛苦往来奔波,因此往往能够提出切实可行的治河方案。其四,在河工已成最大利薮,河臣贪腐成风的社会环境中,师载仅遵父命"毫毛毌竞,只此俸钱",做到了洁身自好,保持了廉洁家风。但是,从总体来看,河政是国家的重大政务,根除河患亦非是个人能够解决的事情。清代在河政管理中,始终存在着中央与地方脱节,局部与全局失联,决策者决于千里之外,执行者限于各种条件勉为其难的状况,整个河政缺乏应有的科学性与专业性。但是,正是因为有了如张师载这样尽职尽责的河务官员,有了他们的不懈努力,每一次治理河患成功,基本都能达到"两岸遥缕,免受冲刷"的效果,使得一定时期内的黄河、运河流域,出现了"保障千里,通行万艘"的平安祥和景象。②

(吕美颐撰,原载《河南日报》1995 年 7 月 27 日,收入本书时做了修改补充)

---

① 《清史稿》卷 126,志 102 河渠二;《张公师载神道碑铭》《碑传集》卷七十六河臣下,沈云龙主编:《近代史资料丛编》正编,台北文海出版社 1966 年影印版,第 3652—3655 页,第 3681 页又附录小传。

② 《张公师载神道碑铭》,《碑传集》卷七十六河臣下,沈云龙主编:《近代史资料丛编》正编,台北文海出版社 1966 年影印版,第 3654 页。

河南临颍陈星聚在台湾任职期间的几组史料

台北知府陈星聚,是台湾近代史上一位重要人物。连横《台湾通史》有小传,全文抄录如下:"陈星聚字耀堂,河南临颍人。道光二十九年,举于乡。捻党之乱,督率乡团,以功授知县。同治十年,升淡水同知。淡水地广,延袤百里,而铜锣湾、三角涌、大嵙崁等,皆僻处内山,以盗贼薮,劫杀频仍,前任同知以是被劾,星聚悬赏缉捕,亲赴南乡,遂获匪首吴阿来诛之,次第肃清。在任五年,颇多善政。光绪四年,台北建府,裁同知,调任中路,越数月即授台北知府。诸皆草创,躬任其难,而城工尤巨,方竣而遭法人之役。集绅民,筹守御,众亦踊跃效命。及和议后,以劳卒于官。"①该传介绍陈星聚生平事迹,简明扼要,尤述及陈氏在台经历,无论对我们研究其在台期间作为,或理解分析本文后面所列相关史料,都是不可多得的索引或注脚。特将该传列在全文之首。

陈星聚(1817—1885),河南临颍县陈村人。道光二十九年(1849)中举,历任福建顺昌、建安、闽县、仙游、古田等县知县。同治十年(1871)年任台湾淡水同知,五年后又调任漉港同知,光绪四年(1878)升任台北知府。光绪十一年(1885),陈星聚积劳成疾,病逝于台北知府任上,卒年69岁。台北各界人士联名奏请清王朝追封其为三品道台,御赐祭葬如列。其经营台北、创建台北府城及在中法战争台北保卫战中的表现,尤其令人关注,值得认真研究。2009年3月底,台北知府陈星聚纪念馆开馆仪式在河南省临颍县台陈村隆重举行。豫台两地各界人士和陈星聚后人参加了开馆仪式,台湾亲民党主席宋楚瑜出席。同时还在临颍县南街村召开了陈星聚学术研讨会。研讨会上,笔者提交了《关于陈星聚的几则史料》,《〈丁禹生政书〉中有关陈星聚的史料》两文,供与会者讨论。有关陈星聚生平资料,连著之外,散见于大陆、台湾方志或一些人的奏议等文献之中。近年来关于陈星聚的研究已经引起人们重视,取得了可喜的进展。政协临颍县委员会学习文史委员会编、谭建昌著的《台北知府陈星聚》印行,一些同志相继撰写了论文或纪念文章,中央电视台《海峡两岸》栏目,播放了两集专题片《台北知府陈星聚》。但从规范的史学研究角度来看,陈星聚研究中尚有不足,史料多重转引,不加注释,间有误读误判,即明显缺欠之一。胡适云:"我近年教人,只有一句话'有几分证据,说几分话'。有一分证据只可说一分话。有三分证据,然后可以说三分话。治史者可以作大胆的假设,然而决不可作无证据的概论也。"②胡适先生这里针对的主要是史学研究,文学色彩浓的或演义性质之作,则另当别论。当然,如果没有坚实可靠的史实做根据,演义也可能流于肤浅,甚至可能产生纰漏。应该说明,笔者对陈星聚没有什么研究,这里仅就我们在2009年

---

① 连横:《台湾通史》卷34,列传6(一),循吏,商务印书馆1983年版,第665页。

② 参见罗尔纲:《师门五年记·胡适琐记》,三联书店1998年版。

陈星聚学术研讨会上提交的材料基础上,再做一些梳理补充,以按语形式略加分析。
这些史料作为评价陈星聚在台湾的第一手资料,不可忽视。

(一)陈星聚淡水同知任上的相关史料

［资料来源］

资料出自《丁日昌政书》。丁日昌(1823—1882),字雨生,又作禹生,号持静,广
东丰顺人。1875 年 6 月,丁日昌奉旨北上天津,帮助北洋大臣李鸿章商办事务。9
月,在沈葆桢的推荐下,出任福建船政大臣。1876 年初,又奉命兼署福建巡抚。时台
湾尚未设省,在福建省管辖范围之内。丁日昌在其任内的奏议(包括片、疏)中,有涉
及陈星聚在淡水厅任及上任台北知府相关事项的史料,收录于《丁禹生政书》《抚闽
奏稿》卷三,摘录如下(各件均未署明时间):

［资料原文］丁日昌:《殄除民害片》

再,台北淡水厅辖境五六百里,官长咸令之所不及,天主教因而簧鼓其间,数年
以来尤觉恃势恣行,无恶不作。臣于去科路过艋舺时,访知该教民等鱼肉乡里,稍有
身家之人被其凌虐不可胜计。必逼使入教而后始能安全生。其尤甚者,有该厅所辖
之和尚洲民人李东面,并子李先登,即李温岸,倚恃入教多年,自称教首,叠犯各案,
拒捕伤差,实堪痛恨! 当经查调原卷,该犯李东面父子积案累累。复因同教霸占产
业,控经该厅同知陈星聚讯断归还原主。李东面父子恃执插讼,纠合教党李颜等多
人,于上年八月二十五日乘陈星聚在艋舺仓署审断之际,拥入递禀,齐声呐喊,李东
面并持刀哄堂。经绅民铺户公愤当堂擒获,复于李先登、李颜身傍各搜出小刀一柄
交验,提讯供认不讳;并据举人张书绅等及郊行铺户禀请就地惩办,万口一声,咸以
该犯李东面父子不除,地方受无已各等情在案。

臣到郡后,饬台湾道夏献纶,署台湾府向焘据实覆讯详称:"供证确凿,请照光棍
为首斩决例拟斩立决"等情前来。臣细核案情,遍访舆论,该犯李东面父子恃教横
行,罪恶昭著,从前该处地方官多属因循畏葸,凡遇教民犯法之事辄将就敷衍,酿成
无所不为。现在若不严加惩创,予以显戮,诚恐教民见法之不足畏,趋附日多;百姓
知冤之无可伸,怨毒日积,于风俗人心所关非浅。当即批准将犯法教民李东面、李先
登二名就地正法,俾万目共睹稍挽颓风;其听纠从犯李颜、陈得、陈士美、陈炎四名,
讯明当李东面哄堂时仅站堂下呐喊,尚无逞凶情事,从宽贷其一死,饬令锁系石墩,
永远不准释放,以敬凶邪。

臣为殄除民害,使教民稍有忌惮起见,不得不变通办理。所有教民倚势逞凶,变
通严办缘由,理合附片密陈,伏乞圣鉴。①

［资料分析］

① 丁日昌著,范海泉、刘治安点校:《丁日昌政书》(下),1987 年 8 月香港版,第
640—641 页。

此资料主要反映陈星聚任淡水厅同知时的社会环境,辖境宽广,社会治安混乱,部分教民逞凶,十分猖獗,已非一日。但"从前该处地方官多属因循畏葸,凡遇教民犯法之事辄将就敷衍,酿成无所不为"。陈星聚采取果断措施,为民除害,安定地方。

[资料原文]丁日昌:《改设台北府片》

再,台北矿利皆聚于台北,而外人心目所注亦在台北。鸡笼口岸宽稳,可泊大号兵船,又有煤炭可资般用,故外人尤为垂涎。上年沈葆桢奏准将艋舺建设台北府城,臣此次亲往阅看,设郡之地系在一片平田,毫无凭藉,工重费繁,似尚未得窍要。窃维鸡笼现虽荒辟,将来矿务一兴,商贾定必辐辏;且有险可守,实扼全台形胜,距艋舺不过一日之程,似宜暂将新设台北府移驻于此。俟察看一二年后,应否仍照原议,谨堂[当]随时奏明。

查有现署台湾府知府、候补同知向焘,曾任淡水同知,民情爱戴,堪以调署台北知府。饬令暂驻鸡笼,会筹防务、矿务以及拟开铁路;并将该处炮台基址,前被洋人私租者清理收回;其沿海旷地,数年后生理繁盛,必将寸地尺金,亦当预先布置,及早归为官地,庶免临缪缪(辖),致滋口舌。将来如果诸务办有成效,再当奏请恩施。其淡水厅同知,原奏改为新竹县;噶玛兰通判,原奏改为宜兰县,台中人才极少,尚无人地相当之员,而淡水同知陈星聚,噶玛兰通判洪熙俦,官声尚好,拟仍饬照旧任事,就近暂归台北府兼辖,俟选择有人,再行更调。

臣为绸缪未雨起见,是否有当,谨附片陈明,伏乞圣鉴训示。谨奏。①

[资料分析]

此前,丁日昌有《台北所属厅县员缺照部章变通办理疏》,"为新设台北府及所属厅、县员缺"致皇帝。疏中在陈述台北形势后云:"是以沈葆桢于光绪元年会同前督抚臣具奏,并淡、兰二厅疆域设立台北府知府,驻扎艋舺;裁淡水同知一缺,析其地为淡水、新竹二县;改噶玛兰通判一缺为台北府通判,移驻鸡笼,而以兰厅旧治添设宜兰县一县,业经部议奉旨允准在案。"这里说的是光绪元年(1875)的事,沈葆桢在《请建台北府疏》这个奏折中明确提出在鸡笼设厅,称基隆厅,自是鸡笼改作基隆。在丁日昌本疏中,丁说:"今年四月本任抚臣丁(日昌)会[同]臣何璟、两江督臣沈葆桢,奏调江苏补用知府、海洲直隶州知州林达泉试署台北府知府,亦经奉旨允准。该府林达泉于七月交卸海州篆务,十一月航海来闽,当经札饬驰赴台北府亲新任,以重职守……至淡水同知本缺陈星聚应请另行改补。"②根据上述资料可知,台北府设立后,先动议调署台湾府知府向焘署理知府,但向焘并未到任。后调海州直隶州知州林达泉试署台北府知府。丁日昌片中评价陈星聚"官声尚好",这也为后来任命其任

---

① 丁日昌著,范海泉、刘治安点校:《丁日昌政书》(下),1987年8月香港版,第641—642页。

② 丁日昌著,范海泉、刘治安点校:《丁日昌政书》(下),1987年8月香港版,第626页。

台北府知府打下基础。据此可知,台北府设置后,第一任知府为向涛,但向未到任。第二任知府为林达泉,系署理。第三任知府为陈星聚。说陈星聚为首任知府显然不确,但事出有因。

[资料原文]丁日昌:《台属被灾情形片》《台北遭风情形片》

再,据台湾道夏献纶禀报:"台湾各属自本年四月以来,雨水过多,台风间作。……淡水厅城内积水三四尺,倒坍民房一百余间,学宫、衙署、仓房、监狱均有坍塌,南乡之大甲、北乡之大姑坎等处同时山水下注,溪田一片汪洋,田禾冲失,展望及桥梁、道路倒塌不少,人口淹毙无多。"①

再,台湾孤悬海外,往往亦于招风,而北路峻岭崇山,风力尤犯。盖地势然也。五月二十二日起至次早止,台北飓风陡发,大雨倾盆……淡水厅辖之艋舺地方,同时风雨交作,水势陡涨一丈余尺,旋即消退,人口无伤,惟早稻不无损坏。②

[资料分析]

摘录此两片,意在说明陈星聚所任淡水厅内自然环境情形,可供研究其在任时治理情况参考。

[资料原文]丁日昌:《拿办匪犯员即请将疏》

奏为拿办淡水厅辖之铜锣庄菲犯,在事出力员弁,恳恩分别奖叙,以昭激劝事。

窃据台湾道夏献纶先后具禀:"据淡水同知陈星聚禀称:淡辖铜锣庄有著名积匪吴阿来、吴阿富等兄弟族众叠犯抢掳,无恶不作,节经设法拿办未获。本年五月三十日,吴阿富等复出掳抢扎厝,经差勇先后追捕,格毙首匪吴阿富、党匪罗昌国二名。该同知陈星聚复募勇丁五十名,移营拨兵五十名,于闰五月二十日前往拿办,弋获匪党林安古等三名。设匪吴阿来等遁入接近番界之老鸡笼庄,将内山水源截断,仍遣党类四出掳人。该同知因地处险假,未便轻进,商同北右营游击乐文祥携带炮火,添派兵丁,并忠恕务庄联丁陆续齐集五百余人,连日进剿,将老鸡笼庄匪巢及铳柜五座一律平毁,放出被掳蔡阿兴一名,所塞水源亦即开通。该匪逃窜新鸡笼庄隔溪距守,于二十九日聚众复出,仍欲夺回老鸡笼庄。兵勇、联丁迎头堵御,乘势涉过溪南,该匪退入竹围。续经乐文祥督队进攻,凭高开炮,击毙贼匪二名,伤者无数,兵勇亦受伤六名。又盘获匪党林阿西、傅阿盛二名,讯系吴阿来每月以洋银五元雇来帮拒官兵者。维时该处庄民以此次不为破获,则兵退复出,毒害更甚于前,环乞留师,愿为助剿。陈星聚目睹情形可怜,而办理猝难得手,即就近移请管带福锐新右营都司杨金宝,带勇三百名于六月十六日由铜锣庄进剿,攻破水井仔庄匪。连毁铳柜五座,先后毙匪多名,被贼铳毙庄丁罗水生一名,营勇受伤二名。二十三日直捣鹿湖庄老巢,

---

① 丁日昌著,范海泉、刘治安点校:《丁日昌政书》(下),1987 年 8 月香港版,第 642 页。

② 丁日昌著,范海泉、刘治安点校:《丁日昌政书》(下),1987 年 8 月香港版,第 643 页。

匪党骇奔,乡团立将匪巢焚毁,吴阿来向内山逃窜"等情。经臣等以"匪首吴阿来在逃,必须添勇剿捕,并购重线缉拿以除后患"批饬遇照去后。兹据该道续禀:"都司杨金宝与游击乐文祥等协力剿捕,叠有擒获,该匪窜距黄麻园一带。惟日久不能藏事,恐至蔓延,由道飞饬线枪营参将吴世添拨勇一哨交都司熊昭万督带,与杨金贵、乐文祥分路进攻,匪势愈蹙。查黄麻园已在丛山之内,菁深林密,逼近生番,官军骤难深入。先经淡水同知陈星聚悬赏一千元,并访有庄民吴定新曾被吴阿来扰害,避居后山,熟悉番径;又由统领飞虎各军总兵吴光亮派令守备吴三胜,密设机宜,驰赴鹿湖,谕饬吴姓头人帮官拿犯,选集庄丁百余名随同吴定新入山,于七月二十日将吴阿来围住。该匪仍复死拒,庄丁间有受伤。陈星聚得信,立发洋银五百元,并济以子药等项,俾期踊跃。二十二日攻破匪军,将首匪吴阿来擒获,由守备吴三胜押解出山,淡南士民无不同声称快。惟吴阿来于拒捕时腹受镖伤,又复患病。据营、厅驰报道,当恐该匪倖逃显戮,即饬验讯明确,就地正法,枭道示众,以伸国法,而快人心。余犯另行讯办。所有在事出力员弁禀请分别奏咨奖叙"前来。(原书如此——引者注)臣等查,吴阿来为台北积年著匪,扰害乡里,复敢拥众抗拒官兵,形同叛逆,若任其遁迹番界,贻害胡可胜言?此次在事文武认真剿捕,得将首恶歼擒,洵为地方除一大恶,似未便没其微劳,除都司熊昭万一员业已病故,军功吴定新另行咨部核奖,其出力庄丁、兵勇由外酌给奖励外,合无仰恳天恩俯准,将尤为出力之台湾淡水同知陈星聚以知府用,先换顶戴;署台湾北路右营游击、候补游击乐文祥以参将仍留福建尽先补用;暂革福州城守左军都司杨金宝开复原官;花翎守备吴三胜以都司留于福建尽先补用;台湾北路右营千总林金安以守备尽先补用;布政使衔台湾道夏献纶调度有方,并请旨交部从优议叙,以昭激劝。是否在当,臣等谨合词恭折具奏,伏乞圣鉴训示。谨奏。[①]

[资料分析]

此件叙述陈星聚在淡水同知任上剿匪事最为详实可靠的资料,非常重要。也正因陈星聚剿匪尽心尽力,事迹突出,丁日昌奏请皇帝"合无仰恳天恩俯准,将尤为出力之台湾淡水同知陈星聚以知府用,先换顶戴"。这是研究陈星聚生平的一条重要资料。

(二)陈星聚与刘铭传在台北保卫战中的是是非非

[资料来源]

刘铭传(1836—1896),字省三,安徽合肥人。光绪十年(1884)六月督办台湾军务。光绪十一年(1885),清廷任命刘铭传为首任台湾省巡抚。有《刘壮肃公奏议》存世。《覆陈台北情形请旨查办李彤恩一案以明是非折》,见《刘壮肃公奏议》卷二,

---

① 丁日昌著,范海泉、刘治安点校:《丁日昌政书》(下),1987 年 8 月香港版,第 644—645 页。

谟议略。

[资料原文]刘铭传:《覆陈台北情形请旨查办李彤恩一案以明是非折》

窃臣于正月初二接准大学士左宗棠来咨,具奏抵闽详察台湾现在情形一折,恭录十年十一月十八日上谕:"左宗棠奏详查台湾情形妥筹赴援一折,据称八月十三日基隆之战,官兵已获胜仗,因刘铭传营务处知府李彤恩驻兵沪尾,以孙开华诸军为不能战,三次飞书告急,坚称沪尾兵单将弱,万不可靠,刘铭传为其所动,遽拔大队往援,基隆遂不可复问。李彤恩不审敌情,虚词摇惑,拟请即行革职,递解回籍,不准逗留台湾等语。前敌军情,关系极重,必应确切查办,不得含糊了事。李彤恩所禀刘铭传各情,人言藉藉,果系因此贻误,厥咎甚重,非递籍所能蔽辜。前谕杨岳斌迅速赴闽援台,即着该前督于到台后详确查明,据实参奏。李彤恩着即行革职,听候查办等因,钦此。"知照前来。

伏查基隆退守情形,已于上年八月十五日奏明在案,无庸渎陈。谨将左宗棠所参各节,为我皇太后、皇上陈之。

臣渡台时随带亲兵一百二十名。其次,臣孙开华三营、曹志忠六营,每营精壮只三百余人。当由台南调来章高元淮勇两营。其时台南疫疠盛行,兵丁多病,仅来五百人。嗣又添调巡缉营一营。合之刘朝祜百余人、张李成土勇一营,统计基隆、沪尾两处共只四千余人。左宗棠疏称基隆各营,数且盈万,不知何所见闻?

自七月秒基隆疫作,将士十病六七,不能成军。八月十三日之战,九营仅挑选一千二百人,内中尚有抱病勉强应敌者。当孤拔未来之先,初九、初十两日,臣接香港、上海电报,知其全股犯台,其时沪尾只孙开华三营、刘朝祜一百余人并张李成新募土勇一营甫经到防,炮台尚未完工,又无营垒,地势坦平,无险可扼。危迫情形,不待旁言。臣早已忧虑及之,曾函致孙开华、李彤恩,如果敌犯沪尾,臣即撤基隆之守来援,嘱令坚守以待。一面派员赴下游赶雇船只,将军火笨重之物先运下船。十二日,孤拔率大帮兵船进口。臣料敌兵必由仙洞登岸。当同曹志忠等密商:如敌兵明日战后即扎仙洞,则不致遽攻沪尾;如战后收队下船,我军即须预备回援沪尾,以保后路。十三日酉刻,敌军收队,全行下船。当接孙开华、李彤恩、刘朝祜先后来信,俱称法船五只直犯口门,升旗开炮。臣同孙开华、李彤恩已有成约,无用李彤恩虚词摇惑。左宗棠疏称李彤恩三次飞书告急,即系孙开华、李彤恩、刘朝祜三人三次之书,非李彤恩一人之书也。

臣当即传令拔队,惟四十磅大炮二尊不能运动,埋于山下,其余军装、锅帐以及伤病勇丁,毫无遗弃。若果因李彤恩三次飞书告急,仓猝拔队退回,军装焉能毫无遗失?

基隆退后,敌兵上岸住营,兵势已分,往攻沪尾,不足千人。若不撤基隆之守,敌必全队攻犯沪尾,无兵往援,虽提臣孙开华骁勇敢战,器械不敌,众寡悬殊,何能保其不失?

二十日之捷,左宗棠前据刘璈禀报,奏称孙开华所部并淮勇、土勇三路迎战获胜,此次又奏系孙开华数营战胜,不独于台事未加访察,即奏报中亦自相矛盾,不加斟酌。

所陈台北距沪尾三十里,如果危急,地方官当慎重过于他人等语;查基隆至沪尾水程只八十余里,顷刻可至,臣五里安设一站,往来通信,尚恐闻警应援不及,若俟地方官禀报,必至沪尾失后,敌至台北城下,方能回援。

台北府知府陈星聚屡次禀请进攻基隆,并有土著之人愿告奋勇往攻基隆者,皆有其事。自沪尾捷后,俱以李彤恩所募张李成土勇得力,提臣孙开华、曹志忠、苏得胜、柳泰和各请添募千人。台北府陈星聚等联名禀请基隆通判梁纯夫招募土勇二千,候补知县周有基禀请招募一千,俱告奋勇,进攻基隆。其时记名道朱守谟请假尚未销差,倡言多招土勇,迅攻基隆;至于饷项军械之有无,不计也。忽有台北府书识陈华声称,愿招土勇一千五百人,自备枪械,包取基隆,每月每勇需银洋十二元,托亲兵哨官奚松林来说。当经臣申饬,不许多事。朱守谟闻有包取基隆之说,即私许陈华招募。及臣以淮楚营制,每营只月饷四两二钱,陈华大言轻敌,不知能否得力,即给如此重饷,何以服老勇之心,坚执不许添增口粮。该勇俱知台北府无兵,只亲兵数十名,即聚众呐喊鼓噪。臣派弁往看,陈华所募,皆城外艇舺市井之徒,器械毫无。当传陈华来见,谕以兵饷不能加增;如果能克基隆,立给赏号银二万;先发十日口粮,令其带赴水转脚,听候曹志忠调遣。嗣曹志忠见其勇多滋扰,器械毫无,不能见敌,不肯节制。臣令苏得胜亲至曹志忠营与之密商:陈华土勇,先行挟以兵威,裁去五百名,复调三百名赴观音山,归柳泰和裁并,其余随即一并裁撤,费饷一万余两。周有基募勇,尚未成军,即闹饷鼓噪,经臣将已募四百余人派归柳泰和节制。梁纯夫见土勇不遵约束,屡次滋事,不敢招募。此即左宗棠疏中所称各将领以及土著之人愿告奋勇攻基隆者,系九月初旬事也。

又绅士陈霞林等屡言,内山御番土勇常见仗,可以挑募。臣告知各军前往内山选募,一面令工匠连夜修理各营所缴旧枪,分拨应用。搜查饷项,仅敷月余。各军招募,有尚未成军者,亦有成军尚无器械者。值疫气染至台北沪尾一带,军民俱病。提臣孙开华、署台湾镇总兵章高元、总兵柳泰和等俱抱重病。曹志忠六营营官,无不病者。臣随从文武员弁,日殁数人。自封口后,内地音信不通,兵单援绝,土匪四起。臣日夜忧急,无所措手。台北府知府陈星聚,每见必催进攻基隆。臣因其年近七旬,不谙军务,详细告以不能进攻之故。奈该府随言随忘。绅士陈霞林并署淡水县知县刘勳,皆明白晓畅,见将士多病,土勇尚未募齐,器械缺乏,俱知不能前进。陈星聚除面催进攻外,复禀请进攻。臣手批百余言,告以不能遽进之道。该府复怂恿曹志忠进攻,并以危言激之。曹志忠一时愤急,遂有九月十四日之挫,幸伤人不多,未损军锐。敌于十五日即渡河耀兵七堵。陈星聚妄听谣言,谓基隆法兵病死将尽,又谓业已退走上船,故日催进攻。自十五以后,该府始自言不谙军务,不再妄言。此即左宗棠疏称陈星聚屡次禀请进攻基隆之原由也。

左宗棠参臣坐守台北,不图进取,机宜坐失。臣曾将兵单器乏、不能进攻情形,叠奏在案。基隆近靠海岸，敌船入口，即不为我有。故于六月十六日之捷，并未奏报克复，曹志忠所守营垒，逼近海边，如法人添兵添船，即须退守山后，亦经臣附片密陈。我之所恃者山险，敌之所恃者器利。彼来攻我，我得其长；我往攻彼，彼得其长。且敌营据山傍海，兵船聚泊其下，若不能逐其兵船出口，纵穷陆师之力，攻亦徒攻，克犹不克。如果易攻，现在两军俱在疲乏之际，王诗正统带劲旅三千，不日当可奏功，以雪臣懦怯株守之耻。臣治军三十余年，于战守机宜稍有阅历，惟事事求实，不惯铺张粉饰。若空言大话，纵可欺罔朝廷于一时，能不遗笑中外？臣实耻之！臣渡台时，军务废弛已极，军装器械全不能用，炮台营垒毫无布置。接战于仓猝之间，所部多疲病之卒，历尽艰难，支持半载。临敌应变，大小十余战，幸无挫失。若听局外大言，轻敌浪进，上月初十日孤拔添兵大举，战无策应之师，守无可据之险，必至一败不能立脚。军事瞬息千变，其中动止机宜，固非旁观所能尽知，亦岂隔海所能臆度也。

至浙江候补知府李彤恩，本系沪尾通商委员。臣到台北，提臣孙开华称其办事勤能，熟悉洋务，现因身弱多病，决意乞退。臣商之提臣，台北现在用人之际，不可任其乞退，托其致书慰留。六月十二日臣同提臣并台湾道刘璈至沪尾察看炮台地基，李彤恩扶病出见，瘦弱不堪。臣令其赶紧调养，不必请假，当委兼办沪尾营务。六月十五日基隆开仗以后，李彤恩禀请买船填石塞口。时值秋茶上市，英商阻挠。李彤恩同英领事往复辩论，始将口门堵塞。隔日法船即至，英兵船告以口门封塞，随即驶回。七月二十日，臣至沪尾查看炮台，孤拔亲坐三号兵船，亦至沪尾查探水道，并托英兵船代觅引港之人。若非李彤恩先期塞口，法船混入一只，台北已不堪问。绅士陈霞林等每晤谈时，辄称其功。臣到台北，有言招募土勇者，臣因其所用土枪不能御敌，不肯操练，未曾招募。李彤恩力保张李成打仗奋勇，请募五百名，发给后门枪二百杆，令其操练助防。八月二十日之战，张李成包抄得力，官绅共见共闻。十月初，臣因饷项支绌，札令李彤恩来城，同福建候补知县郑建中会同官绅办理捐借饷事。该守到后，即同陈霞林等议向城乡殷户借银票二十余万元，毫无勉强，现已办成。如果李彤恩有误大局之处，绅民当共切齿，曷有听其分派捐借者？该守不领薪水，未邀保奖，究其所办数事，有裨于大局皆非浅鲜。左宗棠甫到闽一日，不加访察，遂以刘璈之禀并朱守谟挟嫌倾陷、颠倒是非之言，率行奏参。臣若缄默不言，使出力有功之人，忽遭不白之冤，当此孤岛险危之地，军务万紧之时，臣何以用人办事？应恳天恩将已革浙江候补知府李彤恩开复原官，并请暂免究办，一俟军事稍定，请旨饬令杨岳斌，或专派大员渡台逐细访查，如果左宗棠所参情事属实，臣妄用匪人，办理不善，贻误事机，应请将臣一并从严治罪，以明国法而昭公允，诚如圣谕，关系极重，非李彤恩革职递解所能蔽辜。事愈久则是非愈明，臣无任惶恐待命之至。除记名道朱守谟规避钻营业已具折严参外，所有左宗棠奏参台北情形，据实详陈，伏乞圣鉴。①

---

① 《刘壮肃公奏议》卷二，谟议略。《台湾文献史料丛刊》第九辑第 27 种，台湾大通书局印行，人民日报出版社 2009 年影印版，第 139 页。

［资料分析］

刘铭传此折产生背景之一,系由左宗棠一通奏折引发的。据罗惇曧云:"初,法人之攻台湾,刘铭传自守基隆,孙开华守沪尾。八月十三日,法攻基隆,铭传战却之。沪尾警急,铭传以沪尾为基隆后路,离府城三十里,仅恃一线之口,借商船以通声问,军装尽在府城,如沪尾有失,则前军不战而溃,府城必危;乃移师专守沪尾,遂胜法军。时论以基隆之失,归咎于营务处知府李彤恩三次飞书乞铭传弃基隆而保沪尾。朝旨力敦促诸帅逐基隆法军。左宗棠乃奏:'法军不过四五千,我兵之驻基隆、沪尾者数且盈万。刘铭传系老于军旅之人,何至一失基隆,遂因守台北,日久无所设施?后详加访询,始知基隆之战,刘铭传已获胜,因知府李彤恩以系开华诸军为不可战,三次告急,铭传乃拔队往援,基隆遂不可复问,其实沪尾之战,乃系开华诸军之功,知府陈星聚屡请攻基隆,刘铭传谢之。狮球岭法军不过三百,曹克忠所部八九营,因刘铭传有不许孟浪进兵之语,不敢抑攻。台北诸将领多愿往攻基隆,刘铭传坐守台北,不图进取。攻释电旨,刘铭传仍应激励兵勇,收复基隆,不得懦怯,株守,致敌滋扰。臣思刘铭传之懦怯株守或一时任用非人连筹未协所致。李彤恩虚词惑众,致基隆久陷,厥为罪魁,请旨即行革职递解回籍,不准逗留台湾,以肃军政。'论杨岳斌迅速赴闽援台,李彤恩现行革职,交杨岳斌查办。刘铭传以左宗棠未加详查,递劾彤恩,亦上疏抗辩。"①《覆陈台北情形请旨查办李彤恩一案以明是非折》,即刘氏抗辩书。

此条资料核心问题是法军攻占基隆后,从军事角度而言,应采取何种战略战术。这方面,刘铭传与陈星聚有分歧。刘铭传主张从基隆退却,移师专守沪尾,引起很大争议,时论以基隆之失"归咎于营务处知府李彤恩三次飞书乞铭传弃基隆而保沪尾"。朝旨力敦促诸帅驱逐基隆法军。当地群众对弃基隆也极端不满,曾在板加(一地名)拦着刘的官轿,进行围殴。左宗棠亦上奏怒斥刘铭传。

刘铭传上书抗辩,声言左宗棠对台事未加察访,所言不实。并云:"台北知府陈星聚,每见必请攻基隆。其人年近七旬,不谙军务。经详细告以不能进兵之故,该府随言随忘,复禀请进攻,臣手批百余言,告以不能遽进之道。该府复怂恿曹志忠进攻,并有危言激之。曹志忠一时愤急,遂有九月十四日之挫。陈星聚妄听谣言,谓基隆法兵病死将尽,故日催进攻。自十五日以后,始自言不谙军事,不再妄言。"

战事进程证明刘铭传的主张颇有道理。但是否陈星聚如刘所斥责之辈?似可商榷。陈氏身为知府,勇担守土之责主张力占基隆,理所当然,且这也是当地百姓士绅的愿望。况且左宗棠不也是这样主张并上书斥责刘铭传吗?且弃基隆专守沪尾之策略也并非完全不可商榷。十五日兵败之后,陈氏不再坚持己见,可见其有自知

---

① 罗惇曧:《中法兵事本末》,丛刊本《中法战争》(一),上海人民出版社1957年版,第21—23页。该文初发表于梁启超进步党机关杂志《庸言》(民国元年创刊)第一卷第七、第八期。丛刊本编者说明:"记载中法战争始末之文,不只一种,但皆不如罗氏此作之赅简。"

之明。至于刘氏对陈氏的评论,明显有意气之争的成分,但考虑到是在左氏上奏、朝廷不满的情况下所言,亦属可以理解。前有学者评价,刘氏"专与同僚斗气,战功无可言",似亦过矣。

关于此次战役中刘与陈、左与刘之间的矛盾与是非,此处摘录喻几凡论述,备研究参考:

至于基隆战役中刘铭传因接沪尾告急飞书,作出撤兵救援沪尾,退保后路的决定,其间亦自未免有措置失当之处。刘璈上书左宗棠以揭其短,固或夹有私嫌,左宗棠闻之震怒,予以严参,亦未必不因派系因素影响,但当左到任后,刘铭传既不通报情况,也不协调部署,将左完全撇在一边,俨然饮差,自亦难辞其咎。更何况左宗棠所据,有刘璈抄呈的台北知府陈星聚所奉刘铭传票批?陈曾屡请进攻基隆,倘离府城仅30里的沪尾岌岌可危,有守土之责的台北知府岂敢还自清远攻80里之外的基隆?即或真如刘铭传在上奏辩解时所称,陈果真不识兵机,同时年老糊涂,所言不足为据,那么,与他同在基隆作战的湘、淮将领曹志忠、章高元等人,都曾坚决反对在主力完整的时刻撤兵,章高元甚至不忍前功尽弃,痛哭"扣马而谏",又作何解释?他们都曾久经战阵,并非不识军机者,又未必都与刘铭传心存芥蒂,而且恰恰相反,他们从一开始便衷心地接受刘的指挥,相互间合作很好。由此可见,同一事而众口一词,既使根本决策正确,其具体措置也未必尽当。何况后来的沪尾之捷,实系孙开华等部之功,待刘铭传率援军赶到时,战事已经结束,援军并未起到多大实际作用。正因此,自不应因其后来在台的治绩而概为回护。[①]

(三)法国舰队军官罗亚尔著述中的相关资料

[资料来源]

摘录自[法]罗亚尔撰:《孤拨舰队》(Loir, L' Escadre del' Miral Courbet, notes et souvenirs, 9me edition, Paris)中译本,刊载于丛刊本《中法战争》(三)。编者介绍云:"著者为孤拨舰队凯旋号舰上的上尉,该书是他依自己的笔记和回忆书写出来的,相当全面地叙述1883年5月至1885年7月间法海军在越南及中国水域的侵略暴行,为重要史料。"

1.法军为什么要进攻基隆?

[资料原文]

7月31日(1884)过去,中国方面没作任何答复。全权代表们使人请求巴德诺(Patenotre)再给他们四十八小时的犹豫时间,同时又说,他们即将达到所希望的结论了。8月2日,巴德诺写信给他们说:"延展7月12日的最后通牒所有的屡次期限终结了,但没有获得我们可以接受的任何提案,现在是共和国政府再作行动自由的

---

① 喻几凡:《试评刘璈与刘铭传在中法战争台湾保卫战中的矛盾与是非》,《湘潭大学学报》1995年第2期。

时候了。"他在信的结尾对中国明智人士作最后的呼吁,但并未被见听。

在这些情况之下,法国没有其他的办法,只有实行它最后通牒所发的警告,并因中国政府固执地拒绝赔偿,而必须确实取得某种担保品。(即据地为质。)

但与人人所想的相反,现刻并不是福州的问题。公使命利士比(Lespes)提督到台湾去,摧毁基隆的炮台,并占据附近的煤矿工场。"担保政策"(即占领一地以为质之政策)开始执行了。

为什么到台湾去呢?内阁总理陈述这事的理由时说:"在所有的担保中,台湾是最良好的,选择得最适当的,最容易守、守起来又是最不费钱的担保品。"人们记得,这件十分优越的担保品,曾为窝尔达号(le Volta)战舰四月间示威行动的对象。自后,每次有某些战争征兆的时候,人们总就再谈到基隆这一名字,而且在对基隆采取军事行动是随时可以发生的。利士比提督本人亦曾建议在基隆采取行动。他四月底的报告,叙述他访问总理衙门的经过之后说:"如果我所预期的相反,东京的事情不是如[福禄诺(Fournier)司令与李鸿章两人间]所议定的条件进行,我以为立即采取攫取一件担保品是好的;在以电报跟你商议之后,我可以毫不犹豫地占据基隆的煤场和台湾的北部。

2.法国人眼中的基隆的重要性

[资料原文]

那么台湾的这些煤场和商业的重要性是怎样的呢?基隆和淡水两港的商业动态,在一八七九年为:八万八千吨——商船二百九十四艘,及帆船一千九百三十七只。对外贸易的价值于一八八零年达二千六百八十六万八千佛朗。两港海关税收合计:一八八一年二百二十二万五千佛朗;一八八二年二百一十三万九千佛朗;一八八三年二百零五万三千佛朗。基隆煤的出售量,一八八零年为二万四千八百五十吨;全年产量为五万五千吨,按照二十佛朗一吨的价格,总值为一百一十万佛朗。如是估价:占据台湾北部可能提供我们的每年资源总数,当略多于三百万佛朗。

3.法军首攻基隆失败

[资料原文]

八月二日,利士比提督在闽江杜居士路因号(le Duguay-Trouin)战船上。约当半夜的时候,一只小汽艇来接他,送他上窝尔达号战舰。一小时后他又回来。早晨六点,他把他的旗帜移至鲁汀号(le Lutin)。该舰并立即向闽江的下游驶去。虽然大家已经习惯于意外和突然的事件,但在各舰上,对于这位海军少将的急遽出发,亦不能不无议论。大家立即预感到,时常以隐约言词谈说的基隆事件,已进入执行的时期了。

到马祖澳,利士比令以巴雅号(le Bayard)战舰的煤补足鲁汀号,并令巴雅号的陆战队上拉加利桑尼亚号(le Galissonniere)。拉加利桑尼亚号拖带着鲁汀号,于三日晚间向基隆出发,翌日早晨十一点到达(译注:"到达"原文为"在基隆抛锚")费勒斯号(le Villars)战舰停在港内约有两星期了。从它停泊以来,只有一件事情发生。

一只德国船万利号(Wille)进入港内,要将十九尊口径十七公分的大炮及水雷卸移岸上。战舰司令维威埃(Vivielle)把严禁枪械或军火上陆的命令晓谕船长。德国汽船虽全面抗议这个做法,理由是我们没有战争,封锁也没有正式宣布,但在费勒斯号司令书面命令之下,他服从了。而且该船安然将它装运的货物载至淡水;在那里,大炮和水雷可以用来伤害我们。

……

我们的损失是死亡二人,受伤十一人。①

4.法军攻取基隆

[资料原文]

二十九日(9月)下午四点,胆号(le Tarn)、门拉克号(le Darc)、尼夫号、鲁汀号和巴雅号,得到提督的信号,准备向基隆出动。翌日,相同时间,拉加利桑尼亚号、德斯丹号和凯旋号,向淡水出动。阿达朗德号(l'Atalante)、野猫号和窝尔达号都留在马祖澳,以保证与川石山(芭蕉山)(Sharp-peak)电信站的交通。

九月三十日早晨九点,孤拔提督碇泊在基隆港前;梭尼号、雷诺堡号和杜居士路因号同在。他利用他到达那一天的时间,与步兵上校在鲁汀号舰上做一个普遍的侦察,一到晚间,他发出关于上陆的指示,定于明日十月一日执行。

中国军队很坚强地据守控制淡水大路的南方各山峰及西南方的高地。在西方有一高岭,狮球岭(Mt.Clement),很容易攀登,山脚一直至海。这山控制邻近的所有山峰,可以真正看作为本处地形的管钥。所以军队就要在狮球岭山脚登陆。他们的第一目的是占领这山的山巅,在那里设置炮位。提督打算从这个地方用炮火轰击所有中国方面的工事,同时部队则沿岸边的山脊路线绕转港湾,驱逐敌兵,战舰大炮同时射击,支援步兵的行动。

上陆部队由下列军兵组成:一队宪兵,巴利(Barry)上尉率领的机关炮队,海军炮队第二十三队,陆上炮队支队,一队工兵,海军步兵三大队,由各大队长波尔(Ber)、郎治(Lange)、拉克罗(Lacroix)率领,其余为来自西贡和海防的苦力。伯多列威兰(Berteaux-Levillain)上校任台湾远征军司令。

十月一日晨六点,伯尔大队离开尼夫号,向陆地出发。数分钟后,巴雅号对狮球岭的丛林号发出第一炮。整个舰队立即向同一方向开火,同时炮击有敌人出现并以野炮和火枪回击的各山峰。登陆于六点半左右很容易地在制定的地点进行,各小艇并未受到袭击。各方的运输艇照提督所指示的次序靠着海滩。队伍攀登这座山岭,同时对第二层山脉的各山峰和一个中国军队躲避的山峡的底部开炮射击。九点,占领了狮球岭。从这个地形绝险的据点,大队以猛烈的炮火向筑有工事的敌兵射击,敌人不久即急遽撤退。派去侦察一座附近的小堡垒的一支军兵,中了敌人的埋伏,不得不退回,死二人,伤五六人。

---

① 丛刊本《中法战争》(三),第539—545页。

中午十二点，伯尔大队因天气过热，十分疲倦，由其他两大队接防。郎治队长的队伍在与筑有工事的敌营相近的、今晨敌人撤出的小堡垒中驻扎，拉克罗队长的大队在狮球岭山上据守。他们都在防地度夜。

十月二日早晨，两大队同时出征，竟无抵抗地占领了西边的所有据点，即控制淡水大路的各据点。他们并未在路上遇见敌兵；相反地，他们发现居民是和平的。七点，提督登陆；正午，法国国旗在各堡垒上招展。

西边各山峰既被占领，敌方抵抗，至少在现刻是击破了。提督指示战舰的陆战队和炮兵队出动，占领南方高地。四日早，他们离开战舰，由戈尔敦（Gourdon）上尉指挥，在靠近海关大楼处登陆，上去看到这座房屋全部为中国军队所放弃，甚至于城市亦一样，单单看见几个无敌意的本地人。水兵们驻扎在给指定为目标的阵地上，不久由伯尔大队接防。当天在各处高地安放八十公分的大炮两尊，十二公分的炮两尊，和一些四公分的炮。我们在三天内的损失总数为死五人，伤十二人。

总起来，以上的军事行动所得的结果是：我们占领了城市，以及沿着港湾的第一道高地，并将中国军队驱至紧靠在后的高地。只从敌人极微小的抵抗来看，倘想扩大占领区，并非轻妄鲁莽。但登陆军队的弱小人数，刚够防守所攻得的据点，任何的向前推进都没有用处，因为我们没有我，不能据守再取得的阵地。所以我们好像是为中国军队所封锁。想要扩大形成于我们周围的包围圈，那就完全必要增援占领部队。而且，即使援军到来后，恐怕还会有新的困难，因为中国军时刻不停地在第二道山脊上建筑坚固的工事。我们到台湾北部来的主要目标是要煤矿工场。它们距离尚远，彼我之间有三道重重相叠的高地。

我们虽然没有抵达煤矿场，但我们至少即在海滩上找到了堆积如山的煤块。战舰可以随时去提取。不过这些来自邻近矿场的燃料，品质并不优良。它燃烧很快，火焰很高，当蝮蛇号第一日使用它时，竟至不久即见烟突发红，火焰烧及桅樯和帆布。拉北列尔只得将火熄了，用帆继续行驶：他相信煤是浇上了煤油。当然我们敌人的狡猾一定能够让他们使用这种方法，使煤无法利用，但煤本身品质的恶劣实为这种过度的焚烧的唯一原因。自后，使用基隆煤炭时，不能不夹杂另一种燃烧较慢的煤。它只好作为停船时维持火力之用，而且当人想使炉火旺盛，迅速恢复压力，使用这种煤很为合适。在这些情况下，提督遂即顾虑到舰队的燃料补给，他利用一个香港供应商人送到基隆的一些汽船，得到供应的保证。帆船或小艇往来于战舰和这些汽船之间，但在这个不断为海浪所横扫的港湾内，想使船舱充实，老是需要很长久的时间。

还有一事，即如何善用地点，建立我们打算建立的居留所。因此，海关的房屋变为野战医院，一所属于拿蒲那（Lapraik）公司（即德忌利士轮船公司 Douglas Lapraik & Co.）的大房子成为一般的仓库。近这所房子，有一座官员的宿舍，作为某些将官们的住所。差不多我们军队的全体都驻于散在沿我们阵线一带的小堡垒中。不幸在远征军登陆后不久，差不多每天都有暴雨；这雨使我们的占领在物质上的困难大大增加,同时又使气候很不卫生。

5.中国军队淡水(沪尾)大捷

占领基隆和它的煤矿工场既决定为我们的目标,对于淡水作军事行动显然是必要的了。这两个城市由一条大路连接起来,它们近在咫尺,所以占据了这一个,就绝对必须占住另一个。这种必要性,是由于这两个港口的简单的地理形势所产生的。但是它似乎很长时间没有人们所认识。

登陆定为翌日,即六日。选择作小艇靠岸的地点是河流北岸的一个小湾。按照利比士提督的命令,马丁司令应当从这个小湾攀登上达红堡的山坡,然后再由红堡下至白堡。这条路线得以避免不走在两堡下层的厚密丛林,那里敌人可能以邪恶的埋伏等待着我们的水兵。但自五日晚间起,海面风浪很大,一只装茶叶的帆船在河口扞障处翻覆了,与入口最近的船只甚至要转移碇泊处;依据判断,明天的登陆作战是不可能的。七日,海浪仍大,跟昨天一样,不便于靠近海滩,但战舰可以回到它们原来的碇泊处,在与海岸平行的一条线上,从南至北,依如下次序碇泊:蝮蛇号、拉加利桑尼亚号、杜居士路因号、凯旋号、胆号、德斯丹号及雷诺堡号。

八日,天时终又完全变好了。海面很平静,小艇得以直抵岸边;军事行动可以执行了。但马丁司令在这一天发生利害的风湿病,没有法子,只得将战事的指挥让给雷诺堡号的司令波林奴(Boulineau),他选择凯旋号的杜华尔(Duval)上校作为副官参谋。

六点,在早晨的准备作战的号令后,在每一艘战舰上,陆战队都立即整装待发,他们于八点四十五分,与带有电池和特为爆炸水雷之用的各种器械的水雷兵同时上了小艇。九点二分,命令小艇出动,以便上陆。九点四分,命令各舰开始发炮。每艘战舰都以榴弹遮覆海岸,以及堡垒及筑有防御工事的营地。九点三十五分,小艇抵达海滩;陆战队跳下地来,立即整队。九点五十五分,他们开始移动。在战舰的甲板上,大家以焦虑的目光紧跟着他们,看见了他们向前展开:在最前头是拉加利桑尼亚号和凯旋号的队伍,他们一边跟着的是德斯丹号、雷诺堡号的队伍,另一边跟着的是胆号、杜居士路因号的队伍。其次,在左翼上,为巴雅号的队伍。这支小军队的军容颇为壮观,它以勇敢的自信向前进。它与其说是走的,不如说是跑的。它不久在低洼多沙的长堤后面隐没不见了。它似是放弃了提督所明智指示的路线。它的热诚带着它直扑白堡,并不从红堡经过。它走入它应当避开的厚密丛林,已经看到它很近白堡了,在青绿的丛林中间,现出水兵们的白布帽。

其后,舰上大炮的射击渐次和缓,当陆战队占据了瞬刻间榴弹所降落的地带时,炮击便完全停止。单有逼近河流入口的蝮蛇号,仍可以发出几炮。十点十分,砰砰的枪击听到了,一道小小的青烟在嫩绿的树木和丛林上升起,战斗开始了。一刻钟后,忽然,穿红色和蓝色制服的中国军士,人数众多,从红堡后面筑有工事的营地蜂拥而下,似乎想回转包抄我们的队伍。时在小心看守的战舰,给他们发出一列榴弹,但不能阻止他们成功的移动。他们的阵地被我们的子弹焚毁但亦没有用处! 枪击倍加厉害起来,子弹的飕飕之声变成连续的殷殷隆隆的音响。从老是向天空慢慢上升的那道青烟,可知我们向前的进展正被阻挡住了……已经可以看见为野战病院所在地的海滩上,有他们的同伴抬来的伤员到达。受伤人数迅速地增加。十一点半,不仅是受伤兵员出现在临近海面的低洼的沙丘上,向小艇方面前来,而且是水兵的全体各分队。败退是显然了。十一点四十五分,一个舵手走上港口灯台的石山上,发出手势的信号如下:"我们被逼后退。没有军火。损失严重。"

不久,所有的陆战队又连续地出现在前面:拉加利桑尼亚号和凯旋号的队伍在后面,秩序良好地退却,他们总是向各处放枪,只一步一步地让出阵地,发出一排一排的枪火直至最后一刻为止。但在滩上,海浪大起来了,小艇再不能靠岸。要走到小艇,必须没入深至颈部的水中。健全的人登艇没有多大的困难,但要由人抬的伤员便不同了。敌人方面的追赶总是可虑的;如果敌人于登艇的时候到来,那时所有我们的人都聚集在小艇的周围,敌人将使这次退却变为可怕的灾祸了。这时,蝮蛇号的年轻大胆的船长走至提督的船尾,请求到小艇所在地的小港湾内。他可带着他的小战舰接近陆地,如果中国军队到来,他可用直径十四公分或十公分的榴弹,使他们不敢动。这幸运的神悟灵感,使我们避免不少的损失!十二点三十分,第一批的小艇移动,向着它们的战舰开去;一点十分,它们都离开了海滩。在它们后面,蝮蛇号殿后,远远地向四处发炮。一点三十分,陆战队都回到他们战舰的边沿。那里,又有了新的困难!海面更加汹涌了,把伤员从枪口的梯子送上去,使他们发出各种痛苦的呼喊。

两小时后,对于提督发出的信号:你们的损失多少?各战舰答复如下:拉加利桑尼亚号死九人,伤九人;凯旋号死四人,伤十七人;杜居士路因号伤四人;雷诺堡号伤七人;胆号死二人,伤四人;巴雅号伤三人;德斯丹号死二人,伤五人。总共为死十七人,伤四十九人。

翌日,胆号将所有的伤员撤送至基隆的尼夫号战舰上;德斯丹号开往大海洋面,埋葬死者,至少将我们收得的尸体埋葬。我们退却是十分急促的,所以在昨日指出的十七名战死者中间,许多应该作为失踪的。失踪!这就是说,把他们或死或伤地抛弃在残酷的敌人的手里,当场被敌人斩首,像那个不幸的拉加利桑尼亚号陆战队司令方丹(Fontaine)一般。他的脚为子弹所中,倒下来,虽则他是轻微地受伤,但他不能起来。三个他手下的人于是把他扶起,抬在后面。但藏在丛林后面的中国军等着他们走过:敌人用装有长柄的铁钩叉住我们水兵的衣服,跳出来拿住他们,把他们的头割下来。单单一个人得逃脱!与拉加利桑尼亚号一齐在前线的凯旋号,亦看见它的队长被榴弹正打在胸部,倒下来。但方丹的悲惨结局不应再使德荷台队长遭受。在受伤后,他立即被人抬至舰上。这位亲爱的、勇敢的军官,在舰上得到最温情的看护,而且是在这样的照顾下,在抵达西贡的数天前,他在舰中死去,埋葬在西贡。雷诺堡号的两个见习军官罗兰(Rolland)和狄阿克(Diacre)以及旗手德曼(Deman)都受了伤。中国军方面,据海关人员的说法,是死八十人,伤二百人。

这次的失败,使全舰队的人为之丧气,因为事前大家都喜欢说:"这次行动不过是一种军事的游行散步,一枪亦不用放的。"所以感到的痛苦更为沉重。对于这不祥的一天的悲惨印象,又加上了惨重的损失,大家的谈话总不能脱开这么令人伤痛的话题。关于参加作战的中国军队的实力,人数方面有种种矛盾不一的说法;有的说一千人,有的说三千人。究竟多少呢?谁都不晓得。而且数目没有多大关系;结果就在残酷凶恶的事实中。人们可以说,这次的登陆作战不过是一种简单的侦查,这样说以减少这次事件的严酷性。侦查或否,都不管,这总是一次失败。

此外,这次延迟或阻碍了占领台湾北部的失败,对于谈判也发生了不快的影响。十月十一日,茹费理(Jules Ferry),当李鸿章问他,在那种条件下我们可以接受第三者的,无疑是美国的调停时,他会这样地回答李氏:我们要求中国军队撤出东京,批准《天津条约》,保持基隆和淡水的占领。当总理衙门即要让步,答应我们的要求的时候,它获悉我们在淡水的登陆失败;它于是要我们的要求除去占领台湾北部一款。这样,和议不可能了。所有第三者调停的意思,也都抛弃了。

十月八日对淡水所作的企图,永不再试了。而且中国方面在那里坚强地筑了防御工事,派去了很多的军队。我们的战舰留在河口前面,仅仅封锁港口而已。就这样,直到和约签订。①

[资料分析]

研读历史,资料的重要性自不待言。这里要强调的是,研究近代史应尽可能参阅外文资料。近代同一事件,既有中文记载,亦多有外文文献。两方面资料对照阅读分析,可能得出来的结论更加客观真实。即以上述的资料来说,对战事进程细致的记述,可弥补中文资料的不足。外文资料的特点之一是有不少具体数字,而中文资料不少则失之笼统。有些资料还透露出鲜为人知的重要信息,对我们认识历史大有裨益。根据上述资料,略举一二。

其一,法军为什么要进攻台湾?这是法国"担保政策"(即占领一地以为质之政策)的重要步骤。资料披露,法国内阁总理茹费理陈述这事的理由时说:"在所有的担保中,台湾是最良好的、选择得最适当的、最容易守、守起来又是最不费钱的担保品。"法国人认为,台湾孤悬海外,一旦占领,清军难以收回,法国人即可以此为抵押,向清政府讨价还价,夺取更大的权益。且法国估计,台湾当时不更多牵涉到其他列强利益,也不会受到他国的干预。

其二,法军进攻基隆,还因为其看中了台北的地理位置及丰富资源。如文中所说:"那么台湾的这些煤场和商业的重要性是怎样的呢?基隆和淡水两港的商业动态,在一八七九年为:八万八千吨——商船二百九十四艘,及帆船一千九百三十七只。对外贸易的价值于一八八零年达二千六百八十六万八千佛朗。两港海关税收合计:一八八一年二百二十二万五千佛朗;一八八二年二百一十三万九千佛朗;一八

① 丛刊本《中法战争》(三),第539—545页;第560—573页。

八三年二百零五万三千佛朗。基隆煤的出售量,一八八零年为二万四千八百五十吨;全年产量为五万五千吨,按照二十佛朗一吨的价格,总值为一百一十万佛朗。如是估价:占据台湾北部可能提供我们的每年资源总数,当略多于三百万佛朗。"其重要性不言而喻。

其三,资料中披露了交战双方人员装备损失情况,有具体数字,我们可以结合中方文献记载,更真实地了解战役真相,校正中文文献中部分不实之词。

其四,资料使我们能更好地认识沪尾(淡水)大捷对法军的沉重打击及其在中法谈判中的重要作用。前者如:"这次的失败,使全舰队的人为之丧气,因为事前大家都喜欢说:'这次行动不过是一种军事的游行散步,一枪亦不用放的。'所以感到的痛苦更为沉重。对于这不祥的一天的悲惨印象,又加上了惨重的损失,大家的谈话总不能脱开这么令人伤痛的话题。"后者如:"此外,这次延迟或阻碍了占领台湾北部的失败,对于谈判也发生了不快的影响。十月十一日,茹费理(Jules Ferry),当李鸿章问他,在那种条件下我们可以接受第三者的,无疑是美国的调停时,他会这样地回答李氏:我们要求中国军队撤出东京①,批准《天津条约》,保持基隆和淡水的占领。当总理衙门即要让步,答应我们的要求的时候,它获悉我们在淡水的登陆失败;它于是要我们的要求除去占领台湾北部一款。这样,和议不可能了。所有第三者调停的意思,也都抛弃了。"

以上这些,对我们研究陈星聚、刘铭传乃至中法战争史,都有重要的参考价值。

(郑永福、吕美颐编撰,提交 2014 年"第八届现代中国与东亚新格局国际学术讨论会"论文,收入《近现代河南与中国研究》第 3 辑,河南人民出版社 2015 年 8 月第 1 版)

---

① 东京是指越南北部大部分地区。越南人称之为北圻,意为"北部边境",在越南语中写作 Dông Kinh。"东京"在当时西文中拼为 Tong king、Tong kin、Ton kin 等,是越南首都河内的旧名。法国人控制越南北方以后,便用这个名字称呼整个越南北方地区。

李敏修与汲县车马局

清末河南省汲县(今河南省卫辉市)车马局,是李敏修、王锡彤等士绅,为抵制贪官污吏对百姓的盘剥勒索而举办的民间性应差组织。

车马局的前身为大户局。它的出现与清代的驿站制度有直接关系。清制,各地驿站负责公文传递,护送官差、官物,站内设有额定马匹和扛递夫以备支应。河南省的汲县及安阳、新乡、郑州、祥符等地,都是南北驿路上的大站。尤其是汲县,濒临官马大道,号称十省通衢,又是卫辉府的附廓县,官弁吏役往来如织,成为驿路上的要冲。汲县驿站常备马匹148匹,扛递夫394名,岁支夫马工料合银190411两5钱4分9厘,驿站开支由该县在当地税课下坐扣。① 这些规定从乾隆年间起成为定例,至清末始变。事实上,驿站的备置只能应付一般的官差。若遇到大军过境,解送内外库帑,随征督饷,递解大批罪犯或云贵举人赴京会试②,则往往不敷分派。为此,清王朝特别规定:逢大差,可募民夫,计里给值,若无官车,准向民间租用。③ 不料想,这一规定竟成了各地官吏借机敲诈勒索的依据。随着清代官制、吏治的日趋腐败,一方面是驰驿官员无视《大清会典兵部则例》对驰驿者根据品级给以定数夫、马的严格规定,假公济私,滥差需索,甚至克扣脚价,致使驿站额设车马、夫役及经费不敷使用;另一方面是地方官吏以借资民力为名,巧立名目强行摊派,滥出差票骚扰乡里。汲县大户局就是为支应额外的驰驿差徭而特设的。至于设于何时,已无从考订。

不知从何时起,汲县百姓在春秋两税外,另添了一种车马钱和草钱。据李敏修云:"车马缘起,窃意其初国家既设驿站,所谓折差递解,官吏过境,大约皆用马。惟解饷及军糈、军械,乃不能不借资民力,然亦是雇用,其初亦未必尽派民间。查吾邑隔站远行之车,尚系令车行代雇,每日有一定价值。至祥符,当日无论何差要车,皆系车行代雇,自行发价,从无派及民间者。当日有纪律之军队,如宋(庆)、马(玉昆)等军过境,有每日发价一千文者足证。凡无价者,大抵初由于书差局役之吞食,后或由过境者之勒价不给耳。其完全摊派民间,亦大抵由兵荒年岁,不肖官吏相沿积弊。初由吏役和雇,继以勒雇,继以勒派,继以折价。"④也就是说,初用民间车马还是租用和雇给价,由于差役吞食或过境者勒价不给,逐渐变为勒派不给钱,最后变为强行摊派车马钱、草钱,并成了常供。主管这项车马钱、草钱的,民间称为"大户局"。由

---

① 参见《续河南通志》卷42,《武备志·邮传》。

② 清制规定,云、贵两省举人进京会试,沿路驿站,每人供马一匹。

③ 《大清会典事例》卷698,《兵部·邮政》第18册,台北新文丰出版公司1976年影印版,第14148页。

④ 王锡彤著,郑永福、吕美颐点注:《抑斋自述》,河南大学出版社2001年版,第67页。

四乡大户士绅出面,在城里租房承办,县官则派家丁和书吏参与其事。主办此事的家丁被称为"车马门丁";书吏是从六房的兵房中分出的,被称为"号兵房";负责催钱的是衙役,称"保正"。据王锡彤在《抑斋自述》中记载,每年岁首,由县下书到局,预议车马钱、草钱,规定每亩摊派钱数,支草斤数,但并不实收马草,而是折价输钱,驿马用草由专门草经纪另行购买。这只是一般情况下,所谓的太平无事时得额支之钱。若遇大兵过境,或上司临莅,或云、贵两省举人进京赴会试等大差,则常额输钱之外,另派供差。差票下乡,有车的出车,无车的出钱,同时还另出军需草钱。这种繁重的差徭和苛捐杂税成为汲县的一大弊政。当时,不仅在汲县,凡濒临官大道的州县,如新乡、密县等都有这种恶例,只是称谓有别,新乡不称"大户局"而称"都公所"。这使得设驿站的州县比其他县的百姓又多增加了一层沉重的负担。①

大户局积弊累累,最使百姓不堪忍受的有二端。

一是勒索无度。各级官吏都把大户局当成搜刮民脂民膏中饱私囊的利薮,纷纷伸手,层层盘剥。经手的车马门丁、号兵房,无不上下其手,勾串分肥,县官则公然把这项收入列入正常收入的一部分。本管知府、分府后补官、同城佐杂也都照例分润;甚至"幕友之幕友,家丁之家丁"均能染指其中,只要讨得一纸差票,即可到处讹人。一些过境的官弁吏役,除坐车用马外,还多索要车马,折价入囊。为满足这些无止境的索求,大户局常常滥出差票,指一派百。

保正、大户、车马门丁还互相勾结,制造机关,玩弄手段,坑害百姓。一遇差来,保正、大户故意持票不传,县官验车时,临时代雇一车以应事,事后则以迟误大敲竹杠,加倍索要赔偿,竟有一车讹诈川资、小费、饭钱、利息至百余千者。要躲避这种讹诈,需以重金贿赂车马门丁、号兵房,"将此人之车移为他人"。贫穷无力者,也得千方百计聚金以贿嘱门丁、书吏、保正,以求官票早出。于是,竟然出现了这种状况,每一差来前十余日,各乡农已驱车策马麇集县衙外,鹤立以待。不仅赔钱废业,贻误农时,往往还鹄候无期,闹得人畜不安。

大户局的另一大弊政是供差不平等。按清制乡里有儒户、民户之分,常规是儒户出钱少(每亩十三文),且不纳草钱;民户出钱多(每亩二十六文),并加纳草钱;官署吏役、武营兵丁例不出任何钱。归田之达官、寄居之官裔亦优免。加之民间小康人家多出钱捐一监生,由民户转为儒户。结果,绝大部分负担转嫁到了贫民百姓的身上。

遇有兵荒马乱,因差徭而倾家荡产者,指不胜屈。甲午之役,湘军过境,汲县应差而去的民车千百辆,很多车主有去无还,不少人因此而家破人亡。

因此,提起大户局,汲县的百姓无不切齿痛恨,纷思整顿。李敏修是汲县人,其家为当地的书香世家,本人于光绪十八年(1892)中进士,可谓乡里一方之望。他不

---

① 王锡彤著,郑永福、吕美颐点注:《抑斋自述》,河南大学出版社2001年版,第66—67页。

仅是有名的中州大儒,而且急公好义,关心民瘼,在为民兴利除弊方面做了不少努力。戊戌前后,李敏修正在家居丧守制,看到大户局滥派差徭,乱敛捐税,十分不满。光绪二十四年(1898)春,他前往开封拜访了河南巡抚刘树棠,特地谈及大户局及差徭事,为民请命,要求改革,争得了河南巡抚的许可。刘树棠指示卫辉知府曾与九整顿大户局,令分府候补知府李季才、汲县知县李子明具体负责,明令他们邀请李敏修参加评议,还从省里委派孙光甫前来协助。

李敏修认为"弊当革其已甚,法务求其可行"。经过详细核议,制定了八条改革办法。其中,主要一条是把大户局改为车马局,"主之以绅,督之以官",不准车马门丁及号兵房包揽收钱供差之事,保正亦由局另雇,改为承催。其次,不分儒户、民户,一律按亩摊派,每亩额定铜钱38枚,10亩以下免收。在卯的兵丁差役给免,以衙署预先造册为准,白役余丁不免。第三,车马局养车20辆,驰驿者从上级官札及本人印信为凭,按人数给车辆,不足用时另行添雇,遇大兵大差局员会同县署另行征派,不听书役滥报。此外,为了协调与原大户局承办人员的关系,特规定:原车马门丁与号兵房的饭食薪水酌折定数,由车马局按月支给,但不准径自私取,并供给县官署和其他官署所谓草钱若干。这一改革办法经过详细议定,呈报了河南巡抚、布政使与按察使,经批准立案实行。

从此,汲县的大户局改为车马局,李季才为委员,李敏修任总董,赵范卿任副总董。按规定,三委员每月可领薪水若干,但李敏修的薪水一律转给王锡彤购书,归于经正书舍,未取分文。①

这一改革,从本质上不可能将大户局的弊病铲除净尽,但在一定程度上扭转了门丁吏胥与乡间劣绅相互勾结包揽大户局,无限制地滥支差徭、勒索民财的局面,多少减轻了汲县人民一些的负担,并使摊派中的不合理现象得到一定程度的纠正。这些都为汲县人民所称颂。经过整顿,汲县车马局的面貌有所改观,一年后王锡彤接手时,已余钱数千串。

但是,在改革大户局的过程中,也遭到一些人的反对。车马门丁、号兵房的不满且不必说,由于改变不合理的摊派,儒户、民户一律按亩出钱,因而引起了士绅的不满,一些世家大族亦从中作梗。李敏修的座师卫辉知府曾与九,早已料到这些,一开始就不同意他的改革主张;他的好友杨北垣也不赞成他任车马局总董。李敏修没有被恶意的中伤所吓倒,也不为善意的劝说所动心,对改革弊端始终持坚定不移的态度。

光绪二十五年(1899)二月,李敏修由于受聘长垣寡过书院,在车马局任职一年后,辞去了总董的职务,由其挚友、汲县另一著名绅士、实业家王锡彤接任。半年后,

---

① 王锡彤著,郑永福、吕美颐点注:《抑斋自述》,河南大学出版社2001年版,第64—65页。

王锡彤也辞去了职务。以后，汲县车马局就由王江洲、赵范卿、李季才长期主持。①

在政治无比黑暗的清末，任何改革都不可能维持长久。迨至铁路通行南北，电报四通八达，驿站已废弛无用，汲县车马局养车从 20 辆减至两辆。但地亩捐不见减，局存款不见增，局董内结官幕，外揽词讼，车马局与原大户局已毫无区别。

民国初年，车马局再次改名为"公款局"，仍按亩摊派，成为搜刮民财的专门机构。汲县绅民十分不满，多不认派，县官竟要李敏修和王锡彤两家出面疏通。1913 年 1 月，王锡彤由北京回汲县，曾为此事与李敏修之兄李霁东专做一"免徭说帖"，投书县官，建议撤局蠲徭，随后又上书省政府，但未得下文。②

（吕美颐撰，《中州今古》1987 年第 4 期）

---

① 王锡彤著，郑永福、吕美颐点注：《抑斋自述》，河南大学出版社 2001 年版，第 66 页。

② 王锡彤著，郑永福、吕美颐点注：《抑斋自述》，河南大学出版社 2001 年版，第 192 页。

袁世凯与清末河南"请愿共和不独立"

1911 年 10 月,武昌起义爆发,革命浪潮迅速波及全国。继湖北之后,湖南、陕西、云南、江西等省先后宣布"独立",脱离清王朝的统治。11 月,又有上海、贵州、江苏、浙江、安徽、广东、四川等地先后宣布"独立",脱离清廷。而地处中原的河南,在反动派镇压了革命党人张钟端等组织的武装起义后,却演出了一场所谓"请愿共和不独立"的闹剧,致使辛亥革命大潮中,河南省形式上的独立也未曾出现。"请愿共和不独立"这出闹剧的前台表演者是河南部分官绅和资产阶级立宪派,而幕后的总导演则是野心家、阴谋家袁世凯。

袁世凯的骨子里是个专制主义者,但为了达到某种政治目的,他有时也要唱唱民主的调子。他曾在天津试办过地方自治,也说过不少宪政的好处,为此捞取不少政治资本,也着实迷惑了一部分人。武昌起义爆发后,袁世凯几经和清王朝的掌权者讨价还价,终于"出山"了。为了窃取大权,他翻云覆雨,耍尽了两面派手法。为了向清廷施加压力,迫其交权,袁世凯指使其党羽在山东策划了所谓的"独立",而一旦袁氏正式组阁,掌握了清朝的大权之后,历时仅 12 天的山东独立便被取消了。实际上这是一场货真价实的假独立。

河南省的"请愿共和不独立"同山东省的假独立一样,也是袁世凯一手策划的丑剧。对此,王锡彤的《抑斋自述》之三《燕豫萍踪》中,有较为详细的披露。

王锡彤,字筱汀,河南汲县人。原为一个民族资本家,曾主持河南禹州三峰煤矿公司。在 1909 年河南人民收回矿权的斗争中,王是赴京与英国福公司谈判的四个代表之一。就在谈判期间,王锡彤接到即将赴江西任知府的王祖同从开封写来的信,信中透露了袁世凯要王锡彤为其办实业的口信。王锡彤便立即去彰德(今安阳)面见袁世凯。之后,王为袁奔走于京、津、燕、豫之间,先后任京师自来水公司协理、天津华新纺织公司董事兼唐山厂专务董事、天津启新洋灰公司协理等职,成为袁世凯的心腹之一。

武昌起义爆发,各省纷纷独立。在这种形势下,河南也出现了要求独立的舆论与行动。革命党人始则企图劝说清政府领兵大员率部反正,脱离清朝统治,建立河南军政府。继而去外州县活动,计划四路举事,最后夺取省城。后来又在开封组织武装起义,因有人告密而失败。[①] 当年 11 月,旅沪河南革命党人组织的河南北伐军支部(发起人中有王锡彤的儿子王泽放)发布《河南北伐军宣言》,号召人民起来,光复河南。河南北伐军在沪成立后,也致电河南省谘议局"急速独立"。1912 年 1 月 10 日,豫籍京官齐集京师豫学堂,提出速谋河南独立。这些京官的举动有两个原因,

---

① 冯自由:《河南志士与革命运动》,《革命逸史》(中),新星出版社 2009 年版,第 569—571 页。

一方面是因为全国形势飞速发展,人们看到清王朝已经朝不保夕;另一方面他们也揣摩袁世凯的心思,虽然袁氏出山时"固抱定君主立宪之旨",但此刻因大势所趋,袁"似已改变主意,亦有趋向共和之意"。他们认为,乘此时机宣布河南"独立","既可为吾汴省同乡之光荣,而日后亦不至见弃于同胞"。①

此时,王锡彤与中州大绅李敏修等"日夜过从,论及河南局势,余(王锡彤)力主张独立,敏修和之"。他俩一致主张河南应该及早独立,争取主动。但这一主张却遭到在江西任知府、江西独立后狼狈窜回的王祖同的坚决反对。王祖同认为,"独立险事也,余方自江西来,知之甚悉。盖既独立,必须与中央断绝关系,各地土匪纷起,假借革命者,不能不认为同志。地方官逃者逃、换者换,民居必忧,秩序难保,非桑梓福也"。但形势如此紧迫,不独立又怎么办呢?他们经过几天讨论,议论不决,最后才终于想出一条"妙计":请愿共和不独立。主意已定,他们打算先授意报纸造造舆论,鼓吹请愿共和不独立,继而由河南士绅胡石青、王抟沙、刘孚若、张忠甫等,"各处奔走,渐渐成熟"。②

河南是袁世凯的老巢,受到袁世凯的严密控制。河南省谘议局,本一直掌握在官绅和资产阶级立宪派手里,但因谘议局的代表曾参加17省代表在南京选举孙中山为临时大总统事,且曾两次电袁早定民主政体,也为袁世凯所不容,于1912年元月7日电令解散。1月14日,河南巡抚齐耀琳领衔,擅用全省官、绅、谘议局及商学各界的名义致电袁世凯表示拥戴,内称"临时大总统一事,非公莫属"。16日豫直两省谘议局电会孙中山,询问三件事:一、清帝退位后,能否推举袁世凯为总统;二、共和国成立后,接管清廷所有,北方军队能否不追既往,与南军一律对待;三、优待皇室及旗计民生,能否先协定条件。③ 实际上是强迫孙中山答应在清廷退位后将大总统职位让给袁世凯。

尽管如此,袁世凯对河南的局势仍不十分放心。1月29日午夜,袁世凯打电话给在京的王锡彤,约王锡彤次日晨至袁邸会晤。会见中,袁世凯针对河南共和独立的议论,言不由衷地试探说:"尔在河南久有筹划,即归河南做去可也。"王锡彤急忙解释说:"近数日我辈宗旨变矣。"袁世凯故作诧异地问:"何故?"王锡彤回答:"河南,公桑梓邦也,决不能独立。独立则损公威望。况河南即独立,山东独立虽撤消,亦仍是独立,直隶亦要独立,果省省独立,纵京城能保,而号令不出都门,公之声名将一败涂地。故决不敢独立也。"听到此,袁世凯十分高兴,"首肯者再",说"诚然,诚然"。并问:"河南不独立,又采取什么策略呢?"王答曰:"近日与肖庭(王祖同)、馨菴(张镇芳)、敏修(李敏修)已研究出一种办法,请愿共和却不独立。直隶、山东、河

---

① 《申报》,1912年1月12日。

② 王锡彤著,郑永福、吕美颐点注:《抑斋自述》,河南大学出版社2001年版,第177页。

③ 《申报》,1912年1月17日。

南皆照此办法做去矣。"袁世凯对此当然十分赞赏,并当场决定让王锡彤回河南照此计办理。王锡彤说"此种滑稽办法当然由河南大官领衔",并以自己从未做过官,不宜即任河南封疆为由,力辞。王锡彤向袁世凯推荐王祖同去办理,袁表示"所举得人"。但又说,王祖同要是不肯去干怎么办呢?王锡彤表示,自己"愿往强之,必使应命"。袁世凯说,好极了,王祖同已到天津,请迅速把他找来面商一切。

1月31日,王锡彤即电约在天津的王祖同来京。时王祖同正为初署直隶总督的张镇芳筹划调度,没有答应王锡彤的要求。2月1日,王锡彤乘早车驰津,与张镇芳、王祖同磋商再三,并答应由胡石青、方干周等协助王祖同。张镇芳还给河南巡抚齐耀琳写了一封"说明崖略"的亲笔信,交由王祖同带回河南。商量妥当后,王锡彤与王祖同乘当日晚火车急返北京,乘已在车站等候的袁世凯派的专车径入袁邸。在袁世凯官邸,他们就王祖同回汴之后的种种具体做法进行了策划。袁意由王祖同取代齐耀琳任巡抚,执行"请愿共和不独立"之计划。王祖同认为自己回汴后担任巡抚不合适,他说"临敌易帅,古人所忌。齐巡抚(齐耀琳)当留任",由他任藩司(布政使)即可。对王祖同这一意见,袁世凯表示同意。王祖同又提出,为了把事情办得更妥当,最好让王锡彤送他到开封。对此,袁世凯、王锡彤表示同意。

2月2日,王锡彤和王祖同、方干周等一行自京返豫。途中,到彰德面见袁克定,向其"备述一切",并由袁克定"授意前敌将士,照请愿共和不独立之策进行"。2月3日晚,王锡彤一行抵达河南省省会开封,立即由王锡彤向巡抚齐耀琳谈了袁世凯策划的请愿共和不独立之步骤。齐耀琳自然不敢说半个不字,只是说须由豫绅联名呈请,由他代奏清廷。王锡彤表示承担策动所谓联名承请之事宜。

2月4日,王锡彤分别会见省城的官绅及立宪党人,向他们说明"请愿共和不独立"的理由。与会者认为,"宗旨既定,祸乱可弭",欣然同意而去。方干周庆幸地对王锡彤说:"幸而吾辈适来,若再迟几日,张钟端之祸不知又演几次矣"。接着,王锡彤等就炮制了一件所谓请愿共和的公呈。

2月6日,王祖同署理河南布政使司,齐耀琳向清廷出奏所谓谘议局请愿共和之书,敦请清廷即时宣布共和。这样,辛亥革命后河南出现连形式上的独立也未曾有的局面。次日,王锡彤便乘车北返,向其主子袁世凯汇报去了。[①]

2月9日,张镇芳、段祺瑞等联衔电奏清廷,请"速降明谕,宣布共和,悉以政权公诸国民"。十二日,清帝便宣布退位。

不难看出,袁世凯等紧锣密鼓地策划河南请愿共和不独立,其目的有二:一是不独立,稳住了河南的局势,可以使时任清内阁总理大臣的袁世凯保住对北方各省的指挥权,不至于出现"号令不出都门"的状况,也加重了和南方谈判的筹码;二是请求共和,可进一步施加压力于清廷,迫使清帝及早退位,使袁世凯早日登上民国大总统

---

① 王锡彤著,郑永福、吕美颐点注:《抑斋自述》,河南大学出版社2001年版,第178—179页。

的宝座。事实上,袁世凯的这两个目的都如愿以偿。当然,所谓"请愿共和不独立",实即一切仍听从袁世凯调遣,而"共和"则不过是一块虚伪骗人的招牌。王锡彤也曾毫不掩饰地对袁世凯说,这里演的是一出滑稽戏。曾几何时,袁世凯便扯下这块招牌,登基做皇帝了。

（郑永福撰,《中州今古》1987 年第 2 期）

王锡彤与京师自来水公司

谈到中国近代最大的实业家,南方要数张謇,北方要算周学熙了。中州著名实业家王锡彤,不仅曾在河南办企业,还是周学熙诸多企业的主要创办者和管理者,在河南乃至中国近代经济史上,理应占有一定的位置。

王锡彤(1866—1938),字筱汀,号悔斋,晚号抑斋,河南汲县人。其父王宝卿,县学附生,在卫辉、延津、修武等地执事盐业。王锡彤16岁时丧父辍学,赴修武盐店当学徒,19岁时以县试第一考中秀才入邑庠,曾在开封大梁书院肄业。后多次参加乡试不中,32岁被选为拔贡注直隶州州判。王锡彤一生的活动大致可分为两个阶段。1909年以前,他在河南从事教育和工商活动,曾主讲淇西精舍,与李敏修等在卫辉创办经正书舍和新式学堂;主持三峰煤矿公司,参与策划洛潼铁路和河南铁矿的建设,成为近代河南有相当影响的绅士与资本家。1909年后,王应袁世凯之邀,充当袁的幕僚,并与周学熙在京、津、唐、豫等地办实业。在京师自来水公司、天津启新洋灰公司、天津华新纺织公司三个大企业中周任总理,王任协理,周两度出任财政总长期间,王代总理。王还是华新公司唐山厂专务董事、兴华资本团主任董事、卫辉纱厂董事、棉业公会董事、开滦煤矿股东,地位显赫。

在从事工商实业活动中,王锡彤显示了卓越的才能与实干精神。1906年,王应邀主持禹州三峰煤矿公司。该公司20世纪初开办,土法开采,虽出煤但无利润可言;且当地土矿林立,之间争斗甚多,无法正常生产。王到任后,大力整顿矿务,并赴天津考察购买机器,经数年努力,煤矿有起色,股东逐年可分到红利。

在与外商谈判和建厂过程中,王锡彤注重调查研究,决策精明果断。筹建唐山和卫辉纱厂与英商会谈进口机器事宜,王锡彤仔细研究设备中主附件中英文资料,做到心中有数;签订合同时字斟句酌,尽量压低价格,以致谈判几近破裂,但最终还是成功了。后英商以欧洲战事未已,运输不畅为由(实为价格偏低),想支付一些赔款废除合同了事,王严驳不允。选择卫辉纱厂厂址时,王认真勘察论证,否定了通泰洋行外国专家的错误意见,选择了最佳方案。1921年后,英镑大幅度升值。王锡彤以中方已预付半数款额及英方交货误期应予以罚款为由与英方谈判,维护了中方利益。王锡彤办实业过程中,对家乡河南经济的振兴高度重视,付出了很大的心血。1905年后中国人民收回利权斗争中,王力主收回焦作英国福公司煤矿,曾作为河南四代表之一赴京与外务部谈判交涉。1919年兴华资本团拟建几个新纱厂,王力主在家乡卫辉设一个纱厂。卫辉距天津千里之遥,许多人尚不知其地在何处,集股相当困难。王认为,卫辉是自己的家乡,办纱厂即便自己不获利,亦于桑梓有益;况纱业正在勃兴之际,卫辉收购棉花较易,棉纱出售亦不难。当时额定股本80万元,纱锭1200枚。若无人带头认巨股,纱厂成立便遥遥无期。为了不丧失振兴河南民族工业之良机,王锡彤带头认股10万元。当时王并不富裕,这笔钱大多要靠出息借贷。此后,王锡彤与其弟王锡龄及其侄为卫辉纱厂的建设做出了不小的贡献。王锡彤还积极参与了河南铁路矿业建设的策划,并为之四处奔走,不辞劳苦。20世纪初,中国有两大家水泥厂,即天津启新洋灰公司和湖北水泥厂。前者经营得法,年年盈利。后者却连年亏赔,欠日本商人白银70万两。这样,该厂就很可能落入日本人手中。王锡彤与周学熙等决定出资140万元,一部分用来偿还日债,一部分用来启动湖北水泥厂,这种维护民族利益的举动也是值得称道的。

办实业的数十年中,王锡彤非常勤奋。他要不停地参加各公司和厂矿的办公会、董事会、股东会,还要深入实际调查了解各厂的运营或基建情况,此外还有不少社会活动。20年代后期,当他感到体弱多病难以履行职责后,便毅然辞去一切职务,隐居天津,养病之余,专事著述,1938年在津病逝。王锡彤一生著述多种,近百万字,为研究河南及中国近代政治、经济、思想、文化留下了宝贵的资料。

作为著名的实业家,京师自来水公司任上的王锡彤,值得人们关注。

近代中国公用事业史上,清末民初的京师自来水公司占有很重要的位置,它比较有效地解决了北京市区的用水问题。在京师自来水发展过程中,两个河南人起了重要作用,一个是袁世凯,一个是河南著名的资本家汲县人王锡彤。特别是作为该公司的主要管理者王锡彤,殚精竭虑,才使得自来水公司在政局动荡的旧中国蹒跚前进。

北京作为清王朝的首善之区,地位举足轻重。然而让统治者头痛的事情之一便是缺水问题。自然降水量有限加之季节分配不均匀,造成了北京地区缺水现象时有发生。据资料统计,北京多年的平均降水量仅为626毫米,而且大多集中于夏季,占全年降水量的70%以上。降水的年际变化也很显著,根据一百多年的气象资料分析,丰年多达1406毫米,枯年仅为242毫米,两者相差近6倍。过去,北京地区的饮用水主要来自地下水,但当地的地下水中硝酸盐含量较高。北京自元代历明、清是中国的首都,人口众多,肉类、蔬菜消费量巨大。城市的各种污水、肉类、蔬菜的遗弃部分,垃圾、粪便、尸骨等在降解的过程中,先生成氨,然后由微生物氧化成硝酸盐。在地下水的开采过程中,由于氧化作用越来越强烈,硝酸盐的含量不断升高。据载,1885年内外城12地区共有水井1245眼(不包括私人庭院中的水井)。但是由于受当时原始落后的钻井技术的限制,水井大部分凿得浅,井水来自地下水的上层,硝酸盐含量更高,水质相当差,水色混浊味道咸苦,不适宜长期饮用。宫廷用水取自乾隆皇帝亲笔题写的"天下第一泉"的玉泉山之泉水,乾隆还写了《御制天下第一泉记》,指定此水为宫廷所用。城内只有少数井水水质尚可,称为"甜井",但井水价格较贵。而且除了王公富贵之家,一般家庭在自家宅内凿挖水井是违法的。另外,民间传言水井与风水有密切的关系,认为私自凿井不但有害于自己,还会伤及邻居。《燕京杂记》中有这样的记载:"京师之水,最不适口,苦固不可饮,即甜者亦非佳品,卖者又昂其价。"清末有一首竹枝词,形象地描述了当时百姓家庭用水的情况:"驴车转水自城南(指驴车从城南运来甜水——引者注),卖向街头价熟谙,还为持家掺汲井,三分苦味七分甘。"所谓"三分苦味七分甘",是指家庭主妇们像调制鸡尾酒一样,将甜水和苦水掺拌饮用。毋庸置疑,京城百姓对好的饮用水的渴求非常强烈。进入 20 世纪,一些受到洋务运动和维新思潮影响的人们,其中包括一部分商人,多次向清廷的农工商部建议在京师兴建自来水厂。1908 年 3 月 18 日,农工商部大臣溥廷页、熙彦和杨士琦等给慈禧太后和光绪皇帝上奏折云:"京师自来水一事,于卫生、消防关系最要,迭经商民在臣部禀请承办……为京师切要之图,亟宜设法筹办。"接到慈禧太后同意兴办京师自来水公司的"圣旨"后,农工商部于当年 3 月 28 日再次上奏折,请示了筹办京师自来水公司的大致办法,建议公司的名称为"京师自来水有限公司",性质为官督商办,任命周学熙为公司总理,也很快得到了那拉氏的批准。慈禧为什么对此事如此热心呢?说来这与袁世凯有关。"自来水之源起,本袁(世凯)公在军机时所创,当日慈禧太后以京中屡有火灾,疑革命党所为,问防火有何善政,袁公以自来水对,即责成袁公主办,袁公饬周缉之筹之,订机购地,正在举行而慈禧崩、袁公去位,幸以列入筹备宪政内得不废。"周学熙的后人周叔媜也有类似的记载:"吾祖既丁内艰去北洋,嗣人都为农工商部上行走,项城亦入阁。适慈禧太后以京师火灾迭起,问袁公以防火善政,因以自来水对。并举吾祖任之。"自来水公司总理周学熙,字缉之,在农工商部供过职,曾任直隶按察使和长芦盐运使。公司协理初为孙多森,坐办为马许。这三个人都曾是袁世凯的部下,屡经"宫保(袁世凯)提携",领"宫保指示"来经办京师自来水公司的。此外,公司中的"所有应用工程员司"也"择要由北洋各局所商调借用",而且袁世凯还多次向慈禧太后奏明京师自来水厂的施工进展情况。由此可见,京师自来水事业一开始就受到了原直隶总督兼北洋大臣、时任军机大臣兼外务部尚书袁世凯的关注与控制。在自来水公司的发展过程中,袁世凯还将其亲信幕僚河南人王锡彤推上了主要的管理位置。

宣统元年(1909)元月,王锡彤第一次见到袁世凯,甚为倾倒,他曾在日记中写道:"袁公方五十一岁,须发尽白,俨然六七十岁人,知其忧国者深矣。惟两目炯炯,精光射人,英雄气概自不能掩。"袁世凯对王锡彤印象也颇佳,曾对人说:"余知其盘盘大才也,第恐不肯助我耳,君为我招之。"六月间两人再次见面时,袁世凯告诉王锡彤:"惟实业救国,抱此宗旨久矣。……君幸为我谋之,我知君胜此任也。"自此,王锡彤成为袁世凯的亲信幕僚,和周学熙一起在京、津、唐、豫等地兴办实业。1909 年 8 月,王锡彤抵达北京,9 月,"时京师自来水公司方在创办,初五日开第一次股东会,蒙举董事"。王锡彤开始了对京师自来水公司的管理。1910 年 2 月 21 日,自来水公司开股东会,推举王锡彤为协理。时任自来水公司总理的周学熙,因兼有多种职务,公务繁多,王锡彤实际上成为公司日常事务的主要管理者。到了 1912 年,周学熙任财政总长时,王锡彤代理公司总理职务,并负法律责任。

京师自来水公司自光绪 1908 年开始筹建。建立了总公司及十个分局,筹集资金,购置器材,勘测水源,建设水厂,铺设管线,1910 年 3 月 20 日正式向北京城内供水,这一切仅仅用了 22 个月的时间,其施工速度及工作效率在当时都是非常高的。

　　京师自来水公司开办伊始,就遭遇到了重重困难。公司的性质是官督商办,但是"官本一文不名,商本仅300万,实则不过270万,盖有十股加一股之虚数在内,故运用殊难充足"。另外,一种新事物的诞生,不免会受到一些人的怀疑、反对甚至造谣中伤。据史料载,该公司"比一开办,内城满人以为洋水,疑畏不敢饮"。对此,自来水公司于1910年初在《白话报》上分别用文言文和白话文刊登广告,文言文曰:"敝公司开办自来水,系凛遵先朝(指光绪朝)谕旨,为卫生、消防起见,所集者华人之股,办事者亦皆中国之人,久在洞鉴之中。开市以来,消防之功,有目共睹,无庸再赘。"白话文广告云:"诸位街坊台鉴:我们公司办的这个自来水,是奉皇上旨意办的,全集的是中国股,全用的是中国人,不是净为图利啊。"接着宣传自来水的科学知识,"只因水这个东西,是人人不可离的,一个不干净,就要闹病,天气暑热,更是要紧。所以开市以后,凡是明白的人,没有不喜欢这个水的,又有一种不明的人,愣造谣言,说是洋水啦,洋胰子水啦,我的傻同胞,也就有信的,龙头安到门口,也是不要。唉,京城地面,还是这样不开通,那也没有法子"。

　　经过宣传与实践,自来水这个新生事物逐渐被人们所接受,很快,市民购水踊跃。但是,自来水的繁荣引起了一些既得利益者的不满。"北京全城人民饮水向归井屋供送,由来久矣。惟各井屋皆为山东人所经营,则此项事业不啻为山东人所专有,团结甚固,垄断居奇,对于用户时有强横举动,居民受欺忍痛已非一日,有力者多改用自来水……"这些把持着城内大大小小水井的"水阀","结党居奇,对于用户待遇极苛",稍不如意即以断水相威胁。用户"不敢深较,人人切齿,无如之何"。自来水普及后,抢了这些人的生意,他们"动辄纠合徒众横肆阻挠"。公司一方面请官方弹压,一方面又安置了失业的水夫,雇用他们为市民送水到家。进入民国后,京师自来水公司改名为北京自来水股份有限公司,其机构与体制仍沿袭旧制,归北洋政府农商部管辖,王锡彤仍任协理。此间全市对自来水的需求量激增,但生产能力并未扩大,加上救火和清道洒水用水越来越多,公司多次呈文农商部,希望得到一些补贴。但是在当时军阀混战,政局动荡的情况下,政府的经费也很拮据,对此无能为力,公司的营业每况愈下。1912年4月7日,"自来水公司开股东会,以营业赔累,议交洋商代办",遭到大部分人的反对。王锡彤认为,"不如以此七千元包归自办,裁员减薪,免去监督之职,总理、协理、董事均不支薪,如此撙节,计一年内可不赔本"。当他与周学熙商量时,周问他:"公养家何赖?且长安居大不易,应酬甚广,无薪水何以应之?"王锡彤回答说:"余任此义务协理,不赁寓所,有饭可吃,有人可用,有电话可使,岂不便利许多?"这样,通过裁员减薪,自己带头不拿薪水,节约开支。结果"洎自裁减后,人多兼职,事皆节撙,每月经常费用开支约只五千数百余元,较之曩年每月约可节省四千余元之多"。"自是年起,自来水公司遂不亏本。"到1915年,王锡彤高兴地发现"自余创为裁员减薪,总协理、董事、查账员均尽义务,不支车马费、薪水后,本届赢余二万余元。按股可分一厘之息,随为数甚微,而股东之希望渐生"。王锡彤认为,这些措施只是节流,重要的还要开源。"熟筹商业关键之要,不外开源、节流两端。年来对于开源,则不惜工资扩展销路,对于节流,则款无巨细较及锱铢。"为了进一步扩大生产规模,王锡彤吸收天津银号为最大股东,使局面有了很大的改观。王锡彤还曾打算向外国借债 100 万元华币,但借款各国乘机提出了苛刻的条件,要求控制自来水公司,由于董事们和王锡彤断然拒绝,这个企图没有得逞。公司上下齐心协力,营业渐有起色,王锡彤未雨而绸缪,从每年的赢余中提取公积洋,用于扩大再生产。在没有借一分外债的情况下,扩大了公司的规模。

袁世凯死后,军阀在京轮番执政,战争连绵不绝。大大小小的军阀都把自来水公司看成一块肥肉,利用各种手段横征暴敛,肆意搜刮。不断的战事,直接影响了公司的正常运作。1924 年 4 月 15 日,直奉两军于孙河镇激战,奉军两连骑兵将孙河水厂包围,"枪炮交加约半时许,小机器房微受弹伤数处,钢水罐亦受流弹数处"。同时,奉军进入孙河水厂搜查直军,未搜到直军,倒将水厂"缮校的眼镜一架掠去"。此后,奉军又开始开炮,水厂附近的百姓"闻风心惶更色,立即纷纷来厂避难,约有四百余人,厂内不过供给柴、水两项,亦无其他可供。每日均有军人来厂,假意恭维"。自来水公司原来的售水方法分两种:一为安表,一为包额。包额也有水表计数,后因欧战,购表数量有限,遂将包额变通为包月。但包月的流弊很大,"京宅用水户旧以月论,用水无限制,往往有以一龙头供数家之用者"。还造成一些不必要的水资源浪费。1920 年 9 月 6 日,王锡彤"召集各分局两厂同人,研究专管安表之法。时水量不足,而包月售水流弊太大,故议补救之法"。此举不可避免地引起了轩然大波。北京市民邓熔致函市政公所,指出自来水公司对市民"虐待者八",部分众议院议员致函内务总长,痛斥公司"压迫我内地同胞",自来水公司据理力争,后不得不作出让步,"每家应装水表均由本公司送安一只,不别收费"。此事方告一段落。历经种种困难,王锡彤不禁慨叹道:"营业之难殆不可为!"在举步维艰的环境中,王锡彤殚精竭虑,自来水公司惨淡经营。

1921 年,年近花甲的王锡彤萌生退意,"锡彤反复自思,当其年少气盛,材力本不如人,近年马齿日增,且兼职日众,长此不已,一己之生命不足惜,如偾事何?"对这位出色的管理者,股东和董事们自然是极力挽留,坚决不放。直到 1927 年,在王锡彤的再三坚持下,才辞去协理的职务。王锡彤的心里很明白,任职期间"中经危难,外侮迭起,强欲退避又迹近畏葸"。"幸届新年,又虎狼政府已可以少数填其欲壑,若再不坚辞,恐遂无脱身之日也。"王锡彤在自来水公司的十几年的管理工作中,兢兢业业,尽职尽责,成绩显著,理应得到人们的认可。

(郑永福、谷银波撰,《中州今古》2002 年第 3 期)

清初人物

一代儒宗孙奇逢

孙奇逢,字启泰,号钟元,直隶容城(今属河北)人,清初迁居河南辉县(今属河南)苏门山下夏峰村,学者称之为夏峰先生。孙奇逢生于明万历十二年十二月十四日(1585 年 1 月 14 日),卒于康熙十四年四月二十一日(1675 年 5 月 15 日),终年 92 岁。奇逢一生曾几度濒于绝境又幸免于难,故晚年又自号岁寒老人。他于明朝万历二十八年中举,明清两朝曾先后十一次征聘授官,但奇逢一概力辞不就,时人尊称"征君"。奇逢晚年在苏门山下隐居 20 余年,躬耕自食,授徒讲学,弟子甚多。当时直隶、河南一带的学者,多出自奇逢之门。著名的学者汤斌、魏象枢等,也是他的门人。清初,北方学者奉奇逢为泰山北斗,与黄宗羲、李颙并称"三大儒",是一位颇有影响的一代儒宗。

(一)生长儒门,冒死犯难

孙奇逢书香门第出身,他的祖父是明嘉靖时的举人,曾任沭阳(今属江苏)令、河东盐运司运判。奇逢的祖母是明兵部员外郎杨继盛的再从侄女,曾从杨继盛宦游 10 余年。杨继盛生性耿直,不畏权奸,因为敢于上书弹劾权臣仇鸾和严嵩而朝野闻名,后来遭受迫害冤死狱中。杨继盛曾写下著名的诗句:"铁肩担道义,棘手著文章。"[1]他的事迹与他的诗句广为流传,为人称颂不已。到明朝万历年间,当局才为其平反昭雪。孙奇逢的父亲是一位秀才,与杨继盛之子杨补庭为世谊。奇逢年幼时,祖母时时以先人的言行教诲他,父亲也常常带他到杨补庭家做客。家庭环境的影响,使奇逢自幼便萌发了重气节、主正义、反邪恶的思想。曾有人突然向年幼的奇逢发问:"如果城池被敌人围困,内无粮草,外无救兵,你将怎样对待?"奇逢毫不犹豫地回答说:"与城池共存之。"闻者无不惊奇。

孙奇逢 14 岁入学,习阳明之学,又以程朱理学相砥砺。17 岁中举人后,越发对古文经学不屑一顾。他认为训诂、考据、词章之学对社会没有什么好处。他与同年进学的鹿善继很要好,两人共同切磋学问,"以圣贤相期"。[2] 为了体验理学的内省功夫,俩人常在一个小屋子里静坐,反躬自省。但鹿善继性格与奇逢又不一样,感情激越,刚直不阿,对这种和尚打坐式的学习方法颇不以为然。鹿善继常对奇逢说,目前政局弊窦丛生,我们作为一个正人君子,应当向杨继盛老先生那样去做。奇逢却认为善继气太盛,不适于做学问。做学问不应当在客观环境及个人遭际上打圈子,还是应当内求自省。俩人曾为此各抒己见,争论不休,但感情并没有因此受到伤害。这一时期奇逢家中贫困,有时连一日三餐也难以为继。奇逢同善继一起从早晨学习到太阳偏西,有时只能吃一碗用豆面做的粥。但这他已经心满意足了,奇逢曾说,在忧患困囷之中,才能更深入地体会所谓心性本原。

万历四十一年,鹿善继考中进士,历任知县、御史、户部主事。孙奇逢却年年科考,年年落第,科场上很不得志。后来他的祖母、父亲接连去世,奇逢恪守儒学教义,结草庐守墓达 6 年之久。早在万历三十九年的春天,奇逢曾赴京城,一面以教书糊口,一面准备应试,两年后虽然没有考中,思想却起了变化。在京期间,他进一步耳闻目睹了朝廷的腐败,官场上的黑暗,尤对宦官弄权陷害忠良恨之入骨。但他认为这个世道之所以坏透了,是因为人心不仁,即人心大大地坏了的缘故。从此,他无意再走科举道路,决心以恢复封建的纲常名教为己任。

明朝天启年间(1621—1627),阉党魏忠贤擅专朝政,滥杀政敌。复社领袖左光斗、魏大中等 6 人被诬陷下狱。已削职还乡的周顺昌也被阉党假借皇帝的命令逮捕下狱。与之有牵连者被施刑、斩首者多人。孙奇逢最后一次赴京应试时,就结识了在吏部供职的周顺昌,后经好友鹿善继的引荐,认识了时任左金都御史的左光斗。左光斗等人入狱后,奇逢妥善地安顿好了左光斗、魏大中、周顺昌的子弟。之后变卖家产,东奔西走,营救左光斗等人。

当时,高阳(今属河北)人孙承宗任兵部尚书,督师山海关抵御清军入犯,鹿善继

---

① 《清初名儒孙奇逢》,《河北地方志》,1988 年第 3 期。

② 赵尔巽等撰:《清史稿》卷 480,儒林一,"孙奇逢"条,中华书局 1977 年版,第 13100 页。

在其手下赞画,孙奇逢曾应邀到军中参观。孙承宗有意疏请奇逢赞画,奇逢借故辞归。这时,孙奇逢想到了对魏忠贤一伙深为不满的孙承宗,通过鹿善继请求孙承宗帮忙。奇逢在给孙承宗的信中激动地说:"昨闻缇骑南驰,逮及左浮邱、魏廓园两君子,某等未尝不废食而叹也。夫两君子清风大节,必不染指以庇罪人,此何待言。独以善类之宗,功臣之首,横被奇冤,自非有胸无心,谁不扼腕?维桑与梓,固浮邱旧履地也,遗爱在人,不只门墙之士,兴歌黄鸟,能不慨然?"①孙承宗接此书后,决定向皇帝面陈机务,除掉魏忠贤。魏忠贤听此消息后,半夜里围绕御床哭泣,哀求皇帝阻止孙承宗。明熹宗听说孙承宗要清君侧,飞檄三道,严加制止。孙奇逢与好友鹿善继的父亲鹿正及新城(今山东桓台县)张果中冒死犯难,在京畿一带设立募捐箱,公开向"愿输金救左督学者"募捐。于是,向箱中投钱者云集,共收得白银数千两。当奇逢带着这些银两进北京时,左光斗、魏大中等人已惨死在东厂特务的廷杖之下。奇逢结集友人同志,将左、魏等人遗骸赎出,举幡击鼓,善加安葬。时阉党之势如火方炽,容城离京师又不过200里,人们都为奇逢捏一把汗,但奇逢毫不畏惧。他站在风萧萧兮的易水河畔,长歌当哭,祭奠亡灵。人们十分钦佩奇逢等人的高风亮节,称孙奇逢、鹿正、张果中为"范阳三烈士"。后有人云:燕赵多慷慨悲歌之士,奇逢之后,其风再起。

崇祯九年(1636),清兵入逼北京,南下保定,鹿善继战死在定兴(今属河北)城中。孙奇逢号令士民死守容城,竟使清兵2000余人马7日之久不能攻下。之后,奇逢率族人数百家迁到了百里外易州的五公山,结茅筑寨于双峰,凭借天险御敌。奇逢闻警则入山战守,无事则居城讲学。其间,明朝的地方官交章论荐,多次征聘,奇逢皆辞而不就,而于扰攘之中,弦诵不辍。

崇祯十七年三月,李自成农民军攻入北京。孙奇逢闻讯老泪纵横,对农民军恨之入骨,但又无可奈何。李自成曾派新任县令带着诏书诚聘奇逢,奇逢正叹大明天运不济,哪肯应聘。一个多月后,大清皇帝在北京皇宫就位。无可奈何花落去,奇逢剃发易装,成了大清朝的顺民。顺治初年,巡抚柳寅东、侍郎刘余佑先后以人才荐举朝廷,祭酒薛所蕴也向朝廷陈其学行,以其比之元代的许衡、吴澄,举荐奇逢做官。奇逢心念大明,岂肯就任,一概以有病在身而力辞。

(二)苏门归隐,设帐讲学

清朝开国伊始,为维护和扩大满族贵族的特权,支持其疯狂地掠夺土地。顺治三年(1646),圈地之风殃及了直隶容城。孙奇逢虽屡承朝廷招聘的"恩宠",但其田产也不能免遭圈占的厄运。在武力的驱赶之下,已是古稀之年的孙奇逢不得不拖家带口离开了自己的故乡。一路上,他感慨万端地对孩子们说,20年前我的好友茅元

---

① 朱茂汉点校:《夏峰先生集》卷1,《上孙恺阳相公》,中华书局2004年版,第19页。

仪便劝我迁居,我问其故,元仪说这块土地以后不归你所有了。当时我怎么也不相信,可如今却真的应验了!

奇逢出走后,移居新安县。后又几经迁徙,5年之后,来到河南辉县市的夏峰村定居。夏峰村在辉县市苏门山下,紧靠名泉百泉,山清水秀,地僻幽静,曾是著名学者姚枢、许衡讲学的地方。据当地传说,奇逢乘牛车往辉县途中,遇见一位骑着高头大马的官员由南而北,走到他的车前上下打量,然后问道:"车上坐的老先生尊姓大名?"弟子们告诉他是容城的孙征君。骑马人万般惊喜,翻身下马连连施礼,说:"在下久慕先生大名,不想今日在此得遇,实乃三生有幸,但不知先生要到何处去?"奇逢答道:"只因我老家容城的田产被圈占,无处安身,此次想到苏门山下寻觅一个地方住下来。"那人一听喜出望外,连忙说:"在下有薄田数顷在辉县,约离苏门山10余里,愿赠送给先生。"孙奇逢觉得素不相识,怎么好意思要人家的田产呢,于是一再回绝。不料那个官员说道:"先生您要是不肯收下这份田产,就是看不起我,日后有人知道了这件事,我还有什么脸面见人呢?请先生一定要给我这个面子。"奇逢见来人如此真诚,便收了下来。这个传说有几分真实,已无从考究。也有记载说,夏峰的田庐是当时奇逢的友人马光裕赠送的。不管怎么说,孙奇逢最后是在夏峰村住下来了。

孙奇逢到达夏峰村不久,便盖起了草屋,名之曰"兼山堂",读书其中。不久又办起了书院,授徒讲学。这一下子,苏门山下沉寂多年的讲学活动又重新活跃起来了。20多年中,河南、河北的不少青少年到奇逢门下学习。一些学者也慕名前来向奇逢求教,与他切磋学问。上至朝廷的公卿大夫,下至平民百姓,拜访夏峰先生者可谓不绝如缕。汤斌等人此时已是一方大员,也专程登门求教,在孙奇逢的指导下编著了《北学编》《洛学编》等著作,总结宋以后理学发展的历史。著名的学者傅山,也曾专程来夏峰村求奇逢为其母撰写墓志铭,并一起讨论学术。康熙三年(1664),顾炎武也曾到河南访问过孙奇逢。

孙奇逢为人谦和,对来访者均能真诚相待。他见长者言仁,见少者言孝。不论是当官的还是种田的,学问大的还是初学的,奇逢都能有针对性地与之交谈开导,其学术影响波及到江浙一带。当时有不少人以能听奇逢讲学或见上一面感到荣幸。据说有一个人怀抱婴儿来见孙奇逢,他说:"等将来这孩子长大成人后,他可以骄傲地对别人说,我在幼儿时就见过孙先生。"这足见当时人对奇逢仰慕之深。

在苏门夏峰村,奇逢甘居土室,粗茶淡饭,一心问学教书,不敢稍稍涉及时事政治。可万没想到,祸从天降。康熙三年,为了稳固自己的统治,严防人们讥讽当局,清廷颁旨严禁野史传播。一时间,宵小争功献媚,讦告之风大起。于是,有的讲历史、论时政的人被逮捕流放,甚至被杀害。在孙奇逢撰写的《甲申大难录》一书里,行文中有"野史氏曰"的字样。有人将此事呈报朝廷。有一天,孙奇逢正在友人家中做客,传讯之命飞来,在坐诸友人无不大惊失色。孙奇逢强作镇静地说道:"天下事只问有愧无愧,不论有祸无祸。八十一岁老人得此已足矣。"[1]他自认为对清廷无任何越轨行为,便动身赴京城对质。多亏了朝廷中他的门人弟子从中斡旋,车行到半路,祸事即告止息。

经过此次祸事后,孙奇逢更加小心谨慎。讲学著书,绝不出性命义理、纲常名教的圈子,远离政事,尤不敢涉及现实社会问题。其实,孙奇逢入清以后,早已藏锋敛锷。他在给弟子李松友的复信中曾谆谆告诫其说:"反复披读,具见操存实境界,从此培养拓充,何患不升堂入室也。人不分穷达,事不论常变,在家者以此,居官者亦以此。然须认以此是何物,天地生人之根,人得之便有无穷生趣,所谓把柄在手,触处皆灵。不在境遇上讨效验,要在方寸内求自尽,时时如临深履薄,便时时康庄乐土也。"[2]他的意思是说,如果你时时刻刻像如临深渊、如履薄冰那样小心谨慎,那么你便时时平安无事可安居乐业了。到如今,奇逢更是严格按照这一准则行事了。到了晚年,奇逢又跟着雄县的李对学习《易经》,钻进卦爻中谈玄释道,不问世事,但求祸不及身。康熙十四年四月,奇逢卒于夏峰村。河北、河南的学者予以深切地悼念。

(三)探究理学传统,调和程朱陆王

孙奇逢一生以理学家自处,注重心性修养。他的为学以"慎独"为宗,以体认天理为要,以日常伦常为实际。奇逢自己曾经说过,我70岁功夫较60岁而密,80岁功夫较70岁而密,90岁功夫较80岁而密。当然,理学家对自己的要求无非是封建的道德践履,不一定有多重要的意义。但他那么大的年岁了,还执着地研究追求,精神可嘉。

孙奇逢一生著述很多,入清后的31年间,有《四书近指》《理学宗传》等近20种。《理学宗传》所要传的"宗",指的是圣人提出的"理",即周敦颐所说的"天",或者是程颢所说的"天理"。天理是理学家的最高哲学范畴,十分古老,本没有什么新奇之处。而孙奇逢的著作中,则要给这个"天理"找出一个自周敦颐起直至明朝末年东林党人顾宪成为止的大宗传统。奇逢选了11个理学家,作为《理学宗传》的大宗,又从汉朝起找到了"诸儒"146人。这样以大宗为主诸儒为辅,论述这一时期重要理学家的生平、思想及其在理学史上的地位,虽不甚精确科学,但作为理学的学术发展史,有一定的开创意义。

奇逢在《理学宗传》一书中,强调宗传必须本"天",不能本"心",本心乃是禅学。这实际上是在贬斥陆王心学为禅学了。但是,孙奇逢曾学宗陆王,到了晚年也并不完全尊程朱而退陆王。可以这样说,孙奇逢是清初程朱、陆王两派调和的首倡者之

---

① 汤斌、耿极编撰:《孙夏峰先生集》年谱,康熙三年甲辰条。见张显清主编:《孙奇逢集》(中),中州古籍出版社2003年版,第1421页。

② 朱茂汉点校:《夏峰先生集》卷2,《复李松友》,中华书局2004年版,第80—81页。

一。他认为,"夫博与约非二也,博原自约出,非博不能约,约原自博具,非约不为博"。他说:"一越其宗,即为畔道。诸儒继起,各以所见为发明,如周(周敦颐)之无欲,程(程颐、程颢)之主敬,朱(朱熹)之穷理,陆(陆九渊)之本心,王(王阳明)之良知,皆从浩博中体认精微,所谓殊途而同归,百虑而一致,无非说约之旨耳。"①也就是说,这些大儒的学说都秉承了孔孟的说教,将"道统"寓于"学统",里面包含了治国安民的大道理。孙奇逢认为后世学者之所以对程朱、陆王的异同争诉不已,是缺乏融通之见,失去了两学派的原初之旨,才产生了诸多分歧。

孙奇逢的《四书近指》《书经近旨》及《读易大旨》,是三部经学著作。其中所论进一步发挥了他的理学观点。有些观点迂腐不堪,但也有些不乏积极意义。如他说到《孟子·汤放武伐》章时,肯定了汤武革命、诛杀纣王及臣视君若寇仇的思想。这是明末清初反对君主残暴、重视民众思潮的一种反映。当然,孙奇逢这方面的思想较之同时代的黄宗羲、唐甄等人来说差之甚远,无法同日而语。

孙奇逢身居北国,没有机缘接触启蒙思想,入清后又消极避世,虽曾与顾炎武相识,与黄宗羲通过信,对东林党人表示钦敬,但仍囿于"存天理,去人欲"这个圈子中不能自拔。在不少学者取得巨大成就、市民民主思想已经朦胧出现的情况下,还抱残守缺在酣梦中沉睡,这是很可惜的。

魏裔介于康熙十六年撰写的《夏峰先生本传》中云:"公学以慎独为宗,体认天理为要,以日用伦常为实际。常言:'七十岁工夫较六十而密,八十岁工夫较七十时而密,九十岁工夫较八十而密,学无止境,此念无时敢懈,此心庶几少明,非堂上人不能判堂下事之是非。视听言动无非礼,子臣弟友能尽分,戒欺来慊,此是圣贤真境界也。'"②

(郑永福编撰,高敏主编《隐士传》,河南人民出版社 1994 年 11 月出版)

---

① 朱茂汉点校:《夏峰先生集》卷4,《重刻四书说约序》,中华书局 2004 年版,第131—132 页。

② 魏裔介:《夏峰先生本传》,《夏峰先生集》,中华书局 2004 年版,第 5—6 页。

以中日交流为己任的朱之瑜

康熙二十一年四月十七日(1682年3月10日),即日本天和二年四月十七日,一位83岁的中国老人在日本江户(今东京)去世。300年后,即1982年,日本学者和友好人士隆重举行各种纪念活动。人们怀着无限景仰的心情,来到茨城瑞龙山这位老人的墓地凭吊,或到水府明德会彰考馆、茨城县历史馆,瞻仰这位老人的遗著、手迹、遗物,深沉地怀念这位伟大的学者、教育家、中日文化交流卓然特立的先驱者。这位中国老人,便是明末清初的朱之瑜,人称舜水先生。

(一)授官不就,奔走内外为抗清

朱之瑜,字鲁玙,流寓日本后以家乡水名取号舜水,后以号行世。舜水生于浙江绍兴府余姚县,后寄籍于江苏松江。

之瑜的家庭原系世宦之家。其先祖"于皇帝族属为兄,雅不欲以天潢为累,物色屡征,坚卧不赴,遂更姓为'诸'"。① 所以之瑜生下来姓诸,到祔主入庙,题姓为朱,才恢复了朱姓。舜水的曾祖父朱诏,号守愚,明皇诰赠荣禄大夫。祖父朱执孟,号惠翁,诰赠光禄大夫。舜水的父亲朱正,号定寰,别号位垣,明万历时官至总督漕运军门,但未赴任。死后诰赠光禄大夫,上柱国。

之瑜祖上虽备受皇帝荣宠,但家境并不富裕。据他自己讲,大明未乱时合天下之缙绅,独有他家贫寒。他的曾祖清风两袖,所遗者四海空囊。之瑜8岁时,父亲去世,这个世代簪缨的显赫家族骤然衰败,即便是粗茶淡饭也难乎为继。之瑜长兄朱之琦发愤研习兵武,终于天启五年(1625)考中武进士,任南京神武营总兵。但没过多久,因之琦对魏忠贤阉党深表不满而被削职遣还。直到崇祯时,之琦才被特旨昭雪,授漕运总督,但又值明清易帜,未及上任。之瑜仲兄之瑾考取诸生,但又不幸夭折。两位兄长为振兴家业努力奋斗的精神,深深地影响了之瑜。

之瑜自幼勤奋好学,族人乡党多以公辅相期。先世功名钟鼎的业绩,也吸引着他走科举之路。之瑜曾就学于南明时官至尚书的学者朱永佑等研习六经,于毛诗尤多体会。但时世风云变幻,形势已不允许之瑜像他的先人那样生活下去。弱冠之年,他见世道日坏,国是日非,慨然绝进仕之怀。崇祯末年,朝政极度混乱,阶级矛盾、社会矛盾急剧紧张,后金屡屡兴兵,明王朝已处于风雨飘摇之中。但在科举上却一仍旧章,人们猎采词章,埋头咕哔(ché bì,诵读之意),以剽窃为工,掇取青紫为志,于国是民瘼全然不顾,令人扼腕叹息。针对当时腐败的吏治,之瑜指斥道:"官以钱得,政以贿成,士大夫为名利奔竞,廉耻丧尽,还晓得什么忠君爱国、出治临民?"他说:"官吏、豪佑腋削肥己,攘臂争首,鱼肉百姓,种种罪恶,罄竹难书!"长兄遭贬更给

---

① 朱谦之整理:《朱舜水集》上册,中华书局1981年版,第348页。

之瑜的仕途之梦泼了一瓢冷水。入仕的险恶,也使之瑜转而对有利于民生的实务发生兴趣,他开始研究稼穑以至建筑、器物制作等百工技艺。

崇祯十一年(1638),之瑜在他的几位老师的荐举催促之下,勉强赴京应礼部试。时提督苏、松等处的学政亓炜,推荐之瑜为"文武全才第一名"。之瑜的老师吴钟峦称他为"开国来第一"。这一年,之瑜以恩贡生供于礼部。其后,不少显贵慕名延揽舜水入仕,均遭拒绝。之瑜后来自己回忆说:"年至四十,欲弃举子业,诸父兄不许。每逢大比,游戏了事。"

崇祯十七年三月十九日,李自成农民起义军攻陷北京,崇祯帝死。四月,清兵入关,五月初三,建元顺治。五月初一日,福王于南京建立南明政权,以次年为弘光元年(1645)。早在崇祯十六年时,江南总兵、明右军都督府署都督金事方国安征辟之瑜为监纪同知,他辞而不就。南明初建,方国安又向福王推荐之瑜,奉诏特征,他仍不就。顺治二年(1645)正月,再次奉诏特征,他还是不就。四月,出于无奈,之瑜"即授"江西提刑按察司副使,兼兵部职方清吏司郎中,监镇东伯,旋晋监荆国公方国安军。所谓"即授",是在家中就拜官,实际上并不就任。两次奉诏特征、多次授官不就,激怒了南明当局。阁部交章论劾,以"偃蹇不奉朝命,无人臣礼"的罪名下令逮捕朱之瑜。[①] 之瑜闻讯后,来不及向家人告别,星夜逃往舟山。此后,之瑜奔走流落在浙江、福建沿海及日本、越南、泰国先后达 15 年,从事抗清活动。

朱之瑜多次辞官不就是有原因的。他认为,明王朝的覆亡是由于百官贪污腐败造成的。"颠厦非一木所支,大川岂一人攸济!且救焚当豫筹曲突之先,支柱必无补于栋挠之后。"[②]所以他不得不忍情辞逊,并非出于想沽名养高。南明政权建立以后,之瑜看到昏庸的弘光帝不过是马士英等一班宵小的傀儡,若应召做官,不仅复明大业无望,还可能以奸臣同党受人唾骂,于是他不顾身家性命力辞不就。

亡命舟山后,之瑜为原明朝江北总兵、拥兵守岛的黄斌卿出谋划策,准备抗清战事。顺治二年五月十六日,清军攻陷南京,弘光帝被俘,之瑜搭船出走日本。当时正值日本实行闭关锁国政策,海禁甚严,不容外国人居留。之瑜不得不于次年夏乘船南归,而当时中国沿海各处战事正紧,无法泊身,只得暂至越南驻足,直到顺治四年春才潜回舟山。

舟山守将黄斌卿承制授舜水昌国县知县,之瑜不受。后黄题请监察御史任之瑜管理屯田事务,亦不受。又聘请之瑜为军前策划,仍不就。当时东南几支抗清力量各拥其主,或唐王,或桂王,或鲁王,且彼此猜忌,甚或同室操戈。之瑜奔走于几支队伍之间,竭力说服其以抗清大局为重。也就在这时,之瑜先后结交了著名的抗清领袖王翊、黄宗羲、冯京第、张名振等人。当时,号称大岚洞主的王翊聚义于四明山(今浙江宁波市西南)寨。之瑜背着黄斌卿与舟山诸将密定恢复之策,准备向日本借兵,

---

① 朱谦之整理:《朱舜水集》下册,中华书局 1981 年版,第 654 页。

② 朱谦之整理:《朱舜水集》上册,中华书局 1981 年版,第 375 页。

以王翊为主将坚持抗清斗争。恰好这时鲁王派侍郎冯京第乞师日本路过舟山,在之瑜一再督促下,黄斌卿遣其弟孝卿为副使偕之瑜同往日本。日本国王萨摩答应发兵三千、资助洪武钱数十万。冯京第携钱先期归国,黄孝卿与之瑜滞留日本以待援兵出发。不料黄孝卿在日期间饮酒狎妓,为日本人所看不起,援兵之事也便搁浅。之瑜愤而独返,舟行海上,路遇清军水师,用武力威逼船上的人剃发就降。之瑜镇定自若,视死如归。同船的刘文高等七人感其义烈,驾舟突围将他送回舟山。

顺治六年九月,张名振、阮进、王朝先等奉鲁王命杀死黄斌卿。十月,鲁王来到舟山,以张肯堂为东阁大学士,朱永佑为吏部侍郎,王翊为河南道御史。此前之瑜一意韬藏,严禁家人子弟宣露其功名,只称生员。此时因鲁王驻跸舟山,之瑜间与相会,理合开具朝单,恐涉欺君之罪,酌量再三,权称贡生。鲁王对之瑜连次授官,或京或外,或高或低,之瑜不改初衷,一概回绝。见鲁王及一班臣僚多目光短浅、无所作为,之瑜曾一度躬耕于四明山寨之中。

顺治八年二月,张名振杀黄斌卿旧部将王朝先,人心更加涣散,黄宗羲等纷纷出走。六月,之瑜见舟山败势难免,也决计出走。张煌言挚意挽留,说:我们在此,连您都留不住,日本人听到了,也会笑话我等无能。之瑜以海滨无田可耕,坐而靡饷,有负本志,终于离去。月余后,舟山及四明山皆陷,王翊捕后被杀害。

离开舟山后,之瑜于七月来到越南,旋赴日本。念及复明无望,他想在日本避地久居。他曾写信给长崎镇官,其中云:"惟阁下裁择而转达之执政。或使瑜暂留长崎,编管何所,以取进止;或附船往东京、交趾,以听后命。"[1]无奈当时日本锁国正严,仍不许他居留。他只好等待风起而乘船去越南。其间,50余岁的朱之瑜因心力交瘁,重病不起,其次子大咸曾前往长崎探视。郑成功得知之瑜的下落后,几次约他回国参加北伐,鲁王也去信希望他尽快回国效力,但此信过了两年才收到。此后数年,为了筹资觅饷,之瑜积极奔走于越南、泰国,在海外苦心经营。顺治九年春夏间在越南,患病甚剧,复归日本。次年上半年在越南,七月去日本。顺治十一年曾再由日本至越南。这一年病情加重,终年呕血。顺治十三年,之瑜欲回国参加抗清斗争,不意奸人作梗,船出海口半月之久而不能行,只好再次折往越南。

顺治十四年正月,之瑜得到鲁王特召之玺书,便准备夏间起风后搭船自越南去日本,然后由日本转归厦门。但不想遭越南供役之难,被迫羁留50余天。当时,越南王为黎维禔,四年前为其臣莫氏所篡。黎氏为振兴王室,讨伐执政的莫氏,下令遍访汉族知识分子充书记等职。黎氏听说朱之瑜客寓越南之会安,便差人往捕,并将之瑜软禁起来。数天后,之瑜被押送到国王驻地外营砂。国王传见时,文武大臣尽集,持刀环立者数千人,传呼迫促,杀气腾腾。之瑜从容不迫,徐徐步入。差官令其跪拜,他拒绝。差官拉着他的衣袖强按着他跪拜,他挥而脱之。越南国王大怒,令长刀手押其行刑。他毫无顾盼,挥手随行。在囚禁地之外,越南人天天杀人,枭首剖

---

① 朱谦之整理:《朱舜水集》下册,中华书局1981年版,第664页。

腹,制造恐怖气氛,妄图威吓他,使其屈服。但他大义凛然,做好了慷慨赴死的充分准备,就连越南的差官也不禁对自己的妻子说:"朱之瑜真是条好汉!"

15 天以后,越南来见的各个官员,都对之瑜表示深深的敬意,有的称呼之瑜为"太师"。黎王也为之瑜的言行所折服,改变了态度,致书之瑜,令其仕于越南,并以周公、陈平相期许。之瑜复信表示感谢,但言明:如今中华丧乱,欲委质于贵国,皇天后土所不容。之瑜应邀为黎王撰写了答某将军书,又写了《讨莫氏檄文》。檄文笔锋犀利,正气浩然,深得黎王的赞许。黎氏罗致心切,对之瑜优礼以加,还传下命令为之瑜建造府第,令差官去接他的家眷,但被之瑜力拒,他言明:"役毕告归,必不留此!"①之瑜返回会安,但行动仍不自由,兼以旅舍被盗,资斧荡然,处境极为艰难。他曾致书鲁王和郑成功,请他们向黎王明言索取,以便脱身。

顺治十五年夏,朱之瑜来到日本。后应郑成功之召,在日本友人的资助下回到厦门。第二年五月,郑成功、张煌言率 17 万大军北伐。之瑜到厦门后并未见郑成功,六月便随郑军马信部北伐,从崇明岛登陆,克复瓜州、镇江。但自七月初起,马信军内将骄卒惰,纪律涣散。其中余新等一二要人,刚愎贪忌,狃于小胜,不用上命,坐失战机。之瑜身临此境,很有看法,但却未向郑成功、张煌言通报。北伐失败后,之瑜深感愧对郑、张二帅,又不愿剃发降清,决心蹈海全节。当年冬天,朱之瑜怀着复杂的心情,再次登上开往长崎的商船。此后,他流寓日本,再也没有回到生于斯长于斯的祖国。

(二)客居东瀛,汗青长照寸丹诚

顺治十六年(日本万治二年,1659),60 岁的朱之瑜在日本长崎登岸了。按照当时日本当局的规定,海舶至长崎后,在冬春间碇泊时其船员及搭客可以登岸暂住,随船出港,谓之曰"戗东戗春"②,一过此期,则不许登岸。此时的朱之瑜,孤身一人,谋生乏术,进退维谷。他身无寸丝尺帛,为生活计,也只好混迹于商贩之中,与诸商贾往来挣碗饭钱,间或也以教书度日。他心里明白,夏天一到,他又有循例被遣之虞。这时有日本人劝他为文颂扬长崎镇巡,以博得该官好感而获取居留权,但之瑜断然拒绝。他表示:君子一言不智,丧其终身。献媚取宠、仰人鼻息之事,绝不能干!

在十分困难的关头,日本友人、关西著名学者安东省庵赶来了。安东系之瑜结

---

① 朱谦之整理:《朱舜水集》下册,中华书局 1981 年版,第 672 页。

② 戗东戗春:戗(shuāng)同戗(shuāng),系指固定船只的木桩。此句意思是:当时日本政府规定,在冬春两季外来船只到达日本时,因航行季节已过(夏秋当航行季节),可以让船员或搭乘该船的乘客登岸暂住,待船只再行时一起离港。若是夏秋两季来船,船员、搭客则不允许登岸暂住,卸完船上的货后,马上随航离日本。这是当时日本实行锁国政策,禁止外国人入内的一种办法。戗东戗春,成了一句俗话,即乘冬春之时可以上岸暂住。

识多年的老朋友,曾屡有书信往来。安东对之瑜的学问与为人十分钦佩,他请了几位朋友联合署名申请给予朱之瑜居留权。经反复交涉,日本当局破例批准他留居日本。此后,他在日本生活了 23 年,为中日文化交流做出了杰出贡献。

朱之瑜留居长崎后,处境仍很窘迫。日常生活主要靠向商船家人及华侨中的亲故借贷来维持。往往是借新债还旧债,一步步地往前挪。他曾想变卖老家的不动产,但终未能成。安东省庵解囊相助,将自己的俸禄一半分给他,他苦辞不成,只好接纳,俩人感情更加深厚。之瑜念及光复明朝终成泡影,便决计觅数亩之地,抱瓮灌园,从此不交王侯,不涉世趣,只与朋友、学人谈论古人古书,考究疑义,酌酒谈心。其间,有一和尚劝他皈依佛门,之瑜严词拒绝。他说,今日中国普天下都剃头,我若削发为僧,岂不与此类似? 我决心留此数茎之发,以见先大夫于九泉。

顺治十八年六月,之瑜撰写了《中原阳九述略》一书,交安东省庵收藏。他说:"他日采逸事于外邦,庶备史官野采。"①该书分为四章。第一章论明朝灭亡的原因,指出明亡是因为政治腐败,学术虚伪,以及士大夫廉耻堕丧。第三章历数清兵入关后给人民带来的灾难。康熙二年(1663)春天,长崎发生大火,之瑜的房舍化为焦土。他寄寓于皓台寺庑下,风雨不蔽,盗贼充斥,朝不保夕,又是安东省庵前来相助,才幸免于难。

康熙三年,之瑜在日本的生活发生了重要的转折。这一年秋天,日本水户藩第二代藩主德川光国派儒臣小宅生顺前往长崎,为编纂《大日本史》开设的彰考馆选拔人才。小宅生顺数次造访后,对舜水十分推崇,便邀请朱之瑜到江户讲学,但他婉言拒绝了。第二年上半年,德川光国将他的情况禀明宫廷,以礼相聘,并命长崎镇巡岛田守正专员护送。七月,他来到江户,德川光国以宾师之礼,竭诚尽教。德川光国礼贤下士,念之瑜年高德重,不敢称其字,欲得一庵斋之号称之。恳切再三,之瑜乃以故乡的一条河的名字命之。"舜水"之称,始于此。八月,光国奉命就国于水户,便迎之瑜来水户,并命人为舜水造屋。年底,之瑜返江户。此后,之瑜长住江户,但也常来往于水户及附近都邑,有时在水户过冬。之瑜在给光国的书信中,讲述中国传统的大同之说,并认为近世中国不能行之,而日本实现大同则相对容易些。他嘱咐光国勃然奋励,踏踏实实地去干,朝大同目标努力。之瑜还常到水户讲学,一些已白发苍苍的学者也扶杖前去听讲。

康熙八年十一月十二日,朱之瑜七十寿辰。德川光国行养老之礼,在"后乐园"宴请之瑜,亲授几杖,竭诚尽教。后乐园位于江户的小石川,这里是江户时代水户藩主邸第的林苑。之瑜来到江户后,寓居藩邸数年,后乐园是他足迹常到的地方。而且,德川光国重新规划修建这处园林时,之瑜曾参与其事。"后乐园"的名字,也是他根据范仲淹先天下之忧而忧、后天下之乐而乐的名句建议而取的,当年,他为德川光国作《诸侯王庙图说》,详解中国五庙之礼。

① 朱谦之整理:《朱舜水集》下册,中华书局 1981 年版,第 691 页。

　　德川光国夙有兴办教育之志,在长崎时之瑜即有所闻。他写给安东省庵的信中曾说:"听说光国有在江户设学校之举,特别高兴。贵国别的都好,只是教育欠缺。然而教育是古今天下国家的第一大事,怎么可以欠缺呢?"之瑜在写给其他日本朋友的书信中,也反复申明此意。康熙九年,德川光国毅然决定兴办学校,请他作《学宫图说》。之瑜作毕,请木工依其图制成模型,比例约为1:30,栋梁、枅橼,莫不悉备。殿堂结构日本匠人不熟悉,之瑜亲自细心指点。经过一年的努力,模型制毕。其中,文庙、启圣宫、明伦堂、尊经阁、学舍、进贤楼、廊庑、射圃、门楼、墙垣等,都制作得非常精巧,朱之瑜毫无保留地将中国古代的设计、建筑技艺传到了日本。德川光国欲仿造祭器,为使这些祭器合乎中国古典制式,之瑜依图考古,研核其法,精心教授、指点工匠,经年余制成。两年后,学宫在水户建成。光国请之瑜作仿古学宫的礼法,改定《释奠仪注》,德川光国率儒学生依中国古制奉器施礼。之瑜还应光国之请,指导日本工匠制作明代皇帝衣冠。这些,无疑促进了中日两国在文化上的交流。

　　朱之瑜有两子,长子大成,次子大咸。大咸英年早逝,其后,之瑜便与家中断了音讯。后大成死,留有两子毓仁、毓德,寄养在外祖父姚秦家。到江户的第二年,舜水有信寄给大成,书抵姚家,全家悲喜交加。姚秦曾托人赴日联系,但未能与之瑜见上面。康熙十六年,之瑜已78岁。他西望故土,百感交集,写下了《与诸孙男书》,抒发了离家数十年后的无限感慨。信中谆谆教诲其子孙:"汝辈既贫窭,能闭户读书为上。农、圃、渔、樵,孝养二亲(之瑜此时尚不知长子大成已死)亦上也。百工技艺,自食其力者次之。万不得已,佣工度日又次之。惟有房官不可为耳!"①信中还表示,希望有一个孙子到日本来侍奉他。第二年,接到之瑜家信的长孙毓仁赴日省亲,于十二月到达长崎。碍于当时日本法制,毓仁无法抵江户。德川光国派之瑜的学生今井弘济往长崎会晤毓仁,表示慰问并赠送了不少礼品。康熙十八年四月,今井弘济再次抵长崎与毓仁相见,详细转达了之瑜希望毓仁留下朝夕奉养的意见。毓仁回答说:"我自幼失父,家有母亲、弟弟,家境贫穷。此次来日本是向祖父问安,面陈家中实情,回国后向母亲及外祖父汇报后,再研究侍奉祖父的办法。"6年后,毓仁再次东渡日本,惜朱之瑜已不在人间了。

　　康熙二十一年四月十七日,朱之瑜病逝于异国他乡。德川光国破例将他安葬在他们德川家的墓地里——今日本茨城县常陆太田市境内的瑞龙山。墓地依中国制式作坟,题曰"明征君朱先生之墓"(因朱之瑜曾多次奉诏特征,人尊称其为征君)。德川光国及朱之瑜的众弟子亲临墓地为老师送葬。第二年七月,德川光国与群臣议定,谥之瑜"文恭"先生。祭文中曰:道德博闻曰"文",执事坚固曰"恭",故谥"文恭"。又过了一年,德川光国在之瑜所居之驹笼别庄构筑舜水祠堂,以作纪念。后光国手辑《朱舜水先生文集》二十八卷,由光国子刻成。朱之瑜这位中日文化交流的先

---

　　①　朱谦之整理:《朱舜水集》下册,中华书局1981年版,第721页。

驱者,受到日本人民世世代代的怀念与景仰。"异境术空人亦去,汗青长照寸丹诚"①,这是日本人民对朱之瑜的高度赞誉。

(三)经邦弘化,为学主"实理""实学"

朱之瑜是明末清初著名的思想家之一。他到日本时,日本国内独尊佛教,儒学地位去之甚远。朱之瑜在长崎等地的讲学活动引起了儒学界的重视,一些人表示欢迎,但也遭到佛学界的猜忌与不满。朱之瑜尖锐地批评了儒学界虚浮空疏的弊病,同时指出,"儒教未明,佛不可攻;儒教既明,佛必不攻"。在日本,他以"明儒教"为己任。但在他看来,那些有助于国家政治,能教化民风土俗的实理实功,才是儒学的真髓。他把中国明末清初许多进步思想家的批判精神和思想成果带给了日本学术界,在日本学术界产生了较大的影响。

明清之际,中国占统治地位的官方思想体系是程朱一派的客观唯心主义,另有一派即陆王的主观唯心主义与之抗衡。当时,有不少思想家在总结明王朝衰亡的经验教训时,对这两大思想流派进行了批判和总结。朱之瑜认为,程朱理学脱离实际,虚伪浮夸,故弄玄虚,捕风捉影。理学家表面上辨析毫厘,实际上一件事也做不成,于世无补。他说,程朱大讲性理,要人们穷尽事事物物之理,而后致知,才能治国平天下。然而人生几何,等不到穷事事物物之理,便已夭亡。还不如随时格物致知,踏踏实实地从近处做起,老百姓也可以直接得到一些好处,朝廷治事也可多一份借鉴,不致于空疏无用。朱之瑜对陆王心学也不以为然,指斥其为"伪学"。他认为陆王派讲良知、言心性是授佛入儒,"高视阔步,优孟之冠,是其病也"。

在批判宋明理学的基础上,朱之瑜提出了实理实学的主张。他说,所谓实理,就是明明白白的"现前道理",凡是能够取得实际功用与事功的就是实理。在他看来,一种理论的好坏,要看他的实际效果。有实际效果的,就有价值,因而为学当有实功实用。他比喻说,比如布帛菽粟,衣之即不寒,食之即不饥,这就是功,这就是用。如果不是这样,说得天花乱坠、玄妙无比,经千年万年,人们也见不到它的功用。他认为,学问之道,贵在实行;圣贤之学,俱在践履。人们学习应该在致知和力行上一齐下功夫。将致知和力行结合起来,其目的在于经世致用。有助于国家政治和移风易俗的学问才是真学问。学者能经世致用、治国安邦、移风易俗,才是真正有用的学者。

从"实理"出发,朱之瑜提倡"实学",反对说玄道妙、言高言远的迂腐作风。他猛烈抨击明中叶以来的腐败学风,指出:朝廷以时文取士,士子以八股为敲门砖,奔竞功名利禄,败坏社会风气。时文制艺,好像以灰尘为饭、泥土做汤,什么事都不顶用。那些泥塑木雕式的道学家,吟风弄月的文士,醉心科举的俗士,不过是一群废物,他们成事不足败事有余。朱之瑜心目中的巨儒鸿士应该具备什么样的品德与才干呢?那就是"经邦弘化,康济时难",就是要求学术要为政治和社会生活服务。在

---

① 《访朱舜水的遗踪》,《人民日报》1983 年 11 月 14 日。

当时来说,就是能匡时济艰,有所贡献,以维护封建统治和国家的完整,具体来说就是有助于平定农民起义、抵抗满族贵族入主中原。

朱之瑜提倡实理实学,又特别重视史学。他深受黄宗羲开创的浙东史学学派风气的影响,认为舍史而求经,是舍本逐末,沿流失源。朱之瑜提出,经简而史明,经浮而史实,经远而史近。主张通过研究历史的变迁总结出国家兴亡得失的规律。

朱之瑜不仅是个书生学者,还是一个博学多能的工艺能手。他的学生今井弘济、安积觉等称他农圃梓匠之事,衣冠器用之制,皆审其法度,穷其工巧。朱之瑜在虚心向日本人民学习的同时,把中国的科学技术如工程设计、建筑技术、农艺、衣冠裁制、生物地理知识等介绍给日本人民,受到日本人民的欢迎与爱戴。

朱之瑜一生中的最后二十几年在日本讲学,对日本思想界产生了重要影响。安东省庵、山鹿素行、木下顺庵、德川光国、安积觉等,受其影响较大。朱之瑜在长崎时,日本封建时期最大的唯物主义思想家伊滕仁斋(1627—1705),曾通过安东省庵请求向朱之瑜问学。时朱之瑜虽对仁斋很推重,但因学术观点不同,表示不愿和仁斋见面。他认为仁斋当时思想中有陆王心学之非,不足为法。但后来当仁斋思想转向唯物论时,朱之瑜对他做出了高度评价:"伊滕诚修兄策问甚佳,较之旧年诸作,遂若天渊,倘由此而进之,竟成名笔,岂逊中国人才也。敬服敬服。"①朱之瑜在日本的门人弟子中,大多接受他的史学思想。安东省庵不仅经学著作甚多,也著有《春秋前编》等史学著作。在朱之瑜的影响下,德川光国创立了前期的水户学派,以彰考馆为中心,召集三宅观澜、安积觉等一大批藩士,编纂《大日本史》。到了幕末,水户学派的说教十分流行,对后来日本的明治维新也产生了积极的影响。

难能可贵的是,朱之瑜胸怀豁达,他热爱中国,也热爱日本。他批判一些人"古人高于今人""中国胜于外国"的妄自尊大观念是"眼界逼窄的三家村语"。他认为日本是一个"山川降神,才贤秀出"的国家。朱之瑜真诚期待日本繁荣富强,早日臻于理想的"大同之治"。他意识到自己在日本的使命"动关中国、日本千年之好",呼吁日本"与中国世世通好,若汉赵之交"。②唯其如此,朱之瑜才更得中日两国人民的爱戴,被誉为鉴真式的中日友好交流的使者。

朱之瑜后半生流落他乡,最后客居日本23年,加之清初特殊的社会环境,他的言行事迹长时间被埋没。但当人们一旦了解他之后,无不表示深深的敬意。当年鲁迅先生从仙台去东京时,曾中途在水户下车专程去凭吊瞻仰朱之瑜遗迹。在日本留学时代的郁达夫,也写出了高亢激越的朱之瑜颂诗。这一切都告诉人们,朱之瑜在中日两国人民的心目中有很高的历史地位。

(郑彤、郑永福编撰,高敏主编《隐士传》,河南人民出版社1994年11月出版)

---

① 朱谦之整理:《朱舜水集》上册,北京,中华书局1981年版,第194页。
② 《访朱舜水的遗踪》,《人民日报》1983年11月14日。

萧然物外自得天机的思想家傅山

山西曲阳(今太原市)城西北的崛围山下,有一个小村庄名叫西村。明清之际的大思想家傅山,便诞生于这个山水环抱的村子里。傅山,生于明万历三十五年六月九日(1607 年 7 月 12 日),卒于清康熙二十三年六月十二日(1684 年 7 月 23 日),初名鼎臣,字青竹,后改青主。又有真山、浊翁、石人等别名。

傅山先世系山西大同人,累代业儒。曾祖傅朝宣做明宁化王府的仪宾、承务郎,遂移家太原。傅山祖父名霖,字应期,嘉靖壬戌(1562)科进士,官至辽海兵备道。二祖父傅震,嘉靖辛酉(1561)举人,当过耀州知州。傅山的父亲傅之谟,字檀孟,号离垢,万历年间的岁贡生,以教书为业。母亲陈氏,系忻诸生陈勷之女,顺治十七年(1660)才去世,卒年八十有四,人尊称其"贞髦君"。傅山 26 岁时,妻张氏病卒,誓不复娶,又无滕妾,其独生子傅眉遂由贞髦君抚养。

傅山生长在知识分子家庭中,幼承家学,受过严格的启蒙教育。据说他年少时便聪颖异常,过目成诵。15 岁时,傅山应童子试,拔补博士弟子员(秀才),20 岁时为廪生。成年后的傅山,学益渊博,诸子百家无不贯通。他长于音韵、训诂及其诸子学的研究,又工诗文、书画、金石,还精于医学,著作等身,名震天下。这样一位鸿儒大师,一生经历了无数坎坷,其学问人品,深为后人景仰。人们为了纪念他,在山西太原傅山故里修建了牌坊、牌楼,建立了傅公祠,内藏傅山所书的石刻、牌匾及遗像等文物,供人们瞻仰凭吊。

(一)力主正义,不畏权奸

据载,傅山曾祖傅朝宣,英俊博学,被明宁化王府逼迫成婚,成了王府的女婿,目睹了王府中的肮脏生活。王府女不育,朝宣纳殷氏为妾,生傅霖兄弟三人。傅霖一降生,其祖母王氏怕孙子在王府中受虐待,便将其抱回忻州自己抚养。傅朝宣临终立下遗嘱:有子孙再敢与王府结亲者,以不孝论,族人鸣鼓攻之!傅山年幼时,父亲常将其曾祖、祖父的不幸讲给他听,十分感伤,以至于落泪不止。这使傅山从小对权贵产生了反感和厌恶。

崇祯九年(1636),执政的阉党温体仁,授意山西巡按御史张孙振诬陷东林一派的袁继咸,并将袁逮京下狱。袁继咸是傅山的老师,江西宜春人,被捕前任山西按察司提学佥事。袁继咸系天启五年(1625)进士,为人耿直,对当时宦官弄权、官僚误国的政治局面非常不满,并屡有抨击。到山西任职后,主持三立书院,傅山是他的得意门生之一。山西巡按史张孙振是当朝宰相温体仁私党。他串通阳曲县知县李云鸿,罗织了袁继咸十数条所谓的罪状,向朝廷告发,其中主要的一条是说袁继咸有贪污行为。当年九月末,袁继咸即将被押解入京的消息传来,傅山挺身而出,与薛宗周等号召全省生员一起进京,为袁继咸伸冤。同时动员人每天到巡抚衙门请愿,向巡抚吴甡(shen,音"身")申诉。

十月二十日,袁继咸被押解赴京。傅山与薛宗周跟着袁继咸的囚车,从太原出发,徒步进京。出发前,傅山叮嘱其兄傅庚留在太原,发动各县来的生员赴京集会。到了北京后,傅山等住在琉璃厂伏魔祠,并联络到京的山西生员百余人联名上疏朝廷。众人推举傅山领衔,并由他起草诉状。当时通政司袁鲸孝与张孙振有交,对傅山等的上疏一再压制,并斥之有冒名欺君之罪,始终也没有接受傅山等人的诉状。傅山伏阙讼冤,惹怒了张孙振,于是张派人到处搜索傅山。傅山敝衣褴褛,转徙自匿。

三次上书不达之后,傅山等便四处张贴或分送传单,呼号请愿。这些传单,一方面陈述袁继咸的政绩,一方面对张孙振的诬蔑不实之辞一一加以驳斥。当年腊月间,山西巡抚吴甡检举张孙振贪赃白银8万两的公文抵京。次年二月,崇祯皇帝差人将张孙振捉拿在案。为了促使案件早日结清,傅山等百余人包围了宰相温体仁的坐轿,仗义执言,要求为袁继咸平反昭雪,并将因该案牵连被捕的百余人释放。四月初刑部公审该案时,傅山出堂作证,袁继咸案得以昭雪,以原来品秩改任为武昌道。此案持续达半年之久,震动全国,由此傅山也名闻天下。

清顺治二年(1645),袁继咸因故被清政府逮捕,关在京城狱中。傅山曾潜入都门,暗中照料。袁继咸感叹道:"乾坤留古道,生死见心知。"①袁继咸被杀害后,傅山收其老师遗稿而归。

崇祯十年袁继咸案了结,傅山回到了太原。两年后,他移居太原城西北40里兰村裂石庙前的"虹巢"。所谓"虹巢",是傅山向住庙的和尚借的一间不到一丈见方的小屋。数年后,他又回到老家西村。经过一段时间读书生活,傅山思想有了较大改变。他渐渐悟出八股科举之无用,读书研究的范围大大扩展了。

(二)身着道袍,心系天下

明朝末年,农民起义烽火连天,关外清兵步步紧逼,明王朝摇摇欲坠。傅山见明王朝败势无法挽回,便于崇祯十七年拜郭静中为师,出家当了道士。郭静中是当时负有盛名的道士,他给傅山起了一个道号,名曰真山。

傅山出家当道士,一个重要原因是不愿当大清朝的顺民。因为清兵攻下南京后,下令薙发,迫令男子一律剃头留辫子。出家当道士,可以保留头发,这也是反抗清廷的一种手段。傅山表示:他虽身披道袍,不忘忠君爱国,时刻关心着国家的兴亡。傅山出家后,身着红色道袍,自号朱衣道人。所谓"朱衣",有暗指朱明王朝之意。他又号"酒食道人"。我们知道,道士按戒律本不该喝酒吃肉。傅山既当道士,又自号酒食道人,是他虽当了道士但并非不食人间烟火,尤其是不忘其政治抱负的

---

① 袁继咸:《铁城寄傅青主》,《霜红龛全集》附录二,山西人民出版社1985年影印版,第1185页。

思想情感的真实流露。

出于封建的忠君爱国思想,开始时傅山对明末农民大起义采取敌视态度。他曾参加过抵御李自成领导的农民起义军进攻山西的活动。他还称赞抵御农民起义顽抗太原而死的张宏业有奇节。但明朝灭亡后,出于反清复明,傅山对农民起义军的态度有了明显的转变,希望农民起义军能站稳脚跟,与清政府抗衡。

顺治初年,傅山流浪在山谷之间,当他听到友人叶廷秀(润苍)在山东参加"榆园军"起义抗清时,异常兴奋。傅山在诗中称颂叶廷秀铁脊铜肝,是山东好男儿,表示身着道袍黄冠的他对各路反清义军深深的敬意和良好的祝愿。

顺治十一年,南明总兵宋谦在晋豫边界的武安(今属河北)策动反清起义,事泄被捕。宋谦供出了他在山西联络的傅山等人。供词中说,傅青主,太原人,生员。已出家作道人,身穿红衣,号为朱衣道人。年五十岁。在汾州一代游食访人。据此,清廷将傅山逮捕入狱。在监狱中,傅山遭严刑拷问,但抗词不屈。后来傅山还绝食九日,差一点要了性命。他在狱中写诗,自比像铁石一样坚硬顽强,并鼓励同侪坚持斗争到底。不久宋谦死去,查无对证,又经门人多方营救,傅山于顺治十二年七月获释。傅山被审期间,其子傅眉、其弟傅止也曾被扣押审讯。因事前统一了口径,官方一审再审毫无破绽可找,只好放出了事。

傅山出狱后,正值江淮地区掀起一次抗清高潮。郑成功进攻南京,张煌言转战皖南。傅山闻此情更加抗清心切,曾赶赴南京。但抵达时,明军已失败撤离。感慨之余,傅山赋诗,把郑成功、张煌言等比作凭据海岛抗秦不屈的田横,抒发了自己的哀思。

自江淮返回家乡后,傅山过起了"隐居""遗民"的生活。顺治十七年春天以后,他隐居松庄,自号松侨、松侨老人。在自己的家乡居住却称作"侨",其意是大明已亡,有不承认清政府的寓意。清初的遗民,大都有这种心态。松庄位于太原东山山脚下,离城约10里远,是个有几十户人家的村庄。该村北面有个慈云寺,傅山在离寺不远的东崖腰上修了几孔窑洞住了下来。傅山常同慈云寺的和尚往来,表明自己要脱离红尘,以减少清政府的注视。

傅山在松庄一住就是十几年。康熙二年(1663),名儒顾炎武来松庄访问傅山。顾、傅二人诗词唱和,抒发心中的愤懑与期望。感情激动时,或浑身大汗,或老泪纵横。后来,顾炎武又两度来太原拜谒傅山。康熙二年四月,傅山到河南辉县百泉拜访孙奇逢(夏峰)。傅山此次造访,是求孙奇逢为其母陈氏撰写墓志。晤谈之后,傅山对夏峰先生十分敬重。隐居松庄期间,前来拜访傅山的还有申涵光、屈大均、闫尔梅等人。这些人皆一代名流,志趣多有共同之处,诗词唱和、切磋学问之中,念念不忘反清复明。

(三)"出乖弄丑",隐居求志

康熙十七年正月,清政府特开博学鸿词科,笼络当时有影响的知识分子。康熙的诏书下达后,被举荐的知名学者中,有的借口有病在身不能应试,有的借口有老母在堂需要奉养而无法脱身。这一下子惹恼了康熙皇帝,到了当年七月,他把所有请辞的奏折一律予以批驳,并命令各地总督或巡抚迅速将这些被召者起送来京。

特开博学鸿词科的诏令下达后,给事中李宗孔、刘沛先向朝廷举荐了傅山。傅山听说这件事后,决意坚辞不就。傅山多次请辞也不管事,阳曲知县奉命踵其门催傅山上道,赴京应试。傅山说自己有病不能走,地方官哪肯罢休,让役夫抬着傅山的卧床强行上路。

经长途跋涉来到京城郊外,傅山一行住在崇文门外的野庙圆觉寺内,他以一路风尘、鞍马劳顿、病情加重为由,整天躺在床上,表示死不入城,文学殿大学士兼吏部尚书冯溥及一些公卿,久仰傅山文名,先后来到城外探访,傅山依然稳卧床上,不具迎送之礼。这可苦了他的儿子傅眉,马不停蹄地迎来送往,进行应酬。这样拖来拖去,便拖到了三月初一的试期。清廷刑部尚书魏象枢实在无计可施,只好以傅山老病不能应试上奏康熙皇帝了事。

按规定,当时凡考中博学鸿词科者,朝廷分别给予官职,对于老者特赐予内阁中书衔。康熙帝接到魏象枢奏折后,便降诏允准傅山免试,并特加中书舍人衔,以示恩宠。依照惯例,收到皇帝的恩宠,应该到清宫午门磕头谢恩。礼部尚书冯溥劝傅山入朝叩谢,说:"皇帝对阁下破格恩赏,纵使您重病在身,也得给我个面子,入城一谢。"傅山仍以身体有病为由,坚持不入城。不管冯溥令其宾客怎么劝说,傅山就是不起身。冯溥只得使人强行抬着傅山入朝。一看见午门,傅山百感交集,潸潸泪下。冯溥强拉着傅山叩头谢恩,傅山故意趁势趴在地上。看到这个架式,魏象枢连忙走上前说:"好了,好了,这就算谢恩了吧!"对于傅山如此一系列的表现,不知是康熙帝真的不知道呢,还是故意摆个高姿态,故意装作不介意,批示道:"傅山文学素著,念其老迈,特授内阁中书,着地方官存问。"谢恩的次日,傅山便急忙要回山西。大学士以下的一些官员,纷纷到郊外送行。这时傅山才长长地出了一口气,叹息道:"从今以后,我全然没有什么拖累顾忌啦!"

离京返晋前夕,傅山曾给好友曹镕写了一封信。信中说:"以我一个老病将死之人,谬充博学之荐,而地方官府即时起解,篮舆(竹轿)就道,出乖弄丑。累经部验,今幸放免,复卧板舁归。从此以后,活一个月不可知,一年不可知。先生闻之,定当大笑复有此蒲轮①别样。"这信里说的"出乖",是太原方言,意思是"捅漏子""闯祸"的意思。傅山明知在庙堂之上"出乖弄丑"可能导致杀身之祸,但他无所畏惧,抱定了"死亦要精神"的信念。

傅山在京的一番表现,使他的名声更大了。自北京返回山西后,不少人愈加仰慕其名,以能与他见上一面为荣。一些地方上的官员,也纷纷前往拜见他。见面时,

---

① 蒲轮,用蒲裹轮,车轮转动时振动较小,古时常用于封禅或迎接贤士。后泛指迎接贤士的车子。

凡称呼他为内阁中书的,傅山十分反感,一律低头不应。阳曲县知县奉命要在他家门上悬挂"凤阁蒲轮"的牌匾,傅山予以回绝。后傅山僻居远村,不入城府,更加淡泊自甘,一身布衣服,冬天戴一般人戴的毡帽,自称为民,避免与官府打交道。

5年之后,傅山逝世,终年78岁。入殓时根据他生前意愿,穿朱衣、戴黄冠。远近赶来参加葬礼的达数千人。傅山临终前曾留下遗嘱:"后之人诬以刘因辈贤我,我目几时瞑也。"①这里说的刘因,系河北容城人,元世祖时被征为右赞善大夫。不久,因母病辞归。后再征不起,元世祖称其为"不征之臣"。傅山遗嘱意思是说,如果后世的人把我同刘因相提并论的话,那我是死不瞑目的。因为刘因毕竟向元世祖称过臣,我傅山是从来没有向康熙帝俯首称臣呀!

(四)萧然物外,自得天机

傅山一生重气节,轻势力,主实行,恶虚文,在许多方面取得了超人的成就。大思想家顾炎武曾说:"夫学究天人,确乎不技,吾不如王寅旭;读书为己,探赜洞微,吾不如杨雪臣;独精三《礼》,卓然经师,吾不如张稷若;萧然物外,自得天机,吾不如傅青主;坚苦力学,无师而成,吾不如李中孚;险阻备尝,与时屈伸,吾不如路安卿:博闻强记,群书之府,吾不如吴任臣;文章尔雅,宅心和厚,吾不如朱锡鬯;好学不倦,笃于朋友,吾不如王山史;精心六书,信而好古,吾不如张力臣。"②"萧然物外,自得天机",这就是顾炎武对傅山的评价,甚至自谦说,在这方面"吾不如青主"。

傅山与其同时代的顾炎武、黄宗羲一样,为学主张经世致用。傅山在哲学上,有否定正统思想的倾向,以"异端"自命,不喜儒学而好老庄。但他又不逃避现实,思以济世,不屑空言,这显然又与某种程度上来说悲观厌世的老庄思想不同。傅山痛斥那班空言性命义理、不讲经邦济世的"宋儒"是一群奴才,他更鄙视那种埋头考据不问实事的书呆子。为了反对程朱理学——即当时的所谓正学,傅山把诸子的研究列于和六经的研究平等的地位,提倡"经子不分",打破了儒学的正统观念,开创了有清一代诸子学研究的风气。

傅山认为宋明理学家们注经不能迷信照搬,要独立思考其中的是与非。他说:"一双空灵眼睛,不惟不许今人瞒过,并不许古人瞒过。看古人行事,有全是底,有全非底,有先是后非底,有先非后是底,有似是而非、似非而是底,至十百是中之一非、十百非中之一是,了然于前。我取其是而去其非,其中更有执拗之君子,恶其人,即其人之是亦硬指为非:喜承顺之君子,爱其人,即其人之非亦私泥为是,千变万状,不胜辨别,但使我之心不受私蔽,光明洞达,随时随事,触著便了。"③

傅山研究诸子百家成果颇多,其学术思想,对当时及后来的学者,产生了较大的

---

① 《霜红龛全集》卷25,《训子侄》,山西人民出版社1985年影印版,第671页。
② 华忱之点校:《顾亭林诗文集》,中华书局1983年版,第134页。
③ 《霜红龛全集》卷36,《杂记》,山西人民出版社1985年影印版,第1001页。

影响。傅山的诸子学研究中,多有新义创见。他在解释《老子》中的《道常无名章》时写道:"公之它(傅山自号)破句读之曰,道之常无者名朴也。虽小天下不敢臣,谓看得天下虽小,亦不敢有臣之心臣之,则亢守朴以待万物之自宾而已。若自大自尊,则天与地不相合矣。……始制有名,制即制度之制,谓治天下者初立法制,则一切名从之而起,正是与无名之朴相反。无者有之,朴者散之,而有天下者之名于是始尊。……后世之据崇高者,只知其名之既立,尊而可以常有。天下者,非一人之天下,天下之天下也。"①这里有反清的思想,也带有朴素的民主主义的色彩。在史治方面,傅山太囿于传统的"夷夏之辨"的思想,对于汉族人拥戴非汉族王朝的功臣、良相予以严厉的抨击,指斥那些表扬非汉族王朝的史家和史籍,甚至排斥金、辽、元三史于"正史"之外,使他这方面研究的价值大打折扣。

傅山长于金石。他是用金石遗文证释经史方面开其先河的人物。他的诗歌创作,继承了屈原、杜甫以来的爱国主义传统,对于杜甫的诗尤为倾倒。傅山认为,不关心人民痛痒的诗,算不上是好作品。他认为诗是"性命之音",是真情的流露。傅山不少诗是借题发挥,指桑骂槐,因而"动触忌讳"。他写作时,常常情从中来,泪如泉涌。傅山的文论和诗论一样,认为"文章负荷难",就是说文章应负起爱国救民的责任。傅山认为,"文章生于气节"。他评价韩愈时说,不能仅将韩"目以为文章士",持这种看法的人是因为"不知文章生于气节,见名雕虫者多败行,至以为文、行为两,不知彼其之所谓文,非其文也"②,那些阿谀奉承的作品,绝不可能成为好文章。他还认为文章应该有自己的风格,不能因袭古人的"格套"。不然的话,就只能成为古人的"印板"。

得其祖上六七辈家传,傅山的书法艺术造诣极深。其真草隶篆,各体均精,尤其重正贵拙。有人推崇他为清初第一写家。人们说他一字千金,得者如获至宝。傅山认为要写好字,要先做个好人,写字不单是艺术技巧,也是思想品质修养问题。他教人习字要求"正人""变出",认为写字不到变化处不见妙。

绘画方面,傅山也成就卓著。他工于山水,也善绘竹墨。现故宫博物院所藏傅山名画,如《文垂双峰》《瓮泉难老》《崛围红叶》《古城夕照》《土堂怪栢》《天门积雪》等,都是以太原附近古迹名胜为题材进行创作的。画中抒发了他对祖国大好山河的热爱,以及执意不与清廷合作的孤高。王士禛称傅山"画入逸品"。

傅山还精于医术。太原城中原有"傅先生卖药处",系傅山侄子傅仁开设的铺子。门前立着一块写有"卫生馆药饵"五个大字的牌子,这五个字便是傅山亲笔手写。除开设药店外,傅山还曾经与其子傅眉共挽一车,云游四方卖药,并借此秘密地

---

① 《霜红龛全集》卷 32,《通常无名章》,山西人民出版社 1985 年影印版,第 855—856 页。

② 《霜红龛全集》卷 27,《历代名臣赞像·韩文公》,山西人民出版社 1985 年影印版,第 749—750 页。

进行反清联络。其足迹遍及山西,并曾到过陕西、河南、河北、山东、安徽、江苏等省。傅山为人看病时,用药一般不依方书,根据病情往往以一两味药取验,慕名求医者常常把他的小屋子挤满。傅山著有《辩证录》《石室秘录》等医书。《女科》一书系从《辩证录》中摘录出的单行本。该书不依傍古人,引证之方,多吻合《内经》《难经》的旨意,故为医家所重视。书中所载"生化汤",对产后诸症颇有疗效。该方多年来广泛地在民间流传,尤其在山西农村,几乎成了产妇特别是生头一胎的必服药剂。1964 年,山西省中医研究所搜集傅山处方,编印了《傅青主验方秘方》一书。

有关傅山行医方面的传说很多,不仅反映了傅山医道医德的高深,也表达了广大人民对他深切的怀念。据传,一次山西某巡抚的母亲突然得了病。巡抚委托阳曲县知县请傅山诊治,傅山说:"看病可以,但我不愿见贵人。"知县转嘱巡抚回避。诊完脉,傅山说:"偌大年纪,怎么得了这种病!"知县再三问什么病,傅山说:"相思病,得自昨天中午。"知县向巡抚禀报,巡抚母亲惊奇地感叹道:"神医神医! 昨天中午,我翻腾箱笼,忽然见到你父亲的一双鞋,病就发作起来了。"后服了傅山开的一剂药,便告痊愈。有一妇女,因规劝其丈夫戒赌,被丈夫打了一顿,郁愤之下,得了气鼓病。这个妇女的丈夫求傅山治疗。傅山问明情由,就地抓了几把野草,告诉这个男人:"你拿这草回去,每天在你女人面前,慢火去熬,要和颜悦色。每天吃完饭就熬药,一天要熬它十几次。"不到三天,妇人的病果然完全好了。有人问傅山,野草怎么会治病? 傅山说:"本来不是大病,只是那个妇人怄了一口气,让他丈夫来一番低声下气,妇人家自然心平气和,这样病就退了。"这些传说固然有演义色彩,但傅山医术高明,医道独特,确实名不虚传。傅山曾为其卫生馆作联,曰:"以儒学为医学,物我一体;借书居作山居,动静常贞。"①从这副对联中,我们也可看出傅山的医道和志趣。

傅山一生著述甚多,惜大多数已经散佚。现有《两汉书姓名韵》《金刚经批注》《霜红龛集》等行世。

(郑永福编撰,高敏主编《隐士传》,河南人民出版社 1994 年 11 月出版)

---

① 参阅郝树侯《傅山传》(1985 年山西人民出版社)相关章节。

被剖棺戮尸的隐者吕留良

雍正六年（1728）浙江出了一起轰动朝野的戮尸案，明末清初的学者吕留良，在去世45年后，重被定为不赦之罪，剖棺戮尸枭首示众。家族后代连坐者甚多，长子同罹戮尸之惨，次子论斩，诸孙被发往黑龙江隶水师营。吕留良的著作被搜尽焚毁，严禁民间流传。接着，雍正帝自著《大义觉迷录》，其中多处提及吕留良，指斥他是"凶顽悖恶，好乱乐祸，俶扰彝伦，私为著述"的"千古罪人"。雍正说："逆贼吕留良，凶悖成性，悍然无忌，与曾静同一乱贼之性，同一乱贼之见。"①吕留良何许人，他死于康熙年间，从未当过雍正朝臣民，为何惹得雍正帝"天廷震怒"？他是否如雍正帝历数的那样恶贯满盈？那个时代的人，凡能明辨是非者，心中自有定论。但因清代人多畏惧"文字狱"，吕留良的著述又于雍、乾两朝连遭毁禁，因此，以后人们很少论及他。直到今日，人们也很难对他进行翔实的评介。

（一）散财结客，纾难抗清

吕留良，初名光轮，字用晦，又字庄生，号晚村。暮年削发为僧，名耐可，字不昧，号何求。祖籍河南，宋南渡后籍浙江崇德（今桐乡）。生于明崇祯二年（1629），卒于清康熙二十二年（1683），终年55岁。是明清鼎革之际的人。

吕留良生于官宦之家，祖上曾为明代淮府仪宾，与皇族公主联姻。吕留良自幼颖悟绝人，勤奋好学，8岁即善属文，文章华彩绚丽，世人惊其异禀，赞誉满庭，但他仍旧质朴谦虚，并未沾染纨绔习气。

明末，江南文人结社之风很盛，应社、几社、澄社、复社等势如雨后春笋般出现，东呼西应。吕留良生前父亲即下世，自幼由三哥愿良抚养。三哥曾与浙中文士结澄社，且社中多是"重志节，能文章，好古负奇"之士，留良受这种以文会友的影响，少年时代就"能文章"，13岁就和其侄宣忠与家乡名士孙爽结征书社，相互论列古今，怀有"以天下为己任"之志。从此几人结为莫逆之交。当时的明王朝已处于大厦将倾的末世，内外交讧，国势颓坏。李自成、张献忠领导的农民起义声势日益壮大，关外清军又常常南下掳掠，几个少年忧心如焚。他们弃绝了饮酒吟诗、游山玩水等，转而读书力学，经常聚在一起论列古今，擘画时政，提出了不少切实可行的改革措施。从学风上看，他们讲求经世致用，从政治上看，他们身负报国之志。可惜时代没有给他们提供一展宏图的机会。崇祯17年，农民起义军攻克北京，崇祯皇帝吊死煤山，清军乘机入关，于北京建立了大清王朝。旦夕之间改朝换代。吕留良闻讯悲痛不已。有人见此景劝慰他，何必自苦自艾。他正颜厉色地回答："如今天崩地坼，神人共愤，

---

① 《大义觉迷录》卷1，《四库禁毁书丛刊》史部第22册，北京出版社1997年版，第293页。

君何出此言！"此后,他毅然投入了抗清斗争的行列。

顺治二年(1645)清军挥戈南下,每攻取一处,无不烧杀掠房。八月,清政府再次下令剃发梳辫,改换衣冠,明令自布告之日起,限 10 日内男子一律剃发,若规避惜发,巧词争辩,杀无赦。清朝统治者的野蛮屠杀和高压政策,激起了汉族人民的强烈反抗。一些具有爱国之志的明故官员将领和地方士绅纷纷打起恢复"大明江山"的旗号,奔走呼号,组织抗清队伍,涌现出史可法、钱肃乐、张名振、张煌言、何腾蛟、瞿式耜、郑成功等一批抗清英雄,他们的事迹无不可歌可泣,感人至深,进一步激扬起抗清的民族情感,江浙一带到处爆发抗清武装起义。吕留良的家乡也不例外,与崇德近在咫尺的嘉兴、海宁都是抗清重镇。吕留良的三哥最先参加抗清斗争,投奔了南明福王。随后吕宣忠、吕留良及其友孙爽、董时雨也都投笔从戎。

当时,吕留良只有十七岁,他毁家散万金招募义勇,与董时雨苦心经营山泽,又四处联络,跋山涉水往来于湖山之间。一度组织发展很快,抗清志士如潮赴海般汇集而来。七八月间,嘉兴、海宁人民的抗清斗争惨遭镇压,吕留良的抗清活动也受到严重挫折。但他未停止活动。顺治二年至五年,他到过嘉兴和天目山南麓等地,并在战斗中左腿中了箭伤。顺治四年,抗清失败的大局已定,吕留良的侄子也在这年兵败被捕,惨遭清军杀害。顺治五年,他潜回故里。

这段抗清失败的经历,不仅给他的身体留下了创伤,而且给他的心灵以沉重打击。几年后,他重过嘉兴,故战场重游仍触目皆痛,不由得怅然泪下。在《乱后过嘉兴》一诗中,他认真总结了人民抗清失败的原因,诗中写道:"雪片降书下,嘉禾独出师。儒生方略短,市子弄兵痴。"①对明故官员贪生怕死降敌事清的蔑视之情,及对书生士子抗清斗争缺乏谋略的惋惜之情,都跃然于纸上。

吕留良回到家乡后,本打算隐迹于世,但为生活计,不得不出而提囊行医于市。由于他医道高超,声名鹊起,远近病人都闻名争来就医。

(二)喷血拒荐,削发为僧

清政权初建,对汉族知识分子采取软硬相辅相成的两种手段,一方面无情镇压,一方面笼络利用。顺治二年,全国大部分地区战事未息之时,就进行了顺天乡试,以后继续按明制开科取士。与清政权不共戴天的吕留良,顺治十年忽然入闱参加科考,中了秀才,这使很多人疑惑不解。究其原因,与当时的政治环境和他的切身处境有关。随着抗清斗争的失败,清廷已控制了浙西地区,昔日抗清志士,有的隐居不出,有的转而与清政府合作,吕留良陷入了苦闷与彷徨。更为严重的打击是家庭的变故,继侄子宣忠殉难后,他视之"如严父"的三哥及四哥又相继故去,生死患难的挚友孙爽也遽然而逝。一连串的打击,使他悲痛不能自已,落魄不能自振。吕留良失

---

① 《乱后过嘉兴》,《吕晚村诗集》,《万感集》,续修四库全书编纂委员会编《续修四库全书》第 1411 册,上海古籍出版社 2002 年版,第 2 页。

去至亲挚友深感孤独无依苦闷之极,为了寻求摆脱,他误入科场,25 岁这年考中了秀才。此后一段时间是在围着科场周旋中度过的。顺治十二年起他开始从事"时文评选",这是一种为参加科举考试的士子准备的文章选编与点评。此时,吕留良的"天盖楼"选本虽然风行一时,却没有什么积极内容。这种生活与他的抗清初衷完全相悖,因而他时常陷入矛盾与痛苦中不能自拔。这种生活延续了五六年。

吕留良 30 岁时,有幸结识了浙东著名学者黄宗羲兄弟与宁波隐士高斗魁。顺治十七年秋,在黄宗炎的推荐下吕留良与黄宗羲在杭州孤山第一次相见。黄宗羲于明末即以东林遗孤为父鸣冤的非凡举止而声誉朝野,吕留良早已钦佩之,黄宗羲也久闻吕留良浙西名士之名,因而两人一见如故。黄宗羲虽年长吕留良 20 岁,两人却以朋友相处。黄氏兄弟和高斗魁清初也都从事过抗清斗争,兵败后均抱定不入科场不仕清廷的态度,这一点,给吕留良很大震动。以后几年,他们交往很多,康熙二年(1663)至五年春,黄宗羲应吕留良盛情邀请执馆于吕氏家园梅花阁,吕留良长子葆中从师于黄宗羲。教学之余,诸友人经常以诗文唱和酬答相激励。这段交往对吕留良很重要,使他的生活再次出现转折,迈出了一生中极重要的一步。吕留良经过深刻的反省,很后悔误入科场,决意归隐南村。他在一首诗中明确表示:"失脚下矶今欲返,船过为报富春渔。"①已为生员的吕留良,按惯例每年要参加县学例考,康熙五年县学考试前夕,他拜谒了主考官县教谕,表示了将去的决心,请求务全其志。翌日晨他便不再进考场,学官遂以学法除名。吕留良的举动,是他深思熟虑后而主动迈出的关键一步。吕留良对友人讲,自己将以小村庄作为桃花源,过隐居生活。

从此之后,吕留良彻底放弃了"学而优则仕"这一中国知识分子传统的人生道路。他不但不进科场,不仕清廷,而且不同清廷官员往来,并借助评选时文之机大肆宣传"夷夏之防"的反清思想。这成了吕留良后半生的立身原则。在这一点上,他与一向敬重的黄宗羲发生了严重分歧。黄宗羲认为不做清朝官即可,不必拒绝与清廷官员的往来。吕留良对此十分不满,曾做诗《问燕》《燕答》等讥讽黄宗羲趋炎附势。在贬斥黄宗羲请求某官员荐其子至户部堂官家坐馆任教时,写了一首十分刻薄的诗:"顿首复顿首,尻高肩压肘,府问此何人,墨胎孤竹后。"②大意是说:有个叩头不停的人,屁股抬得比臂肘还高,俯身问他是何人,原来是有名的学者东林遗孤之后!这样尖刻的讽刺使黄宗羲异常恼火。吕、黄二人虽然在反对仕清上观点一致,但在方式上却有差别,加之学术见解不合等因,竟使这对朋友从此分道扬镳。后来,黄宗羲虽然做过重归于好的努力,但未成功。乃至到了晚年,两个人还相互鸣镝而攻之。

康熙十二年,清政府在政权稳固之后,下了撤藩之令,原明降将吴三桂、尚可喜

---

① 《喜高辰四至遂送之闽》,《吕晚村诗集》,《侲侲集》,《续修四库全书》第 1411 册,上海古籍出版社 2002 年版,第 19 页。

② 《管裹指示近作有梦伯夷求太公书荐子仕周诗和之》,《吕晚村诗集》,《梦觉集》,《续修四库全书》第 1411 册,上海古籍出版社 2002 年版,第 24—25 页。

和耿继威之子耿精忠兴起"三藩之乱"。吴三桂曾派人给吕留良传信,吕留良也与之有过书信往来,但经过多年风风雨雨的吕留良政治上已日益成熟和稳健,他不相信这些反复无常的政客,始终采取了超然态度,隐居之志弥坚。这一年吕留良还有一个重要举措,就是完全停止了已持续十几年的时文评选,45 岁起开始了潜心著述和讲学的学者生涯。

吕留良一生的最后几年遇到了一件他一生中最为难的事情,以至被迫削发为僧。康熙十七年清政府首开博学鸿词科以网罗天下人才,规定不论已仕未仕,只要有内外大臣荐举,即直接参加殿试,凡有些声望者一律给予翰林官。这一次,朱彝尊、汤斌、毛奇龄等著名学者计 50 余人被录取。当时,浙江省的封疆大吏也举荐了吕留良,他以死相拒,才得免。但三年之后,郡守又以"隐逸"之名再次举荐他,吕留良闻讯激愤异常,"喷血满地"为表示隐而不仕的决心,卧床不起的他,在枕上剃发,更换僧服,并慨然长叹道:"如此这般,或可以放过我了吧!"吕留良更法名曰"耐可",字不昧,号何求老人。字与号都隐喻着他坚定不移的志向。后来,他在给友人的信中曾以故事的形式谈及此事,说:"一人行于道路,有卖糖的向他高声吆喝:'破帽子换糖!'行人藏了起来,又吆喝:'破网子换糖!'行人又躲开来;再吆喝:'乱头发换糖!'行人恐慌无措,只得求告:'何太相逼!'他剖白道:"留良之薙顶,亦正怕换糖者相逼耳。"①一语道出了他内心深处的真实思想。

晚年的吕留良广泛地研究诸儒语录、佛老家言,深入考究诸言是非短长。但他最大的贡献是弘扬朱子之学。在学术上,他一生尊朱辟王,崇尚朱熹,晚年更坚定不移。他曾总结道:"自初读书,即笃信朱子,至于今老而病,且将死矣,终不敢有毫发之疑,其所谓宾宾然守一先生之言者也。"②吕留良提倡朱学,并非出于儒林门户之争,主要是为了"经世致用",即正人心,救风俗,以改变时风为己任。达到这一目的的手段就是"格物致知"。"格物"就是穷天理,明人伦,讲圣言,通世故。这里的"物"不仅包括伦理道德与世俗人情,还包括一草一木、一禽一兽等更广义的"物"。但是吕留良讲朱学,其教人大要,以格物穷理,辨别是非为先。可以这样说,吕留良虽然不是一个理学家,但是个有见地有作为的学者和思想家,他对康熙中叶以后朱学的兴起,起了推波助澜的作用。吕留良生活的最后 10 年,专意刻印朱熹遗书,提倡朱熹之学。

对于被逼削发为僧一事,吕留良至死都耿耿于怀,虽然没有入寺院修行,过严格的僧人生活,但他仍为此而郁郁寡欢。康熙二十二年,他 55 岁,自感病体难支将不久于人世,曾作《祈死诗》六篇,词音凄厉,哀婉动人。同年八月十三日,吕留良的病

---

① 《大义觉迷录》卷 4,《四库禁毁书丛刊》史部第 22 册,北京出版社 1997 年版,第366 页。

② 《答吴晴岩书》,《吕晚村先生文集》卷 1,《续修四库全书》第 1411 册,上海古籍出版社 2002 年版,第 77 页。

情忽然大变,但他始终神志清醒,最后双手交叉,安详逝去,平静地走完了他隐士的一生。

(三)死后罹难,千古奇冤

吕留良生前身后都有人誉其为"时文选家",为此他身遭奇难。他先后所选文本20余种,有的风行一时,很有影响。但是仔细研究可看出,10余年间他所选时文前后大有差别。如果说康熙五年前他的时文评选没有多大历史价值,其后则不然。当他决心脱离科场后,又继续搞了几年。他之所以不顾黄宗羲等人讥诮其所搞时文评选是纸尾之学,操持旧业,实在是另有原因。用他自己的话说,是利用这一形式以"寄发狂言",如"病者之呻吟,亦其痛痒自出之声"。① 用来抒发郁积胸中的感慨和政见。其子葆中也曾写当时的情况,说他"其议论无所发泄,一寄之于时文评语,大声疾呼,不顾世所讳忌"。其中重要内容之一是大倡"夷夏之别",认为"华夷之别"更大于"君臣之伦"。这种充满反清的思想情绪,倡和者大有人在,甚至以此论号召排满反清。

曾静(1679—1731),湖南永清人,生于吕留良死前四年,两人未发生过任何直接关系。雍正初年,广泛流传着雍正帝篡诏夺嫡,残戮诸弟,谋父逼母,纳文妃等传闻,社会上的不满情绪很浓,曾静等密谋反清举事。雍正六年,他派弟子入陕,劝陕甘总督岳钟琪反清,被揭发下狱,供词涉及流传于民间的大量宫闱传闻,也提及受到过吕留良评选时文的影响,谓评说中有"妄论夷夏之防""井田""封建"等语。为此,雍正皇帝大动肝火,除了大兴"文字狱",还颁布了《大义觉迷录》。其中对吕留良大张伐挞,罗织了一大堆罪名,主要一条就是吕留良"以夷狄比于禽兽",又以满洲为夷狄,因此犯有弥天大罪。雍正指斥他"著邪书,立异说,丧心病狂,肆无忌惮",并耸人听闻地写道:"所记诗文以及日记等类","朕翻阅之余,不胜惶骇震悼",因而称在"乱臣贼子""奸诈凶顽匪类"和"欺世盗名者中","未有如吕留良之可恨人也"。② 其实,明眼人一看即知,雍正帝醉翁之意不在酒,颁布《大义觉迷录》的主要目的是为了洗刷自己,以正视听,这从大量的闪烁其词的自我标榜、自我粉饰之中可见端倪。贬死人是为了褒扬活人,雍正帝在这点上是煞费苦心的。为了表示自己的宽大为怀,雍正有意释放了曾静,却把与曾静素昧平生的吕留良斥为"千古罪人",在他死后45年从棺材里拉出来做替罪羊,并累及子孙,真可谓"千古奇冤"。乾隆继位后,吕留良再一次遭受"文字狱"之祸,其著述又遭清廷尽行毁禁。

吕留良一生著述很多,当时流传的有《吕晚村先生文集》《吕晚村诗集》《东庄吟

① 《与施愚山书》,《吕晚村先生文集》卷1,《续修四库全书》第1411册,上海古籍出版社2002年版,第74页。

② 《大义觉迷录》卷4,《四库禁毁书丛刊》史部第22册,北京出版社1997年版,第366页。

稿》,所注医学著作《医贯》、由他批点的《四书讲义》、辑录的《四书语录》、与友人合辑的《宋诗抄》以及《吕晚村手书家训》等,吕留良时文选评诸本就更多了。遗憾的是,几经焚毁,至今流传下来的种类已经不多了。

　　吕留良一生以明遗民自为,至晚年仍不顾清廷禁忌,诗文中,凡述及明史均写年号,入清后之事则以干支代年号;凡提及明都城南京或北京,均用旧京或京师,而称清朝国都北京则曰"燕";凡称明朝均用先朝或本朝,而对清王朝只称"燕中"。其做法虽不免书生气十足,或在多民族统一国家的发展中不免显得狭隘,但在清初诸明遗中这种谨守矩矱、坚持气节的精神也是值得提及一笔的。

（吕美颐编撰,高敏主编《隐士传》,河南人民出版社 1994 年 11 月出版）

关中大儒李颙

17 世纪中叶,我国出现了一个著名的学者和思想家,他活跃在清代顺治、康熙年间的学术舞台上,与黄宗羲、孙奇逢鼎足而立,并称三大儒,这个人就是李颙。

李颙,字中孚,陕西盩厔(今属周至)人。盩字音同周,意思是山曲;厔字音同至,古意是水曲。李颙曾根据这两个字的意思取别号二曲土室病夫,学者们尊称李颙为二曲先生。清代著名学者全祖望这样评价李颙:"先生起自孤根,上接关学六百年之统,寒饿清苦之中,守道愈严,而耿光四出,无所凭借,拔地倚天,尤为莫及。"[①]李颙生于明天启七年(1627),死于清康熙四十四年(1705),终年 79 岁。

(一)绝学起关西,南游震群迷

李颙出生于贫寒之家,没有家学和师承,可以说是自学成才。李颙的父亲叫李可从,字信吾,"以勇力著于里中",人们都称他为李壮士。崇祯十四年(1641)腊月底,可从随同邑孙公率领的明朝军队去镇压农民起义。第二年与张献忠部战于郧西,兵败后被农民起义军杀死在河南襄城。

父亲去世时,李颙年仅 16 岁。他后来说,当时他家无一椽一土,无以为生。他与母亲过着极为贫困的生活,常常数日不点一次火,一天只吃一顿饭。看到这种情形,亲族劝其母彭氏改嫁,或介绍李颙外出当佣工,以养家糊口。但彭氏执意不肯这样做,她决心让李颙拜师求学,长大成才。由于家中实在贫穷,根本拿不起学费,塾师们都将李颙拒之门外。彭氏安慰开导儿子说:"没有老师不要紧,古人和古书不是都可以做你的老师吗?"此后,李颙发愤自学。在家庭生活窘迫的情况下,自学又谈何容易。母亲彭氏拼命为人纺织缝纫,儿子李颙卖力打柴换粮,勉强维持着最低生活水平。因为李颙长得面黄肌瘦,人们几乎不称其名而直呼其"李菜"了。家中无书,李颙便向人家借书看,自经史百家,到天文河图、九流百技、稗官野史,无不反复潜心研读。遇有疑难问题,便虚心向人求教。李颙学业进展迅速,也博得了人们的好感与同情。有人见其家生活如此艰难,便想馈赠一些东西,但李颙坚决不接收。

李颙以昌明圣学为己任,以宋明理学为正宗。但苦难的生活经历和时代风云的影响,又使他不忘经世致用,形成了他自己独特的"明体适用"之学。

不惑之年后,李颙学业有成,便倾心讲学,力图讲明父子君臣之义,提醒世人不要忘记忠君爱国。他说:"天下之大根本,莫过于人心;天下之大肯綮,莫过于提醒天下之人心。然欲醒人心,惟在明学术,此在今日为匡时第一要务。""天下之治乱,由人心之邪正;人心之邪正,由学术之明晦,由当事之好尚。"李颙认为,"立人达人,全

---

① 全祖望:《二曲先生窆石文》,《鲒埼亭集》卷 12,《续修四库全书》第 1429 册,上海古籍出版社 2002 年版,第 61—62 页。

在讲学;移风易俗,全在讲学;旋转乾坤,全在讲学。为上为德,为下为民,莫不由此。此生人之命脉,宇宙之元气,不可一日息焉者也。息则元气索而生机漓矣!"①李颙名气越来越大,在关中颇有影响。康熙七年,他开始到蒲城等地讲学,关中士子蜂从尊他为师。就连"关学"大师冯少虚年届八旬的弟子党湛,也顶风冒雪向李颙求教,相互探讨学问。士农工商各界向李颙求学者,不计其数。李颙也是"有教无类",谆谆教诲或反复与这些人切磋。其盛况显赫一时。母亲彭氏去世后,李颙的学生常州知府骆钟麟曾派人邀请他到江南讲学。

李颙应邀来到了人才荟萃的江南,先后在常州、宜兴、无锡等地讲学。此间,他再次阐述自己的观点:"治乱生于人心,人心不正,则致治无由;学术不明,则人心不正。故今日急务,莫先于明学术,以提醒天下之人心。"并"自此绝口不谈经济,惟与士友发明学术为己为人内外本末之实"。② 在常州明伦堂讲学时,门庭若市,远近名儒大绅纷纷前来聆听李颙高论。每次开讲,听众达千人以上,人们惊呼这是当地百年未有之盛事。到其他几个地方讲学,也是听者云集。常州宿儒郑珏曾写诗赞道:"斯文幸未丧,绝学起关西。逖矣李夫子,南游震群迷。"并在李颙画像上题赞曰:"其服甚古其容舒,其情甚深其心虚。博闻多识,不读非圣之书;存诚主静,不求当世之誉。遡洙、泗之渊源,而继濂、洛之正统者,其斯为二曲先生與!"③每到一地讲学完毕,主持者常赠送礼物或钱财以表酬谢,但李颙一概婉言拒绝,不取分文一物。有的朋友好言劝他收下,说:"'交以道,接以礼',孔老夫子也是这样做的。"李颙说:"我不是孔夫子,所以不能这样做。况且孔老夫子家法多了,我们没有效仿他的地方也很多,为什么单单效仿取其财物这一则呢?"讲学期间,各地上层人物往往要设宴款待李颙,他不但不去赴宴,也一概不回拜。想当初李颙在老家贫困不堪时,也有人向他馈赠,他一概拒绝。有人对他讲"交道接礼",孟老夫子也是不却之的。李颙立即答道:墨守孟子家法,只有害处没有好处。可以看出,李颙这方面的性格是一以贯之的,只不过是年青时气更盛些。

(二)从容怀白刃,决绝却华轺

入清以后,李颙多次固辞清政府的征召。不论是以"隐逸"荐,以"海内真儒"荐,或是以博学鸿词荐,他都不赴,这使他名望日高,顾炎武曾赠诗"从容怀白刃,决绝却华轺",④就是颂扬李颙的以死抗拒征召,固守素操。

---

① 陈俊民点校:《二曲集》卷12,《匡时要务》,中华书局2006年版,第104—105页。

② 陈俊民点校:《二曲集》卷45,《历年纪略》,中华书局2006年版,第571页。

③ 陈俊民点校:《二曲集》卷45,《历年纪略》,中华书局2006年版,第573页。

④ 《亭林诗集》卷5,《梓潼篇赠李中孚》,《续修四库全书》第1402册,上海古籍出版社2002年版,第61—62页。

如同清初不少遗民一样,李颙怀着一种"亡国"之痛,决计不事清王朝。这种"操守"我们今天如何正确评价姑且不论,对李颙本人来讲,他是把这看成是一种民族气节的,因而信守不渝。

李颙同当时的一些知识分子一样,提倡"行已有耻",顾名惜节。他认为,一个人名节不足,必然被他人看不起,即便其他方面有所长,也无法掩盖这一大污点。加之李颙目睹了清兵入关后给中原人民带来的种种灾难,更坚定了他无意功名,不与清廷合作的信念。他发誓,宁肯孤立无助,也绝不苟同流俗。宁肯自己落得个饥寒交迫,也绝不向任何人乞怜。他甚至这样告诫自己的弟子,不要跟我谈及清王朝中的利与害,也不要同我谈及清王朝各级官吏的贤与否。总之,他不愿意谈及清王朝的任何事情,更不仕清。

康熙十二年四月,陕西总督鄂善敦请李颙到关中学院讲学,他再三推辞后勉强答应了。提学钟朗见他穿的衣服宽大,已不合清朝事宜,便给他送来了小袖窄袍,李颙纳而不穿,仍穿戴如常。钟朗出城迎接他时,见其仍如此打扮,大吃一惊。李颙却说,我不是官吏绅士,又非武弁兵丁,穿着那种窄衣小袖,颇不方便。宽衣宽袖乃是平民百姓的常服,我就是个平民百姓,只能穿着这样的衣服。当年八月,鄂善等以"山林隐逸"为名举荐李颙入朝,李颙誓死力辞,上书达 8 次之多,皆以有病为由却之。清廷下旨让李颙病愈后立即赴京。康熙十三年四月,朝廷下旨复征,差官大吏频频到李颙家中,表面上是讯问起居,实际上是验视催逼。李颙称自己病入膏肓,已成废柴,长卧不起。

康熙十四年八月,因避兵乱,李颙全家迁往富平(今甘肃庆阳西南)。地方官郭九芝也喜欢宋明理学,且素慕李颙,待之以上宾,并为他建了一处房子,名曰"拟山堂",李颙很高兴,他身处拟山堂,想谢绝人事往来和一切应酬,过上深山穷谷式的生活。但事不遂愿,陕西督抚因朝廷先前有旨,岁岁催李颙应召。时任兵部主事的房廷祯以"海内真儒"为名再次推荐李颙,他仍以病重为由力辞。朝廷催逼如火,地方官也不管李颙从与不从,差数人连同李颙的卧床一起抬着赴省。行至雁塔,李颙拔刀自刺。这一突如其来的举动可吓坏了诸官吏,只得停了下来。

富平李因笃、郿县李柏二人与李颙为好朋友,关中学者称其为"关中三李"。李因笃已被荐应征,他怕李颙固执己见惹出祸端,便劝他赴京应召。李颙回答说:"人生早晚有一死,怕只怕不能够死得其所。我若因不应召而死,也算是死得其所了。"李颙还告诫儿子,我如果被逼而死,就以粗衣白棺入殓,不要张扬,更不要轻易受人祭奠。其后,李颙竟绝食五天五夜,粒米未进。总督无可奈何,只得借口李颙病情加重,求朝廷假以时日让其回乡治病,以了此事。李颙所作所为流传甚广,当时有人称他为"铁汉"。

李颙既拒征召,便在家重修筑了一个垩室,又名土室,日处其中,将门反锁,到后来甚至与家人也不多见,从墙壁上挖个洞以送饮食。李颙身居土室,写了一篇《谢世文》,表明自己谢绝世事的态度。文中写道:"我常听说古人有预先作好圹穴以作为死后藏骨埋葬之所。我如今有志未酬，又怎么有脸面晤对宾客、挈长论短呢？还是让我以病废之躯，免去一切应酬，在土室中安息，直到咽气。这对我来说，就是天大的恩赐了。"

李颙在土室中供奉母亲彭氏遗像，表示：只因自己奇穷，未能侍奉母亲于生前，希望能永栖垩室，晨夕瞻礼供奉，聊事母亲于殁后。决心不为虚名所累，为清政府所弋获。倘若朝廷再逼迫，唯有一死了之。此后，李颙不仅闭门谢客，也誓于此生断不操笔。

康熙四十二年，康熙帝西巡至关中，他久闻李颙大名，便询问其近况，要求地方官传旨征诣行在，欲有所咨询。李颙以年老气衰行动不便为由予以回绝。康熙帝对李颙这类学者已多有领略，知道难以强求。为了表示求贤若渴又宽宏大量，亲笔书写了"操志高洁"匾额并书金山诗一首赠李颙，以示关怀褒奖。官吏便急忙强使李颙作表"谢恩"，他坚决不从。地方官吏们只好让李颙的儿子"代谢"，并将李颙所著《四书反身录》及《二曲集》呈献给康熙帝，事情才算了结。

（三）为学兼采朱陆，提倡明体适用

李颙为学兼采朱（熹）、陆（九渊）两派，他认为：朱熹教人，循循有序，中正平实，极便初学；陆九渊教人，一洗支离锢蔽之陋，在儒者中最为儆切。

从学术思想上来看，李颙前期的宗旨是"悔过自新"，后期则是"明体适用"。作为一种立身学说，"悔过自新"讲的主要是道德修持，立身旨趣。这虽然是明清之际动荡的社会现实的某种折射，其归宿也在于"倡道救世"，但从形式上看，则是游离于社会现实的。而"明体适用"学说，则一反宋明以来传统理学重体轻用的积弊，立足于动荡的社会现实，对数千年来儒学所主张的"内圣外王"之道进行新的解释，具有鲜明的经世色彩。当然，"明体适用"是从"悔过自新"说演变来的，不过是将"悔过自新"与"康济时艰"相沟通，赋予他的"明体适用"学说以积极的社会意义。

李颙认为，儒家的学问，是明体适用之学，他提出明道存心以为体，经世载物以为用。他把格物致知的"物"，大大地扩充了。李颙曾开列了一个读书的单子，书目分为明体和适用两大类。明体类是宋明诸理学大师的著作，他认为这些著作是指导实际的"本体"和源头。在适用类中，他开的书目包括历代的通典、律令及实录、名臣奏议，乃至《农政全书》《武备志》《水利全书》《泰西水法》《地理险要》等，他认为道不虚谈，学贵实效，主张用酌古准今，明体适用的实学取代凭空蹈虚，高谈性命的俗学。

可以看出，"明体适用"的体，是指道德心性的修养。所谓"用"，是指治国平天下及其有关的政治律令农田水利等的应用。在"适用"之学中，李颙重视农学。诸如《农政全书》这样的科技著作，成书于明末，在李颙当时来说是新书，而他已经仔细阅读过了，并且主张应用到实际生产中去，已属可贵。而《泰西水法》讲的是外国的好经验，表明在应用科学技术方面他并不保守，主张向泰西学习，这就更为难得了。

　　李颙一生隐居不仕，但对现实并非都不闻不问。康熙三十年、三十一年关中大旱，连年不雨，饥荒严重，人民或死或逃，十室九空。面对此情此景，李颙痛心疾首。他书写了《与董郡伯》《与布抚台》等，条陈救灾办法，长达数千言，足见他对人民疾苦的关心与同情。李颙还希望朝廷整饬吏治，惩治贪官污吏。他将海瑞等廉吏言行编成一本《牧政往绩》，以供当政者借鉴效仿。这可以看出，随着时间的推移，随着清王朝政治上的稳定、经济上的恢复和发展，李颙清初时基于所谓亡国之痛决心不论清廷与清朝官吏短长的想法已经逐渐淡化了。

　　李颙反对学问为少数人所独占，在记载了吏胥李珠（字明祥）的事迹后他说："道无往而不在，学无人而不可，苟办肯心，何论俦类？若明祥者，可以鉴矣。"①强调只要下功夫，无论什么人都可以成为圣贤。他在《观感录》中收集了10位出身凡鄙卑贱的学者，简述其履历，写下了赞语。其中有盐丁、樵夫、吏胥、窑匠、商贾兼陶匠、农夫、卖油佣、戍卒、网斤匠、钉戥秤匠、布衣及牧羊痴子，没有一位达官显宦。

　　应该看到，明末清初，理学已走向衰颓的历史时期，不论是程朱理学还是陆王心学，都已走到了尽头。李颙作为一个理学家，还想兼采朱陆"担当世道"，维护封建秩序，这显然已经落伍了。但其制行超异，取予不苟，讲学关中，推为宗师，还是有一定的历史地位的。李颙著述散佚，自焚甚多，现有《二曲集》四十六卷传世。

（郑永福编撰，高敏主编《隐士传》，河南人民出版社 1994 年 11 月出版）

---

　　①　陈俊民点校：《二曲集》卷22，《观感录》，中华书局 2006 年版，第 280 页。

坚守志节成就"绝作"的顾祖禹

明末清初,社会经历了巨大的动荡和变革。特定的时代,不仅造就了大批勇于浴血抵抗强暴的抗清英雄,也造就了一批坚守志节、隐居不仕,以奋发著述匡正时难的爱国学者。著名历史地理学家顾祖禹就是其中一个。可以说,如果没有顾祖禹坚守志节淡泊仕途,以全身心地贯注于著述,就不会有《读史方舆纪要》这部被清代文学家魏禧称为"此数千百年绝无仅有之书"[1]的问世。

(一)家败"国"亡,父子偕隐

顾祖禹,字端五,号景范,别号宛溪(因家居宛溪对面),学人尊称其宛溪先生。江苏无锡人。生于明崇祯四年(1631),卒于清康熙三十一年(1692),享年62岁。顾氏祖上是吴中大家,由隋唐迄两宋,子孙代有名人。明成化、嘉靖、万历诸朝都有人在朝中为官。且先祖多有著述,一向被称为"吴中文献",显赫一方。明末以来,家道中衰,至顾祖禹的父亲顾柔谦这代已是一蹶不振。

顾柔谦出生后即时运不济。幼时,一次与兄等出游,被挤坠大泽,幸亏母亲有预感,派仆人寻迹将其救出,才死里逃生。9岁,父亲英年早逝,剩下孤儿寡母,其后,家难蜂起,连连不断。不仅先世遗留的家财资产荡然无存,字画古玩流失散尽,就连祖茔的树木也未能保全下来。在以后的频繁战乱中,家中仅有的藏书又毁于兵燹,家庭生活日益贫困。

顾柔谦年轻时入赘常熟谭氏,20岁时生祖禹。幼年时的顾祖禹受教于父,少承家学又聪明上进,不仅博极群书,而且能背诵经史如流水,给这个衰败的家庭带来了新的希望,因而,祖禹深受父亲喜爱。

崇祯十七年,顾祖禹14岁。这一年,中国历史发生了重大变化,从而决定了顾氏父子一生的道路。李自成的农民起义军以势如破竹之势攻入北京,明亡;但农民军未能巩固住自己的政权,42天后退出北京,满族贵族建立的清王朝取而代之。像所有明遗民一样,顾柔谦感到天地崩裂,哀愤至极,社稷存亡时刻牵动着他的心。他写了很多诗词以寄托自己的爱国情思,读过他诗词的人无不被激发起悲痛之情。紧接着,又一件事沉重地打击了他。顾柔谦尊为父、师的马士奇与挚友黄毓祺、黄淳耀都在清军屠杀江阴和嘉定中殉国。他在家中为他们设立牌位,长哭以祭,悲痛欲绝。此后,他经常闭门而坐,默然不语,有时整日不进茶饭。顾祖禹焦急万分,他虽年幼却很理解父亲的心境,只好一边叩头一边宽慰劝解父亲。后来父子进行了一次重要的谈话。顾柔谦叫来祖禹,郑重其事地问:"汝能终身穷饿,不思富贵乎?"顾祖禹回

---

[1] 赵尔巽等:《清史稿》卷501,《列传》288,《顾祖禹传》,中华书局1977年版,第45册,第13850页。

答说:"能。"顾柔谦说:"汝能以身为人机上肉,不思报复乎?"祖禹复应曰:"能。"顾柔谦听了非常高兴,说:"吾与汝偕隐耳!"于是更名"隐",署其室曰"伐檀"。这一年里,为避战乱,顾柔谦曾携祖禹隐居常熟虞山,躬耕于虞山之野,过着愤懑无聊的日子,生活极为贫困。这期间父子经常议论为人之道、立身之本,有时夜深人静,顾柔谦突然叫起祖禹,父子二人促膝长谈通宵达旦。顾柔谦曾对祖禹说:"汝他日得志,如旧怨何?"祖禹回答说:"每忆幼时家母抱儿置膝上,为言家难,及堕大泽中事,祖禹不敢忘。"顾柔谦说道:"嘻,汝何见之隘? 吾家数传以来,颇盈盛,以祖、父之才,而竟中折,天也! 于彼何尤? 同室之中,宁彼以非礼来,吾不可以非礼报,汝谨识之!"①顾祖禹一生坚守志节,但又平和处世,与其父顾柔谦的影响有极大的关系。

入清之后,顾柔谦父子一直过着隐而不仕的生活。顾柔谦在明亡前曾补弟子员,为"诸生"(秀才),入清后并未沿着秀才、举人、进士的阶梯走学而优则仕之路,他鄙视功名,无心仕途,立志著书立说。一生著有《补韵略》《六书考定》《山居赘论》等。顾祖禹则一生不近科第,不参加科举考试,从未一为诸生,连秀才也不是,并且不仕一官半职,不求闻达,落落人外,专心教书著述,直至终生。与他有"兄弟交"的魏僖评价他时说:"祖禹沉敏有大略,为人奇贫而廉介,宽厚朴挚,不求名于时。"②

探究顾氏父子两代隐而不仕的原因,主要是家败"国"亡的沉重打击,但其家庭迅速败落乃是社会动荡不安的结果,因而,归根结底是社会原因所致。顾家累代得遇明朝廷福泽,从情感上说,自然对明朝灭亡痛心疾首,而与清廷格格不入,这也是当时一批明朝遗老遗少成为隐士的原因。而顾氏父子还有另一层原因,就是对科举制的弊端有深刻的认识。顾柔谦不仅学识渊博,而且在很多方面有远见卓识。他"深慨科举之学,不足裨益当世",盛平时代只能装点门面,国难当头则不足匡时救世,完全不能经世致用。因而他一生不追求功名之虚荣,立志讲求实学,以著书立说服务社会,并以此对亡明表示一片眷恋之情。他在临死前还对顾祖禹一再叮咛:"士君子遭时不幸,无可表见于世,亦惟有掇拾遗言,网罗旧典,发舒志意,昭示来兹耳。"③顾柔谦生前不止一次同顾祖禹谈论过对科举制的见解,对顾祖禹有很大影响。

(二)继承父志,成就绝作

青年时代的顾祖禹过着清贫的教书生活。由于家境贫困,年方"弱冠"便为乡里

---

① 《清史稿》卷 501,《列传》288《顾柔谦传》,中华书局 1977 年版,第 45 册,第 13850 页。

② 顾祖禹:《读史方舆纪要》,《魏禧叙》,《续修四库全书》第 598 册,上海古籍出版社 2002 年版,第 3—4 页。

③ 顾祖禹:《读史方舆纪要》总叙一,《续修四库全书》第 598 册,上海古籍出版社 2002 年版,第 16 页。

塾师,每岁仅得束修六金,一半交与妻子,其余买纸、笔、灯、油用以读书。长时期过着"子号于前,妇叹于室"的穷困生活。但他受父亲影响,坚决"不求功名于时",刻苦攻读,没钱买书,便向别人借读借抄。在而立之年以前,他以读书为主,其间行迹有过几次变化。顺治五年(1648)曾移居约渚渡,依当地文士范贺;顺治七年起,与弟宛湄一同远游福建,历时3年;顺治十年,他家迁居无锡胶山安镇。

顾祖禹从29岁起,开始继承父志撰写《读史方舆纪要》。这是一部历史地理专著。研究历史地理可说是顾氏家学,其祖上即有人著地志九边之图说。顾柔谦对历史地理也颇有研究,并有独到见解。他怀着亡国之痛研究了《明一统志》,对众多学者推之于善本的这部书,指出了严重的不足之处。认为于"古今战守攻取之要,类皆不详,于山川条例,又复割裂失伦,源流不备",其危害足以使今之"学者",对于国家封疆形式、战略要地"惘惘莫知",这些人一旦任要职秉国政,就会糊里糊涂地将国土沦丧。明确地表明了他研究地理学的意图。父亲的学问和经世致用的学风对顾祖禹很有影响,他青少年时期一直喜欢这门学问,经过多年研读和积累,他终于开始着手写作了。

这部巨著开始写作到付梓问世历时30年。其间,顾祖禹著述甚勤,处己极严,每天自定写作进度,若因故有所耽搁,必补之而后安。为了激励自己,他在居处自题一联:"夜眠人静后,早起鸟先啼。"康熙四年顾柔谦病逝,死前他念念不忘成书之志,呼祖禹于病榻前,勉强他不必计较"遭时不遇"的处境,专力于完成他的未竟之志。最后长叹道:"余死,汝其志矣!"顾祖禹伏地呜咽而答:"子虽不敏,绝不敢忘记父亲的教诲。"这年顾祖禹35岁,由于贫贱忧戚交加,大病了3年。病愈,他不忘父训,吮笔含毫又继续投入写作。

顾祖禹后半生依然过着"既无富廓之产,又乏中田之庐,即食庑下"的贫困生活,继续以教书为业,"问籍资与馆穀"。写作所需的大量书籍,主要靠借阅。每当他"游历所至"亲朋好友处,"惟有借书,随时抄纂"。经济的拮据,使他难以有更多的实地考察机会,他常叹息自己"上不能涉江逾河,登五岳探禹穴,穷天下形势;次不能访求故老,参稽博识"。但他还是利用一切出门的机会,进行野外考察。凡舟车所经,"比览城郭,按山川,稽里道,问津关",并且不耻下问,常与外埠商人、远归的戍边士兵"从容谈论,考核异同"①,开展调查研究。他以自己的勤奋,通过博览群书,仔细考订来弥补不能野外考察的不足,经常独身闭一室之中,心周行大地九万里之内外,别真伪,察秋毫,手画口宣,专心致志于写作。这时期,他僻处宛溪,不交州府,坚守志节。

康熙十三年顾祖禹曾有过一次闽浙之行。当时正值三藩之乱,因此有传闻说他到了三藩之一的耿精忠处,以图反清复明。但后世很多学者认为此论不足为信,也

---

① 顾祖禹:《读史方舆纪要》总叙二,《续修四库全书》第598册,上海古籍出版社2002年版,第21页。

不符合顾祖禹入清以来的一贯行为。

返回家乡后,顾祖禹从康熙十九年起受聘到昆山徐学乾家做馆。徐学乾是当时江南有名的文人,对顾祖禹十分敬重,在其教书之余,"听自纂述"。在这里,顾祖禹有机会饱览徐氏传是楼丰富藏书,对于《读史方舆纪要》的最后完成很有帮助。康熙二十五年徐学乾奉诏修《大清一统志》,请顾祖禹参加,他固拒,"三聘乃往",不久随徐学乾前往北京修志馆。在北京他得以同阎若璩、黄仪、胡渭等著名地理学家相识。

他们朝夕相处,奇文共赏,疑义相析,顾祖禹深感受益匪浅。在一生中的最后几年,他十分注意对《读史方舆纪要》的修改完善,每有新得,即"改窜增益之"。在编纂《大清一统志》的过程中,有一件事必须提及,就是徐学乾曾打算举荐顾祖禹为官,被断然拒绝。此书编纂完毕,他又拒绝列名。这些都表明他坚守初衷。

康熙二十九年,已近垂暮之年的顾祖禹返回故里,两年后逝于胶山,葬于盛姬墩,终年62岁。他的巨著——《读史方舆纪要》历经30年,十易其稿,随着他的逝世最后完成。

《读史方舆纪要》是一部独具特色的历史地理专著,在清代已蜚声于学术之林,与《南北史会抄》《绎史》合称"海内三大奇书""千古绝作"。著名学者魏僖盛赞该书为"数千百年所绝无而仅有之书"。① 300年后的今天,这部书仍被列为研究我国历史地理和军事史的重要参考文献。

该书共130卷,首叙历代州域形势,再及明末清初省、府、州、县疆域、沿革、名山、大川、关隘、古迹等。着重考订古今行政区划的变迁和地理形势的战守利害。其写作特点是不同于徐霞客、顾炎武等地理学家着重于进行广泛的野外实地考察,而主要依靠大量的历史文献资料。远追《禹贡》《职方》,近考春秋历代之文,旁及稗史野乘之说,参考了二十一史和百余种地方志,可谓旁稽博采。这固然与顾祖禹因经济原因,不具备进行更多的野外考察机会有关,也与他研究地理的方法论有关。他认为一个人不可能走遍天下每一个角落,所见所闻总有局限,有时还可能出现"不识庐山真面目"的情况。他利用文献考核纠正了不少前人的错误记载。例如:辽代200余年间都城有一次迁徙,只因未正式宣布过迁都,记载多有忽略,顾祖禹首次订正过来。他还纠正了认为金沙江是龙川江别名、把滇池当洱海的错误记载。

《读史方舆纪要》的最大特点,是讲求舆地学的经世致用。他像当时很多学者一样,深感空言误国,主张务实治学。该书总叙明确指出了著述目的在于"垂之后世,俾览者有所考镜"。上可助君臣治国安邦,下可为士农工商经营与行旅提供指南,使读者不分贵贱,都能有所裨益。他很具体地分析道:"天子因内抚万民外抚四夷",固"枝干强弱之分,边腹重轻之势"不可不知;宰相佐天子,于"边防利病之处,兵戎措置之宜"不可不晓;百司为天子综理万物,不可不知"财赋之所出";监司守令等地方

---

① 顾祖禹:《读史方舆纪要》,《魏禧叙》,《续修四库全书》第598册,上海古籍出版社2002年版,第4页。

官,更应了解所属地区疆域形势、山泽桑田水利和风俗民情各种情况;就是百姓四民,也应知水陆行旅形势,以避险趋夷。这样,既可做到"乱世则由此佐折冲,锄强暴;平时则以此而经邦国,理人民"。他特别强调:"凡吾所以为此书者,亦重望夫世之先知之也,不先知之,而以惘然无所适从者,任天下之事,举宗庙社稷之重,一旦束手而界于他人。此先君子所以愤痛呼号,扼腕以至于死也。予小子既以奉遗命采旧闻,旁搜记载,规之正史,稍成一家之言。"①其中汲取明朝灭亡之惨痛教训之意溢于言表。

该书特别突出了军事地理的地位,不重名山大川和名胜古迹的记叙,而重地理形势对战守攻取难易的分析,不论哪一卷都明确贯穿着军事思想。每省卷首都论及疆域山川形势在军事上的重要性,每叙述到城镇、山川、关隘、桥、驿也都少不了论及军事上的地位。他十分强调直隶在护卫京师方面的重要性。这些大都被后来的战争史所一一证明。

顾祖禹地学观点的另一特点是能比较辩证地认识人与地理的关系,没有盲目地陷入地理决定论。他认为,从根本上看,地理条件的作用是从属的,起决定作用的因素是人和社会。他以函谷关和剑阁为例指出,秦国人最初利用函谷关抗拒六国很成功,而秦末农民起义中却难以拒"群盗";诸葛亮可以出剑阁而震秦陇,刘禅有剑阁却不能保成都。这都是人的因素所致。在那时,能用这种辩证观点来看待人地关系,实属难能可贵。

顾祖禹一生著述很多,除了《读史方舆纪要》,还有《方舆书目》《四书正旨》《经书正旨》《宛溪诗文遗稿》等。可以肯定,随着岁月的流逝,不仅他的著述将会代代相传,而且他坚守气节以成绝作的精神也将受到子孙后代的仰慕。

(吕美颐编撰,高敏主编《隐士传》,河南人民出版社 1994 年 11 月出版)

---

① 顾祖禹:《读史方舆纪要》总叙三,《续修四库全书》第 598 册,上海古籍出版社 2002 年版,第 14 页。

论清初思想家唐甄的富民说

唐甄(1630—1704),字铸万,号圃亭,四川达州(今达县)人。唐氏本蜀中仕宦大族,经过明清之际的社会大动荡,家道衰败。为求功名禄养,清顺治十四年(1657),唐甄参加了科举考试,中举后任山西长子县令。但上任不足10月,即因故革职。唐甄离职时,在吴江尚有田40亩,但赋役沉重,"佃之所获不足于赋",只好售田从商。经商失败后,又去为"牙",即做货物买卖的经纪人。牙行倒闭后靠设帐授徒维持生活。由于收入微薄,不仅衣食无着,甚至父母兄姐去世后竟无力营葬。① 唐甄的社会经历复杂,曾为富家公子、小官僚、小田主、小商人,对各阶层的社会生活均有切身体会。他看到,清朝已经建立50余年,仍是"四海之内,日益困穷,农空、工空、市空、仕空"。② 基于切身经历及整个社会普遍贫穷的现实,唐甄提出了"富民"的要求,他认为:"财者,国之宝也,民之命也"③,认为立国之道无他,唯在于富。

(一)唐甄"富民"说考察

为便于考释,我们不妨将其"富民"观依层次进行考察。

1.唐甄的"富民"说

唐甄"富民"说最引人注目的地方,是他的"四民"皆富。传统上,"民"分为士、农、工、商四个阶层,但在对"四民"的态度上,是有着极大区别的。前人也讲富民,但多指通过农业致富,即"本富";对于工、商,往往持贬抑的态度,称之为"末富";至于士人,如果孜孜以求利,则会遭到周围人们的嘲笑,从而形成士人讳言财利的传统。唐甄的富民思想,则有自己的特色。

对于"农",唐甄的观点同前人是一致的,他承认,"众为邦本,士为邦基"④,"本富"是"四民"皆富的前提。不过,唐甄并没有局限于单纯的粮食生产,而是要做到"桑肥棉茂,麻苎勃郁","山林多材,池沼多鱼,园多果蔬,栏多羊豕"。⑤ 因地制宜,发展多种经营。否则,单一经营,说是"废海内无穷之利,使民不得厚其生","是犹家有宝藏而不知发,而汲汲腊腌果蔬之是鬻也"⑥。这一点,即使在今天,仍有其现实意义。

---

① 参见潜书注释组《潜书注》附王闻远撰《西蜀唐圃亭先生行略一十五则》,四川人民出版社1984年版,第578页。

② 唐甄:《潜书·存言》,《潜书注》,四川人民出版社1984年版,第332页。

③ 唐甄:《潜书·富民》,《潜书注》,四川人民出版社1984年版,第310页。

④ 唐甄:《潜书·卿牧》,《潜书注》,四川人民出版社1984年版,第370页。

⑤ 唐甄:《潜书·达政》,《潜书注》,四川人民出版社1984年版,第394—395页。

⑥ 唐甄:《潜书·教蚕》,《潜书注》,四川人民出版社1984年版,第441页。

对于"工",唐甄没有正面论述,但字里行间流露出与众不同的态度。如他曾提到的"衮东门之外"的"鬻羊餐者"和潞西山中的冶铁户贾氏,前者雇用工人十余人,后者雇用百余人,不但解决了自身的生活问题,还给所雇的人带来了温饱,其社会价值应予肯定。①

对于"商",唐甄也持肯定的态度。他曾提到"为政之道,必先田市","农不安田,贾不安市,其国必贫"。把"市"和"田"相提并论,可见商业在他心目中的地位。前曾提到,唐甄为生活所迫,曾为商为牙,当时有人责怪他:先生你中过举,做过官,身份也不低了,反而堕落为商人,"自污于贾市",岂不是很可羞的事情吗?唐甄回答道:我通过经商,获得利润,保证了衣食,家人也不至于饥馁,这有什么不好?"此救死之术也,子不我贺,而乃以诮我乎?"只要有利于解决实际生活问题,种地也好,经商也好,都无可厚非。②

对于"士",唐甄首先对士人进身的机会太少表示不满。"斗食小官,皆出于朝廷选授"③,使很多士人不得不为生活而整日奔波。唐甄还要求提高那些已入仕的官僚的待遇。针对清代官僚禄薄的现实,唐甄提出了改革俸禄制度的设想,先是"以谷班禄",然后按照"尊卑有别,轻重得宜"的原则,区别各级官僚的俸禄等级,从一品的三公到七品的县令,其俸禄依次由15000石至9000石。他声称,如果实现了这个方案,官僚的俸禄较之以前可增至15倍之多。④ 接着,唐甄又要求,君主不仅要优待官僚本人,还要厚待其子孙,"老久者,报之以富贵;功大者,报以封爵"。如果官僚退休,还要"营其宅,仍其禄,官其嫡子,食其庶子,时赉其子孙"。⑤

但是,在封建经济下,生财毕竟有限,要想实现"四民"皆富,并不是轻而易举的事。那么,为实现自己的愿望,唐甄提出了哪些设想呢?

2.唐甄的分配观

其实,在社会财富一定的情况下,要实现"四民"皆富,唯一的出路就是协调彼此之间的经济利益,尽量做到合理分配,避免严重的两极分化。事实上,唐甄正是从这方面入手的。具体而言,它包括两个层次:其一,财富在国家和个人之间的分配;其二,财富在个人与个人之间的分配。在国家和个人之间,唐甄更倾向于后者。他认为,百姓是国家的根本,"封疆,民固之;府库,民充之"⑥。没有百姓,就没有国家。只有百姓富裕了,国家才称得上富国;如果百姓贫穷,就是国库里财货山积,也只能

---

① 唐甄:《潜书·富民》,《潜书注》,四川人民出版社1984年版,第310页。
② 唐甄:《潜书·食难》,《潜书注》,四川人民出版社1984年版,第262页。
③ 唐甄:《潜书·食难》,《潜书注》,四川人民出版社1984年版,第263页。
④ 唐甄:《潜书·制禄》,《潜书注》,四川人民出版社1984年版,第389—390页。
⑤ 唐甄:《潜书·善任》,《潜书注》,四川人民出版社1984年版,第382页。
⑥ 唐甄:《潜书·明鉴》,《潜书注》,四川人民出版社1984年版,第315—316页。

算得贫国,因而得出了"富在编户,不在府库"①的结论,实质上是反对国家的过度聚敛,要求与民休息。在个人之间,唐甄要求分配的均平。他认为:"天之道故平,平则万物各得其所。及其不平也,此厚则彼薄。此乐则彼忧。"现实生活中,情况又是如何呢? 王公之家,一宴之费,足抵上农一岁之获,尚且食之不甘;而吴西之民所食不过麦粥,贫苦之人,却认为那是天下最美味的食物。唐甄感慨:"人之生也,无不同也,今若此,不平甚矣。"②均平思想,是唐甄富民思想的闪光点所在。他更提出"人之生也,无不同也",尤为难能可贵。

那么,又是什么原因导致了这种极端的不公平呢? 在唐甄看来,官僚的贪污,即"虐取",是造成"穷富之源,治乱之分"的关键。唐甄指出,"虐取者,取之一金,丧其百金;取之一室,丧其百室"。并举其"鬻羊餐者"及某冶铁贾氏为证。正是由于各级官吏的掠夺,导致他们的破产,不但本人生活无着,他们雇用的工人,也失业流亡。虐取之害,不可谓不惨。虐取的危害,还因为它无时无处不在,根本无法躲避,甚至比盗贼还厉害。因为"盗不尽人,寇不尽世,而民之毒于贪吏者,无所逃于天地之间"。而且,虐取还有传染性。假如有个别官吏,能做到为政清廉,但出无车,食无肉,衣无裘,一般人不但不赞扬他,反而认为他无能,"市人贱之,乡党笑之,教子弟者戒之"。而那些贪吏们,由于衣着光鲜,出手阔绰,别人反而尊敬他,羡慕他,教育子弟时以他为表率。社会风气越来越坏,几至于无官不贪的地步。③ 虐取为害严重,积重难返,唐甄也感到治贪之难;对那些贪吏,靠惩罚不行,即使用死刑来威胁他,还是难以抵御物欲的诱惑;靠奖赏也不行,官吏们通过贪污,远比奖赏来得方便、实惠。可是,不治贪又不行,不治贪,富民就实现不了,怎么办呢? 唐甄认为:"治贪之道,赏之不劝,杀之不畏,必渐之以风。"什么是"风"呢? "人情之相尚亦谓之风"。唐甄举例,吴越之民"衣縠帛,食海珍;河汾之民衣不过布絮,食不过采饼,岂东人侈而西人约哉? 风使然也"④。但是,这个"风"也并非空穴来风,首先得有人作表率,"风之行也,必得有作者"。比如,洛阳一太仆因爱穿褐衣,一乡之人都效法他,也穿褐衣;楚地一太仆因爱穿墨衣,一乡之人都效法他,也穿墨衣。这就是因为,洛贾和太仆,都是有一定身份的人,他们的一言一行,都能影响人们的嗜好和倾向。洛贾和太仆节俭,周围的人不觉也随之节俭,形成崇尚,这就是"风"的效验。唐甄由此推论:"洛贾且然,况太仆哉,太仆且然,况万乘之君哉!"⑤昔者明太祖"衷襦之衣,皆以梭布",结果明初,吴地百姓不食粱肉,不穿彩衣,室无高垣,茅舍邻比,一改往常奢靡的

---

① 唐甄:《潜书·存言》,《潜书注》,四川人民出版社 1984 年版,第 332 页。
② :唐甄《潜书·大命》,《潜书注》,四川人民出版社 1984 年版,第 286 页。
③ 唐甄:《潜书·富民》,《潜书注》,四川人民出版社 1984 年版,第 312 页。
④ 唐甄:《潜书·尚治》,《潜书注》,四川人民出版社 1984 年版,第 301 页。
⑤ 唐甄:《潜书·尚治》,《潜书注》,四川人民出版社 1984 年版,第 303 页。

风尚,原因就是"人君能俭,则百官化之,庶民化之"。① 唐甄因而要求君主应做到"口不尝珍味,身不衣轻暖"。② 形成崇尚节俭的社会风气,于是当官的不再骚扰百姓,百姓也不再穷困无聊,最终实现他的富民理想。需要指出的是,在封建社会中,反贪言论各个时代都有,唐甄提出反贪的论点,并不足奇。但他把人君能俭当作治贪的根本之道,实质上婉转地把造成四海困穷局面的根本原因,归结到人君的不俭上。正是皇帝不能以身作则,才造成了吏治的败坏。这样的观点,是值得引起人们的注意的。

3.唐甄的废银用钱观

废银用钱的观点,实质上是唐甄富民思想的延续。他认为,"财之害在聚",而银是易聚之物。银的特点,首先是有利于官吏的贪污。因为银"为物甚约",体积小,价值高,便于官僚转运和私藏。其次是有利于国家和私人聚敛。银"一库之藏,用钱则百库",如果废银用钱,仓库虽多,藏钱也有限,"天府虽广,家室虽富","其势不可多藏也"。而且,由于白银易聚,集中到少数人手中,流通中的白银就会减少,造成通货紧缩。一方面物价低廉,挫伤人们的生产积极性;另一方面购买力又受限制。结果,"谷贱不得饭,肉贱不得食,布帛不得衣",而"鬻谷肉布帛者亦卒不得衣肉";进一步,"粟麦壅积","良贾失业",正常的生产流通被打断,造成人们的普遍贫穷。唐甄由此得出结论:"当今之世,无人不穷,非穷于财,穷于银也。"为了实现富民,必须废银用钱,唐甄回顾历史指出,"古者言富,唯在五谷",同时钱在市易中起着辅助作用,在很长的历史时期内,银只是作为器物之用。只是到了明代以后,银才用作货币。但是,"天运物运,皆有循环;兴必废,废或复",银不合于世用,就应废止它;钱合于世用,就应恢复其应有的地位。废银以后,以谷为本,以钱辅之,就有利于正常的生产和流通,有利于实现富民的目的。然而,人们已习惯于用银,对银的贪爱已到杀身不顾的地步,真能做到要废就废吗?唐甄认为,只要统治者痛下决心,就没有做不到的事情:米粟之征,布缕之征,力役之征,市货之征,都用钱;宫中之用,百官之禄,兵卫之馈,刍豆之市,也用钱。岁入岁出,无不用钱,还怕银不废,钱不行吗?不出三年,只怕百姓"惟恐钱之少,虽驱之用银",也不可得。③

(二)唐甄"富民说"评析

综上所述,唐甄提出了富民的主张,并提供了相应的方案,其中许多观点有其独到之处。如他认为"人之生也,无不同也",具有朴素的平等意识;在此基础上又提出了分配的均平观,甚至君主也要效庶人匹夫家居之法;他对商业也基本持肯定的态度等。乍一看起来,有着类似西方启蒙思想的特点。因此,很多学者对唐甄的"富

---

① 唐甄:《潜书·富民》,《潜书注》,四川人民出版社1984年版,第313页。
② 唐甄:《潜书·尚治》,《潜书注》,四川人民出版社1984年版,第302页。
③ 唐甄:《潜书·更币》,《潜书注》,四川人民出版社1984年版,第397页。

民"思想评价很高,有的说他代表了"市民阶级"的利益,还有的说他的主张反映了资本主义萌芽的要求。① 对此,笔者不敢苟同。

1.唐甄思想的局限性

唐甄虽然提出了"人之生也,无不同也"的观点,要求分配的均平,但他绝非近代意义上的平等主义者。首先,唐甄的"四民"皆富,决不是无差别的同等富裕。唐甄虽不否认工、商在社会经济生活中的积极作用,但比较起来,在他潜意识里,仍是以农为本,以士为高。唐甄对"工"着墨不多,对"商"虽有称许之辞,但也自觉不自觉地流露出自己经商的无奈;他经商是因为赋役沉重,种田无以为生才转而从商的。所以,他一边表示:"我之经贾为业者,人以为辱其身,而不知所以不辱其身也。"一边又感叹:"虽然,身为贾者,不得已也,溺而附木,孰如不溺。"在他看来,还是占有土地最实惠,如果有了土地,就可以"无饥矣",可以"周邻里矣",应该"俭守勿失,以遗子孙",并称之为"立身垂后之要道"。② 另一方面,唐甄对于自己所属的士大夫阶级,为维护其利益,真是不遗余力。如前所述,他不仅要求最高统治者给予士人更多的进身机会,要求提高官僚的待遇,甚至对其子孙也要照顾好,实质上是要求士大夫阶级富贵长守,他们和一般的工、商阶层,其地位是不可同日而语的。同时,唐甄主张士大夫占有一定数量的土地,也决非是让他们满足于农人的生活。在封建社会时,土地是最主要也是最稳定的生产资料,占有土地,士大夫的经济地位就更稳固。但占有土地的士绅决非一般的农民,士大夫阶层和其他阶层之间是有一道鸿沟的。唐甄决不甘心做一个市民,更不会真正代表"市民阶级"的利益。

其次,唐甄主张废银用钱,反证了当时商品经济并不是真正意义上的发达,资本主义萌芽的说法也没有多大意义。按照一般的经济规律,随着商品经济的发展,贵金属代替贱金属为币,是货币演变的一般规律。如果明清之际商品经济真的有所突破,以银代钱,决不会招致那么多的非议。可是我们知道,白银为币以来多数学者都是持反对态度的,唐甄只不过其中的代表罢了。马克思在谈到实物地租向货币地租转化时指出:"没有社会劳动生产力的一定程度的发展,这种转化是不可能实现的。"③同样,没有商业的真正的充分发展,贱金属向贵金属币演进的实现,也是不易实现的。学者们反对货币用银,正是因为条件不成熟,即商业并没有真正充分的发展。但是,自明中期以后,白银确实充当货币,这又怎么解释呢? 笔者认为,这是由以下特殊原因造成的:明清两代均建都北京,而经济中心却已南移,经济重心和政治重心分离后,再以钱粮作为贡赋运输极为不便,而白银则方便得多。事实上,以银为

---

① 参见赵靖、易梦虹:《中国近代经济史》,中华书局 1981 年版。胡寄窗:《中国经济思想史》,上海人民出版社 1981 年版。巫宝三等编:《中国近代经济思想与经济资料选辑》,科学出版社 1959 年版。

② 唐甄:《潜书·养重》,《潜书注》,四川人民出版社 1984 年版,第 274 页。

③ 《马克思恩格斯全集》第 25 卷,人民出版社 2001 年版,第 899 页。

币,正是以银为赋开始的。而且,银也只在正税和大宗交易中才有用武之地,一般的日用,还是以铜钱为主,银两需兑换成铜钱才能进入日常的商品流通。直至清末,张之洞还称,中国人"民贫、物贱,故日用率经钱"。① 贫民可能终身未睹白银为何物,商品经济发展云云,是站不脚的。另外,唐甄反贪的根本举措,是要最高统治者自奉俭约,克制无穷的欲望,这不但幼稚可笑,而且也说明他并不打算打破现有的统治秩序。皇帝的一言一行便可移风易俗,足见其在唐甄心目中的地位,唐甄和传统的士人,并没有本质的不同。

2.唐甄富民思想的内涵——地主阶级自救

唐甄要富的"民",主要是他所属的士大夫阶级,他富民的举措,是最高统治者以及他周围的那些贪官污吏们,不再放纵自己的欲望,要给别人留有"余地"。从根本上说,是由于中央集权过度发展,一方面造成了皇权的极度膨胀,另一方面却限制了一般士大夫的生存空间,使其政治地位、经济状况一步步恶化。同样,唐甄要维护一般人民的利益,除他自身的经历,促使其较多地注意民生疾苦,因而不得不为民请命外,还因为不这样做,矛盾发展的结果,就会像明末那样,因国破家亡,皇帝和士大夫的利益最终受到损害。

那么,皇权是怎样和绅权发生矛盾的呢?首先是政治上的。唐甄曾这样评价士人地位的变化:上古之时,"贤者皆已在位,无待于养";降及下古,仍有"富贵大臣,收而置之门下";降及末世,又有辟召署职之门,士之贫者犹有所藉焉。到了今天,却是"斗食小官,皆出于朝廷选授"。这段话,大致反映了士大夫地位衰落的趋势。封建邦国时代,贵族世及,天子亦不能任意变更。秦汉以降,又有门阀士族与皇权相抗衡,汉代郡守可以自辟属吏,魏晋的九品中正官人法则以门第为指归。士人游刃于其间,可以择木而栖,择主而事,不一定仰赖于君主。隋唐以后则不然,自实行科举后,"大小之官,悉由吏部,纤介之迹,皆属考功"②。士人"学会文武艺",除"货于帝王家"外,基本没什么好的出路了。士人入仕不仅受制于人,而且地位也不稳固了。无论是封建之世的世卿世禄,还是魏晋之际的门荫世袭,贵族均能依身份而占有名分,并长其子孙。士人入仕则仅为官僚,而成不了贵族,没有世袭之权。除了祖孙父子代代蝉联高第,家族是不能保证长盛不衰的。随着士人政治地位的降低,其经济状况也在恶化。一是薪俸降低,"汉唐之制俸,皆数倍于近世"③。清代七品县令的岁俸仅45两,督抚也不过180两,尚不足其衣食之费。二是特权减少。清代以前,士绅官僚,不但可以广置田产,还享有广泛的赋役优免权。封建国家为了同士绅争利,在清代逐渐剥夺了这些特权。绅民一体纳粮,缙绅就难以通过投献、诡寄等方式

---

① 参见杨端六:《中国近代货币问题·币制篇》,三联书店1962年版。

② (唐)魏徵、令狐德芬撰:《隋书·刘炫传》《隋书》(三),中华书局1973年版,1721页。

③ 龚自珍:《明良论一》,《龚自珍全集》,上海人民出版社1975年版,第30页。

兼并土地和人民,国家的收入增加了,缙绅的日子也相对不好过了。士人政治、经济地位的变化,造成了一系列后果。

其一是贪贿更盛。顾炎武曾经指出:"今日贪取之风,所以胶固于人心而不可去者,以俸给之薄而无以赡其家也。"①如果官僚不贪不占,虽"久资尚书、侍郎,或无千金之产,则下可知也"②。为了维护自己的体面,只好"侵上而虐下,为盗臣,为民贼"③。吏治败坏,人民日贫。士人地位恶化的另一后果,是士人经商之风日盛。毕竟,通过科举为官的士人只能是少数。那些科举失败的士人,只好另谋出路。种田、做工,含有"劳力"的成分,他们不屑为。经商则含有"劳心"的成分,获利又丰厚,所以,明清两代的士人,热衷于经商的较多,对商业的看法也发生变化,许多士人不再主张抑商。对这种变化,沈垚曾有精辟的论述。他认为,唐代以前,"仕者禄秩既厚,有功者又有封邑之租,以遗子孙,故可不与小民争利"。此后,君主"尽收天下之利权","于是士大夫始乃兼农桑之业,方得赡家"。当官的可与民争利,未当官的士人,必先有养家之术,才能专事功名。这样,"货殖之事益急,商贾之事益重,非兄老先营事业于前,子弟即无由读书,以致身通显"。所以,"古者士之子恒为士,后世商之子始能为士"④。从这里能够看出,士人经商,首先是不得已之举,或得将其当作跳板,最终实现科举入仕。故此,明清之际经商之风虽盛,未必是社会经济发展的产物,也不见得会引导中国进入更高的社会阶段。同样,反对货币用银,只能用商品经济尚不发达来解释。士大夫由于经济状况恶化而"殉财而不知耻",老百姓则在过度掠夺下日益困穷,究其根本原因,还在皇权过重。最高统治者将利权尽收归己,"敲剥天下之骨髓,离散天下之子女,以奉我一人之淫乐"⑤,不仅加重侵害了各个阶层的利益,最终还会危及自己的统治。明朝何以亡国,就是因为统治者掠夺过甚,民无所逃命,老百姓无法生活,只好扯旗造反,最后明朝灭亡。

中央集权的高度发展,无论对士人,对一般百姓,还是对君主自身都有极大的危害。怎样解决这个问题呢?唐甄认为要从根本上做起,皇帝本人先要洁身自好,然后约束臣下,并给其丰厚的待遇以养廉。对社会的中坚——士绅阶层,也要多方照顾。在此前提下,使一般的老百姓得到温饱,这样,整个社会的统治秩序就稳定下来。当然,这个秩序,不反对皇权,又以绅权为中坚,实质上维护的是地主阶级整体

---

① 顾炎武:《日知录卷12·俸给》,《日知录集释》,花山文艺出版社1990年版,第548页。

② 龚自珍:《明良论一》,《龚自珍全集》,上海人民出版社1975年版,第30页。

③ 唐甄:《潜书·省官》,《潜书注》,四川人民出版社1984年版,第385页。

④ 沈垚:《费席山先生七十双寿序》,《落帆楼文集》卷24,《续修四库全书》第1525册,上海古籍出版社2002年版,第663—664页。

⑤ 黄宗羲:《明夷待访录·原君》,《续修四库全书》第945册,上海古籍出版社2002年版,第467页。

利益,我们说唐甄富民思想的内涵是地主阶级自救,原因就在于此。

或许,我们有必要引用嵇文甫先生的一段话为本文作结。嵇文甫先生在《十七世纪中国思想史概论》中,曾经说到:当时的思想家,如顾、黄以至唐甄诸人,"他们反对暴君尊重民意则有之。但无论如何,总没有想到民众自己支配政权。民权思想是近代工商业发展的产物,是应近代工商业者——第三等级——的需要而出现的。在一个充满封建势力的农业社会中,只能产生重民思想,却不会产生民权思想"。嵇先生又说,工商业的一定发展,未必意味着资本主义生产关系的出现,"须知纯粹自然经济那只是封建社会最原始的情况,当封建社会全盛期以后,工商业也就逐渐发展了……只要不超越一定的限度,封建地主对于工商业并不一定要反对;恰恰相反,他还要利用工商业,更进而统治工商业,他何尝把工商业一笔抹杀呢。工商业是腐蚀封建社会的微菌,然而这种腐蚀作用并不是一开始就表现出来,说封建地主一定要反对工商业,和一见工商业发展就说不是封建社会,这都是不明了工商业和封建社会之辩证关系"。据此可知,"他们是站在地主阶级的立场上说话的,毕竟没有超越士大夫统治的思想,他们的开明实有一定的限度……"①唐甄不代表所谓的市民阶级的利益,他重视商业的作用,也并不一定意味着资本主义萌芽的出现。唐甄的所有举措,无非通过某种程度上的复古,来挽救高度专制集权的积弊,维护自己所属的士人阶层的利益。

(郑永福、高新伟撰,《河南大学学报》2001 年第 1 期)

---

① 嵇文甫:《十七世纪中国思想史概论》,《嵇文甫文集》上册,河南人民出版社1985 年版,第 285 页。

学统学案

二程与河南理学学统考略

——为纪念胡思庸先生逝世二十周年学术研讨会而作

如何实事求是地评价理学,实在是一件极困难的事。"扬之,则使上天;抑之,则使入地",历史上特别是近代以来,对理学的评价竟然有极端对立的看法。争论还会持续下去。宋明以降直至晚清,理学在河南影响极大,本文旨在在前人研究的基础上,对河南理学学统做一粗略的考察,希望对河南学术史、文化史的研究有所参考。

(一)宋元时期

宋代之后形成的理学,主要有四个大的学派,即所谓的"濂、洛、关、闽"。

"濂学"指周敦颐(1017—1073)学派,周系北宋著名哲学家,是学术界公认的理学派开山鼻祖。"两汉而下,儒者之论大道,察焉而弗精,语焉而弗详,异端邪说起而乘之,几至大坏。千有余载,至宋中叶,周敦颐出于舂陵,乃得圣贤不传之学,作《太极图说》《通书》,推明阴阳五行之理,命于天而性于人者,了若指掌。"①此处将周子创立理学学派提高到了极高的地位。因其原居道州营道(今湖南道县)濂溪,世称濂溪先生,为宋代理学之祖。

"洛学"指程颐、程颢学派,因其家居洛阳,世称其学为洛学。二人为嫡亲兄弟,均出生于黄州黄陂县(今属武汉市黄陂区)。程颐(1033—1107)字正叔,又称伊川先生。程颢(1032—1085),字伯淳,又称明道先生。二人都曾就学于周敦颐,并同为宋明理学的奠基者,世称"二程"。

"关学"指张载学派。张载(1020—1077),字子厚,号横渠。陕西眉县横渠镇人,世称横渠先生,宋代理学主要奠基人之一。张载系程颢、程颐的表叔。祖籍大梁(今开封),徙家凤翔郿县(今宝鸡眉县)横渠镇,人称横渠先生。

"闽学"指朱熹学派。朱熹(1130—1200),字元晦,一字仲晦,号晦庵、晦翁、考亭先生、云谷老人等,别号紫阳。祖籍徽州府婺源县(今江西省婺源)。朱熹曾讲学于福建考亭,故称闽学,又称"考亭派"。

宋代理学家程颐、程颢,河南人,系理学大家,朱熹继于二程,集理学之大成,故理学又称程朱理学。程朱理学是宋明理学的一派,有时会被简称为理学,与心学相对,是指中国宋朝以后由程颐、程颢、朱熹等人发展出来的儒家流派,认为理是宇宙万物的起源(从不同的角度认识,它有不同的名称,如天、道、上帝等),而且它是善的,它将善赋予人便成为本性,将善赋予社会便成为"礼",而人在世界万物纷扰交错中,很容易迷失自己"理"的本性,社会便失去"礼"。

理学又有道学之称。清代理学又称宋学,以与考据、训诂为主旨的清代汉学相对。

提程朱理学,不能不提及与周敦颐年纪相仿、河南的大学者邵雍。邵雍(1011—1077),字尧夫,谥号康节,自号安乐先生、伊川翁,后人称百源先生。其先范阳(今河北涿县)人,幼随父迁共城(今河南辉县)。创"先天学",以为万物皆由"太极"演化而成。其思想渊源于陈抟道家思想,二程是宋代理学代表人物,而其思想形成从某种程度上也接受了邵氏思想。对于这一点,朱熹曾说:"程、邵之学固不同,然二程所以推尊康节者至矣。盖以其信道而不惑,不杂异端,班于温公、横渠之间。"②

程颢提出"天者理也"的命题。他把理作为宇宙的本原。就天道的内容来说,程颢形容它是"生",谓世界生生不已,充满生意,提出"天只是以生为道",故"天地之大德曰生"。他认为生是天道,是天地之心,于是称天道为仁。按程颢的说法,在生生不已的天道之下,通过阴阳二气的缊缊化生,产生天地万物,人只不过是得天地中

---

① (元)脱脱等撰:《宋史》卷427,《道学一》,中华书局1977年版,第12709—12710页。

② (清)黄宗羲辑:《宋元学案》卷十,《百源学案》(下),《续修四库全书》第218册,《史部·传记类》,上海古籍出版社2002年版,第227页。

正之气。故"人与天地一物也"。因此对于人来说,要学道,首先要认识天地万物本来就与我一体的这个道理。人能明白这个道理,达到这种精神境界,即为"仁者"。故说"仁者浑然与万物同体"。他并不重视观察外物,认为人心自有"明觉",具有良知良能,故自己可以凭直觉体会真理。程颢哲学的主要内容是关于道德修养的学说。他追求所谓浑然一体的精神境界,在方法上是通过直觉冥会,达到所谓物我合一。程颢是主观唯心主义心学(见陆王学派)的发轫者,他的"识仁""定性",对后来的理学,尤其对陆王心学,影响很大。

在哲学上,程颐与程颢以"理"为最高范畴,以"理"为世界本原。程颐认为,理是创造万事万物的根源,它在事物之中,又在事物之上。他认为,道即理,是形而上的,阴阳之气则是形而下的。离开阴阳就无道,但道不等于是阴阳,而是阴阳之所以然,"所以阴阳者,是道也"。他明确区分了形而上与形而下,以形而上之理为形而下之器存在的根据。他又从体用关系论证了理和事物的关系,认为理是"体",而事物是"用"。程颐承认事物都有其规律,天之所以高,地之所以深,万事万物之所以然,都有其理。

程朱理学是新儒学,将儒家学说与佛教、道教的某些学理、思想结合起来了,使儒学更理论化、系统化,更精细了。任继愈认为:"佛教属于唯心主义宗教体系,它通过唯心主义理论的论证,把人们引向信仰主义的大门。它的逻辑分析、心理分析相当细致,辩证法思想也相当丰富。佛教哲学比起欧洲中世纪的神学和中国的封建主义哲学都更精密。正由于佛教的输入,才使得中国的宋明理学改变了它的面貌,完整地构造了儒教的思想体系。"①如,按程朱的说法,"理"是精神性的实体,气是物质的材料,理是气的主宰。"一物之理即万物之理",天地间只有一个理,这理是永恒长存的。这样,他就把事物的规律抽象化、绝对化,使之成为了独立的实体。伊川云:"在天为命,在义为理,在人为性,主于身为心,其实一也。"②胡思庸指出:"一本万殊"或曰"理一分殊",是程朱理学的核心。洪秀全在《原道觉世训》一文中有"皆禀皇上帝一元之气以生所出,所谓一本散为万殊,万殊总归一本"。洪的思想正是程朱理学的核心。一本万殊,又是来源于佛教禅宗的"一物之理,即万物之理"和华严宗的"一即一切,一切即一"等思想。③

二程的哲学思想中还有不少辩证思想。如明道云:"天地万物之理,无独必有对,皆自然而然,非有安排也。每中夜以思,不知手之舞之,足之蹈之也。"④"夫天之

---

① 任继愈:《中国哲学八章》,北京大学出版社 2010 年版,第 58 页。

② 程颢、程颐著,王孝鱼点校:《二程集·河南程氏遗书》卷 18,中华书局 1981 年版,第 204 页。

③ 胡思庸:《胡思庸学术文集》,河南大学出版社 1995 年版,第 218—219 页。

④ 程颢、程颐著,王孝鱼点校:《二程集·河南程氏遗书》卷 11,中华书局 1981 年版,第 121 页。

生物也,有长有短,有大有小。君子得其大矣,安可使小者亦大乎? 天理如此,岂可逆哉?"①"万物莫不有对,一阴一阳,一善一恶。阳长则阴消,善增则恶减。斯理也,推之其远乎? 人只要知此耳。"②伊川云:"天地之间皆有对,有阴则有阳,有善则有恶。"③程颐承认每一事物发展到一定限度,即向反面转化。他说:"物极必反,其理须如此。"这都反映了理学家们的辩证观点。关于人性问题,程颐以为人的本性,即是人所禀受的理,于是提出"性即理也"的命题。他认为,性无不善,人所以有善与不善,是由于才的不同。才是由气而来的,气有清浊不同,故才也有善与不善之分。只讲本然的善性,不能说明人何以有恶;只讲气禀之性,则不能说明人性本善。程颐论述为学的方法时提出自己的格物致知说。认为格物即是穷理,即穷究事物之理;最终达到所谓豁然贯通,就可以直接体悟天理。他所讲的穷理方法主要是读书、论古今人物、应事接物等。关于知、行关系问题,程颐主张以知为本,先知后行,能知即能行,行是知的结果。程颐的哲学,提出一些新的概念、命题,对宋明哲学产生了很大影响。虽然二程都以理作为哲学的最高范畴,但程颢是以心解理,开了以后陆王心学一派。程颐一般是把理与气相对来论述的,开了以后朱学一派。程颐的主要哲学著作有《周易程氏传》。

程颢与程颐一起创立了"天理"学说。程颢曾说过:"吾学虽有所受,'天理'二字却是自家体贴出来。"④"理"因此成为二程哲学的核心,宋明理学也就从此得名。二程兄弟所谓的"理",既是指自然的普遍法则,也是指人类社会的当然原则,它适用于自然、社会和一切具体事物。这就把儒家传统的"天人合一"思想,用"天人一理"的形式表达了出来,中国上古哲学中"天"所具有的本体地位,现在开始用"理"来代替了,这是二程对中国哲学的一大贡献。

在程颐的哲学中,对孔子的"仁"学有新的发展。他认为,"大抵尽仁道,即是圣人"⑤。又说:"学者须先识仁,仁者浑然与物同体,义、礼、知、信皆仁也。"⑥他把先秦儒家"仁学"所强调的爱人、博施济众、克己复礼等,进一步发展成为与"万物为一

---

① 程颢、程颐著,王孝鱼点校:《二程集·河南程氏遗书》卷 11,中华书局 1981 年版,第 125 页。

② 程颢、程颐著,王孝鱼点校:《二程集·河南程氏遗书》卷 11,中华书局 1981 年版,第 123 页。

③ 程颢、程颐著,王孝鱼点校:《二程集·河南程氏遗书》卷 15,中华书局 1981 年版,第 161 页。

④ 程颢、程颐著,王孝鱼点校:《二程集·河南程氏外书》卷 12,中华书局 1981 年版,第 424 页。

⑤ 程颢、程颐著,王孝鱼点校:《二程集·河南程氏遗书》卷 18,中华书局 1981 年版,第 182 页。

⑥ 程颢、程颐著,王孝鱼点校:《二程集·河南程氏遗书》卷 2 上,中华书局 1981 年版,第 16 页。

体"的境界,认为前者还只是仁的"用"(表现),后者才是仁的"体"(根本)。这一思想与张载的"民胞物与"思想有相通之处。在修养方法方面,程颐提出了"定性"的理论。所谓"定性"实际就"定心",即如何使人做到内心的安宁与平静。他认为,要使内心平静,不受来自外部事物的干扰,就应该虽接触事物,却不执着、留恋于任何事物,"内外两忘",超越自我。这一"定性"的理论,是程颢发挥了孟子的"不动心"思想,也吸取了佛、道二教的心理修养经验后而成的。任继愈认为:"禅宗主张极乐世界不在彼岸而在此岸,不在现实生活之外就在现实生活之中,所谓出家、解脱,并不意味着离开这个世界到另一个西天。""宋明理学吸收了禅宗的这种观点。虽然它不讲出世,不主张有一个来世的天国,但是却把圣人的主观精神状态当作彼岸世界来追求,这和禅宗主张在尘世之中成佛是完全相同的。"①

程颢和程颐的思想,人们一般统称为二程之学,实际上两人的思想还是有一定的区别。程颢比程颐更注重个人内心的体验。有的学者认为,程颢的思想是后来陆九渊"心学"的源头,程颐的思想则是后来朱熹"理学"的源头。1330 年,诏封程颢为豫国公,程颐为洛国公,明英宗诏其故居程村为两程故里。

南宋以降,随着经济重心的南移,文化重心也南移,但河南始终是理学中心之一,其地位没有动摇。

元代最大的理学家之一许衡(1209—1281),字仲平,学者称之鲁斋先生,河南河内(今沁阳)人,祖籍怀州河内李封(河南省焦作市中站区李封村)。许衡曾往来河、洛间,从柳城姚枢得伊洛程氏及新安朱氏书,益大有得。寻居苏门,与枢及窦默相讲习。凡经传、子史、礼乐、名物、星历、兵刑、食货、水利之类,无所不讲,而慨然以道为己任。尝语人曰:"纲常不可一日而亡于天下,苟在上者无以任之。则在下之任也。"②曾向元朝统治者建议用程朱理学统一人们的思想,深受当局重视。谥文正,封魏国公。

许衡是中国 13 世纪杰出的思想家、教育家和天文历法学家,是我国元代一位百科全书式的通儒和学术大师。其"慨然以道为己任",对程朱理学传播和朱陆合流有较大影响。《元史》上还记载着这样一个故事:(许衡)尝暑中过河阳,渴甚。道有梨,众争取啖之,衡独危坐树下自若。或问之,曰:"非其有而取之,不可也。"人曰:"世乱,此无主。"曰:"梨无主,吾心独无主乎?"③

(二)明清时期

到了明代,河南又有吕坤为理学张目,颇具影响。河南的理学传统,可谓根深蒂固。

---

① 任继愈:《中国哲学八章》,北京大学出版社 2010 年版,第 84 页。
② (明)宋濂等撰:《元史》卷 158,列传第 45,中华书局 1976 年版,第 3717 页。
③ (明)宋濂等撰:《元史》,卷 158,列传第 45,中华书局 1976 年版,第 3717 页。

吕坤(1536—1618),字叔简,号新吾,晚号抱独居士、了醒亭居士,河南宁陵人。明朝文学家、思想家。吕坤刚正不阿,为政清廉,他与沈鲤、郭正域被誉为明万历年间天下"三大贤",主要作品有《去伪斋集》《呻吟语》《实政录》等。史载,"坤刚介峭直,留意正学(正学即正统官学,明代程朱理学是正统官学——引者注)"①。他曾说:"人心者,国家之命脉也。"②吕坤所处的时代,王学取代朱学占据了学术潮流的主导。吕坤特立独行,从下面的一段话即为明证。吕坤说:"人问:君是道学否?曰:我不是道学。是仙学否?曰:我不是仙学。是释学否?曰:我不是释学。是老、庄、申、韩学否?曰:我不是老、庄、申、韩学。毕竟是谁家门户?曰:我只是我。"③吕坤批评经学诸家,批评释道,批评理学的某些命题,似旨在融通,骨子里仍是一位理学家。吕坤思想对后世有很大影响。

明末清初,随着大明朝的衰败,国内不少思想大家进行反思,进而抨击程朱理学,但河南学术界的风气仍无改变。梁启超曾经说过,清代初期,"中州学者,无一不渊源于夏峰"。④ 嵇文甫先生在谈到河南省学术流变时也说过:"河南本理学最盛之区。其在清初,有孙、汤、耿、李、窦、二张所谓八先生者,树立坛坫,更唱迭和,苏门嵩岳之间,彬彬如也。"⑤

嵇文甫这里说的清初八先生中的孙,即指孙奇逢。

孙奇逢(1585—1675),字启泰,号钟元,直隶容城(今属河北)人,清初迁居河南辉县(今河南省辉县市)苏门山下夏峰村,学者称之为夏峰先生。清初,北方学者奉孙奇逢为泰山北斗,与黄宗羲、李颙并称"三大儒",是颇有影响的一代儒宗。奇逢在苏门山下隐居20余年,躬耕自食,授徒讲学,弟子甚多。当时直隶、河南一带的学者,多出自奇逢之门。嵇文甫先生的故乡汲县与辉县毗邻,汲县的学者受夏峰先生的遗风影响更加明显。而且考究起来,嵇先生的老师是李敏修,李敏修的老师是王少白,王少白治学便是承继孙夏峰,其中的师承关系应该说是非常清楚的。

据嵇先生之子嵇道之先生云,文甫先生"处人处世以孙夏峰为师"⑥。那么,夏峰先生为人处世如何呢?他为人谦和,对来访者均能真诚相待。他见长者言仁,见少者言孝。不论是做官的还是种田的,学问大的还是初学者,奇逢都能与之交谈开

---

① (清)张廷玉等撰:《明史》卷226,列传第114,中华书局1974年版,第5943页。

② (清)张廷玉等撰:《明史》卷226,列传第114,第5938页。

③ 《吕坤全集》中册,中华书局2008年版,第664页。

④ 梁启超:《清代学风之地理分布》,《饮冰室合集·文集》之四十一,中华书局1989年版,第58页。

⑤ 嵇文甫:《读〈毋自欺斋文字纪年〉》,《嵇文甫文集》中册,河南人民出版社1990年版,第393页。

⑥ 嵇道之:《嵇文甫传略》,《中国现代社会科学家传略》(第一辑),山西人民出版社1982年版,第342页。

导,其学术影响波及到江浙一带。在生活上,他甘居土室,粗茶淡饭,一心问学教书。他治学严谨,持之以恒,到八九十岁了还执着地研究追求。他注重名节,注重心性修养,为时人所称道①。这些,可能就是嵇先生景仰夏峰先生的重要原因吧。

孙奇逢一生以理学家自处,著述颇多,入清后31年间就有《四书近指》《理学宗传》等近20种。其《理学宗传》在理学发展史上有一定的开创意义。该书强调理学宗传必须本"天",不能本心,本心乃是禅学,这实有贬斥陆、王心学之意。但是,孙奇逢曾学宗陆、王,到了晚年也并不完全尊程、朱而退陆、王。他认为后世学者之所以对程朱、陆王的异同争诉不已,是缺乏融通之见,失去了两学派的原初之旨,才产生了诸多分歧。"诸儒继起,各以所见为发明。如周之无欲、程之主敬、朱之穷理、陆之本心、王之良知,皆从浩博中体认精微,所谓殊途而同归,百虑而一致。"②诚如嵇先生后来指出的:"夏峰是著名的朱陆调和派。……夏峰仍沿袭着宋明理学的旧传统,并未脱出其窠臼,但是至少在注重躬行实践,打破一般理学等先生们偏执迂拘狭隘的门户之见这一方面,实际上是作了通向颜李学风的一道桥梁。"③夏峰先生这些学术观点,对他的弟子们有相当大的影响。嵇文甫先生后来致力于左派王学的研究并取得了突出的成就,也与夏峰有关。嵇先生曾写道:"我向来有一种臆说,以为陆、王学说中含有实用主义成分,孕育着清初经世致用的学风,而夏峰之学更直接和颜习斋有关系,可以作为从陆、王到颜、李的桥梁。这其间错综微妙异同流变的情形,我已经从许多方面步步证实。"嵇先生在这篇题为《孙夏峰学派的后劲——马平泉的学术》的文章中,进一步分析说"本来平泉是从赵宽夫以上接夏峰学派的。夏峰之学,专务躬行实践,不讲玄妙,不立崖岸,宽和平易恬温无华,和一般道学家好为高论,而孤僻迂拘,不近人情者,大异其趣。平泉从这一路发展下去,而更神会于陆、王,泛滥于百家。所谓'权略机应皆适道,空明澄澈不是禅',正揭出陆、王妙谛……这显然自成一格,已非复夏峰所能限了"。④

嵇先生文中所说的二张八先生中的汤,指的是汤斌(1627—1687),字孔伯,号潜庵,晚号荆岘,河南睢州(今睢县)人。顺治九年进士,曾任陕西按察使司副使等职。后因其父病归河南,以孙奇逢为师于苏门山讲学。笃守程朱理学,又主张调和程、

① 郑永福:《一代儒宗名隐孙奇逢》,载高敏主编《隐士传》,河南人民出版社1994年版,第462—470页。

② 孙夏峰:《重刻〈四书说约〉序》,张显清主编《孙奇逢集》中册,中州古籍出版社2003年版,第616页。

③ 嵇文甫:《颜习斋与孙夏峰学派》,《嵇文甫文集》下册,河南人民出版社1990年版,第641页。

④ 嵇文甫:《孙夏峰学派的后劲——马平泉的学术》,《嵇文甫文集》中册,河南人民出版社1990年版,第349页。马平泉,名时芳,号平泉,河南禹州人,乾隆年间曾任封丘、巩县教谕,著述颇多。

朱、陆、王,造诣颇深,著有《洛学篇》《汤子遗书》等。《洛学篇》系受孙奇逢命编定,孙氏为其作序,其中云:"余惟洛为天地之中,嵩高耸峙,黄河亘延,自河洛图书,天地已汇其秘。而浑穆醇庞之气,人日由其中,而不知是道寄于人而学寄于天。至程氏两夫子出,斯道大明……盖洛之有学,所以合天人之归,定先后之统所关甚巨也。"①汤斌曾有陪顺治读书的经历,又曾给康熙讲过课,教过康熙的太子,官至工部尚书。汤不以学媚世,因忤权相明珠而遭陷害,含恨而逝。

耿即耿介(1618—1688),字介石,号逸安,河南登封人,清顺治九年进士,先任福建巡海道,后转江西湖东道。丁母忧返乡受业于孙奇逢。复兴嵩阳书院。经汤斌荐举,入直南书房,辅导皇太子。后绝间仕进,引疾乞休,主讲嵩阳书院。其学以朱子为宗,以阐扬宋明理学为己任,著有《中州道学篇》《理学正经》《性理要旨》等。

李即李灼然(1654—1721),字来章,号礼山,河南襄城人。幼读《二程遗书》。康熙十四年(1675)举人,曾选任广东连山知县。著述甚丰,有《礼山园集》《洛学编》《紫云连山两书院志》。

窦即窦克勤(生卒年不详),字敏修,河南柘城人。闻耿介先生于嵩阳传百泉之学,从游。数年后,乡举至京师。康熙十七年(1678)进士,选庶吉士,丁母忧归,服除授检讨,不久以父老乞归。曾去拜谒汤斌请业,汤斌云,师道不立,由教官之失职。劝窦克勤就教职,选河南泌阳教谕。曾于河南柘城东郊立朱阳学院,精研经学,倡导程朱理学,学者众。著有《理学正宗》《朱阳书院讲习录》等数十种。年64岁卒。

二张指张沐、张伯行。张沐(生卒年不详),字仲诚,上蔡人,清顺治十五年进士,时称当代真儒。曾从孙奇逢游,与汤斌、耿介往来讲学,深受汤斌推重,后主讲游梁书院,著述十数种,学宗陆王,不废程朱。

张伯行(1651—1725),字孝先,晚号敬庵,康熙二十四年(1685)进士,河南仪封(今兰考县)人,累官礼部尚书。历官20余年,以清廉刚直称。康熙曾称誉其为"天下清官第一"。博览儒家群籍,精研程朱学说,恪守朱熹"主敬以立其本,穷理以致其知,反躬以致其实"之训。著述富赡,主要有《正谊堂文集》《性理正宗》《濂洛关闽书》《道统录》《伊洛渊源录续录》等。

按:嵇先生文中说清初八先生,文集中实只点了七人姓氏,疑遗漏者为冉觐祖。冉氏(1638—1718),字永光,号蟫安,河南中牟县人,曾杜门潜居,精研《四书集注》凡20年,康熙三十年(1691)进士。耿介复兴嵩阳书院,延请其主持讲席。张伯行创办请见书院,亦延请其主讲席。"觐祖之学,一尊程朱,于陆王不少假借。"②以程朱理学为宗,著述仅刊刻者即达数百卷,主要有《性理纂要》《一本论》《五经四书详说》等。

---

① 《洛学编原序》,范志亭辑校《汤斌集》下册,中州古籍出版社2003年版,第1933页。

② 《清史列传》第17册,中华书局1987年版,第5313页。

清初,以上述诸人为核心的知识分子群,形成以宋明理学为浓重氛围的中州文化圈。

（三）晚清民国时期

在顾炎武、黄宗羲提倡下,清初经世致用之风大起,其后汉学大盛,全国景从,至乾嘉时期,考据大家如林。独河南学者,恪守前轨（即宋明理学）,不为时风众好所转移。这一时期及其后,河南考据学家寥寥,影响甚微,而有相当影响的学者如夏用九、马平泉、李棠阶、王少白诸先生,皆暗然自修,孤行其志,沿着程朱理学的路子走。

这里先提一下倭仁。倭仁（1804—1871）,字艮峰,晚清大臣,乌齐格里氏,蒙古正红旗人。道光九年进士,同治帝之师。官至工部尚书、文渊阁大学士。同治年间保守派中坚,以反对西学西法著称。倭氏生于开封,早期理学思想受到中州理学的影响。徐世昌论及河南理学传统时云:"中州河岳广峻,民物敦固,自程朱讲学,以主敬存诚为修道进德之本,启诱来者。越六百年,复得夏峰孙氏缵其余绪,导扬礼义,以振衰而式靡焉。中州理学之传,遂又阅二百数十年而弗坠。其居最后,以儒修得大名者,则倭文端、李文清二公。"[1]

李棠阶（1798—1865）,字树南,号文园,又号强斋,谥号文清,河南河内（今河南温县）人,道光二年进士,先后任工部尚书、礼部尚书、军机大臣、户部尚书。理学大家,曾主讲河朔书院 13 年,弟子众多。其为学无所偏主,不龂龂为程朱陆王之辨。他终生俭朴,恪守清正,谥号"文清",著述多种,有《李文清公日记》。

1840 年前后,中国正处于社会大变动之中。社会转型呼唤文化变迁,文化变迁推动着社会转型。鸦片战争前夕,就在已经没落的宋学（即程朱理学）与汉学（即考据学）互争正统的时候,今文经学崛起,其后西学东渐加剧。而河南学术界对此反应迟钝,笼罩在中州大地上的,占主导地位的仍是程朱理学。对此,我们这里不多作评析,只是想说明,直到清末,河南思想界的理学传统仍未动摇。

王少白（1810—1891）,名辂,字少白,河南武陟人。其父六吉先生系中州理学大家李棠阶之讲学之友,少白曾从棠阶研习理学,可以说是李棠阶的弟子。少白弟子门人甚多,其中毛昶熙（1817—1882）官至尚书。少白"泊然乡里,笃守儒素,讲学以程朱为归,亦不批驳汉儒、瑕疵陆王"。教导学生"躬行实践,莫尚空谈"。[2] 其主讲致用经舍时,李敏修即曾前去问学。王锡彤回忆说:"武陟王少白先生辂,于书无所不读。邃于宋儒之学。践履笃实,恪守程子主敬存诚之训,而于陆象山、王阳明亦未尝加以抵諆,粹然大儒也。余与敏修及张子鉴西铭、高幼霞方灏尝从问学。时先生

① 《李文清公日记·序》,民国四年石印本,卷首。
② 王锡彤著,郑永福、吕美颐点注:《抑斋自述》,河南大学出版社 2001 年版,第 32 页。

年八十矣,于余等日记蝇头小字逐细眉批,勤劬不倦。"①

1866 年出生的,后来对中州学界发生重大影响的李敏修,"早岁从武陟王少白先生游,笃守洛闽矩矱。既而出入诸经,博观约取,特心折于船山之学,故其教人,由船山以上溯洛闽,而归宗于洙泗"。② 李敏修继承乡正遗绪,成为河南历史上最后一位很有影响的理学家。

李敏修(1866—1943),又名时灿,号闇(暗)斋,河南汲县(今卫辉市)人。光绪十八年进士,授刑部主事。青少年时代,李敏修受王少白等人影响,对理学情有独钟。光绪十五年(1889),李敏修他 24 岁时还对好友王锡彤云:"名教自有乐地,周(敦颐)、程(程颐、程颢)、张(载)、朱(熹)之书,为孔孟真传,吾辈不可不勉,以之自修,以之淑世,达而在朝,穷而在野,皆有安身立命之地。"③光绪二十七年(1901),李敏修在汲县县城创办经正书舍,收藏图书最多时达 30 余万卷。经正书舍不仅供乡里青少年借阅图书,还由李敏修、王锡彤等人为青少年批阅读书笔记,从今人眼光看来实有业余学校性质。

19 世纪末 20 世纪初,河南的一批文化名人往来唱和,切磋学问,自然形成一个覆盖中州的网络。这些人中有:汲县李敏修、王锡彤,辉县史筱舟,新乡王靖(一作静)波,新蔡刘纯仁,汜水(今属荥阳)魏联奎,南阳张嘉谋等。这些人为学多以宋学为归,以传衍理学遗绪为己任,讲求修身养性。其中魏联奎学宗宋儒,认为义利之辨是人禽之别。

当然,社会改革的大潮毕竟吹动了固守传统的中州,这个知识圈中的人们,也逐渐发生了重大变化。李敏修与时俱进,鼓吹新学新政,致力于新式教育,成为河南举足轻重贡献颇多的教育家。而李敏修的挚友王锡彤的变化更具有戏剧性,由一个理学家嬗变为一个著名的实业家,这里理应多提一笔。

王锡彤(1866—1938),字筱汀,号悔斋,晚号抑斋行一,河南卫辉府汲县人,世居汲县西关盐店街,系李敏修发小,同年生。王在其《知非自叙》中称:"李敏修者,余生平第一益友也。"④王锡彤 16 岁时丧父辍学,一度赴修武盐店当学徒。19 岁时以县试第一名考中秀才入邑庠,曾在开封大梁书院肄业。前后多次参加乡试不中,32

---

① 王锡彤著,郑永福、吕美颐点注:《抑斋自述》,河南大学出版社 2001 年版,第 222 页。

② 嵇文甫:《读〈毋自欺斋文字纪年〉》,载《嵇文甫文集》中册,河南人民出版社 1990 年版,第 392 页。文中"上溯洛闽"指上溯二程和朱熹,"归宗于洙泗",系指归宗于孔子。洙、泗原是鲁国水名,孔子是鲁国人,于是有是说。

③ 王锡彤著,郑永福、吕美颐点注:《抑斋自述》,河南大学出版社 2001 年版,第 30 页。

④ 王锡彤著,郑永福、吕美颐点注:《抑斋自述》,河南大学出版社 2001 年版,第 222 页。

岁赴京朝考,被选为拔贡,注直隶州州判。为王锡彤撰写年谱的童坤厚云:王氏"天性笃于孝友,为学初宗阳明、夏峰、船山,终乃以程朱为依归"①。也有人说其"学宗伊洛,旁及阳明"②。青年时代与李敏修等切磋镰洛关闽之学。王锡彤对理学情有独钟。他36岁时与李敏修等创经正书舍,切磋学问,指导生徒。王锡彤曾主讲致用精舍、溴西精舍,讲《大学》融合朱子,讲论语沿朱子集注而归本程子,间采陆王。王锡彤耻于言利,耻于言商。以致在他40岁时,李敏修推荐其任河南禹州三峰矿务公司经理,王大为光火,复书大责敏修,云:余16岁习商逃归读书,岂有20余年后顿食前言再腼颜作商者?当局异想天开,邀请王任三峰实业学堂山长,聘函中夹带一句"并管三峰矿务公司事宜"。实际上当时禹州三峰只有煤矿,并无实业学堂,先有山长而补出一实业学堂。实业学堂而有山长,实业学堂山长为学生讲《论语》、改应试文字,可谓驴唇马嘴,不伦不类,但这却是当时的实际情况。此后,王逐渐成为多家近代大企业的协理或经理,成为名符其实的实业家。

王锡彤撰写的《抑斋自述》之一《浮生梦影》的自述中云:"生既无益于时,死何必留名于后。顾有所窃窃然虑者,鄙人幼尝读书,薄负乡曲之誉。遭逢乱世,间与当代大人先生游,摇唇鼓舌,颇预时议。老而习贾,幸不颠坠。他日儿孙以私爱其亲之故,或乞铭志于文学士。而文学士各以其意中之经济家、实业家藻绘无盐,刻画嫫母,而鄙人之真形实状,或遂泊没于此绮丽文字中,亦一憾也。"③可以看出,至老王锡彤也不愿意人们把他看成一个实业家,而以理学家自居。④

嵇文甫学童时期,常到经正书舍看书,对李敏修非常敬仰。李敏修,中州"一代耆儒,早岁讲学,笃守程朱。至晚年则行事类夏峰,持论宗船山"。文甫十二三岁时曾见敏修一篇《告汲县父老文》,"读斯文至成诵,感受实深且切也"。嵇回忆说:"余生也晚,未及侍先生盛年之讲席。自先生罢归故里,始得相从问业。"后来嵇到故都开封任教职,寄居李敏修寓庐,"益得朝夕侍坐。每饭毕,杂论古今,尽情倾吐,往往连五六时,不知叶之落夜之深也"。当时嵇先生给敏修师的寿诗谓:"小子生同里,叨置弟子列。奖引逾寻常,闻见倍亲切。"敏修赠文甫题扇诗中有云:"晚年起予得吾子,探索新旧觅新知。"视文甫如子,属望至殷⑤,足见两人关系密切之程度。

嵇先生对李敏修师十分尊重,评价甚高。1946年李先生逝世3周年时,特为

① 童坤厚:《王筱汀先生年谱》跋,民国二十八年(1939)铅印本。

② 童坤厚:《王筱汀先生年谱》附录,民国二十八年(1939年)铅印本,第4页。

③ 王锡彤著,郑永福、吕美颐点注:《抑斋自述》,开封,河南大学出版社2001年版,第4页。

④ 参阅郑永福、王玉强:《从理学家到近代实业家的王锡彤——一个近代中原士绅的嬗变追踪》,《郑州大学学报》2003年第2期。

⑤ 嵇文甫:《闇斋师伤辞》,《嵇文甫文集》中册,河南人民出版社1990年版,第398—399页。

《河南民报》撰写社论《纪念李敏修先生》。其中写道:"我们应该知道,学术的确是国家民族的精神命脉所系……任何时代,任何国家,一到了所谓'学绝道丧',所谓'上无礼,下无学',一到了大家都'不悦学',不尊重学术,不尊重学者,那就是必亡的征兆。""李老先生讲学数十年……现在河南教育界40岁以上的人士,大概都直接间接受过他的影响。""自然,他是个理学家,他所讲的那一套不一定尽合现代人的口味。然他始终以学术为他的安身立命所在,热心地追求着,仔细地探索着。不以学成德尊而鄙夷新进,不以衰病颠沛而姑息偷安。""李老先生逝世了!无论怎样伟大的学者,谁也不能不受时代的限制,地域的限制,李老先生当然也不例外。然而只要是一个真正的学者,总都是超然独立于势力纷华之外,而别有一种崇高伟大的境界,以自乐其天怀。视世之蝇营狗苟者如无物,他那种忠心于学术、献身于学术的精神,总是永远光明的。"①我们之所以引用上述这些话,不仅是想说明李敏修先生的品德高尚,同时感到,这也正是嵇文甫所追求的某种精神境界。

由于嵇文甫曾生活在一个特定的文化传统氛围之中,决定了他熟谙程朱理学和陆王心学,并有极深的情感;加之直接受李敏修的影响,又钟情于船山之学。嵇先生一生研究领域甚宽,在许多方面取得了引人瞩目的成就,但在左派王学及船山学派研究方面尤勤且精,不能不说和他的旧学师承有极大的关系。当然,嵇先生的研究水平远远超出了他的前辈们,这不仅是因为他处的时代不同了,更主要的是,嵇先生既有深厚的旧学功底,又通西学,还掌握了辩证唯物主义和历史唯物主义的理论武器。②

1949年后,嵇文甫先生先任河南大学校长,后以河南省人民政府副省长身份兼郑州大学首任校长,中国科学院学部委员。嵇先生在两校培养了一些人文学者,胡思庸即其非常赏识的弟子之一。胡曾任嵇先生的学术助手,深得嵇老治学真传,又有自己的创获。后任河南省社会科学院院长10年。嵇文甫、胡思庸等为人为学,自然不能和理学家们同日而语。但在他们对道德、学术方面的某些追求乃至治学方面的某些理念,尚能寻觅出中州理学传统的印记。

(郑永福、吕美颐撰,提交2013年《中国近现代思想文化研究的新进展与新走向——纪念胡思庸先生逝世20周年学术研讨会》论文)

---

① 嵇文甫:《纪念李敏修先生》,《嵇文甫文集》中册,河南人民出版社1990年版,第390—391页。

② 参阅郑永福:《嵇文甫先生旧学师承渊源考略》,《史学月刊》1995年第6期。

谢国桢学案

谢国桢,号刚主,祖籍江苏武进,1901 年 4 月出生于河南安阳,1982 年 9 月 4 日病逝。我国著名的明清史专家及版本、目录学专家。

谢国桢生长在没落的官僚地主家庭,自幼从祖母诵学《诗经》《唐诗三百首》等,稍长从家庭塾师学习。1919 年春,18 岁的谢国桢与胞弟从家乡来到北京,就读于北京汇文学校大学预科。连续三年报考北京大学文科,未中。后承吴北江(桐城派大家吴汝纶之子)教督,学习诗古文辞,并兼做家庭教师,半教半读。1925 年夏,谢国桢以头名考取清华学校国学研究院,在梁启超、王国维、赵元任、陈寅恪诸先生教诲、指导下从事史学研究,对明清史和目录学用力尤多。同学有刘盼遂、吴其昌、刘节、王力、徐中书等。清华园的学习,对其一生教学与科研生涯影响极大。其间在《清华学报》上发表了《明季奴变考》一文。

1926 年谢国桢于清华国学研究院结业,名列第一。之后随梁启超先生到天津,于其家教授梁氏子女读书。次年,经梁启超介绍,到天津南开中学任中文教师。梁启超逝世后,谢国桢到北京图书馆担任编纂兼金石部收掌之事,先后与赵万里、刘国钧、王重民、向达、谭其骧等同馆共事,长达 10 余年。前在梁启超家中之时,他曾在梁指导下研究明末清初的学术思想和搜集明清之际的资料,饱览了“饮冰室”藏书,并经梁启超介绍,披阅了朱希祖、伦明、傅增湘等名家藏书。到北京图书馆后,不仅大量阅读馆藏及故宫博物院、东方文化会等处藏书,还南下江浙,北上大连、沈阳,甚至东渡日本访求书籍,“凡历公私藏书之所约十余处,费时阅四年”,上海涵芬楼及一些私人藏书处,都留下了他的寻书足迹。在此基础上,终于 1931 年完成了 80 万字的《晚明史籍考》二十卷,后由北京图书馆 1933 年铅印出版。

1932 年,谢国桢经胡适、傅斯年介绍,到南京担任中央大学专任教师。还在北京北海琼岛之滨时,谢国桢已着手收集明季党争和社盟的材料,在南京期间,教课之余著成了《明清之际党社运动考》一书,1934 年由上海商务印书馆印行问世。1933 年中央大学介绍谢国桢到河南大学任教,谢虽未去,但答应协助河南大学方面编纂《河南通志》,因之返回北京图书馆供职。

1937 年卢沟桥事变后,北平沦陷,谢国桢来到长沙,于当时的西南联合大学图书馆供职。1938 年春,应中华文化基金会之邀,回北平典守北平图书馆的金石图书。此前谢氏还曾为中日庚款基金委员会所办的东方图书馆编写了《续修四库全书提要》。后因受周作人延聘到北京大学史学系任教之故,北平图书馆方面令其辞去了馆职。无奈之际经傅增湘介绍到川邦私营大中银行(上海)司笔札,同时协助傅增湘编纂《绥远通志》。

1945 年抗日战争胜利,此时谢国桢正在北平临时大学任教。1946 年春,其父在河南安阳病危,经周扬介绍通过解放区回安阳省亲。途经邯郸,遇旧识范文澜,又结识杨秀峰,二人委托谢到上海时为华北大学购买图书。处理父亲丧事之后,谢赴上海为华北大学购书,经周公馆运到解放区。在上海仍往大中银行供职,并为开明书店编写稿子,校辑《鲒埼亭集校注》,因中国人民解放军东北战役展开,又为开明书店编著《清初流人开发东北史》一书,1947年成书,次年由上海开明书店印行单行本。1948年秋,谢国桢由钱穆介绍至昆明云南大学和王华书馆讲学。1949年2月北平解放后,他由昆明回上海,又潜渡长江回到北京,遵范文澜之意见到华北大学政治研究所学习,未及结业,1949年10月被推荐到天津南开大学历史系任教。

解放后,谢国桢更加勤奋教书、著述。初在南开大学教授明清史、目录学、历史文选等课程,郑天挺来到南开大学后,两人共同讲授明清史。1957年年底,调到中国科学院(今中国社会科学院)历史研究所工作,一直到去逝为止。1957年谢的旧著《顾亭林学谱》再版,并出版了《南明史略》和《清初农民起义资料辑录》。1960年又出版了专门介绍明清笔记史料的《明清笔记谈丛》。

"文化大革命"期间,谢国桢受到残酷迫害,1966年7月被隔离停职反省,后被送到"五七干校"。但他仍未放弃明清史研究,在艰难的条件下编成了《明代社会经济史料选编》初稿,并从汉代石刻画像中受到启发完成了《两汉社会生活概述》初稿。

党的十一届三中全会以后,谢国桢以更大的热情投入资料整理和明清史研究工作,他将书斋命名为"瓜蒂庵",表示要"拾得瓜蒂报君情"。1980年他编辑的《明代社会经济史料选编》由福建出版社正式出版,1982年他的《明末清初的学风》经人民出版社出版问世,书中集中体现了谢国桢一生研究明清史的重要成果,涉及了明清的学术思想文化史、农民战争问题、资本主义萌芽等问题,还阐明了自己"平生研治学问的旨趣所在",为明清史研究做出了新的也是最后的贡献。

谢国桢从青少年时代起,就致力研究明末清初的历史。其一生对明清史的研究,集中在两个方面:其一是政治方面,论著有《明季奴变考》《明清之际党社运动考》等专著及论文多篇;其二是在学术文化方面,论著有《顾亭林学谱》《黄梨洲学谱》《孙夏峰、李二曲学谱》《清初东北流人考》等10余种。

《明季奴变考》系谢氏25岁时撰成的一部重要论著。文章指出:"奴变一事是在吾国社会史上,很重要的问题。""明季奴变有索卖身契,和只许一代相统的事,这显然含有民族阶级运动的意味的。"以阶级斗争的观点对奴变的地位和性质做了一个初步的科学规定,并对明清蓄奴之风转盛的原因及其奴变的种种史实作了分析和叙述,呼吁历史学家不仅要注意庙堂,而且要研究社会。这在当时是一种带有方向性的意见。

《明清之际党社运动考》一书,是谢国桢具有代表性的学术著作之一。鲁迅先生曾在《且介亭杂文二集·题未定草九》中赞扬该书"钩索文籍,用力甚勤"。该书详尽地分析了党社运动的因果,叙述了各地党社活动的历史情况,着重表彰了正直的士大夫和老百性对黑暗的专制势力的抗争。谈到该书写作宗旨时,谢国桢说:"我觉得明亡虽由于党争,可是吾国民族不挠的精神却表现于结社。其间又可以看到明季社会的状况和士大夫的风气,是研究吾国社会史上很重要的问题。所以我写这篇文字就以党争和结社为背景,来叙述明清之际的历史,以唤起民族之精神。"

《清初东北流人考》是谢氏以前的学者未曾措意的问题。作者钩玄发微,揭露了清初许多淹没不彰的实行残酷思想统治的历史事实,论述了当时许多谪戍东北的地主文人对发展东北文化事业的作用。

由于谢国桢曾较长时期在图书馆工作,因此于版本、目录学及史料学情有独钟,成为他毕生的着力点之一,贡献也颇多。

他承继了朱希祖的治学传统,特别重视野史笔记稗乘的史料价值。他认为:"研究明清以及近代史迹,从这些野史稗乘的记载中,可以揭露历史上各方面的情况,丰富历史的内容。这种资料的价值,也就如研究殷商时期之有甲骨文字,研究两周历史之有铜器铭文,研究两汉之有西北出土的简牍和汉代石画,有同等的重要性。"谢氏数十年孜孜不倦地在野史稗乘之林中发掘、爬梳、整理、研究,获得了累累史学硕果。

谢国桢年轻时便写出《清开国史料考》,著录已知和未见清开国史料约 230 种(中外近人著作除外),后研究清开国史所使用的资料,很少越出该书范围。其后编纂的《北京图书馆善本丛书》第一集,收录明代边防史乘 12 种,也是颇受研究者重视的目录学著述。影响最大的还是《增订晚明史籍考》,该书的出版奠定了谢氏在目录学史上的地位,是谢国桢对明清史研究的重大贡献。书中著录各种有关明末清初史事的书目 1140 余种,未见书目 620 余种,标举其书名,确定其作者,罗列其版本,开载其庋藏,说明其内容,疏证其源流,辨别其异同,评介其价值。凡研究明末清初的党社活动、农民起义、抗清斗争、郑氏、三藩、史狱、文学、人物和南明诸政权,都可以按图索骥,获得所需要的资料,为研究明清史必不可少的参考书。柳亚子先生在《怀旧集·续忆劫中灰的南明史料》一文中曾评价此书道:"这部书,我叫它是研究南明史料的一个钥匙。"谢国桢还在搜集和整理明清社会经济史资料、明清农民起义资料等方面,以及保存明清史籍、汉魏拓片方面,有着卓越功绩。

谢国桢一生曾编撰了大量资料辑刊和史学专著,并发表了上百篇文章,可谓著作等身。他在《自述》一文中,对自己的治学方法做过一个概述,包括三个要点:一是治史应有灵魂。他说:"我认为历史是一门科学,它与政治有联系又有区别,而总的说是与政治分不开的。因此,要研究历史必须掌握马列主义、毛泽东思想,对具体问题作具体分析。"二是论从史出。他说:"又因为历史是一门科学,那就要有一套研究的程序和方法。'论从史出'掌握了足够可靠的资料和证据,然后才能得出符合客观事实的结论。所谓研究的程序和方法,首先要具备某些历史学的基本常识,所谓'胸有成竹'然后才能识竹,这样才能具有对搜集到的资料进行考证、鉴别、辑佚和辨伪的功夫。也就是说,对史料要'去伪存真,去粗取精',得出正确的结论,才能供史学界探讨。"三是要学习运用唯物辩证法研究历史。他说:"我认为光是运用这些形式逻辑的方法还是不够的。还要采用辩证唯物论的方法进行分析研究,古人说得好:'读书得间'就是从空隙间看出它的事实来,从反面可以看出正面的问题,读正史外,还要从稗官野史中搜集资料从事补订考证,这犹如阳光从树林中照在青苔上,斑驳的光亮可以多少反映出客观的现象,从而可以得出事实的一个侧面,然后取得内在的联系,积累了许多的专题研究,然后才能写出不是陈陈相因、抄撮成书的作品。"

谢国桢一生勤奋治学,始终随着时代在前进,不抱残守缺,故步自封。早年,他接受了五四运动以来新思潮的影响。解放后,也能比较自然地学习和应用马克思列宁主义。他的一生正如自己所说:"我从二十五岁一直到年垂八十,风里来,雨里去,不怕跌跟斗,头上跌了包,抚摩着伤痕,爬起来再往前走。"这正是他一生的写照。

（原载张岂之主编《民国学案》第二卷,湖南教育出版社2005年出版。收入本书时,略去"学术旨要""主要著述目录"及"研究嵇文甫学术成果要目"等部分）

嵇文甫学案

嵇文甫(1895—1963),本名明,字文甫,生于河南省汲县一个小手工业者家庭。其父曾中武秀才,为使后代免受目不识丁之苦,勉力供养儿子上学。几年私塾读后,嵇文甫进入新式学堂,四年制中学毕业,考入北京大学预料。在卫辉中学时,受同盟会员暴质夫、张宗周、刘粹轩等老师的影响,嵇文甫积极开展爱国运动;同时,又受当时名儒李敏修的教诲,打下了先秦诸子和宋明理学的基础。在北大预科仅学习了一年,因家庭经济拮据而辍学,回到家乡做小学教员。两年后,考入北京大学哲学门(后改为哲学系),时文科学长为陈独秀,同班同学有冯友兰等。

1918 年北京大学毕业后,嵇文甫赴开封任河南第一师范学校国文教员,同时在开封一中、二中、女师及政治专门学校等校兼课。当时学校新旧思想斗争很激烈,嵇文甫大力提倡和指导学生写白话文,向学生介绍《新青年》等进步刊物,并将陈独秀和胡适的文章、鲁迅的小说、俞平伯的新诗拿到课堂上讲解。是年在《河南教育月刊》上发表《老子发凡》一文。1919 年与冯友兰等出版发行《心声》杂志,其宗旨称纯粹学术刊物,共出版 10 期,第 1 期有嵇文甫的《吾所得于文学史者》一文。次年五四运动爆发,他支持进步青年学生,并参加集会游行。他提倡白话文,宣传新思潮。

1922 年,嵇文甫开始学习马列主义,并运用历史唯物论指导教学和研究。1926 年冬,经一师学生刘英(明佛)介绍加入中国共产党,旋受组织委派进苏联,入莫斯科中山大学留学。后染肺病,于 1928 年 3 月回国。时值大革命失败,中共党组织受到严重破坏,刘英去世,嵇文甫与组织失去了联系,在开封作短暂停留、治疗后,年底赴北平。赋闲一个时期后,他应邀到北京大学任教,并在清华大学、中国大学、北平师范大学等校兼课。其间,在北京大学担任的课程有《先秦诸子思想》《宋代哲学》《清代学术思想》等。在中国大学讲授《清代思想史》,撰有《十七世纪中国思想史概论》等。九一八事变后任《北大学生》月刊委员会顾问,支持学生爱国言行。后因形势险恶,于 1933 年 8 月返回开封,任河南大学教授并兼文史系主任。"一·二九"运动爆发后,曾在开封万名学生集会上发表抗日爱国演说。

1937 年七七事变后,嵇文甫全身心投入抗日救亡运动。是年 9 月,在中共组织领导下,与姚雪垠、王阑西等主编抗敌救亡刊物《风雨》周刊,发行近 30 期。另与林孟平等主编《大时代》旬刊。1938 年春,与范文澜等开办"河南大学抗敌工作训练班",宣传抗日救国十大纲领,年底改名为"河南省抗敌教育工作团",嵇任团长,范任副团长。1938 年 3 月后到被迫从开封迁出的河南大学文学院任教,是年 7 月后兼文学院院长。除讲授《中国社会经济史》《中国学术思想史》外,还开设《群经诸子选读》《秦汉史》《中国教育史》等课程。其间还应邀为学生作了《学术中国化问题》《民族形式问题》《大学生是否应参加政治运动问题》等专题报告。1941 年 10 月,被国民党当局逮捕入狱,经多方营救,5 个月后获释。

1946年初,嵇文甫随河南大学回到开封,支持学生反内战的爱国斗争。1948年,同因战略需要暂撤出开封的解放军进入豫西解放区,途次襄县县城,受到刘伯承、陈毅等接见,到了宝丰,邓小平设宴洗尘。在解放区,嵇文甫受命积极筹备中原大学,陈毅为主任委员,嵇文甫、刘子久、王毅斋为副主任委员。1949年5月随中原大学回到开封。

1949年河南大学恢复,嵇文甫出任副校长。1950年10月,中华人民共和国政务院任命嵇文甫为河南大学校长。1956年郑州大学成立,任首任校长。行政方面,曾先后担任河南省人民政府副主席、副省长,中南军政委员会委员,全国人大代表,全国政协代表。学术方面,曾任中国科学院社会科学部委员,河南省文教委员会主任委员,河南省历史研究所所长和河南省文史研究馆馆长等,《哲学研究》《历史研究》编辑委员会委员,创办并主编新中国第一家史学刊物《新史学通讯》(后更名为《史学月刊》)。1959年7月1日,重新加入了中国共产党。1963年10月10日,在省政府召开的一次会议的讲话中,突发脑出血与世长辞。主要著作收入河南人民出版社1985年至1990年出版的《嵇文甫文集》(上、中、下三卷)。

1941年被国民党囚禁于洛阳期间曾赋诗词数首,其中一联曰:"寝馈六经三史,瓣香一峰二山。"一峰是指孙奇逢(夏峰),二山指王夫之(船山)、全祖望(榭山)。王夫之,明清之际思想家。曾隐伏深山,研究著述垂四十年。对天文、历法等均有研究,尤精于经学、史学、文学。哲学上总结和发展了中国传统的朴素的辩证法和唯物论。全祖望,清代经学家、史学家。经学、史学、词科三者兼治,为浙东学派的重要代表。学术上承黄宗羲等"钻研史籍、通经致用"的传统。嵇文甫先生史学哲学理论方面受王夫之影响很大,而在治学门路上则近乎全祖望代表的浙东学派。但从总体上来说,其为人处事、读书治学,受孙奇逢的影响更大一些。

明末清初,随着大明朝的衰败,国内不少思想家进行反思,进而抨击程朱理学,但河南学术界的风气仍无改变。梁启超曾经说过,清代初期,"中州学者,无一不渊源于夏峰"。孙奇逢(1585—1675),字启泰,号钟元,直隶容城人(今属河北),清初迁居河南辉县(今河南省辉县市)苏门山下夏峰村,学者称之为夏峰先生。清初,北方学者奉孙奇逢为泰山北斗,与黄宗羲、李颙并称"三大儒",是颇有影响的一代儒宗。奇逢在苏门山下隐居20余年,躬耕自食,授徒讲学,弟子甚多。当时直隶、河南一带的学者,多出自奇逢之门。嵇文甫的故乡汲县与辉县毗邻,汲县的学者受夏峰的遗风影响更加明显。而且考究起来,嵇文甫的老师是李敏修,李敏修的老师是王少白,王少白治学便是承继孙夏峰。

嵇文甫之子嵇道之云,文甫先生"处人处世以孙夏峰为师"。那么,夏峰为人处世如何呢?他为人谦和,对来访者均能真诚相待。他见长者言仁,见少者言孝。不论是做官的还是种田的,学问大的还是初学者,奇逢都能与之交谈开导,其学术影响波及江浙一带。在生活上,他甘居土室,粗茶淡饭,一心问学教书。他治学严谨,持之以恒,到八九十岁了还执着地研究追求。他注重名节,注重心性修养,为时人所称道。这些,可能就是嵇文甫景仰夏峰的重要原因吧。

孙奇逢一度以理学家自处,著述颇多,入清后 31 年间就有《四书近指》《理学宗传》等近 20 种。其《理学宗传》在理学发展史上有一定的开创意义。该书强调理学宗传必须本"天",不能本心,本心乃是禅学,这实有贬斥陆、王心学之意。但是,孙奇逢曾学宗陆王,到了晚年也并不完全尊程朱而退陆王。他认为后世学者之所以对程朱、陆王的异同争诉不已,是缺乏融通之见,失去了两学派的原初之旨,才产生了诸多分歧。诚如嵇先生后来指出的:"夏峰是著名的朱陆调和派……夏峰仍沿袭着宋明理学的旧传统,并未脱出其窠臼,但是至少在注重躬行实践,打破一般理学等先生们偏执迂拘狭隘的门户之见这一方面,实际上是作了通向颜李学风的一道桥梁。"夏峰这些学术观点,对他的弟子们有相当大的影响,嵇文甫后来致力于左派王学的研究并取得了突出的成就,也与夏峰有关。

1840 年前后,中国正处于社会大变动之中。社会转型呼唤文化变迁,文化变迁推动着社会转型。鸦片战争前夕,就在已经没落的宋学与汉学互争正统的时候,今文经学崛起,其后西学东渐加剧。而河南学术界对此反应迟钝,笼罩在中州大地上的,占主导地位的仍是程朱理学。1866 年出生的、后来对中州学界发生重大影响的李敏修,"早岁从武陟王少白先生游,笃守洛闽矩矱。既而出入诸经,博观约取,特心折于船山之学,故其教人,由船山以上溯洛闽,而归宗于洙泗"。李敏修继承乡正遗绪,成为河南历史上最后一位很有影响的理学家。面对嵇文甫影响最直接最大的当属李敏修。

李敏修(1866—1943),又名时灿,号闇斋,与文甫同为汲县人。光绪十八年(1892)进士,授刑部主事。青少年时代,李敏修受王少白等人影响,对理学情有独钟。光绪二十七(1901)年,李敏修在汲县县城创办经正书舍,收藏图书最多时达 30 余万卷。嵇文甫学童时期,常到经正书舍看书,对李敏修非常敬仰。嵇曾写道:李敏修中州"一代耆儒,早岁讲学,笃守程朱。至晚年则行事类夏峰,持论宗船山"。文甫十二三岁时曾见敏修一篇《告汲县父老文》,"读斯文至成诵,感受实深且切也"。嵇回忆说:"余生也晚,未及侍先生盛年之讲席。自先生罢归故里,始得相从问业。"后来嵇文甫到故都开封任教职,寄居李敏修寓庐,"益得朝夕侍坐。每饭毕,杂论古今,尽情倾吐,往往连五六时,不知叶之落夜之深也"。当时嵇文甫给敏修师的寿诗谓:"小子生同里,叨置弟子列。奖引逾寻常,闻见倍亲切。"敏修赠文甫题扇诗中有云:"晚年起予得吾子,探索新旧觅新知。"视文甫如子,属望至殷,足见两人关系密切之程度。

嵇文甫对李敏修师十分尊重,评价甚高。1946 年李敏修逝世 3 周年时,嵇文甫特为《河南民报》撰写社论《纪念李敏修先生》。其中写道:"我们应该知道,学术的确是国家民族的精神命脉所系……任何时代,任何国家,一到了所谓'学绝道丧',所谓'上无礼,下无学',一到了大家都'不悦学',不尊重学术,不尊重学者,那就是必亡的征兆。""李老先生讲学数十年……现在河南教育界 40 岁以上的人士,大概都直接间接受过他的影响。""自然,他是个理学家,他所讲的那一套不一定尽合现代人的口味。然他始终以学术为他的安身立命所在,热心地追求着,仔细地探索着。不以学成德尊而鄙夷新进,不以衰病颠沛而姑息偷安。""李老先生逝世了!无论怎样伟大的学者,谁也不能不受时代的限制,地域的限制,李老先生当然也不例外。然而只要是一个真正的学者,总都是超然独立于势力纷华之外,而别有一种崇高伟大的境界,以自乐其天怀。视世之蝇营狗苟者如无物,他那种忠心于学术、献身于学术的精神,总是永远光明的。"上述这些话,固然旨在说明李敏修的品德高尚,同时也反映了嵇文甫本人的追求。

综上所述,由于嵇文甫生活在一个特定的文化传统氛围之中,决定了他熟谙程朱理学和陆王心学,并有极深的情感;加之直接受李敏修的影响,又钟情于船山之学。嵇文甫一生研究领域甚宽,在许多方面取得了引人瞩目的成就,但在左派王学及船山学派研究方面尤勤且精,不能不说和他的旧学师承有极大的关系。当然,嵇文甫的研究水平远远超出了他的前辈们,这不仅是因为他处的时代不同了,更主要的是,嵇文甫既有深厚的旧学功底,又通西学,还掌握了辩证唯物主义和历史唯物主义的理论武器。这时期,他陆续发表和出版了《左派王学》《船山哲学》《晚明思想史论》《十九世纪中国思想史概论》等学术论文和专著,奠定了他在哲学、历史学研究上的地位,并影响了一大批学者。

(原载张岂之主编《民国学案》第一卷,湖南教育出版社2005年出版。收入本书时,略去"学术旨要""主要著述目录"及"研究嵇文甫学术成果要目"等部分)

后 记

　　2012 年,我们出版了《中国近代社会与文化》,2013 年又出版了《近代中国妇女与社会》,这本《晚近历史人物论稿》,是我和吕美颐教授的第三本论文集。收入本集的文章,是我与吕美颐在教学与研究中发表的有关清代和中国近代历史人物的部分习作,真实记录了我们学习的过程。应该说明的是,笔者有关中国近代历史人物的一些学术论文,如《〈天演论〉探微》《关于〈天演论〉的几个问题》《〈新中国未来记〉与 20 世纪初梁启超思想》《孙中山与基督教》《地方自治——孙中山关于中国政治近代化的一个重要设计》《美国公使夫人眼中的那拉氏》《从理学家到著名实业家的王锡彤》《湖南自治运动中毛泽东的地方自治思想》《嵇文甫先生旧学渊源考略》等,已经收到我们 2012 年出版的《中国近代社会与文化》一书中,此书不再重录。

　　郑州大学历史学院多年来出资赞助出版学术著作,作为受益者,我们深深地表示感谢。在文章收集、整理、修改的过程中,陈可猛博士、李道永博士、郑丹群博士及正在中国人民大学攻读博士学位的王玉玲君,多方面鼎力相助;在书稿引文核对过程中,郑州大学历史学院的一些博士生、硕士生及大象社有关编校人员,曾热情帮忙,谨在此一并表示真诚的谢意。

郑州大学历史学院　郑永福

2014 年 6 月 11 日于郑州大学新区盛和苑明园公寓